일제강점기
입학시험 풍경

일러두기

1. 도서(단행본 포함), 연보, 요람, 통계 등은 『 』로, 작품(시, 소설) 제목과 논문은 「 」로, 신문과 잡지, 관보, 동창회보 등은 〈 〉로 구분했다.
2. 참고 문헌과 그 밖의 참고 자료는 미주로 달았고, 이에 따로 정리하지 않았다.
3. 본문에 인용한 신문·잡지 기사 등은 주로 현재의 맞춤법에 따라 표기했다.
4. 본문 장 표제지의 그림은 자유 이용 저작물로 '경성의 보통학교(위, 1924년)'와 '보통학교 입학시험 풍경(아래, 1927년)'(출처: https://ko.wikipedia.org/wiki)이다.
5. 표지 그림은 '1937년 서중일고 입학시험(광주고등보통학교, 현재 광주제일고등학교)' 풍경으로 광주제일고등학교의 허락을 받아 실었다.

일제강점기
입학시험 풍경

초판 1쇄 발행일 2021년 11월 30일

지은이 김진섭
펴낸이 이원중

펴낸곳 지성사
출판등록일 1993년 12월 9일   **등록번호** 제10-916호
주소 (03458) 서울시 은평구 진흥로 68, 2층
전화 (02) 335-5494   **팩스** (02) 335-5496
홈페이지 www.jisungsa.co.kr   **이메일** jisungsa@hanmail.net

ISBN 978-89-7889-477-7 (03910)

이 책은 한국출판문화산업진흥원의
'2021년 인문 교육 콘텐츠 개발 지원 사업'을 통해 발간된 도서입니다.

일제강점기

지금,
우리 교육은 과연
일제 잔재가 청산되었을까?!

입학시험
풍경

김진섭 지음

지성사

　지금은 입학시험 제도가 크게 바뀌어 고교 과정까지는 무시험으로 진학할 수 있지만, 아직도 대학 입학시험은 치열한 경쟁을 거쳐야 한다. 시대의 급격한 변화에 따라 우리 국민이 대학을 바라보는 인식도 변화하고 있지만 좋은 대학을 나와야 입신양명할 수 있다는 전통적인 인식은 크게 바뀌지 않은 것 같다. 수학능력시험 날 전국적으로 벌어지는 풍경을 보면 여전히 대학이라는 학력이 우리의 현실을 지배하고 있음을 실감할 수 있다.

　그렇다면 예전에도 지금처럼 대학 입학시험이 치열했을까? 아니면, 대학만이 아니라 초등학교나 중·고등학교도 입학시험을 치렀을까? 하나같이 궁금한 명제가 아닐 수 없다. 그러나 지금까지 이루어진 연구 결과로는 그 의문에 대해 시원한 해답을 구할 수 없는 아쉬움이 있다.

　이 책『일제강점기 입학시험 풍경』은 제목에서 보듯, 시기적으로 대한민국의 교육제도에 커다란 영향을 끼친 일제강점기의 입학시험 문제를 다루고 있다. 그러므로 일제강점기의 입학시험이 현재와 어떻게 같고 다른지를 명료하게 알 수 있는 기회라 할 수 있다.

　이 시기의 입학시험에 대해 종합적으로 연구한 논문이나 저서가 없는 상황에서 이 책이 지닌 가치는 더없이 크다. 그런 까닭에 이 책은 연구서로의 전문성과 교양 도서로서의 대중성을 동시에 지니고 있다.

먼저, 연구서로서의 전문성을 살펴보면, 첫째, 사료의 이용과 관련하여 선행 연구 업적은 물론이고 일제강점기 교육 관련 자료를 망라했다. 그중에서도 압권은 신문 자료를 꼼꼼하게 조사한 후 관련 자료들을 하나하나 모아서 정리했고, 이를 사료로 이용했다는 점이다. 둘째, 이 사료들을 분석하여 중요한 의제를 끌어내고 이를 주제별로 논술했다는 점이다. 단순한 사료의 나열이 아니라 저자가 사료를 나름대로 가공하여 주제를 만들어냈다는 점에서 전문성을 엿볼 수 있다. 그리고 '일제강점기'라는 특수한 시기를 다루었기에 아무래도 저자의 사관(史觀)이 반영될 수밖에 없다. 저자는 책 곳곳에 일제강점기라는 제국주의 침략에 대한 본질적 이해를 바탕으로 여기에서 파생되는 부당한 정책들을 자신의 역사관과 결합하여 서술함으로써 단순한 교양서의 의미를 넘어서고 있다.

이처럼 전문서로서의 의미와 함께 일반 대중을 주요 독자로 하는 교양서로서의 요건을 갖추고 있다. 교양 도서의 첫째 조건은 내용의 난이도를 가리지 않고 전체적으로 쉽게 서술해야 한다는 점이다. 그런 점에서 이 책은 평이한 문체로 서술하여 독자들이 내용을 쉽게 이해할 수 있도록 했다. 둘째는 '입학시험 풍경'이라는 책 제목에서도 짐작할 수 있듯, 지금의 입학시험에도 현안이 될 수 있는 주제들, 즉 독자들이 궁금증과 호기심을 가질 만한 주제들이 대부분이라는 점에서 사회적·교육적 가치가 높다. 예를 들면 입학시험 날의 각종 풍경, 언론의 지나친 관심, 상급 명문 학교로의 진학 열기 등 우리 눈에도 선한 모습들을 사진으로 보듯이 흥미있게 서술되어 있다.

또한 독자의 흥미를 일으키기에 충분할 만큼 전체 구성이 짜임새 있다. 이 책의 가장 큰 장점은 비록 역사서이긴 해도 구체적 사례들로 이어지는 현장감과 속도감이라 할 수 있다. 이는 독자들이 지루해할 틈 없이 흥미 있게 읽을 수 있음을 의미한다. 백년대계 교육정책을 다시 한번 진지하게 고민할 기회로 삼기에 충분하다.

고성훈
(전 국사편찬위원회 연구편찬정보화 실장, 문학박사)

　일제는 식민 통치의 기반으로 활용하기 위해 이 땅에 근대식 학교를 세웠으나 예상과 달리 학생들이 오지 않자 학교 관계자들은 순사나 헌병 보조원을 앞세워 아이들을 잡으러 다녔다. 그러나 마을에는 이미 학교에 대해 흉흉한 소문들이 돌았고, 아이들은 동네 입구에서 이들의 그림자만 비춰도 도망가기에 바빴다.

　학교 관계자들은 마을의 서당에도 들이닥쳤다. 그들은 이를 '서당 사냥'이라고 했다. 그럴 때마다 서당에서 공부하던 아이들은 혼비백산했고, 서당 훈장은 아이들을 산으로 피신시키기는 등 한바탕 소동이 벌어지기도 했다.

　그들은 소득이 별로 없으면 아이들의 아버지를 강제로 끌고 가서 감금하고 아이들의 입학을 강요했다. 이처럼 그들은 학생들을 모집하려고 마치 전쟁터 분위기가 연상될 정도로 살벌하게 마을을 들쑤시고 다녔다.

　또 장터로 나가 활동사진을 틀어주면서 마치 약장사가 약을 파는 분위기까지 연출했고, 심지어 학교에서 학용품과 밥을 무료로 제공하고 학비 면제와 용돈을 주는 등의 호객 행위(?)를 할 정도로 학생 모집에 다양한 방법을 동원했다. 이러한 모습은 일제강점기 초기인 1910년대까지 볼 수 있었다.

1920년대에 들어서면서 상황이 바뀌게 되었다. 3.1운동 이후 사회적으로는 문맹 퇴치에서 민족의 지도자 육성에 이르기까지, 그리고 개인적으로는 가난의 극복에서 개인적 출세와 같은 사회적 신분 이동에 대한 기대감 등으로 교육열이 뜨거워졌고, 근대식 학교를 찾는 발길이 이어졌다. 하지만 일제는 학교 운영에 필요한 예산에 아주 인색했을 뿐만 아니라 학교 설립에 소극적인 태도를 보였으며, 짧은 교육 기간, 저급한 수준의 교육, 일본인과의 차별 등으로 일관하며 학교를 식민 통치의 핵심 기관으로 삼았다. 이때 등장한 입학시험이 대표적인 예였다.

일제는 지원자가 급증하자 수학 능력이 있는지를 측정하여 이에 걸맞은 학생을 선발하는 것이 아니라 폭증하는 지원자를 떨어뜨리기 위한 수단으로 입학시험을 철저하게 활용했다. 그 결과 '입시지옥'이라는 말이 생겨날 정도로 치열한 경쟁이 이어졌고, 이른바 명문 학교에 대한 인식과 입학 브로커 그리고 입시전문학원이 생겨나는 등 새로운 현상들과 다양한 사건, 사고들이 이어졌다.

왜, 어떻게 이러한 일들이 벌어지게 되었을까?

이 책은 이러한 일들을 추적하는 과정이라 할 수 있다. 신문과 잡지 등 당시 사회상을 알 수 있는 일상의 자료를 통해 구체적으로 어떤 일들이 벌어졌고, 사람들의 반응과 사회적 파장 등 다양한 사례들을 담았다.

따라서 이 책은 교육정책이나 교육제도와 같은 이론적인 접근이 아니며, 딱딱하고 어려운 내용이 아닌, 누구나 쉽게 일제강점기 당시 우리 사회를 이해하는 데 초점을 맞추었다.

　모쪼록 이 책을 통해 일상과 교육 현장에서 일제의 식민 통치가 어떻게 작용했는지를 살펴볼 수 있기를 바라며, 더 나아가 오늘날의 입시 제도를 되돌아보는 기회가 되었으면 한다.

　　　　　　　　　　　　　　　　　　　　　　　　　　김진섭

차례

풍경4 입학시험이 만들어낸 풍경들

근대 교육과
식민지 학교가 만나다

독특한
근대식 학교가 등장하다

▌근대식 교육을 앞세웠지만…

교육은 식민지 통치를 위해 일제가 가장 강조했지만, 일제강점기 동안 교육은 없었다. '교육정책'이라고 쓰고 '식민지 통치'라고 읽으면 될 듯싶다. 이러한 현상은 강제 병합이 이루어지기 이전부터 이미 시작되었다.

일제는 "조선의 학제는 고려시대 이후 단순하여 변화와 발전 없이 정체되어 있으며, 변화가 있었다면 그것은 일본과 중국 및 한반도 인근 지역의 교육제도를 모방하거나 그들의 지도적 영향 아래서 이루어진 것이다"라며 모방성, 사대성, 의존성, 독자적 특성의 부재 등을 조선 교육제도의 특징으로 폄하했다.[01] 그리고 1904년 현재의 교육부에 해당하는 일본의 학부(學部) 고문은 조선에 교육 참여관으로 파견되어 "조선 교육의 근대화는 일본 문물을 이입하는 것이다"라며 자신들이 경험한 근대를 조선에 이식하는 길만이 최선이라고 주장했다. 그러나 그들이 말하는 근대 교육은 다름 아닌 식민 통치의 합리화와 견고화에 있었다.

1910년 강제 병합 직후 조선총독부 초대 총독으로 무단통치를 실시한 데라우치 마다사케(寺内正毅) 총독은 "조선의 사정은 일본과 같지 않으므로 시세와 민도에 맞도록 베푼다"[02]고 발표했고, 다음 해에는 각 도의 장관들이 모인 회의에서 "이제부터 조선의 교육은 오로지 유용한 지식과 온건한 덕성을 양성하여 제국의 신민다운 자질과 성품을 갖추는 것을 주요 목표로 하며……"[03]라는 훈시를 통해 '조선의 교육은 오로지 온순한 식민지 국민의 육성에 둔다'는 식민지 차별정책을 분명하게 밝혔다. 그리고 '조선인은 문화 형성과 민도가 낮다'는 이유를 내세워 '저급한 수준의 교육으로 저급한 근로자의 양성'이라는 민족 차별에 기반하는 이른바 '우민화 교육정책'을 실시했다.

또한 1913년 데라우치 총독은 조선의 공립초등학교에 근무하는 일본인 교사들에게 다음과 같이 훈시했다.

> 여러분은 조선 교육에 종사하기 위해 조선에 왔다. ……조선에서의 교육 방침은 고상한 이론보다 실용적인 사항을 교수의 요령으로 하되, 학생들로 하여금 천황 폐하의 거룩한 은혜에 의하여 오늘의 행복을 받을 수 있다는 것을 주지하게 하고…… 이론에 빠져 사치에 흐르는 경향이 있는 조선과 같은 곳에서는 사상의 통일을 기하는 것이 한층 절실하다. 따라서 학생들로 하여금 착실하고 온건한 기풍을 양성하고 자기의 분한(分限)을 알게 하여 질서·절제·규율·순종의 좋은 습관을 어려서부터 순치하도록 해야 한다.[04]

이처럼 일제는 '조선인은 오로지 식민지 국민으로서 각 분야에서 노예적 심부름을 잘하는 인물을 양성하는 교육만이 필요하다'고 강조했다. 그리고 내무부 장관은 이 강연회에서 "초등학교 교육은 예비교육이 아니고 완성교육을 행하는 곳으로, 학교를 졸업하면 곧 성실·근면·실무에 복종하고 충량(忠良)한 국민으로서 신민의 본분을 다하도록 지도해야 한다"며 "식민지 국민으로 육성하기 위한 조선인의 교육은 초등교육이면 충분하다"고 했다.

이러한 인식을 기반으로 일제는 조선의 학교 제도를 저급한 수준으로 개혁하면서 일본어 교육을 강화하는 등 교육과정을 식민지 통치에 순응하는 교육정책을 일관되게 추진했다. 따라서 일제강점기 교육은 처음부터 식민 통치를 지원하는 수단에 불과했고, 이 시기의 학교는 1876년 개항 이후 도입된 근대식 교육과 강제 합병 이후 식민지 교육이 융합된 독특한 공간이 되었다. 즉 일제강점기의 학교는 근대식 교육이라는 껍질을 쓰고 있었지만, 억압과 차별 그리고 통제와 규율을 기반으로 하는 식민지 공간 그 자체였다. 따라서 일제강점기 초기까지 근대식 교육을 앞세운 일제의 학교는 크게 주목받지 못했다.

▎학교 명칭에도 교육은 없었다

근대식 교육에 대한 관심은 3.1운동을 경험하게 되면서 높아졌다. 즉 문맹 퇴치에서부터 실력양성론까지 이른바 교육열을 말한다. 3.1운동의 경험은 민족의식과 일제에 대한 저항 의식을 깨우치는 기회이기도 했지만, 최소한 '일제에 무시당하거나 억울한 일을 당하지 않기 위해서는 배워야 한다'는 것을 깨닫는 기회가 되었던 것이다. 여기에 일제가 무단통치(武斷統治)에서 문화통치(文化統治)로 전환하면서 교육에서도 차별을 완화하며 변화를 모색하는 듯한 분위기가 근대식 학교 교육에 대한 관심에 영향을 미쳤다. 그러나 일제가 근대식 교육을 내세우며 세운 관공립학교에는 뿌리부터 식민 통치에 대한 의도가 담겨 있었다. 초·중·고등 교육 기관의 명칭이 그 예였다.

1906년 통감부는 초등교육기관 명칭을 결정하면서 처음에는 '국민에 게 일반교육을 베푸는 곳'이라는 의미로 '국민학교'라고 하자는 의견이 있었다. 그러나 학무대신은 '국민학교'나 '초등학교'라고 한다면 상민만 의 자제를 교육하는 곳이 되고, 이른바 신(紳)의 자식은 포함되지 않는 곳 이라는 의미이니 '보통학교'라고 하자는 의견이 크게 환영받아 드디어 이것으로 결정되었다.[05] 이후 보통학교는 1938년 소학교로 명칭이 바뀌 었고, 1941년 '충량한 천황의 국민을 육성하는 황국신민학교'라는 의미 에서 '국민학교'로 변경되었다. 국민학교는 광복 후에도 계속 사용되다 가 1996년 일제 잔재 청산과 민족정기를 바로 세우기 위해 '초등학교'로 변경되었다.

인문계 중등학교는 통감부 시절에는 '고등학교'와 '고등여학교'였다 가 강제 합병 다음 해인 1911년 '고등보통학교'와 '여자고등보통학교'로 변경했다. 그 이유는 "중학교라고 하면 마치 중간의 학교처럼 들리고, 이 것은 교육이 완성되지 않았다는 의미가 되므로, 그보다는 중학교 자체를 완성적 성격을 지닌 것으로 하는 것이 조선을 위해서도 좋다고 믿는다. 따라서 미국의 'High School'을 모방하여 고등보통학교라고 하기로 의 논하여 결정하였다"[06]고 한다.

일본에서는 '중학교'와 '고등여학교'라 했고, 조선에 거주하는 일본인 중학생도 동일한 명칭을 사용하여 일본인 중학교와도 분명하게 구분하 며 차별했다. 즉 '중등교육을 받는다고 해도 단지 초등교육에서 조금 더 연장한다'는 의미로, 조선인의 중등학교는 교육 기회를 억제하여 장차 전문학교나 대학 등 고등교육기관과 연계된 본격적인 인문 중등교육기관으로 발전할 수 있는 가능성을 차단했다.

다만 일제는 초등학교 졸업자 가운데 소수의 중등학교 출신을 양성하여 식민지 국가에 필요한 하급 관리를 양성하는 실업교육을 강조했다. 이처럼 일제가 처음부터 조선인의 인문교육에 중점을 두지 않은 이유는 '인문·사회 계열의 고등교육은 민족의식의 고취로 식민제국에 저항하고 독립운동의 사상적 기반을 구축하게 된다'고 우려했기 때문이다. 이후 고등보통학교는 1938년 '일본인 학교와 차별을 없애고 내선일체를 도모한다'며 일본과 같이 중학교와 고등여학교로 명칭이 변경되었다. 이는 조선인을 전쟁에 동원하게 되면서 명분상 교육적 차별 대우를 철폐한 것에 지나지 않았다. 즉 조선인의 지식수준을 향상시키려는 동기보다는 이른바 전시 동원 체제에 돌입하면서 일정 수준 이상의 교육을 받은 군인과 노무자들이 필요했고, 궁극적으로 황국신민교육에 더 철저한 것에 지나지 않았다.

▌우여곡절 끝에 대학이 설립되다

일제는 조선 최고의 국립교육기관이었던 성균관(成均館)을 경학원(經學院)으로 개칭하여 중등교육기관으로 격하시켰고, 전문학교 규정은 1915년에 제정하지만 대학에 대한 규정은 아예 두지 않았다. 따라서 조선에 고등교육기관은 설 자리가 없었다. 그러나 조선에서 '민립대학을 설립하자'는 운동이 거세게 일어나자 일제는 이를 저지하고 여론을 무마하기 위해서 1923년 그야말로 우여곡절 끝에 대학 설립을 결정하게 된다.

민립대학 설립 운동은 한말(韓末)에 처음으로 일어났다. 당시 600만 원

이라는 거금을 모금하고 기성회도 조직했지만 뜻을 이루지 못하고, 3.1
운동 이후 다시 민립대학 설립 운동이 일어나게 된다. 당시 '한민족 1천
만이 한 사람에 1원씩!'이라는 구호를 내걸고 기금 모금에 나섰고, 경기
도 안성의 이정도(李貞道)는 매일 아침밥 짓는 쌀에서 식구 수대로 한 숟가
락씩 쌀을 모아 19원을 기부했고, 전라남북도에서만 15만 원을 모금하는
등 어려운 살림에도 불구하고 전국적으로 민립대학 설립 운동에 적극 동
참했다.

　하지만 조선총독부는 민립대학 설립 운동이 단순한 교육운동이 아니
라 정치운동으로 규정하여 이를 저지하기 위해 먼저 '조선에 일본 사립대
학 분교를 설립하겠다'고 선언했다. 이에 조선교육회는 1920년 8월 일본
동경의 사립 도요대학(東洋大學) 분교의 발족을 수락했다. 그러나 조선총독
부는 '일본「대학령」에 분교 설치에 관한 조약이 없다'는 이유로 스스로
이 약속을 파기했고, 1921년 9월에는 조선인 자제들의 교육을 위한 관립
종합대학 설립을 위해 '1단계로 경성의학전문학교를 조선의과대학으로
만드는 것이 첩경'이라며 민립대학 설립 운동의 중단을 종용했다.

　이에 조선교육회 회원 1,000여 명이 모여 조선총독부의 처사를 비판
하고, 일본 정부에 보내는 진정서와 민립대학 설립의 강행을 만장일치로
가결했다. 그러자 조선총독부에서는「조선교육령」을 개정하여 기금 모
금을 방해하고 민립대학 설립 운동 관계자들을 탄압하면서 한편으로는
식민지에 필요한 인재 양성 및 활용 등 식민 통치의 주도권을 장악하기
위해 관립제국대학 설립에 나섰다.[07] 그리고 1923년 11월 학교명을 '조선
제국대학'으로 결정하여 일제의 6번째 제국대학 설립이 결정된다(〈동아일
보〉, 1923. 11. 29.).

1924년 마침내 중등학교 졸업자를 대상으로 하는 2년제 예과를 먼저 개설하고, 2년 후 본과를 설립하게 된다. 그리고 '조선제국대학'이라는 명칭으로 신입생 모집 요강을 발표했고, 1924년 3월 입학시험을 통해 첫 신입생을 선발했다. 그러나 4월 말 경성제국대학으로 명칭이 바뀌는 등 개교 과정에서 복잡한 문제들로 인해 곧바로 문을 열지 못하고 5월 12일에 첫 수업을 하게 되었고, 개교식은 한 달 뒤인 6월 12일에 치른다.

이처럼 대학의 명칭이 변경된 이유 역시 일제의 식민지 지배에 대한 인식 때문이었다. 처음에 조선제국대학이라는 명칭이 결정되었을 때 조선을 하나의 지방으로 간주했던 일제는 특별히 문제의식을 느끼지 못했던 것으로 보인다.

그러나 일본 내각 법제국에서 "조선제국대학이라고 하면 조선의 제국대학이라는 오해의 소지가 있다"는 이유로 반대해서 경성제국대학으로 명칭을 수정했다. 그리고 '경성제국대학이 민족운동의 모태가 될 수 있다'고 우려했던 일제는 이른바 '식민지 개발에 이익이 되는 실질적인 학과'라고 판단한 법과·철학과·사학과·문과 4개과의 법학부와 의학부만 개설했고, 이공학부는 20여 년이 지난 1941년에야 개설했다. 그리고 이공학부 역시 대학에서 학문 탐구를 통한 공업 기술의 발달을 꾀하거나 종합대학으로서의 면모를 갖추기 위한 것이 아니라 전쟁에 필요한 군수공업 개발에 목적을 둔 포석이었다. 따라서 경성제국대학은 최고의 학부였지만, 한편으로는 기형적인 종합대학으로서의 제국대학으로 자리매김하게 된다.

근대와 전근대가 공존하다

일제는 근대식 교육을 강조했지만, '조선은 아직 수준이 갖추어져 있지 않다'는 이유를 내세워 '실용적 교육이 중요하다'고 강조하면서 1911년 「제1차 조선교육령」을 통해 일본과 달리 각 교육기관의 수업연한을 다음과 같이 단축했다.

구분	초등학교	중등학교	외국어학교	실업학교	의학전문학교
조선인	4년	3~4년	3년	2~3년	2~4년
일본인	6년	7년	4~5년	4년	4년

일본에서는 초등교육을 담당하는 소학교가 6년제였고, 중등 과정에서 7년을 공부하고 전문학교나 대학 예과에 진학했다. 그러나 조선에서 초등교육을 담당한 보통학교는 4년제로 했고, 지방은 상황에 따라 1년을 더 단축해서 3년 만에 마칠 수 있었다. 그리고 중등 과정도 4년제로 축소했고, 여학생은 남학생보다 1년을 더 단축할 수 있는 등 남녀의 차별적 교육 연한을 처음으로 제도화했다.[08]

이처럼 조선의 근대식 학제는 시작부터 차별이 존재했고, 일제에 대한 반감은 이 학교들에 대한 거부감으로 이어졌다. 여기에 1910년대는 근대식 학교에 대한 인식 부족과 상급학교 진학도 자리 잡히지 않았기 때문에 일제의 관공립학교에 지원자가 많지 않았다. 이화여고보 교사를 지낸 김창제의 기억에 따르면 "1900년 한성사범학교 입학시험으로 한문 시험만 보았고, 관립 영어 학교에 입학하기 위해서 입학시험을 보았다"고 한다. 그러나 당시 한성사범학교는 18명 정원에 120명이 지원할 정도로 경쟁이 치열했고, 외국어학교도 정원보다 지원자가 훨씬 많았다. 하지만 이러한 경우는 소수에 해당했다.

당시 중등학교에 입학했던 최두선은 〈별건곤〉(1927년 5월호)에서 "내가 중학교에 입학했을 때 특별히 이렇다 할 기억은 없지만, 당시는 무시험 입학이 보통이었지요. 지금은 입학이니 시험난이니 하고, 졸업할 때가 되면 모두 머리를 싸매고 덤비지만, 그때는 시험도 없었어요. 또한 학생 도 많지 않아서 학교에서는 입학 지원자가 적을까 염려했지요. 그래서 '학교에 입학하겠다'고만 하면 연령이나 학력, 금전의 유무를 불문하고 받아들였지요"라고 했다. 그리고 휘문의숙 예과에서 본과로 진학할 때 도 "그때 무슨 시험이 있습니까? 자기 학력에 따라 지원하는 데로 입학을 시켰습니다. 당시 국한문(國漢文)으로 된 조선어를 읽어보게 했지요. 지금 과 같이 그렇게 어렵고 복잡하지 않았습니다"라며 상급 과정 진학도 무 시험 전형이었다고 회고했다.

이처럼 1910년대까지는 입학 자격에 특별한 조건이나 차별이 없었고, 오히려 입학 지원자가 정원보다 적을 것을 우려했던 학교에서는 학생 모 집에 신경을 썼다. 또한 비록 근대식 학교였지만, 학교에는 근대와 전근 대의 분위기가 공존했다. 상투를 틀고 삿갓을 쓰고 학교에 다니는 학생 들이 많았던 것이 대표적인 예였다.

부산 개성학교에 입학하여 1911년 부산공립상업학교로 개칭된 후 졸 업한 어느 학생은 "나는 이미 단발한 상태였지만, 갓을 쓰고 등교하는 학 생들이 있었고, 이들과 어울리기 위해 나도 한동안 초립을 쓰고 학교에 다녔다"고 한다.[09] 대구농림학교에서도 학생들이 실습 시간에 농장에 나 가서 두렁에 갓을 벗어 두고 밭에 들어갔고,[10] 수원농림학교에서는 "온갖 방법을 동원하여 학생들에게 상투를 자르도록 설득하였으나 아무런 실효를 거두지 못했다"고 한다.[11] 그리고 1910년대에 춘천농업학교에 다녔던 학생들은 "입학한 후 상투가 잘리면서 통곡하던 학우들이 인상 깊었다"고 기억했다.[12] 인천상업학교 역시 1904년 관립 인천실업학교로 개칭된 후 1905년 졸업생들의 사진은 모두 갓을 쓰고 한복에 두루마기 차림이었고,[13] 1909년 사진에서 비로소 학생들이 교모를 쓴 모습으로 등장한다.[14] 그러나 1910년대까지도 실업학교 학생들은 검은색 중학생 모자를 쓰고 다니기는 했지만, 일반적인 모습은 버선에 짚신이나 조선시대에 서민들의 대표적 고급 신발이었던 미투리를 신었고, 한복에 두루마기를 입고 학교에 다녔다.[15]

▌여학생, 우산을 유행시키다

여학생의 경우 제약이 더 심했다. 예를 들면 1905년경 황해도의 서당에 다녔던 30명의 학생 가운데 여학생은 한 명에 불과할 정도로 극소수였다.[16] 함흥 지역의 경우 1914년 이미 사립 함흥고등보통학교가 설립되는 등 일찍부터 근대식 학교들이 들어섰고, 1921년 신입생 모집에서 함흥공립보통학교 180명 정원에 580명 지원, 함흥고등보통학교 100명 정원에 500명 지원, 함흥농업학교 50명 정원에 250명 지원, 함흥상업학교 50명 정원에 250명 지원, 그리고 함흥임시교원양성소 27명 모집에 무려 270명이 지원하는 등 학교가 많이 있었으며, 교육열이 높았으나 여자 중등학교는 없었다(《조선일보》, 1921. 4. 19.). 그리고 1921년 강원도 평강보통학교는 "남자들은 매년 입학 지원이 증가하나 여자들은 잘 입학하지 않는다"며 '학부모들의 자녀를 진심으로 사랑하거든 관심을 기울여야 한다'고 〈동아일보〉(1921. 9. 29.)에 기고한 글도 보인다.

그러나 '여자들도 공부를 시켜야 한다'는 인식이 확산되면서 남학생들만 공부하던 서당에 색시들이 머리를 치렁치렁하게 땋아 늘이고 쓰개치마 속에 책보를 끼고 다녔고, 근대식 학교에 다니는 여학생들이 늘어나면서 종전에 볼 수 없었던 진기한 풍경이 생겨났다.

1905년 황해도 장연읍 오진사 집에 신식 학교가 설립되었는데, "방 중앙을 병풍으로 막아 남녀의 자리를 구분했다"[17]고 한다. 이후 여학생이 늘어나면서 교실에는 아주머니와 아저씨 그리고 막내동생뻘 되는 어린 아동들이 함께 공부하게 되었고, "한문 시간이 되면 서당에서 한문만 읽다가 신식 학교에 온 나이 많은 아저씨뻘 되는 남학생이 자기도 학생이면서 여학교 한문 선생 노릇을 하기도 했고, 손자를 본 나이에 소학교에 입학한 어느 할아버지는 글자와 숫자를 어색하게 받아쓰셨지만, 한문 시간만 되면 남이 듣기 싫어하거나 말거나 신경 쓰지 않고 마치 내 세상 만난 듯 우렁차게 맹자와 공자를 크게 외웠다"고 한다(《동아일보》, 1935. 5. 14.).

또한 여학생들은 쓰개치마를 쓰고 학교에 다녔으며, 교문 안으로 들어와서야 쓰개치마를 벗고 교실로 들어갔다. 만약 학교 밖에서 쓰개치마를 벗고 다니면 동네 사람들이 쫓아오며 욕을 했다고 한다. 그런데 1911년 배화학당에서 여학생들에게 쓰개치마의 사용을 교칙으로 금하자 여학생들과 가족들은 '얼굴을 내놓고 거리를 다닐 수 없다'고 반발하며 상당수가 자퇴했다. 때문에 배화학당에서는 사태수습에 나서면서 "여학생들이 얼굴을 가리고 다닐 수 있도록 검정 우산을 나누어 주었고, 이후 우산은 여학생들의 얼굴을 가리는 용도로 사용되면서 일반 여인들 사이에서 햇빛을 가리는 양산으로 유행하게 되었다"는 이야기도 전한다.[18]

여학생들이 길에서 방황하는 폐단(?)을 막기 위해 등하교 시간도 철저하게 통제했다. 심지어 학교에서 통장 표를 만들어 여학생들이 학교 갈 때 집에서 학부형 인장을 날인하여 출발시간을 확인받았고, 학교에서 귀가할 때는 교사가 인장을 날인하여 집에서 시간을 확인받았다(《매일신보》, 1911. 4. 26.). 그리고 "졸업생이 남의 첩이 되면 학교에서 제명 처분을 하여 상급학교 진학을 할 수 없게 한 경우도 있었다"[19]고 하며, "옛말에 얼굴을 곱게 함은 음란한 것을 가르친다……. 칠송보병 것이라도 자주 빨아 입어 정절을 주장함이 제일 필요하고, 얼굴에 분 바르는 것과 눈썹에 먹칠하는 것이 제일 악습이다"(《매일신보》, 1914. 2. 1.)라며 여학생들이 화장과 화려한 의복으로 치장하고 외출하는 것을 심각한 사회적 문제로 지적했다.

반면 월말시험이 끝나면 반드시 시상식이 있었고, 가끔씩 군청에서도 학생들을 초청하여 잔치를 베풀어 주면서 격려했다. 그리고 학기 말이 되면 성적표와 함께 우수 학생을 표창하는 자리에 반드시 군수가 참석했다. 이 자리에서 개근상과 우등상, 품행상 등 상품을 얼마나 많이 주었던지 한 학생이 세 번 상을 받는 경우도 있었고, 상과 상품을 혼자 감당하지 못해 집에서 하인이 와서 가져가기도 했다.

▌중산층이 우선이다

일제가 여학생의 학교 입학에도 관심을 기울인 이유는 근대식 학교교육에 대한 홍보와 함께 여성의 역할에 대한 기대가 있었기 때문이다. 역대 조선총독 가운데 가장 포악하다는 평가를 받았던 미나미 지로(南次郎) 총독이 「시국에 대한 반도 부인의 각오」를 발표하면서 "(조선과 일본은) 마음으로부터 일체가 되고, 나아가 시국에 눈을 떠서 가정을 지키고, 자식을 길러 진정으로 일본 국민의 반수인 여성으로서의 본분을 의식하고 충군애국(忠君愛國)의 대의를 완성해야 한다"며 여성의 협력을 강조한 것이 그 예였다.

1910년대까지도 여학교에 입학하는 학생이 많지 않았다. 따라서 대부분의 학교는 입학시험은 물론 특별한 입학 조건이 없었다. 1906년 경성에 설립된 사립 진명여학교와 숙명여학교는 개교 당시 입학하는 데 아무런 수속도 없었고, 단지 남치마에 연두색 저고리 한 벌만 있으면 입학할 수 있었다. 따라서 이 옷은 일종의 입학 조건이면서 교복인 셈이었다. 그러나 옷의 색깔이 똑같지 않아서 "교실에는 각양각색의 남치마나 홍치마에 노랑 연두 회장저고리를 입은 여학생들이 모여 앉으면 선생님이 돌아다니며 수업을 했다"고 한다.

경성여고보의 전신인 관립 한성고등여학교는 "개교 첫해인 1908년 교장이 일일이 가정방문을 하여 한 사람 두 사람씩 학생을 모집하고 다녔다"고 한다. 당시 특별히 입학 연령제한이 없었고, 8~9세에서 12~13세의 여자아이들을 대상으로 학생을 모집했다. 그리고 당시는 대부분 이름이 없었고, 집에서 큰아씨, 작은아씨로 통용되었기 때문에 교장이 일일이 입학생의 이름을 지어서 명부에 올렸다고 한다.

근대식 학교라고는 하지만, 여학교는 남학교와 차이가 있었다. 기본적으로 여학교의 교육 기간이 남학교보다 짧았다. 그 이유는 '여성들의 상급학교 진학은 굳이 필요한 상황이 아니라 부수적인 필요일 뿐'[20]이라는 인식이 자리하고 있었기 때문이다. 즉 일반적으로 여학교를 졸업하고 결혼하는 상황을 감안하여[21] 장차 가정을 꾸려나갈 어머니 양성에 우선적인 목표를 두었다. 이를 '합리적이고 건강한 가정을 이끌어 갈 수 있는 여성, 즉 현모양처(賢母良妻)를 양성하는 것'이라고 했다.

또한 관공립학교에서 무작정 여학생들을 입학시킨 것은 아니었다. 당시 교장의 진술에 따르면, "기생 족속이나 상사람의 딸은 입학시험에 낙제시키고, 문벌이 버젓한 양반집 아씨들만 합격을 시켰다"며 상사람의 딸, 즉 천한 집안의 자녀나 천한 집에서 성장한 처녀는 입학시키지 않았다. 당시는 부친 또는 가장의 이름으로 어떤 집안의 규수인지 알 수 있었는데, 예를 들면 학부대신 이재곤의 손녀, 군부대신 이병무의 딸, 변호사 박승빈의 여동생, 학부참사관 김한규의 딸 등 귀족과 상류계층 가정의 규수만으로 30여 명가량 모집하여 개교식을 거행했다.

이후 입학 지원자가 점차 늘어나면서 구체적으로 조사하기 전에는 집안에 대해 알기 어렵게 되자 반드시 교장이 먼저 면접을 하여 얼굴과 몸가짐, 말씨를 본 후 교장의 직감적인 판단에 따라 양반과 상민을 구별하여 입학 여부를 결정했는데, 그 뒤에 알아보면 '대개 그 판단이 맞았다'고 한다(《조선일보》, 1928. 11. 2.).

이처럼 일제가 여학생에게 각별한 관심을 기울이는 가운데 관공립학교에서 입학 자격으로 집안을 본 이유는 '중산층 이상의 집안 출신을 우선적으로 선별하여 교육을 통해 모범적인 식민지 국민으로 양성하려는 의도'가 담겨 있었다. 반면 천한 집안이나 가난한 집 출신들은 '일제에 순응하기보다는 불평과 불만을 갖기 쉬워 충량한 식민지 국민으로 육성하기 어렵다'는 정치적 판단이 깔려 있었다.

달리 말하면 일제는 민심의 향배에 중추적 역할을 담당하는 신지식계급을 포함하고 있는 중류층에 주목하여 이들을 자기 편으로 끌어들이는 것이 '식민 통치의 성패가 달려 있다'고 판단했고, 이를 위해 외형적으로 일본과 유사하게 조선의 교육제도를 개편하여 근대식 학교 교육의 보급에 적극 나섰던 것이다. 따라서 일제의 교육정책은 근대식 교육을 앞세워 중산층을 우선적으로 포섭하기 위한 새로운 동화정책에 지나지 않았다.[22] 이처럼 1910년대까지도 일제의 관공립학교들은 근대 교육의 중심에 서지 못했고, 오히려 거부감이 심했다.

공립보통학교를
거부하다

▌'빈민학교'라는 별칭이 생겨나다

1899년부터 1909년까지 기독교 선교사와 민간 주도에 의해 자생적으로 활발하게 사립학교 설립 운동이 전개되었고, 민족적 자각을 일깨우면서 식민 지배의 현실을 극복하기 위한 실천 운동을 적극적으로 벌였던 학교들이 많았다. 어느 사립학교 창립식에서는 "독립을 추구하여 자유를 얻으려고 하면 관공립학교에 기대할 수 없다. 반드시 사립학교가 아니면 안 된다"[01]라고 축하 연설을 하여 갈채를 받았고, "사립학교 교사들은 국권 수호 운동의 지사였으며, 교육자로서 신념과 애국자로서의 긍지를 가지고 있었다"[02]고 평가한 것이 그 예였다.

그러나 일제는 "사립학교가 교육과 정치를 혼돈하여 불온사상을 주입하고 청년 학도의 전도를 그르친다"고 비난했고, 심지어 "종교나 사립학교를 막론하고 그 설립의 동기야 어찌 되었든 귀착점은 일본의 보호를 벗어나 독립을 달성하려는 데 있다"[03]며 사립학교를 탄압했다.

특히 1908년 통감부 시절부터 「사립학교령」의 발표로 사립학교 탄압을 시작한 일제는 '교과서는 학부 발행 및 학부의 검인정용으로 한다'는 교과용 도서 검정 규정을 비롯해서 '기존 사립학교도 다시 인가를 받아야 한다' '설립자·학교장·교원의 이력서를 제출하여야 한다' '학부대신은 사립학교에 폐쇄령을 내릴 수 있다'[04]는 등의 각종 법규를 만들어 인가를 받아 설립 준비 중인 학교까지 6개월 이내에 재인가를 받도록 변경했고, 이미 설립된 사립학교의 정상적인 운영을 방해했다.

그럼에도 양반들은 근대적 학문을 공부한 교사들을 집으로 초빙하여 자제들을 교육시키기도 했고, 신학문의 필요성을 인식했던 사람들은 사립학교를 더 선호했다. 그리고 지방에서는 멀리 경성으로 유학을 보내기도 했다. 반면 일제가 설립한 관공립학교는 개편 초기에 보수성향의 지역 양반층이나 신교육의 필요성을 인식했던 지식인들 모두에게 기피의 대상이었다. 따라서 관공립보통학교는 1910년대까지도 주로 중류층 이하의 자녀들로 충원되는 경향이 있었다.

당시 학교에 다녔던 유영모의 회고에 따르면 "그때 서당에 가고 싶어도 집안이 어려워 서당에 못 가는 아이들은 나라에서 세운 관립소학교에 다녔다"[05]고 회상했고, 어느 일본인 교사는 "(학생들이) 대부분 권유에 의해 어쩔 수 없이 보통학교에 입학했고, 대체로 중산층 이하의 사람이었다"고 회고했다.

예를 들면 공립 인천보통학교에서는 "설립 초기에 6명의 학생이 있었는데 모두 지게꾼의 자녀들이었고, 양반의 자녀는 한 사람도 없었다"고 하며, 공립 북청보통학교 교장은 상부에 보고하면서 "학생들이 학력의 진부(進否) 등은 염두에 없고, 도리어 학교에서 주는 밥을 오래 먹는 것을 희망한다"[06]고 했다.

일부 지역에서는 입학을 강요받은 아이들이 부득이하게 입학은 했지만, 갑자기 구실을 만들어서 자퇴하거나 입학을 기피하기 위해 하층민을 대리로 보냈다. 때문에 관공립보통학교는 '빈민학교'라는 별칭이 생겨났고,[07] 이러한 분위기는 관공립보통학교를 기피하는 또 다른 요인으로 작용했다. 이에 학부차관 다와라 마고이치(表孫一)는 "……보통학교는 빈민학교이기 때문에 따로 양반의 학교를 만들어야 한다"[08]는 발언까지 했다. 즉 봉건적 신분제는 갑오개혁으로 폐지되었지만, 실질적으로는 이 시기에도 사람들의 머릿속에 여전히 관념적으로나마 잔존하고 있었던 사회 분위기가 느껴지는 듯하다. 그러나 이 발언은 중산층에 주목한 일제의 정치적 의도와 함께 사립학교를 탄압하는 또 다른 이유가 담겨 있었다.

▌공립보통학교가 거부당하다

일제는 특히 민족 선각자들이 설립한 사립학교를 '민족교육의 온상'으로 지목하여 철저하게 탄압했고, 결국 이를 견디지 못하고 폐교되거나 관공립학교에 통폐합되는 사립학교들이 속출했다. 또한 관공립학교 관계자에 따르면 "일반 사립학교의 재학자로 보통학교에 전학을 희망하는 자도 많다. 오늘날에는 다수의 지원자 중 그 가정의 상황을 조사하여 가급적 중류층 이상의 자제를 선발하여 입학을 허가하고, 다른 사람은 잠시 그것을 거절하는 형편이다"[09]라며 일반 입학 지원자를 거절하며 사립학교 학생들을 관공립학교로 전학시키기 위해 적극적인 관심을 기울였다. 물론 그 이유는 단순히 보통학교의 인원 충원에만 있지는 않았다.

학비가 비싼 편이었던 사립학교는 대부분 중산층 이상의 자녀들이 다녔고, 여기에는 일찍부터 신교육의 필요성을 인식했던 신지식인층이 포함되어 있었다. 이들은 일제가 설립한 초등학교 자체에는 적극적으로 반대하지 않았지만, 관공립학교의 위상이나 운영방식에 대한 부정적인 인식으로 사립학교를 더 선호했다. 따라서 일제는 이들을 통해 보통학교에 대한 부정적인 인식과 더 나아가 식민지 교육정책의 문제점을 감추고, 관공립학교를 확장하는 기회로 삼았다.

일제의 공식문서에서도 취학아동과 학부형들이 보통학교에 거부감을 갖게 된 원인에 대해 사립학교 탄압을 재산 탈취·민족 말살 등으로 받아들였고, 관공립학교를 경영하던 일본인 교사에 대한 혐오감, 한문 경시와 일본어 교육을 강화하고 짧은 수업 시간에 대한 불만 등을 꼽았다.[10] 그리고 이러한 인식의 확산은 '언론의 영향이 크다'고 지적했다. 따라서 일제는 당시의 분위기를 어느 정도 인식하기는 했지만, 문제를 정확하게 파악하여 올바른 해결책을 제시한 것은 아니었고, 그럴 의지도 없었다.

무엇보다도 일제는 사립학교의 존재를 인정하지 않았다. 그러나 사립학교를 완전하게 차단하는 것이 불가능하자 사립학교에 대한 통제를 강화하고 "기부금을 대규모로 모집하면 징세에 큰 영향을 미치게 되므로 도저히 허가하기 어렵다"는 등의 이유로 사립학교 설립을 위해 조직한 기성회의 기부금 모금 활동을 불허하거나 교묘한 방법으로 기성회의 인가를 취소하기도 했다. 그리고 사립학교 설립을 실업학교로 설립할 것을 종용했고, 주민들이 학교 설립을 위해 모금한 기부금을 공립학교 설립을 위한 재원으로 활용하기도 했다(《동아일보》, 1922. 7. 10.). 때문에 1926년 오산고보와 1931년 경북 김천고보, 함남 영생고보 등 단 3곳의 사립학교 외에는 전국의 사립학교 설립 운동이 모두 실패로 끝났다.

그리고 일본어 사용의 경우 일제는 초등교육부터 일본어를 국어(이하 국어는 모두 일본어를 가리킨다)라고 칭하며 일본어 교육을 강화했다. 예를 들면

1911년「보통학교 규칙」에서 4년제 보통학교 교과목과 수업 시간을 조정하면서 일본어가 종전의 6시간에서 10시간으로 대폭 늘어났다. 따라서 일본어 한 과목이 1·2학년의 주당 총 26시간 수업과 3·4학년의 주당 총 27시간 수업으로 전체 수업의 3분의 1을 넘었다. 중등학교 역시 학년별로 주당 6시간 배정되었던 일본어가 1911년 시행된「고등보통학교 규칙」에 따라 1·2학년은 8시간, 3·4학년은 7시간으로 늘어났다.[11]

뿐만 아니라 보통학교 1학년부터 조선어와 한문을 제외하고 모든 과목의 교과서도 일본어로 편찬되었고, 조선어 수업 시간도 일본어 중심이었다. 따라서 보통학교 1학년부터 외국어를 습득해야 하는 힘겨운 부담을 지게 되었고, 국어 및 한문을 포함해 총수업 시간의 61퍼센트를 언어와 문자 학습에 매달려야 했다. 그리고 일제는 일상생활에서도 일본어 사용을 더욱 강조했다.

▌서당과 사립학교, 견제와 탄압을 받다

일제가 초등학교 1학년부터 일본어 교육을 대폭 강화한 이유는 조선의 전통과 문화에서부터 일상의 생활양식을 말살하고 일본의 언어와 문화 그리고 생활양식을 뿌리내리게 하려는 식민지 지배 정책의 하나였다. 그리고 관공립초등교육기관을 이를 수행하는 핵심 기관으로 삼았다. 반면 사립보통학교와 함께 서당은 많은 점에서 관공립보통학교와 비교되었다. 보통학교에 대한 불만 가운데 '수업 시간이 부족하다'는 지적도 그 예였다. 보통학교에서는 수업이 오전에만 이루어졌기 때문에 하루 종일 운영하는 서당과 비교되었던 것이다. 따라서 관공립보통학교 입장에서 사립학교와 서당은 공존할 수 있는 관계가 아니었다.

그러나 일제는 서당을 견제하면서 사립학교를 먼저 탄압했다. 그 과정에서 보통학교를 새로 신설하기보다는 전국의 사립학교들이 규정을 위반할 경우 학교를 폐쇄하고 관공립보통학교에 통합시키는 방법으로 학교를 증설했다.

예를 들면 공립 평양제일보통학교는 1906년 기존에 설립되어 있던 공립소학교 두 곳을 통합한 후 학생들을 일진회 소유의 창동학교에 충원하는 방식으로 개교했고,[12] 공립 목포보통학교는 1897년 설립된 공립 무안소학교가 1901년 목포로 이전하여 1907년 홍진학교를 통합하는 방식으로 개교했다.[13] 공립 익산보통학교는 양반들이 다녔던 사립 익창학교와 평민들이 다녔던 사립 기영학교를 통합하는 방식으로 개교했고, 공립 인천보통학교는 1907년 3명의 학생으로 개교하여 개교 초기 재학생이 겨우 6명이었으나, 사립 재영학교를 흡수하여 74명의 학생을 받아들인 후[14] 다시 1912년 인명학교로 병합했다.[15]

또한 평북 공립 곽산보통학교는 재학생이 100여 명이나 되는 읍내 사립학교를 흡수하여 학교의 기초를 확고하게 다지는 계기가 되었다(《조선》, 1921년 3월호). 공립 요파보통학교는 인근 기독교계 사립학교를 폐교시킨 뒤 재학생을 모두 수용했고,[16] 같은 해 공립 청주보통학교는 폐지된 보성여학교 학생들을 수용하는 등[17] 일단 사립학교를 폐지한 후 공립보통학교로 학생들을 수용했다.[18] 심지어 공립 북청보통학교는 부근의 3곳 사립학교를 병합하여 재학생을 400명으로 늘렸고,[19] 경성의 효제초등학교 전신인 관립 어의동보통학교는 1915년 인현공립보통학교 학생과 1916년 폐교된 신흥학교 학생들을 차례로 수용했다.[20]

이외에도 보통학교는 1911년과 1912년 각각 134개교와 102개교가 설립되었지만, 1912년의 경우 새로 설립된 공립보통학교는 대부분 각종 사립학교나 사립보통학교 조직을 변경한 것으로, 실제로 신설된 학교는 29개교로 소수에 불과했다. 반면 사립학교는 인가 조건이 까다로워 신설이 힘들었고, 인가를 받지 못한 학교는 상당수가 서당으로 전환했다(《조선》, 1922년 3월호). 이러한 일은 서당을 기초로 설립된 사립학교가 많았기 때문에 가능했다. 1909년 곽산보통학교에 부임했던 스기사키 쓰나고로(杉崎綱五郞)는 당시 사립학교들이 "되도록 완전한 것만 남기고 다른 것은 서당으로 하고 혹은 공립학교에 병합되었다"고 한 것이 그 예였다.

1909년 6월 인가를 신청한 1,995개교 가운데 설립 인가를 받은 학교는 820개교에 불과했고, 1908년 5,000곳의 사립학교에 「사립학교령」이 적용된 1910년 8월에는 1,900여 곳의 사립학교만 남아 2년여 만에 3,000개교 이상이 감소했다. 특히 사립학교는 강제 병합 후 4년 동안 3분의 1로 줄어드는 등 이후에도 지속적으로 감소하여 1911년 2,085개교에서 1919년 698개교로 대폭 줄어들었다.[21]

이처럼 사립학교에 대한 탄압이 심해지자 1921년 전조선선교사대회에서 조선총독부에 '사립학교 경영에 관해 자유를 통제하고 불필요한 간섭의 폐지를 요구한다'는 장문의 진정서를 제출했다. 진정서에는 "사립학교 설립자와 교장의 경력 그리고 학교 실적까지 상당한 표준을 제시하며 통제하고 있으며, 사립학교 교사에 대한 봉급과 교과목 변경까지 일일이 조선총독부에 보고하여 승인을 받아야 하고, 교사의 채용과 일상의 사무까지 규정에 의한 정부의 승인을 얻어야 하며, 심한 경우 수업료 변경까지 허가를 받아야 하는 등 전혀 불필요한 간섭까지 이루어지고 있다"며 학교에서 필요에 따라 조선인을 교장이나 교사로 채용할 수 있도록 하는 등의 건의가 담겨 있었다(《조선일보》, 1921. 3. 19.). 그러나 진정서의 내용은 거의 수용되지 않았다.

▌초등교육 역할을 분담하다

지역의 유지를 포함해 주민들이 운영하던 사립학교도 많았다. 때문에 사립학교를 관공립학교로 전환하는 등 사립학교에 대한 탄압을 '일제가 학교를 탈취했다'고 받아들였다. 여기에 강제 병합에 대한 거부감이 더해져 관공립학교 입학을 기피했고, 사립학교와 함께 서당이 근대식 초등교육기관의 역할을 일정 부분 맡게 된다. 1912년 공립보통학교 재학생이 41,063명일 때 사립학교는 55,313명 그리고 서당은 169,077명이라는 재학생 숫자도 이를 잘 보여주고 있다.

사립학교의 경우 1895년부터 1905년 사이에 무려 204개교가 설립되었고, 신학문의 통로로서의 역할을 담당했다.[22] 그리고 사립학교보다 서당의 재학생이 더 많았던 이유는 전통 교육에 대한 관념이 남아 있었던 지역에서 근대 교육에 대한 부정적 인식과 함께 우리의 근대사와도 밀접한 연관이 있었다.[23]

일반적으로 양반집 자제들은 어려서 아버지나 할아버지에게 '천자문'을 배웠고, 이후 서당에서 공부했다. 그리고 부유한 양반집에서는 훈장을 집안에 초빙해서 서당을 차려놓고 자녀들과 일가친척 등을 가르쳤다. 하지만 19세기 말 과거제도가 폐지되고, 개항과 더불어 서양에서 들어온 선교사들이 교육활동을 벌이면서 1886년에 설립된 배재학당을 필두로 신식 학교가 들어서게 된다. 한편으로는 봉건적 사회질서를 타파하고 근대라는 새로운 교육제도의 영향을 받아 한문과 습자 외에 우리나라 역사와 지리 등을 가르치는 서당이 생겨났고, 서구 세력의 침투에 위기의식을 갖게 된 주민들이 기금을 모아 학교 설립에 나서면서 서당이 근대식 교육을 담당하기도 했다. 1883년 설립된 원산학사가 대표적인 예였다.

원산학사는 최초의 근대 학교로 알려진 배재학당보다 앞서 설립된 우리나라 최초의 근대 학교였고, 외국인에 의존하지 않고 정부의 개화 정책에 앞서 민간인들이 자발적으로 자금을 모아 설립된 근대 민립학교였다. 뿐만 아니라 지방의 개항장에서 시무에 대처하기 위한 원산학사의 설립은 우리 근대사에서 큰 의미를 차지하고 있다.

또한 도시와 거리가 먼 지역일수록 근대식 학교의 영향이 미치기에는 한계가 있었다. 이러한 상황에서 을사늑약 이후 유생(儒生)들이 여러 가지 형태로 일제의 침략에 항거했고, 이 과정에서 유생들은 전국의 산간벽지까지 내려가 서당을 세워 교육에 앞장서면서 서당이 급증하게 된다.[24] 그리고 1906년 도회지를 중심으로 민립 사학운동이 거세게 일어났고, 1907년에는 일제가 군대를 해산하자 국권을 회복하기 위해 제2차 의병운동이 일어났으나 실패로 끝나자 유생들은 지역으로 돌아가 일제가 권장하는 관공립학교와 신학문에 반대하며 서당을 세워 '실력양성론을 통한 인재육성'과 '교육을 통해서 나라를 구하자'며 교육에 더욱 매진했다. 여기에 일제가 사립학교 탄압에 적극 나서자 뜻있는 유지들이 중심이 되어 법에 어긋나지 않는 서당으로 진로를 바꾸어 민족교육을 전개했다.[25]

사회계층과 지역 그리고 개화 정도와 성격에 따라 차이가 있기는 했지만, 특히 1910년대에 들어서면 서당의 교육 내용과 분위기는 유교 중심의 교육과 함께 민족의식을 일깨우는 교육이 병행되는 등 종래와는 성격이 다른 서당들이 많이 생겨났다. 예를 들면 아동의 문법에 국한해서

가르치는 서당도 있었고, 개량 서당에서는 민족의 역사와 산술 과목을
가르쳤다. 그리고 농민들의 생활상을 담은 교재들이 이 시기에 만들어졌
고, 입학금이나 수업료가 공립과 사립학교에 비해 훨씬 저렴하거나 무료
로 교육하는 서당도 생겨났다.[26]

이 시기의 서당이 "신교육에 대한 반동으로 나타난 복고주의가 아니
라 근대라는 가면을 쓴 일본화 교육에 대한 민족적 항거이며, 국권을 회
복하기 위한 민족의 각성을 가르치는 초등교육기관 역할을 담당했다"[27]
는 평가를 받는 이유도 여기에 있다.

서당이
변하다

▌서당과 사립학교를 분리하다

일제는 사립학교를 철저하게 탄압했지만, 서당에 대해서는 상대적으로 온건하게 대응했다. 강제 합병 초기인 1912년 세키야 데자부로(關屋貞三郎) 학무국장은 공립보통학교장 강습회에서 "보통학교 교장 중 왕왕 서당을 배척하여 그것을 폐지하고 아동을 보통학교에 수용하려고 기도하는 일이 없지 않다. ……서서히 그것을 지도하여 개선해야 한다"[01]라고 훈시한 것이 그 예였다. 그 이유는 지방으로 갈수록 보통학교 설립이 어려운 상황에서 산간벽지까지 폭넓게 분포되어 있었던 서당의 급격한 폐지로 초래되는 혼란 등 교육의 공백 사태를 우려했기 때문이다.

남원공립보통학교 교장은 "중류층 이상의 조선인에게 취학을 권유하면 학부형들이 '우선 서당에서 한문을 수학한 연후에 보통학교에 입학하겠다'며 서당 공부를 이유로 취학의 면제를 요청하였다"[02]고 보고할 정도로, '서당은 전통 교육의 필요를 충족시켜주고, 보통학교는 근대 교육의 필요를 충족시켜준다'는 생각이 일반화되면서 서당에서 공부한 후 보통학교에 입학하는 것을 자연스럽게 받아들였다.

1910년대 보통학교 입학자의 65~70퍼센트가 서당 교육을 경험했고,[03] 1920년대 초반까지 서당에서 공부하고 보통학교에 입학한 남학생 비율이 70~80퍼센트나 되었다. 참고로 1910년대부터 1920년대까지 서당에서 공부하고 보통학교에 입학한 남학생의 비율은 다음과 같다.[04]

연도(년)	1912	1913	1915	1916	1917	1918	1919	1920	1921	1922	1923	1928
비율(%)	70	72.6	76.1	76.5	80	88.1	77.8	78.2	80.6	74.5	66.5	35.9

이처럼 1920년대 초까지 서당에서 공부하고 보통학교에 입학한 학생이 증가한 또 다른 이유가 있었다. 즉 일제는 사립학교에 비해 학회 주도의 조직적인 면이 약한 서당을 전통 교육을 이행하는 곳으로 묶어두고, 탄압과 회유라는 양면책을 씀으로써 식민지 교육기관으로 개편을 시도하면서 한편으로는 민족교육을 수행하는 사립학교를 먼저 탄압하는 일종의 분리 정책을 실시했던 것이다.

이후 사립학교가 어느 정도 정리되자 1921년을 정점으로 서당의 재학생도 감소하기 시작했고, 1923년에는 서당의 재학생이 256,851명, 공립보통학교는 293,318명으로 재학생 수가 역전되더니 1928년에 이르러 서당의 재학생이 절반 이하로 줄어들었다. 즉 1910년대까지 사립학교의 위축에 따른 공백을 메우며 근대식 초등교육기관 역할까지 담당했던 서당역시 1920년대에 들어서면서 점차 설 자리를 잃게 되었고, 서당을 대신해서 야학과 강습소 등이 증가했다.[05] 반면 보통학교로 개편되기 직전까지 학생이 10여 명에 불과할 정도로 학생 모집에 어려움을 겪었던 공립목포소학교 등 전국의 관공립보통학교들은 조선총독부의 지원에 힘입어 학생들이 늘어났다.

일제는 관공립학교의 학생 모집을 위한 다양한 지원 방법을 동원했다. 1908년에는 "보통학교 소재지에 학무위원을 두어 초등교육의 보급을 도모하게 한다"[06]며 다와라 학부차관이 '학무위원을 학생 모집의 중개인으로 활용한다'는 계획을 발표한 것이 그 예였다.[07] 학무위원은 명예직이었지만, 1909년 함남 홍원공립보통학교 학무위원으로 선정된 한 위원은 "관리와 주변의 친지들을 초청해 잔치를 벌였다"고 하며, 지역의 문중이 학무위원을 독차지할 정도로 지역에서 나름의 영향력이 있었기 때문에 이들이 학생 모집에 영향력을 발휘할 것으로 기대했던 것이다.

숨바꼭질이 벌어지다

학생 모집을 위한 다양한 아이디어도 동원되었다. 고창군 공립 대산보통학교는 학생 모집을 위해 '활동 사진대를 결성하여 지역을 돌아다니며 선전활동을 하자'고 결의했고, 1910년 한성사범학교를 졸업하고 전라남도 남평보통학교에 부임한 어느 조선인 교사는 "매년 10월경부터 다음 해 3월까지는 거의 침식을 잊고 학교 관계자들이 총출동하여 학생 모집에 나섰는데…… 약을 팔 때와 같이 축음기와 화학기계를 사용하고 활동사진을 찍었으며, 각 부락을 순회하며 직원과 학부형의 접촉 기회를 많이 마련해 교육의 필요성과 가치를 선전했다"고 회상했다.

공립 군산보통학교는 환등회나 학부형 간담회를 개최하여 학생을 모집했고, 경성의 교동보통학교는 졸업생에게 입학 대상자를 추천하게 했으며, 환등기 모임과 학부형 담화회, 한성부 또는 학무위원 등 관청과 지역 유지들에게 협조를 요청했으며, 심지어 악단을 동원하고 신문광고까지 활용하는 등 다양한 방법을 동원했다. 당시 교감은 "졸업생을 통한 주

선이 가장 효과적인 방식이었다"고 보고했다.[08]

또한 1906년 「보통학교령」이 공포되었을 때 수업료는 무료였고, 교과서와 식비까지 지급했으며, 1908년 학부에서 "가능하다면 학용품까지 경비로 지급하라"고 했다.[09] 심지어 학교에 가면 점심도 주고 조금만 아파도 약을 제공하는 등 일종의 유인책까지 동원했다. 그리고 남원에서는 "각 면에 5명씩 할당하여 입학생을 모집했는데 어느 정도 효과가 있었다"[10]며 지역 할당제의 사례를 보고하기도 했다.

뿐만 아니라 1908년 제2회 관공립보통학교 교감회의에서는 "스스로 입학하러 오는 경우가 드물어서 학생 모집이 곤란하다. 경찰력을 빌리거나 군수에게 의뢰하여 강제적으로 모집하거나 또는 군수의 협조를 구해 각 면(面)에서 5명씩 의무적으로 입학시켰다"[11]고 하며, 충주·춘천·목포 등지에서도 "처음에 관찰사·군수 등에게 입학 권유를 의뢰했다가 별다른 효과가 없자 결국 경찰력을 동원했다"고 한다.[12] 이처럼 당시 관청직원들이 순사나 헌병 보조원과 함께 마을을 돌아다니며 학생들을 모집하는 강압적인 방법까지 동원한 것은 학생 모집에 공권력을 동원했다는 것을 의미했다. 특히 민중의 일상을 감시하고 탄압했던 악명 높은 헌병경찰제도의 지원을 받았다는 점에서 학생 모집에 얼마나 신경 썼는지, 그리고 당시 분위기가 어떠했는지를 보여준다.

그럼에도 본인의 의사와 관계없이 강압으로 입학하게 된 학생들은 대부분 학교생활에 흥미가 없었고, 출석률이 대단히 저조했다. 공립 충주보통학교 교감은 "처음에는 군수에게 의뢰하여 강제로 학생을 모집한 결과, 결석자가 많았다"고 보고했고, 공립 군산보통학교는 "재학생이 100명이 넘었지만, 실제 평균 출석은 50명 정도에 불과했다"고 한다.[13] 심지어 공립 경주보통학교 교감은 "학도 80명 중 출석은 불과 5명 내지 10명에 지나지 않았다"[14]고 했다. 이러한 현상은 중퇴자의 증가로 이어졌다.[15] 여기에 공립 경주보통학교 교감은 "한일합병 이후 약 반 년간은 장래를 비관하여 중퇴하는 사람도 있었다"고 보고했고,[16] 경성에서도 "관공립학교 학생이 불온한 생각에 사로잡혀 일시적으로 얼마간의 감소를 보였다"[17]며 강제 합병으로 재학생의 감소와 학생 모집에 어려움을 겪었다.

생활고로 인한 경제적 어려움도 학생 모집에 어려움을 더했다. 황해도 봉산군 은파공립보통학교의 경우 "취학 대상자가 500여 명이나 되었지만, 흉년으로 인한 생활고로 입학일이 되어도 지원자가 없었다"고 한다(《동아일보》, 1925. 3. 16.). 때문에 관계자들이 출장을 나가 입학을 독려하는 과정에서 공권력을 동원하는 등 강제적인 방법으로 학생을 모집하는 일은 일상이 되었고, 학교 관계자가 마을에 나타나면 쫓고 쫓기는 숨바꼭질이 벌어지는 등 한바탕 소동이 일어났다.

▌'서당 사냥'에 나서다

김해군수는 강제력을 동원하여 읍내 구식 서당을 모두 폐지하고 학생들을 보통학교에 입학시켰고(《동아일보》, 1925. 3. 16.), 경기도 교하초등학교에 입학하게 된 어느 학생은 "우리 동기들이 입학 당시 학교장과 담임교사가 마을을 돌아다니며 강제 모집하여 입학시켰다. 나 역시 8세 때 집 앞마당에서 놀다가 선생님에게 잡혀 부모님 성명과 본인의 나이, 이름을 적어서 돌아간 뒤 취학 통지서가 나왔다. 당시 아이들은 붙잡히지 않으려고 도망 다녔고, 선생님이 오면 숨기도 했다"[18]고 한다.

심지어 어느 교사의 회고에 따르면 "열심히 입학을 권유하고 다니면 입학을 희망하는 학부형이 보이기도 했지만, 수용인원의 10분의 1에도 미치지 못해 완전히 실망했다"고 할 정도로 공립학교에 대한 거부반응이 심했다. 학생 모집 과정에서 "자녀들을 학교에 입학시키느니 차라리 농사에 종사시키겠다"고 단호하게 거절하는 학부형들도 있었다. 때문에 학교 관계자들은 학부형을 유치장에 가두어 놓고 자녀를 학교에 보낸다는 조건으로 석방하는 등 불법적인 방법까지 동원하며 입학을 강요했다.[19]

양반들은 '보통학교 교육은 왜인의 글을 배우는 곳'이라며 자제들을 학교에 보내지 않고 서당을 더 선호했으며,[20] 일반인들 사이에서도 "보통학교는 왜놈들이 주선하여 세운 학교라서 일부러 가지 않았다"[21]고 할 정도로 보통학교에 대한 부정적인 인식 등은 일제에 대한 거부감과도 연관이 있었다. 여기에 "보통학교에서 일본어를 가르쳐서 남자는 일본 군인을 만들어 총알받이로 삼거나 일본에 납치하여 노동자나 노예로 만들고, 여자아이는 사창가에 팔아버린다"거나 "일제가 아라사(러시아)의 과격파와 싸우기 위해 시베리아 지방에 계속해서 병력을 보냈는데, 가는 족족 모두 사망해서 지금은 일본 전국에 병정이 한 명도 없다. 때문에 전쟁을 계속할 수 없게 되어 조선 사람 중에서 머리 깎은 사람과 보통학교 학생을 병정으로 뽑아 시베리아로 보내기로 했다"는 소문이 돌아 머리를 깎은 사람은 다시 머리를 기르고, 보통학교를 자퇴하는 등 지역마다 관공립학교에 대한 부정적인 소문들이 꼬리를 물고 이어졌다(《매일신보》, 1921. 8. 10.).

서당의 학생들도 점차 학생 모집의 주요 목표물이 되었다. 사람들은 서당에서 공부하는 학생들을 잡으러 가는 것을 '서당 사냥'이라고 할 정도로 분위기가 험악했다. 1905년생인 홍을수의 증언에 따르면 "면장과 경찰 등이 서당을 급습하여 서당의 폐쇄를 요구했고, 학생들을 면사무소로 끌고 가서 머리를 자른 뒤에 귀가 조치시켰다"[22]고 하며, 심지어 "장검을 앞세워 각 부락의 서당 사냥을 결행하여 무리하게 학생을 강제로 끌고 왔다. 그리고 불법이기는 하지만 하룻밤 정도 숙직실 등에 감금하여 입학을 권유했지만, 아이들은 나이를 속이기도 했고, '입학하고 싶어도 부모가 허락하지 않는다'며 사정해서 거의 끝이 없었다"[23]고 한다.

때문에 아이들은 학교라고 하면 금방 경풍(驚風)을 일으킬 정도였고, "순사나 헌병 보조원들이 찼던 어른 키만 한 긴 장검이 동네 밖에서 번쩍거리는 듯만 해도 '숨어라, 숨어라!' 하는 소리가 동네 서당에 쫙 퍼졌다"고 한다. 그럴 때마다 서당에서 공부하던 아이들은 피난처를 찾으려고 고양이 만난 쥐가 담 구멍을 찾듯 한바탕 소동이 일어났고, 공부를 가르치던 훈장은 학생들을 산으로 피신시키는 등 마치 외적의 습격이 연상될 정도로 서당 사냥은 기습적이고 강압적으로 이루어졌다(《동아일보》, 1930. 4. 2.).

중등학교 역시 강제 병합 초기까지 어려움이 많았다. 이 시기에 중등학교를 다녔던 모 관립중학교 1회 졸업생의 회고에 따르면 "경성의 재동 부근으로 심부름을 가다가 길에 나온 선생님들이 잡아서 학교에 데려가 머리를 깎고 공부를 시켰다"[24]고 입학 이유를 진술했고, "교실 책상이 모자라 학생들은 먼저 오는 순서대로 앉았고, 출석은 부르지 않았으며, 오면 가르치고 안 오면 안 가르치는 느슨한 형태로 운영했다. 외국인 교사들이 수업할 때는 통역을 두고 진행해서 진도가 다소 늦게 나갔다"[25]고 할 정도로 1910년대까지 중등학교도 학생 모집에 나섰고, 학교 분위기도 어수선했음을 알 수 있다.

▌졸업장을 요구하다

조선총독부는 근대 교육기관으로 관공립학교만을 인정하여 각종 법과 제도적으로 지원했다. 예를 들면 1900년 공포된 「중학교 규칙」에는 "관공립중등학교 입학 자격으로 고등소학교 졸업장이 있어야 한다"고 명시하고 있지만, "각 외국어학교 졸업생과 문산(文算)이 초유(稍裕)하고 재주와 슬기가 총명한 자를 특별히 입학을 허락한다"는 단서 조항이 있었다. 따라서 반드시 초등학교를 졸업하지 않아도 중등학교에 입학할 수 있었다.[26]

그러나 통감부가 들어선 후 1906년 공포된 「고등학교령 시행규칙」에는 중등학교 입학 자격을 "초등학교 졸업자는 다른 지원자보다 앞서서 본과 제1학년에 입학함을 허함"[27]이라며 초등학교 졸업자의 우대를 명시했고, 1909년에는 보통학교 졸업자는 학력 시험을 면제해주었다. 그리고 사범학교는 1895년 공포된 「한성사범학교 규칙」에서 입학 자격으로 '품행 방정한 자, 지망 확고한 자, 신체 건전한 자, 가사에 관계가 없는 자' 등 다소 추상적인 내용을 담고 있었으나 1906년 공포된 「사범학교령」에는 "초등학교 졸업 이상의 학력이 있는 자"로 학력 자격을 분명하게 명시했다.[28] 또한 1909년에 공포된 「실업학교령 시행규칙」에는 '제1학년 입학 지원자 중 초등학교를 졸업한 자는 학력 시험을 행치 아니하고 다른 지원자보다 앞서서 입학을 허가할 수 있음'[29]이라고 규정하여 초등학교 졸업자에 대한 우대를 명시했다.[30]

이처럼 일제는 아직 체계적이지 못했던 학제를 정비하면서 교육보다는 법과 제도를 통해 관공립학교를 지원했다. 반면 사립학교는 사회에서 요구하는 각종 자격을 인정하지 않았다. 때문에 1919년 기독교 선교사들은 "관립 의학전문학교 졸업생은 무시험으로 의사면허를 주면서 세브란스의학전문학교 졸업생은 총독부가 주관하는 시험을 통과해야 의사면허를 주고, 관공립중등학교 졸업생은 교원양성소에 입학할 수 있으나 이와 동등한 사립학교 졸업생은 입학 자격을 주지 않는 심한 차별을 걷어치우기 바란다"며 관공립학교와 사립학교 출신의 차별을 항의했지만 개선되지는 않았다.[31]

뿐만 아니라 일제는 관리의 임용 조건으로 학력 자격을 법규화하고 회사원이나 노무자 등을 신규 채용할 때 출신 학교장의 추천을 관행화하거나 학력에 따른 임금차별을 관행화하는 등의 기준을 적용하여 관공립학교의 사회적 위상이 예전과 달리 강화된다. 즉 일제에 의해 각종 제도에서 학력을 요구했고, 학력이 없으면 식민지에서 할 수 있는 일이 점차 사라졌다. 여기에 실력을 키워 민족을 구하자는 이른바 실력양성론으로 많은 이들이 지식인 대열에 합세했지만, 개인의 출세 욕망으로 일본이 인가한 학교에 다닐 수밖에 없게 되었다.

중등학교 진학자 가운데 보통학교 졸업자들이 점차 늘어난 것이 그 예였다. 1911년에 관립 한성고보 입학자 107명 중 93명 그리고 관립 평양고보 입학자 65명 중 44명이 보통학교 졸업자였고, 실업학교 입학자는 1910년 1,169명 중 859명이 그리고 1911년에는 1,081명 중 706명이 보통학교 졸업자였다.[32]

또한 어느 공립고보 교감은 "근래에 이르러 현재 사립학교로부터 전학을 희망하여 오는 자가 적지 않다. 현저한 일례는 군내 사립 동신학교장 스스로 자제를 공립학교에 입학시킨 것이다"[33]라며 주민들에게 관공립학교 입학을 권유해야 할 의무가 있는 지방관들도 자녀를 사립학교에 보내는 상황에서 "사립 학교장이 자녀를 공립학교에 입학시켰다는 것은 초등교육기관인 소학교가 보통학교로 개편되고 일제의 지원으로 보통학교 운영방식과 학생들의 계층적 성격에 대한 인식 등이 점차 개선되면서 중산층에서 보통학교를 전향적으로 생각하기 시작했다"는 의미라고 강조했다.

▌지원자는 대폭 늘어났지만…

보통학교 입학 지원자는 다음과 같이 여학생의 증가를 통해서도 확인할 수 있다.[34]

연도 (년)	입학 지원자 수 (명)	여학생 지원자 수 (명)	취학률 (%)	연도 (년)	입학 지원자 수 (명)	여학생 지원자 수 (명)	취학률 (%)
1912	44,638	3,998	0.4	1928	462,538	75,997	5.8
1914	59,397	5,583	0.5	1930	489,889	86,889	6.2
1916	73,575	7,661	0.7	1932	513,786	96,949	6.8
1918	90,778	11,207	1.0	1934	636,334	125,764	8.6
1920	107,201	13,916	1.2	1936	798,224	173,370	11.4
1922	236,031	32,075	2.7	1938	1,049,625	252,293	16.2
1924	374,122	55,039	4.5	1940	1,376,304	363,587	22.2
1926	438,990	68,395	5.2	1942	1,752,590	533,434	29.1

1910년대 보통학교 여학생은 전체 학생의 1퍼센트에도 못 미쳤고, 여학생이 한 명도 없는 학교도 많았다. 한 예로 1912년 각종 사립학교와 서당을 축소하고 공립보통학교로 전환한 경기도 고양보통학교는 전교생이 87명이었으나 여학생은 한 명도 입학하지 않았다.[35] 그러나 1920년대에는 여학생 취학률이 이전에 비해 급격하게 늘어났다.[36]

특히 보통학교의 경우 1915년 도시에 해당하는 부(府)의 취학률이 17.7 퍼센트 그리고 농촌에 해당하는 군(郡)은 2.6퍼센트였고, 1920년에는 부의 취학률이 21퍼센트 그리고 군은 4.2퍼센트로, 여전히 낮은 취학률과 도시와 농촌지역의 취학률 차가 크기는 하지만,[37] 이전과 비교하면 1920년대 초에 공립학교의 학생 수가 가장 많이 증가했다. 이와 관련해서 어느 일본인 관리는 "취학아동의 증가는 실로 놀랄 만한 것이었다. 소요(3.1 운동) 이전에는 면장, 경찰서장이 극력 취학을 권유해도 정수의 취학아동을 얻는 것이 극히 어려웠다. 그런데 소요 이후 일변하여 학교는 문전성시가 되었다"고 할 정도였다.[38]

이처럼 관공립학교 지원자가 급증한 이유는 사립학교와 서당의 성격과도 연관이 있었다. 그리고 일제가 강조하듯 다양한 방법을 동원했던 그들의 노력(?)과는 별개로 3.1운동 이후의 높은 교육열로 인한 신교육에 대한 관심과도 밀접한 관련이 있었다. 이 시기를 이른바 '교육열의 시기'라고 하는 이유도 여기에 있다.

교육 기회가 제한되었던 근대 이전과 달리 1920년을 전후한 시기에 보통학교 입학생은 계층의 다양화를 통해서도 확인할 수 있다. 예를 들면 고양보통학교 입학생 선발에서 신분상의 제한이 없었고,[39] 인천 창영보통학교 학생들의 학적부에 따르면 취학아동의 학부모 직업이 노무자에서 상업과 관리에 이르기까지 다양했다.[40] 그리고 1920년대 취학연령 아동이 무려 80퍼센트나 늘어날 정도로 보통학교 입학 지원자가 증가했다. 반면 지원 아동의 증가에 비해 학교의 수용률은 그야말로 제자리 상태였다. 다음은 1920년대 초기 입학 지원 증가율과 학교의 수용 증가율의 예이다.

연도(년)	1920	1921	1922	1923
입학 지원 증가율(%)	77	71	72	−12
수용 증가율(%)	29	29	33	29

  1920년대 초에는 보통학교 입학 지원자가 남녀 모두 폭증했고, 1923년 전국적으로 발생한 자연재해로 보통학교 입학 지원율이 큰 폭으로 떨어진 것을 제외하면 이후에도 입학 지원이 매년 큰 폭으로 증가했다. 여기에 통계에서 누락된 취학 연령대의 아동과 처음부터 보통학교 입학을 포기하고 입학을 지원하지 않은 취학 연령대의 아동까지 감안하면 실질적인 수용률은 훨씬 더 낮을 것으로 추정된다.

지원자는 늘고,
정원은 부족하고…

▌취학연령을 통제하다

취학연령 아동의 증가는 입학 기준이 되는 나이와도 연관이 있었다. 1911년 「제1차 조선교육령」에서 보통학교 취학연령은 8세 이상으로 하고, 나이 제한에 대해서는 일정한 규정을 두지 않았다. 따라서 일반적으로 취학연령은 만 8세에서 만 12세였지만, 이 연령대의 아동만으로는 학교의 정원을 채우기 힘들었다. 때문에 당분간 14세까지 입학이 허용되었다. 그러나 초기에는 이 규정이 엄격하게 적용되지 않아 30세 전후의 나이에 입학하는 등 입학생의 연령 차가 컸다. 1913년 공립보통학교 1학년 입학생의 최소 연령은 6세였고, 최고 연령은 25.8세로 20년의 차가 난 것이 그 예였다.[01]

그러나 1920년대에는 보통학교 입학 지원자가 폭증하면서 취학연령에 대한 규정이 엄격하게 적용되기 시작했다. 따라서 종전에 비해 취학연령이 점차 낮아졌고, 연령 차도 좁혀졌다. 1935년 경성에서는 "종래의 만 6세에서 만 10세까지의 입학 자격을 유지하되, 이제까지 나이 많은 아동에게 입학 우선권을 부여해온 방침을 수정하여 앞으로는 만 6세가 된 아동부터 입학시키기로 했다"고 결정하는 등(《동아일보》, 1935. 1. 15.) 보통학교 지원자가 계속 늘어나면서 나이 제한이 더욱 엄격하게 적용되었다.

1921년 전북 이리보통학교는 100명 모집에 700여 명이 지원하자 인근지역 거주자와 만 10~13세까지 제한하여 400여 명의 접수를 반려했다. 그리고 187명을 선별하여 입학시험을 치른 뒤 정원보다 20명을 증원하여 120명을 선발했다(《동아일보》, 1921. 3. 28.). 경성의 경우 1922년 공립보통학교에 총 4,485명이 지원하여 1,184명을 선발했는데, 입학청원서를 받는 과정에서 인원이 넘치자 중도에 접수를 중단했다. 그리고 '민적 대조'로 연령을 엄격하게 확인하여 "만 10세 이상은 선발하지 않았고, 학교와 거주지의 거리가 먼 취학아동의 접수를 받지 않는 학교도 있었다. 따라서 취학연령 기준보다 나이가 많은 아동들이 입학 대상에서 제외되었고, 여기에 입학을 포기하고 민적 대조를 하지 않은 취학 연령대의 아동까지 감안하면 실제로 초등교육 혜택을 받은 아동은 소수에 불과했다"(《동아일보》, 1922. 3. 27. 외).[02]

경북 예천공립보통학교의 경우 250명이 지원하여 130명을 선발했는데, 탈락자 중에는 다음 해에 연령제한으로 입학이 불가능한 아동이 많았다. 때문에 '민적 조사는 폭증하는 보통학교 입학자를 제한하려는 의도'라고 비판받았다(《동아일보》, 1933. 4. 1.).

한편으로는 입학 연령을 만 6세로 하향 조정하여 1922년에는 입학 지원자가 수용 인원보다 11배나 되는 곳도 있긴[03] 했지만, 이후에도 입학 연령 제한으로 꾸준히 지원자가 줄어들어 입학 경쟁률을 낮추는 데 어느 정도 기여했다. 다음은 조선총독부 학무국에서 추정한 조선인 보통학교 취학아동과 취학률 수치이다.[04]

연도(년)	1920	1926	1930	1935	1937
취학생 수(명)	107,200	438,990	490,934	716,730	900,657
전체 취학률(%)	4.6	17.3	18.3	25.0	31.0
남/녀 취학률(%)	7.9/1.2	28.9/5.6	30.0/6.5	39.1/10.5	47.5/14.5

이처럼 입학난이 극심해지자 보통학교 입학에서 탈락자들이 속출했다. 어느 집에서는 네 명의 자녀가 보통학교 입학을 지원했는데, 한 명만 입학하는 등 미취학아동이 지속적으로 발생했다(〈동아일보〉, 1922. 4. 2.). 1921년 전남 영광보통학교에서는 지원자가 폭증하자 당황한 학교 측은 입학 일정을 발표하지 못했다. 때문에 학부형들이 학교 운동장에 모여 "언제 입학하게 되느냐?"고 물었으나, 학교는 "언제 입학식을 할지 모른다⋯⋯. 작년에 교실이 부족하여 한 채를 증축했으나 금년에는 한 명도 받을 수 없다"며 난감해했다. 당시 학교는 입학생 선발방식과 인원을 군청과 협의했으나 나이순이나 학술시험으로 뽑자는 의견이 있었고, 심지어 제비뽑기로 하자는 등 합의점을 찾지 못했다.

선발 인원에 대해서도 학교에서는 150명을 입학시키자고 했으나 군청에서는 90명만 입학시키자고 하여 의견 차가 컸다. 결국 결론을 내지 못하고 입학식이 무기한 연기되자 일부 학부형은 부담금을 증액해서라도 학교를 더 설립하기를 희망했다(〈동아일보〉, 1921. 4. 8.).

▌보통학교 입학이 과거시험보다 어렵다

1922년 경성의 교동보통학교는 150명 정원에 685명이 지원하여 1개 학교에서만 500명이 넘는 아동이 초등교육 기회를 상실할 정도로 지원자가 급증했고, "보통학교 입학이 과거시험보다 어렵다"는 말까지 나왔다(《동아일보》, 1922. 3. 27.). 이에 보통학교 교장들이 협의하여 1922년부터 지원자의 나이와 거주지를 확인하기 위해 민적초본을 첨부하여 입학원서를 제출하게 했다. 때문에 입학청원서에 '틀림없다'는 증명 도장을 받기 위해 해마다 입학 철이 되면 하루에도 천여 명이 민적계로 몰려들었고, 일요일도 없이 분주해졌다(《동아일보》, 1922. 3. 5.). 1922년 경성의 14개 공사립보통학교 정원이 2,259명이었는데, 보통학교에 지원하기 위해 무려 10배나 되는 22,000명이 민적 대조를 할 정도였다. 그러나 적은 경비를 들여 조선인을 하루빨리 식민지 정책에 순응하는 저급한 노동력으로 양성하려 했던 일제는 학교 증설에 소극적이었다. 따라서 입시난의 근본 원인은 학교의 절대 부족에 있었다. 이러한 현상은 조선에 거주하는 일본인 학교의 설립 현황과도 뚜렷하게 대비되었다.

전남 나주의 경우 1910년대 조선인 초등학교는 2개교였으나 일본인은 5개교였고, 1930년에는 나주에 거주하는 인구가 일본인 3,425명에 7개교, 조선인은 143,259명에 14개교였다.[05] 충남의 경우 1920년 조선인 1,123,668명에 보통학교는 49개교로 8,007명이 취학했고, 일본인은 16,616명에 31개교로 2,336명이 취학했다(《동아일보》, 1921. 10. 21.).

인문계 중등학교의 경우 1914년 조선인이 다니는 공립고등보통학교는 경성과 평양에 각 1개교가 있었고, 사립고등보통학교는 경성에 양정고보와 함흥에 함흥고보 2개교뿐이었다. 반면 조선에 거주하는 일본인이 다니는 중학교는 인구 비율을 감안하면 비교가 되지 않았다. 다음은 1912년에서 1921년까지 조선인과 일본인 남자 중등학교 현황이다.[06]

연도 (년)	공립중학교				공립고등보통학교			사립고등보통학교		
	학교	학급	학생 수(명)		학교	학급	학생 수(명)	학교	학급	학생 수(명)
			일본인	조선인						
1912	1	12	456	—	2	14	456	—	—	—
1915	2	23	929	—	2	21	822	2	7	278
1918	5	39	1,613	6	4	36	1,485	6	31	1,244
1921	7	62	2,496	42	7	51	1,953	10	70	2,975

이처럼 공립고등보통학교는 10년 만에 2개교에서 7개교로 불과 5개 교가 증가했으나 공립중학교는 같은 기간 동안 6개교가 증가했다. 그리 고 학생 수는 조선인이 1,953명에 불과했지만, 일본인은 500여 명이 더 많은 2,496명이었다. 반면 조선인 사립고등보통학교는 10개교에 2,975명 으로 중등학교에서 차지하는 비중이 컸다.

1910년에서 1920년까지 조선인과 일본인 여자중등학교는 다음과 같 이 더욱 차이가 컸다.[07]

연도 (년)	공립중학교				공립고등보통학교			사립고등보통학교		
	학교	학급	학생 수(명)		학교	학급	학생 수(명) 본과/기예과	학교	학급	학생 수(명)
			일본인	조선인						
1912	3	22	738	—	1	5	87 / 29	—	—	—
1915	7	14	1,191	—	2	10	181 / 69	2	10	20
1918	10	46	1,657	—	2	12	242 / 77	4	17	46
1921	12	70	2,941	6	2	14	378 / 15	5	21	108

여기서 기예과는 12세 이상의 여학생에게 재봉과 수예를 가르치는 것 을 말한다.

조선인이 다니던 여자고등보통학교는 1912년 1개교의 공립학교에 학생은 116명에 불과했고, 1921년 2개교가 되어 10년 동안 단 1개교가 증가했다. 그리고 사립학교를 합해도 전국 7개교에 학생은 501명뿐이었다. 반면 조선에 거주하는 일본인 여학생들은 모두 공립학교였고, 재학생이 무려 3,000여 명이나 되었다. 참고로 1920년 조선인 인구는 약 1,700만 명, 조선에 거주하는 일본인은 약 35만 명이었다.

▌외국의 대학 가기보다 힘들다!

조선인 학교와 조선에 거주하는 일본인 학교의 비교에서 또 하나 주목되는 것은 일본인 여자 중학교와 재학생이 일본인 남자 중학교와 재학생보다 많다는 점이다. 그 이유는 남학생들은 초등학교를 졸업하고 일본 중학교에 진학했기 때문으로 보인다. 그럼에도 일본인 남자 중학교는 1926년 신의주에 설립한 후 10년 만인 1935년에서 1937년 사이에 인천·경성의 성동·마산·함흥·전주 등 5개교가 집중적으로 설립되었고,[08] 1934년까지 11개 중학교가 모두 공립이었다. 또한 중학교는 성적보다는 환경이나 위치를 고려하여 지원했고, 대부분 입학할 수 있었다. 따라서 조선 거주 일본인의 남녀 중등학생의 수요를 감안하여 학교가 설립되었음을 의미했다.

반면 조선인들은 보통학교부터 수요에 비해 학교가 절대적으로 부족했고, 그 피해는 입학 대상자들에게 고스란히 돌아갔다.

특히 "경성에서 보통학교 입학은 외국의 대학 가기보다 어렵다"(《동아일보》, 1928. 1. 14.)는 말이 나올 정도로 1920년대에는 경성을 비롯한 도시의 입학난이 더욱 극심해졌다. 경성의 경우 1920년 인구 18만 명에 보통학교 취학연령 아동은 10분의 1 수준인 18,000명이었다. 그러나 보통학교의 정원은 공사립 등 모든 초등교육기관을 합쳐서 많아야 3,000명으로, 입학 정원의 5배나 되는 아동들이 초등교육을 받을 기회에서 배제되었다 (《동아일보》, 1920. 4. 25.). 2년 후인 1923년에도 경성의 취학연령 아동과 16개 보통학교 정원과 입학지원서 제출 현황을 보면 아래 도표와 같이 입학 아동은 소수였다(《동아일보》, 1923. 3. 3.).

학교	입학원서 발부	정원(명)	학급 수	학교	입학원서 발부	정원(명)	학급 수
교동	1,300	130	2	수하동	400	65	1
정동	400	65	1	경성여자	1,150	195	3
제동	430	130	2	용산	500	130	2
매동	500	130	2	효창동	700	195	3
어의동	1,100	195	3	수송동	950	325	5
미동	670	195	3	주교정	2,730	455	7
인현	600	130	2	창신동	100	65	1
마포	370	129	2	청운동	2,340	390	6
합계					14,240	2,924	45

이처럼 경성의 보통학교들은 낮게는 3대 1에서 높게는 10대 1에 이를 정도로 입학 경쟁이 치열했고, 탈락자들이 속출하자 지역 주민들이 직접 대책 마련에 나서기도 했다.

1924년 마포보통학교는 60명 정원에 300여 명이 지원하자 마포청년회에서 탈락자를 모집해 청년학원을 개설했고(《동아일보》, 1924. 4. 11.), 같은 해 용산보통학교에서 여학생 모집을 폐지하자(《동아일보》, 1924. 2. 22.) 주민과의 대화를 통해 여학생을 수용해 달라고 학부형들이 요구했다. 그러나 학교에서는 "교실 부족으로 수용할 수 없다"며 차차 해결해 나가기로 하자 탈락자를 위해 야학을 열기로 결정했다(《동아일보》, 1924. 4. 15.).

1925년에는 흉년으로 극심한 생활난을 겪었지만, 경성 시내 17개 보통학교에서 남자 2,156명 정원에 2,607명이 지원했고, 여자는 963명 정원에 1,026명이 지원하여 남녀 모두 합해 514명이 탈락했다. 이 수치는 1,058명의 편입생 모집에 666명이 지원하여 392명이 미달된 것과도 비교된다(《동아일보》, 1925. 3. 14.).

1920년대 중반부터 1930년 중반까지 경성의 보통학교 정원과 지원자 현황은 다음과 같다.

연도 (년)	전체 정원 (남/여, 명)	지원자 (남/여, 명)	탈락자 (남/여, 명)	자료: 《동아일보》
1927	2,357	3,391	1,034	1928. 3. 18.
1928	2,415 (1,530 / 885)	4,146 (2,624 / 1,522)	1,731 (1,088 / 643)	1928. 1. 14.
1929	2,652	4,681	2,029	1929. 3. 14.
1933	3,900여 명	4,586(2,748 / 1,838)	1,600여 명	1933. 3. 25.
1935	4,166	6,302	2,136	1935. 3. 7.
1936	5,060	9,879	4,819	1936. 3. 23.

이처럼 입학 지원자의 증가에 비해 모집 정원의 절대 부족은 전국적인 현상이었다. 따라서 입학생 선발에 대한 새로운 방법들이 생겨나게 된다.

1921년 공립 광주보통학교는 입학시험과 재산조사 등의 절차를 거쳐 400명의 지원자 중에서 200명을 먼저 선발했고(《동아일보》, 1921. 4. 5.), 1922년 공립 부산보통학교는 150명 정원에 800명이 지원, 서류전형으로 무려 650명을 탈락시켰다(《동아일보》, 1922. 3. 27.). 뿐만 아니라 〈동아일보〉(1922. 4.

3.)에는 "관립 고등보통학교부속 보통학교에서 '1학년 신입생 선발에 지원자가 많아서 선발시험을 보아야겠으니, 떨어져도 이의가 없는 자는 시험을 보고 그렇지 않은 자는 청원서를 찾아가라고 하였다'고 한다"는 기사도 보인다. 같은 해 신설된 창녕 대합공립보통학교도 지원자가 정원을 초과하여 시험으로 신입생을 선발했다(《동아일보》, 1922. 4. 16.).

▍'1면 1교제'가 완성되었지만…

1920년대 후반 일시적으로 지원자가 약간 감소하는 현상을 보이자 일본인들 사이에서 '더 이상 보통학교 설립이 필요 없다'는 말까지 나왔다(《동아일보》, 1928. 1. 14.). 그러나 1930년대에 들어서면서 경기침체로 인한 생활난으로 지원자 감소가 예상되었지만, 1930년 28,000여 명, 1935년 92,000여 명 그리고 1937년에는 174,000여 명의 탈락자가 발생하는 등 입학난은 멈추지 않았다. 전국의 몇몇 학교 사례를 보면, 1931년 인천보통학교는 남자 200명, 여자 80명 정원에 남자 450명, 여자 145명이 지원했고(《동아일보》, 1931. 3. 18.), 1933년 군산제일보통학교는 300명이 지원하여 190명을 선발했다(《동아일보》, 1933. 4. 6.). 그리고 황해도 재령군은 공립보통학교 총 10개교 860명 정원에 1,200여 명이 지원해 400여 명이 탈락했고, 명신·대영·숭의·보영 등 사립학교 4개교에 490명이 지원해 330여 명이 선발되고 160명이 탈락하여 모두 600여 명의 미취학아동이 발생했다(《동아일보》, 1933. 5. 7.).

일제는 입학난 해소를 위해 1919년부터 4개년 계획으로 이른바 '3면 1교제(三面一校制)', 즉 3개 면에 1개교의 보통학교를 설립하는 계획을 시행했다. 그러나 실제로 보통학교 증설 정책을 시행하지 않아 '조선인의 교육 기회를 억제한다'는 비판이 제기되자 더 이상 증설을 미룰 수 없었던 교육 당국은 1929년부터 1936년까지 8개년 동안 '1면 1교제'를 추진하여 1936년에 완성했다.[09] 그러나 이 계획 역시 일제의 완전한 지원정책이라 기보다는 지역 주민들 스스로 기금을 조성하여 보통학교 설립 운동을 전 개한 영향이 컸다.[10] 비록 1면 1개교가 완성되었다고 해도 많아야 전체 취 학연령 아동의 약 30~40퍼센트만 초등교육의 혜택을 받을 수 있었다(《동 아일보》, 1939. 3. 5./ 3. 14.).

충남 보령군의 경우 청소면을 제외하고 1935년에 '1개면 1개교' 계획 이 완성되었으나 총 110명 정원에 250여 명이 지원했다. 따라서 입학시 험을 보아 절반이 넘는 아동이 탈락했고(《동아일보》, 1935. 4. 2.), 황해도 평산군 마산면은 공립보통학교를 개교하여 1학년 40명, 2학년 40명 모집에 170 여 명이 지원하여 입학시험을 보아 선발했다.

전라남도 역시 도내 248개 공립보통학교에서 18,400명 모집에 3만 명 이 지원해 12,000명이나 탈락했다. 그럼에도 교육 당국은 "1면 1개교 계 획이 완성되었다"는 이유로 보통학교를 적극 증설하지 않을 계획이라고 밝혔다(《동아일보》, 1935. 9. 1.). 때문에 보통학교 입학 경쟁은 더욱 치열해졌다.

1936년 인구 16만 명에 학령아동 1만 5천여 명의 영일군 내에는 공립 보통학교 16개교와 간이학교 3개교, 사립학교 3개교가 있었지만, 어촌에 는 공립보통학교가 하나도 없었고, 다음 도표와 같이 지원자가 정원을 초과하여 많은 아동이 탈락했다(《동아일보》, 1936. 4. 24.).

학교	지원(명)	정원(명)	탈락(명)	학교	지원(명)	정원(명)	탈락(명)
포항공보	307	195	112	죽남공보	121	35	86
흥해공보	168	98	70	대송공보	180	35	145
근일공보	108	70	38	형산공보	106	40	66
장구공보	200	70	130	곡강공보	115	35	80
창주공보	193	70	123	죽북공보	105	35	70
청하공보	173	70	103	곡대간이교	87	40	47
동해공보	168	65	103	대동배간이교	52	40	12
기계공보	195	64	131	영흥사립보교	150	70	80
조천공보	134	40	94	동명사립보교	60	36	24
송라공보	112	35	77	구만사립보교	66	30	36
신광공보	127	30	97	이가리간이교	93	40	53
합계					3,020	1,243	1,777

개성 지역은 교육 여건이 비교적 양호한 편이었음에도 1937년 공립보통학교 840명과 사립학교 280명 등 총 1,120명 모집에 1,600여 명이 지원해 500여 명이 탈락했다(《동아일보》, 1937. 12. 2.). 그리고 대구는 보통학교 1개교가 신설되어 공립보통학교 5개교의 정원 1,400명에 2,405명이 지원하여 1,000여 명이 탈락했다(《동아일보》, 1938. 2. 14.). 경상북도 영주 역시 1939년 1면 1개교가 완성되었고, 간이학교 등이 설립되어 입학난이 조금 완화되었지만, 소도시에 학교가 집중되어 소학교가 1개교뿐이었던 영주읍은 190명 정원에 450명이 지원하여 치열한 입학 경쟁을 벌였다(《동아일보》, 1939. 3. 26.).

▎2부제 수업까지 도입하다

이처럼 입학난이 극심해지자 1924년 공립 광주보통학교에서 입학시험에 탈락한 아동들이 속출하자 지역 유지들이 지원하여 사립학교 설립에 나섰다(《동아일보》, 1924. 3. 19.). 원산상업학교는 50명 정원에 260여 명이 지원하자 학부형들이 학급 증설 운동과 함께 도 당국에 진정하고 학교 승격 운동을 벌이기도 했다(《동아일보》, 1929. 3. 17.). 경남 함안군 군북면의 경우 1934년 총호수 2,868호, 인구 84,202명에 보통학교가 1개교밖에 없어 입학난을 겪게 되자 학부형들이 군북보통학교 분교 설치를 위한 기성회를 조직하여 적극적으로 활동했다(《동아일보》, 1933. 4. 9.).

〈동아일보〉(1936. 3. 9.)에서는 "매년 봄이 되면 들려오는 신음 소리는 입학난이고, 매일 지방으로부터 들려오는 논평은 보통학교 증설과 학급 증설 문제이다"라고 비판하는 등 기회 있을 때마다 학교의 증설에 대한 목소리를 높였지만, 특별한 성과가 없었다. 때문에 일부 학교에서는 탈락자들을 구제하기 위한 임시 조치를 마련하기도 했다.

1921년 함평군 나산공립보통학교에서는 탈락자 70~80명에 대해 학부형과 학무 당국자 간의 협의를 통해 학교 안에 보습과를 설치하기로 결정했다. 이에 55명을 모집하여 만 1년 동안 1~2학년 과정을 수료하고 학년말 시험성적이 우등이면 정규학교 3학년으로 승급하는 방안을 마련했다(《동아일보》, 1921. 6. 9.). 성진군 임계공립보통학교는 수업이 끝난 오후 시간을 이용해 입학시험에서 탈락한 아이들을 대상으로 보통과 속성 보습회를 신설해서 1년 6개월 과정으로 105명을 모집했다(《동아일보》, 1921. 10. 20.).

1922년 경성에서는 보통학교 입학시험에서 탈락한 아동들을 구제하기 위해 각 보통학교에 오후반을 설치하여 2부제 수업을 하기로 결정하고 경성의 보통학교 14개교에 1~2학급씩 20여 학급에 총 1,140명을 수용하는 계획을 수립했다. 그리고 창가 등 비교적 중요하지 않은 과목은 제외하고 수신, 일본어, 조선어, 산술 등 4과목 중심으로 가르치는 2년제를 운영하여 보통학교 4학년 과정을 마치게 한 후 보통학교 4학년이나 5학년에 보결로 입학시킬 계획이라고 발표했다(《동아일보》, 1922. 5. 17.). 학비는 월 50전이었다.

부산에서는 19,000여 명의 취학아동 가운데 불과 15퍼센트인 2,841명이 입학하게 되어 2부제 수업을 도입하기로 했고(《동아일보》, 1938. 3. 24.), 양산군에서도 보통학교 취학연령 아동 가운데 약 40퍼센트가 입학하지 못하자 2부제 수업을 도입했다(《동아일보》, 1938. 2. 17.). 경기도에서는 도내 공사립 보통학교 교장회의에서 미취학아동을 구제하기 위해 2부제 수업을 결정하여 오전반은 정규반으로, 오후반은 입학시험 성적이 떨어지는 아동을 대상으로 졸업 때까지 6년 동안 수업을 진행하기로 했다.

신문에서는 "많은 월사금을 내고 강습소로 보통학교 과정을 배우러 다니거나 배울 곳이 없어서 놀고 있는 아이들이 시간을 허비하지 말고, 이 기회를 놓치지 말라"고 권유했다. 그러나 2부제 수업은 '아동들의 열등의식을 자극하고, 운동 부족 등의 부작용이 우려된다'는 이유로 반대 의견도 있었다. 또 학교에 따라 2부제 수업의 운영방식도 달랐고, 본과와 동일하지 않아 반응이 좋지는 않았던 것으로 보인다(《동아일보》, 1938. 3. 25.).

그러나 일제는 이러한 현실적인 문제보다 학교를 통한 식민지 통치 기반 구축에 적극적인 관심을 기울였다. 학교에서 일본어 사용을 강화한 것이 대표적 예였다.

일제는 사립학교를 탄압하면서도 "이전부터 사립학교 교원의 큰 결점은 일본어 능력이 부족하다는 것에 있다. 이것이 심히 유감스럽다"[11]라며 일본어 구사 능력을 가장 기본적인 문제로 지적했다. 이에 조선총독부 학무국은 일본어의 중요성에 대해 다음과 같이 강조했다.

> 조선인으로서 일본어를 해득하느냐 못 하느냐는 생존 경쟁상 현저
> 히 이해관계가 있다. 즉 일어를 해득하는 사람은 관리로 추천하고
> 유력한 지위에 오를 수 있으며, 상업을 하는 데 있어서도 또한 이익
> 을 얻기 쉽고 관민 간에 직업을 얻는 데도 대단히 편리하다. ……이
> 와 같은 움직일 수 없는 사실을 생각하고 조선 아동의 장래 행복을
> 도모하는 데 있어서 일어 교수가 가장 많이 필요하다고 인정된다.[12]

이처럼 일제는 일본어를 사용하는 자와 일본어를 사용하지 않는 자를
식민지 통치의 기준으로 삼아 교육에서도 동화주의와 차별주의를 적용
했다. 그리고 일본어는 일상까지 점령했고, 이에 지나치게(?) 적응하여
안주보통학교 졸업식에서 군수도 우리말로 축사를 하는데, 우 모라는 자
는 일본말로 하다가 일부 학생들에게 야유를 받기도 했고(《동아일보》, 1928. 3.
29.), '조선어 무용론'을 주장하는 자들도 있었다(《동아일보》, 1931. 12. 3.).

▌일본어 만능주의가 등장하다

조선인들이 사는 전화(電話) 구역 내에서도 일본어로 번호를 불러야 했
고, 정거장에서 차표를 살 때도 일본어로 지명을 말해야 했다. 도회지의
지명들도 어려운 일본어로 바뀌었고, 일반인을 대상으로 하는 법령 등의
게시문을 일본어로 표기하고 시행에 옮겼다. 때문에 개인 소유의 토지나
산야가 국유지로 편입되는 등 불이익을 당하기도 했다(《동아일보》, 1924. 3. 10.).
심지어 '일본어 만능주의'라는 말까지 나왔지만, 일제는 '차별 대우를 한

다'는 인상을 주지 않기 위해 교활한 수법까지 동원했다.

예를 들면 보통학교에서 시행한 일본어 능력은 상급학교 진학과 취업 등 새로운 삶의 기회를 제공하는 이른바 '사회적 이동'에 대한 기대감을 갖게 했다. 그리고 상업 종사자나 관리들의 경우 기본적으로 업무 특성상 일본어를 구사할 줄 알아야 했고, 일본인이 주요 고객일 경우 일본어 습득은 필수였다. 1908년에 이미 보통학교 재학생의 절반 정도가 상인의 자제들로 충원된 이유도 이와 무관하지 않다.[13]

뿐만 아니라 보통학교를 졸업하면 면사무소 사무원이나 헌병 보조원·순사·철도원 등으로 취업하거나 좀 더 노력하면 고용직 공무원 또는 군(郡)이나 도(道) 등 관청에 근무할 수 있다는 기대가 확산되면서 신교육에 대한 관심도 높아지게 된다.[14] 이러한 분위기는 상급학교 진학으로 이어지면서 일본어 구사 능력은 상급학교 진학 준비를 비롯해 취직을 위한 면접고사나 관공서 등 공적 생활 전반에서 대단히 중요한 표준이 되어 갔다. 즉 학력과 일본어 구사 능력 그리고 취업은 서로 무관하지 않았다. 예를 들면 1910년대까지도 보통학교 중퇴의 학력만 있어도 취업에 경쟁력이 있었다. 때문에 취직 자리가 나면 중도에 학교를 그만두기도 했다.

그러나 체신국의 체신직원 양성소에서 70명 모집에 334명이 지원, 중등학교 졸업자가 24명이나 되었고, 1921년 조선인 순사의 경우 보통학교 중퇴자는 13.3퍼센트, 졸업자는 62.8퍼센트였다. 1930년에는 청송경찰서에서 30명의 순사를 선발하는데 540여 명이나 지원할 정도로 취업 경쟁이 치열해지면서 보통학교 졸업 정도의 자격을 갖추어야 경쟁력을 지니게 되었다.

1930년대에 학교에 다닌 사람의 진술에 따르면 "가난한 농촌 출신의 경우 국민학교나 보통학교 졸업한 사람은 갈 데가 없는기라……. 유일하게 보통학교를 졸업한 사람은 면서기 시험이나 경찰관 시험, 그때는 순사 시험이라 캤어요. 면서기 시험은 몇 회 군에서 실시하는데, 경찰관 시험은 1년마다 한 번씩 있었어요"[15]라며 1930년대에는 보통학교 졸업자도 관공서나 순사를 지원하여 경쟁이 치열해졌음을 알 수 있다. 1940년에 이르러 보통학교를 졸업하고 순사가 된 경우가 80퍼센트나 될 정도로 보통학교 졸업 정도는 되어야 취업에서 경쟁력이 있었다.[16]

보통학교 졸업자가 늘어나면서 순사나 관공서는 물론 버스회사 취직이나 노동자가 되는 데도 학력 자격을 요구하며 간단하게 시험을 보는 곳이 생겨났다. 1930년 〈동아일보〉(2. 2.) 독자란에는 "전차 차장을 지원하려는데 시험 날짜와 수속 절차를 알려달라"는 질문에 "결원이 있을 때 임시로 모집하며 전차 차장 자격은 보통학교 졸업 정도"라고 답했고, "극장 변사가 되고 싶은데 시험제도와 날짜 등을 알려달라"는 문의에 "도 경찰부 보안과에 물어보라"는 답변도 보인다. 왜 그런 답변을 했는지는 알 수 없지만, 극장 공연에서 경찰 보안과의 사전검열을 받았다는 사실이 연상되기도 한다. 즉 극장 변사 선발시험과 경찰 보안과와 연관이 있을 수도 있지만, 여러 직종에서 선발기준과 선발방식들이 생겨나자 호기심에서 한 질문에 대한 답변으로 보이기도 한다.

물론 취업보다는 장사를 배우기 위해 잡화점의 점원 생활을 선택할 수도 있었지만, 잡화점은 극소수였고 대다수는 가족이 경영했다. 그리고 경기 불황으로 취업난이 더욱 심해지면서 은행과 관공서 등 좀 더 선호도가 높고 안정적인 근대 직종에 취직하기 위해 실업학교를 포함해 중등학교 진학자가 늘어나게 된다. 이러한 현상은 '학력이 향상될수록 선호도가 높고 안정적인 직종에 취업할 수 있다'는 기대감도 영향을 미쳤지만, 관점을 달리하면 학력에 따른 취업과 임금 등 사회적 보상의 차별로 인해 입학난이 더욱 심해졌다고 볼 수 있다.

▌학력과 취업난의 관계는?

경성의 경우 1930년 공립보통학교 18개교 2,300여 명의 졸업생 가운데 173명이 관공서와 은행의 급사로 취업했고, 874명이 상급학교에 진학했다. 그리고 나머지 1,250명이 무직 또는 미취학이었다. 같은 해 사립보통학교 10개교 696명의 졸업생 가운데 49명이 취업했고, 240명이 상급학교에 진학했으며, 407명이 무직 또 미취학이었다.

지방에서도 취업난이 심해지는 가운데 상급학교 진학자가 지속적으로 늘어났다. 1930년대 초 경남 동래군의 경우 보통학교 13개교 졸업생 611명 가운데 20퍼센트 정도가 상급학교에 진학했고(《동아일보》, 1932. 3. 13.), 나머지 500여 명은 농촌의 피폐와 경기 불황으로 취업에 어려움을 겪었다. 1936년에는 보통학교 졸업자 가운데 관공서 취업은 1.25퍼센트에 지나지 않았고, 점원이나 버스회사 등에도 취업을 했지만 소수였다. 반면 가사 종사자는 60퍼센트가 넘었고, 1920년대 이후 보통학교 졸업생이 급격하게 늘어나면서 중등학교와 전문학교 및 대학의 진학률도 이전에 비해 상대적으로 높아졌다.

그러나 중등학교 이상의 교육기관이 절대적으로 부족해 입학 경쟁은 보통학교보다 더욱 치열했다. 예를 들면 1920년 중등학생이 6,000여 명, 고등교육기관 학생이 450여 명이었으나 1930년 중등학생이 25,000여 명, 고등교육기관 학생이 17,000여 명으로 늘어났고, 1937년에는 중등학생이 48,000여 명, 고등교육기관 학생이 26,000여 명으로 전체 인구 대비 중등학교 학생은 약 0.13퍼센트에서 1937년에는 4.4퍼센트, 1942년에는 7.3퍼센트를 차지했다.[17]

반면, 1930년 보통학교 취학률이 18.5퍼센트인 데 비해 12세에서 16세 인구 대비 중등학교 취학률은 2.26퍼센트에 지나지 않았다.[18] 그리고 1930년 가구 수를 기준으로 초등학생이 7.5가구당 1명, 중등학생은 약 141.9가구당 1명이었고, 고등교육기관 학생은 2,082가구에 1명꼴이었다.

따라서 일제강점기에 중등학생만 되어도 사회적으로 희소성이 있었다. 그럼에도 일제는 상급학교 진학자가 늘어나자 "인텔리층은 고사하고 보통학교만 졸업해도 농촌에 있기를 꺼려하고, 오히려 수치로 생각하고 있는 것이 오늘날 조선의 현실이다"(《동아일보》, 1937. 10. 4.)라고 비난하며 보통학교를 졸업하고 농촌에서 성실하게 일하기를 종용했다. 하지만 일제 수탈로 인해 농가 부채와 적자가 늘어만 가고 소작농이 다수를 차지하고 있는 농촌에서 살아가는 방법을 찾는 것은 쉬운 일이 아니었다. 때문에 어렵게 보통학교를 마친 사람들은 되도록 농촌을 떠나 월급을 받는 안정적인 직장을 선호했다.

물론 연줄이 있으면 면사무소 서기로 취업하거나 성적이 좋을 경우 순사 시험을 준비하기도 했다. 그리고 순사 시험에 떨어지면 경찰이나 군인으로 성공해보겠다는 야망을 품고 만주국으로 가서 순사 시험을 보거나 일본 군대에 지원하기도 했다. 그러나 이들 중에서 소수만이 바라던 직업을 얻을 수 있었고, 출세의 꿈을 이루기보다는 대부분 일제에 협조하는 보조적인 역할을 담당하게 된다.

일단 말단 공무원이라도 되면 인생관이 바뀌었고, 일상생활부터 변하는 자들도 있었다. 예를 들면 저녁에는 일본인들이 입었던 유카다(浴衣, 목욕 후나 여름에 입는 무명의 홑옷)를 걸쳤고, 휴일을 위해 싸구려 나들이옷을 샀다. 그리고 점심을 공짜로 대접받고, 중국 요리집에도 출입했다. 특히 농촌에서는 농민을 아래로 내려다볼 수 있었다.[19] 이러한 과정을 거치면서 일부는 악명 높은 친일파가 되고, 독립운동가들을 고문하는 비밀경찰이 되기도 했다.

입시지옥이
생겨나다

실업학교가
주목받다

█ 실업학교를 지원한 이유는?

보통학교 졸업을 앞두고 중등학교 진학을 결정하려면 기본적으로 중등학교 학비를 납부할 수 있는 경제력이 필요했고, 학업성적도 뛰어나야 했다. 그러나 이러한 조건이 충족된다고 입학이 보장되는 것은 아니었다. 경성에 다수의 공사립중등학교가 있었고, 각도마다 1~2개교의 공립 고등보통학교가 있었으며, 지방에 따라서 관공립과 사립실업학교가 있었다. 하지만 절대적으로 학교가 부족했다. 때문에 직업학교나 수산학교까지도 3대 1에서 5대 1의 경쟁을 보였고, 수업연한이 짧고 학력이 인정되지 않았던 실업보습학교에도 입학 지원자가 정원의 두 배를 넘었다.[01]

일반적으로 보통학교를 졸업하고 가장 많이 지원하는 중등학교는 실업학교였고, 인문계 중등학교인 고등보통학교와 실업보습학교가 그 뒤를 이었다. 입학 경쟁이 치열했던 1920년대 중반부터 1930년대 말까지 고등보통학교·실업학교·실업보습학교의 합격률은 다음과 같다.[02]

연도 (년)	고등보통학교			실업학교			실업보습학교		
	지원자 (명)	입학자 (명)	합격률 (%)	지원자 (명)	입학자 (명)	합격률(%)	지원자 (명)	입학자 (명)	합격률 (%)
1927	11,858	4,310	36.3	11,350	2,384	21.0	1,915	1,166	60.9
1928	14,845	4,745	32.0	13,479	2,402	17.8	1,822	1,084	59.5
1929	14,834	4,552	30.7	12,890	2,463	19.1	1,905	1,099	57.7
1930	13,359	4,752	35.6	11,066	2,330	21.1	2,092	1,266	60.5
1931	11,510	4,844	42.1	11,676	2,638	22.6	2,035	1,329	65.3
1932	11,739	4,935	42.0	12,075	2,610	21.6	2,074	1,369	66.0
1933	12,344	4,692	38.0	13,397	2,753	20.5	2,322	1,500	64.6
1934	14,791	4,817	32.6	15,068	2,909	19.3	2,137	1,319	61.7
1935	18,906	4,951	26.2	18,975	3,245	17.1	2,447	1,461	59.7
1936	23,583	5,136	21.8	24,191	3,612	14.9	3,104	1,577	50.8
1937	24,841	5,566	22.4	26,883	4,297	16.0	2,986	1,666	55.8
1938	34,798	6,516	18.7	28,785	4,905	17.0	4,096	2,269	55.4
1939	39,831	7,350	18.5	33,923	5,820	17.2	4,568	2,270	49.7

　이처럼 고등보통학교는 30퍼센트대의 합격률을 유지했고, 1931년과 1932년에는 40퍼센트대로 올랐다가 입학 경쟁이 치열했던 1934년에는 총 14,791명이 지원하여 32.6퍼센트인 4,817명이 입학했다. 이후 지원자가 급증하여 1939년에는 18.5퍼센트로 급격하게 떨어졌다. 반면 실업학교 합격률은 대체로 20퍼센트 미만일 정도로 입학이 힘들었다. 공립농업학교는 총 8,088명이 지원하여 17퍼센트인 1,402명이 합격했고, 공립상업학교는 총 3,700명이 지원하여 불과 15퍼센트인 561명이 입학했다. 실업보습학교는 다소 합격률이 높은 편이어서 1930년대 전반기까지 60퍼센트대의 입학률을 유지하다가 1936년 이후 50퍼센트대로 떨어졌다.[03]

　실업학교는 농업·공업·상업학교가 전국의 주요 지역에 분포되어 있었고, 시험 일자가 달라 중복 지원이 가능했다. 따라서 일정에 따라 각 학교마다 전국에서 지원자들이 몰려들었고, 경쟁률이 10대 1이 넘는 학교들도 있었다. 참고로 1934년 전국의 농·공·상업학교 지원자와 합격자 현황은 다음과 같다.[04]

지역	학교	지원자 (명)	합격자 (명)	합격률 (%)	지역	학교	지원자 (명)	합격자 (명)	합격률 (%)
경기	경성농업	688	76	11	경남	진주농업	329	73	22
	경기상업	405	49	12		김해농업	123	46	37
	인천상업	186	45	24		밀양농잠	71	38	54
	개성상업	208	49	24		부산2상업	464	103	22
	경성공업	98	25	26		마산상업	321	42	13
충북	청주농업	305	47	15	제주	제주농업	176	43	24
	충주농업	209	33	16	황해	사리원농업	305	46	15
충남	예산농업	221	47	21		연안농업	160	50	31
	강경상업	287	28	10	평남	평양농업	275	53	19
	공주농업	128	51	40		안주농업	249	48	19
전북	이리농업	816	53	6		진남포상공	299	46	19
	전주농업	294	41	14		평양상업	221	29	13
	정읍농업	330	51	15	평북	의주농업	400	50	13
전남	광주농업	277	36	13		영변농업	344	52	15
	목포상업	289	51	18		신의주상업	543	30	6
강원	춘천농업	232	48	21	함남	함흥농업	336	49	15
	강릉농업	171	49	29		북청농업	196	50	26
경북	대구농림	563	75	13		함흥상업	155	24	15
	대구상업	306	50	16		원산상업	158	28	18
	안동농림	237	46	19	함북	경성농업	327	47	14
	상주농잠	178	48	27		길주농업	148	56	38
						회령상업	150	33	22

이처럼 실업학교는 1930년대 중반에 대체로 20퍼센트 내외의 합격률을 보였고, 신설된 함남의 흥남공업학교는 1,100명이 지원하여 9.5대 1,

덕원농업학교는 400명이 지원하여 8대 1의 경쟁률을 보이는 등 1930년 대 말기로 갈수록 입학 경쟁이 더욱 치열해졌다(《조선일보》, 1940. 4. 7.).

▌전국의 인재들이 지원하다

통영수산전습소는 1920년에 개교하면서 지원자가 적어 학비까지 보조했지만, 1922년에는 지원자가 정원을 초과해 체력검사 합격자를 대상으로 입학시험을 보아 25명을 선발했다(《동아일보》, 1922. 3. 28.). 또 철도학교는 1933년 업무과 20명 정원에 558명이 지원했고, 운전과는 14명 정원에 250명, 전신과는 30명 정원에 256명이 지원하는 등 64명 정원에 무려 1,064명이 지원했다(《동아일보》, 1933. 3. 26.).

상업학교는 전국 14개교 공립상업학교와 7개교 사립남녀상업학교 총 1,954명 정원에 9,491명이 지원하여 무려 7,537명이 탈락했다(《동아일보》, 1935. 4. 1.). 경성의 대동상업학교는 경쟁률이 20대 1을 넘기기도 했다. 1921년 선린상업학교는 56명 모집에 445명이 지원했고, 1920년 전국에서 일곱 번째로 설립된 충남의 강경상업학교는 1922년 50명 모집에 490여 명이 지원하여 경쟁률이 10대 1이나 되었다(《동아일보》, 1922. 3. 31.).

마산성호보통학교에서는 학생들을 마산상업학교에 입학시키기 위해 방학 중에도 특별반을 운영했고, 학생들을 많이 입학시키면 상여금을 지급하기도 했다.[05] 마산 부근에 유일한 중등실업학교로 취업률이 상당히 양호한 마산상업학교는 50명 정원에 428명이 지원하는 등 매년 경쟁이 치열했다(《동아일보》, 1938. 3. 10.).

농업학교의 경우 전국 27개교 1,200명 정원에 8,300명이 지원하여 6대 1이 넘는 경쟁률을 보였고, 7,000명이 넘게 탈락했다(《동아일보》, 1935. 4. 2.).

특히 1922년 개교 당시 전국 유일의 5년제 갑종 농림학교였던 전북 이리 농업학교는 멀리 함경남도 도청에서도 입학지원서를 접수했고(《조선일보》, 1926. 1. 25.), 1928년에는 100명 정원에 무려 1,134명이 지원하여 11대 1이 넘는 미증유의 경쟁률을 보였다(《동아일보》, 1928. 3. 21.). 다음 해인 1929년에도 100명 정원에 1,071명 지원했고(《동아일보》, 1929. 3. 13.), 1933년에는 980명이 지원하여 112명을 선발했다. 1934년에는 이리에 있는 본교 외에도 경성과 대구의 보통학교와 충북·경남·황해·평남·평북·강원·함남·함북 도청에서 입학시험을 실시했고(《동아일보》, 1934. 2. 1.), 1936년에는 100명 정원에 1,508명이 지원하여 경쟁률이 15대 1이 넘는 등(《동아일보》, 1936. 3. 6.) 해마다 10대 1 내외의 높은 경쟁률을 보일 정도로 전국에서 인재들이 몰려들었다(《동아일보》, 1922. 3. 31.).

또한 1927년 전북 전주공립농업학교는 50명 모집에 지원서를 받은 지 3일 만에 340여 명이 넘었고(《동아일보》, 1927. 3. 22.), 남원농업학교는 개교 첫해인 1938년 50명 정원에 204명이 지원했다. 순천공립농업학교 역시 개교 첫해 정원 50명에 510명이 지원하는 등(《동아일보》, 1935. 5. 14.) 농업학교 지원자들도 많았다.

공업학교의 경쟁률도 치열했다. 1938년 경성공업학교는 160명 모집에 조선인이 1,600명, 일본에서 건너온 지원자 700명 등 2,300여 명이 지원하여 15대 1이라는 최고 경쟁률을 보였고(《동아일보》, 1938. 4. 12.), 1939년 평양공업학교는 16대 1의 경쟁률을 보였다. 따라서 실업학교에 입학하면 전국에서 선발된 준재로 인정받았고, 재학생들의 긍지도 대단했다.[06]

하지만 1910년대까지 실업학교는 입학 자격 연령이 높아 초등교육기관과 직접 연계되지 못했고, 중등교육기관이면서도 수업연한이 짧아 고등교육기관과도 연결되지 못했다. 뿐만 아니라 실업학교 출신은 동일계 전문학교에 입학할 수 있을 뿐, 다른 계통의 학과에는 진학할 수 없었다. 이에 1927년에서 1937년까지 상급학교 진학률은 농업학교가 평균 7.4퍼센트, 상업학교는 평균 8.3퍼센트 정도였고, 대부분 실업학교 졸업생들은 취업을 선택했다.[07] 따라서 실업학교 입학은 곧 취업을 의미했다. 참고로 1930년대 몇몇 실업학교 졸업생의 진로 현황을 보면 다음과 같다.[08]

졸업 연도(년)	학교	졸업생	직종	
1931	남대문상업학교	33명	상급학교 4명, 취업 지망 26명, 가사 종사 3명	
	원산상업학교	14명	대부분 취업이 결정	
	선린상업학교	85명	상급학교 20명, 취업 지망 56명, 가사 종사 9명	
1932	회령상업학교	34명	금융조합 6명, 상점 자영 2명, 회사 1명, 상점원 1명, 철도국 1명, 교원 1명, 영사관 순사 1명, 일본 유학 1명 등	
	동성상업학교	33명	상급학교 4명, 은행 4명, 회사 7명, 관청 2명, 금융조합 15명, 자영업 1명 등	
1933	마산상업학교	49명	상급학교 진학 2명, 금융조합 24명, 개인 상점 14명, 철도국 4명, 회사 2명, 자영업 1명, 신문사 2명 등	
1934	선린상업학교	59명	상급학교 9명, 은행 9명, 금융조합 14명, 기타 회사 11명, 자영업 5명 등	
	청주농업학교	35명	상급학교 3명, 대부분 취직 방면으로 결정	
	개성상업학교	35명	상급학교 1명, 금융조합 12명, 은행 5명, 관청 6명, 자영업 4명, 기타 개인상점 4명 등	

▌초기에는 학자금까지 지원하다

실업학교 졸업생들은 특히 관공서·학교·은행 등 선호도가 높은 근대 직종의 취업률이 67.3퍼센트나 되었다. 그리고 '사범학교와 쌍벽을 이룬다'고 평가했던 철도학교를 비롯해 평안남도 광산강습소는 70명 모집에

1,900여 명이 지원하는 등(《동아일보》, 1937. 9. 27.) 기간산업 분야의 실업학교도 경쟁이 치열했다. 물론 그 이유는 취업과 연관이 있었다. 따라서 '입학난과 취업난이 극심해지자 실업계 학교 지원이 홍수를 이루었다'(《동아일보》, 1933. 3. 26.)고 할 정도로 지원자가 몰렸다.

초기에는 실업학교에 대한 인식이 부족해 학비 면제와 학자금을 지급하며 인재를 유치했다. 수원농림학교는 1906년 설립 당시 학교 규칙에 학생들에게 월 5원의 학자금 지급을 명시했고,[09] 지금의 서울공고 전신인 공업전습소는 1907년 첫 입학생부터 수당 지급을 명문화했다.[10] 따라서 실업학교의 초창기에는 학비가 들지 않았고, 매월 일정액의 지원금까지 받아 여유가 있는 학생들도 적지 않았다. 초창기 공업전습소 재학생의 진술에 따르면 "당시 순사 월급이 6~7원이었고,[11] 물가 수준을 감안하면 학자금 지급액은 상당한 수준이었다"고 한다.

학생들은 학자금을 지급받는 대신 졸업 후 의무 복무기간이 있었다. 수원농림학교는 졸업 후 학자금 수급 기간의 두 배를 학교장이 지정하는 직무에 종사해야 했고, 공업전습소 역시 졸업 후 1년간 지정된 직무에 근무하거나 전습한 사업에 종사할 의무가 있었다. 만약 중간에 학교를 자퇴하거나 직무를 그만두는 경우 수령했던 학자금을 반납해야 했다.

학교에서는 이러한 경우에 대비해 학생들이 입학할 때 2명의 보증인을 세우게 했다.[12] 그러나 1915년을 전후하여 학자금 지급이 중단되었고, 기숙사 운영도 폐지되면서(《매일신보》, 1914. 2. 13.) 졸업생의 의무 복무 조항도 함께 삭제되었다.[13] 이 때문인지 수원농림학교는 신입생에게 학자금 지급 혜택이 주어지는 마지막 해인 1915년 40명 정원에 602명의 지원자가 몰렸고,[14] 공업전습소 역시 다음과 같이 1910년대 학자금 지급이 학생 모

집에 효과가 있었음을 확인할 수 있다.[15]

연도(년)	1911	1912	1913	1914	1915	1917	1918
지원자(명)	659	415	575	666	111	161	88
입학자(명)	59	85	66	102	57	47	48
입학률(%)	9	21	12	15	51	29	55

　　지방에 설립된 공립실업학교에서도 학비 면제나 학자금 지급 등의 규정을 도입하여 재능 있는 인재를 모집했고, 학자금 지급이 중단되어도 학생 모집에 어려움이 없을 정도로 자리를 잡았다. 예를 들면 도(道)에서 지방비로 운영되는 공립 대구농림학교나 공립 인천상업학교는 함경북도에서 제주도까지 전국에서 지원자가 모여들었다.[16] 1928년 광주농업학교는 50명 정원에 330명이 지원했고, 전주농업학교는 50명 정원에 250명이 지원했다(《동아일보》, 1928. 3. 11.). 평양의 공립상업학교와 공립공업학교도 각각 50명 정원에 지원자가 300명을 넘었고, 평양의 사립 숭인상업학교는 100명 정원에 1,073명이 지원하기도 했다. 1939년에는 덕수상업학교가 개교하여 80명 정원에 697명이 지원하는 등(《동아일보》, 1939. 5. 27.) 경성의 실업학교도 다음과 같이 경쟁이 치열했다(《동아일보》, 1939. 3. 12.).

구분	동성상업학교	경성농업학교	경성공업학교	경기상업학교	선린상업학교
정원(명)	100	160	200	150	110
지원자(명)	655	750	1,007	약 900	715
입학률(%)	65.5	21.3	19.9	16.7	15.4

▍취업에도 차별이 있었다

실업학교의 높은 경쟁률은 '실용주의적 입장에서 국가의 근대적 발전을 꾀해야 한다'는 실력양성론의 영향을 받았고, 목적은 전혀 달랐지만 일제의 식민지 교육정책과도 연관이 있었다.

일제는 "이제까지의 교육이 한자를 교수할 뿐 용(用)과 익(益)이 없는 무실(無實)의 교육이다"라고 비하하면서 "갑오경장 이후 교육개혁에 뜻을 두었으나 외국의 제도적 형식을 모방하였을 뿐 조선의 실정에 맞는 내실이 없는 교육개혁이었다"[17]고 비판했다. 그리고 보통학교부터 '교육 내용을 실용화한다'며 교육과정에 농업과 상업 초보 등 실업 교과를 포함했고, 강제 병합 직전에는 "학생들이 사립학교 또는 종교학교의 문(門)에 모여 불완전한 교육하에 험악한 영향을 받고 있는 상황을 피하기 위해서라도 중등학교의 존속이 불가피하므로 '실과중학'을 조직하되, 2~3년 내에 3천 명의 수요가 예상되는 토지조사 종업원을 비롯해, 법관과 기술원 등의 양성에 필요한 실무적 학습을 중심으로 해야 한다"며 식민지 지배에 필요한 하급 기술자 양성과 한편으로는 사립중등학교를 견제하려는 의도에서 관 주도의 실업교육 정책을 일찍부터 추진했다. 1914년 전국의 남녀 인문계 공립중등학교는 4개교에 불과했으나 실업학교의 경우 다음과 같이 현저한 차이를 보이는 것이 그 예였다(《조선휘보》, 1915년 9월호).

구분	학교 수	학급 수	학생 수	직원 수		경비(원)
				일본인	조선인	
공립농업학교	15	30	1,102	65	24	97,845
공립상업학교	2	6	289	12	3	21,225
사립상업학교	1	3	139	12	2	25,744
합계	18	39	1,530	89	29	144,814

이처럼 사립학교인 선린상업학교 1개교를 제외하면 모두 관공립실업학교였고, 1921년에는 관공립실업학교가 22개교로 늘어났다.

또한 실업학교는 조선인과 일본인 공학이었고 '대부분의 실업학교는 일본인을 위한 학교였다'고 평가할 정도로 입학과 졸업 후 취업에서 일본인이 유리했다. 이러한 현상은 강제 합병 초기부터 일본인의 조선 이주를 지속적으로 추진한 일제의 식민지 정책과도 연관이 있었다. 즉 일본 내 노동시장의 사회적 불안을 조선으로 이전해 나가는 정책이었다(《동아일보》, 1923. 4. 11.). 1932년 조선에 거주하는 일본인 실업률이 3.6퍼센트에 불과하여 거의 완전고용 상태였지만, 조선인은 12.2퍼센트에 이른 것이 그 예였다.[18]

심지어 학교에서는 취업률을 높이기 위해 입학생을 제한하기도 했고(《동아일보》, 1934. 10. 12.), 같은 실업학교를 졸업했지만 취업에서 조선인과 일본인의 차별이 있었다. 조선식산은행의 사례 연구에 따르면, 채용 계획을 세울 때부터 민족 차별을 노골화했다. 예를 들면 사전에 조선인과 일본인의 채용 비율을 2대 8로 정한 뒤, 농업학교와 상업학교에 인원을 배정해 추천을 의뢰했다. 그러나 학교 추천을 통한 지원자 가운데 조선인은 채용되지 않는 경우도 있었지만, 일본인의 경우 탈락자는 거의 없었다. 뿐만 아니라 '채용이 결정된 일본인 졸업생들의 평균 학업성적은 조선인 졸업생에 비해 현저히 낮았다.[19] 또한 일제는 조선인들에게 중등학교로 실업학교 교육이면 충분하다고 했지만, 실업학교가 처음부터 정상적인 중등학교 제도로 도입된 것은 아니었다.

▌실업교육이면 충분하다?

1921년 조선총독을 보좌하는 정무총감은 전국 중등학교 교장들에게 "합병 당시에는 교육에 많은 비용을 쓰지 않고 되도록 직업을 빨리 얻게 해야 함에 따라 필요상 일본인보다는 얕은 교육제도를 채택했다"며 비정상적인 실업학교 교육을 강조한 이유를 설명했다. 그리고 일제는 '자신들과 동일하게 실업학교 제도를 운영한다'고 선전했지만, 실업학교 입학 자격을 보통학교 4학년 정도의 학력을 요구하여 정규 중등실업학교 육성보다는 단순직 하급 기술자 양성을 목적으로 하는 낮은 수준의 실업교육을 시행했다. 〈조선일보〉(1937. 1. 1.)는 "일제가 기독교 계통의 사립학교에 실업교육을 실시하도록 권고하는 등 인문계 고등교육의 중요성까지 망각하며 실업교육에 편중하고 있다"고 비판했지만, 실업학교와 관련한 식민지 통치 정책은 일제가 패망할 때까지 계속되었다.

농업학교의 경우 1925년 22개교에서 1936년까지 9개교가 늘어나 총 31개교에 이르는 등 조선인에게 농업을 중심으로 한 실업교육을 확산시킨 직접적인 이유는 일본에 대한 안정적인 쌀 공급을 위해 저곡가 정책으로 노동자의 저임금을 지속적으로 유지하기 위함이었다.

1938년 이후 국민총동원체제가 본격화되면서 고등보통학교에서 이름을 바꾼 중학교는 거의 설립되지 않았지만, 1938년 이후 공업학교가 집중적으로 설립되었다. 1941년에는 공립실업학교가 1938년에 비해 23개교가 늘어나 총 85개교가 되었고, 사립실업학교도 14개교에 학생 수도 인문계 중등학교와 거의 비슷한 규모로 크게 증가했다. 1944년에 이르러 여자 실업학교 외에도 남학생을 위한 실업학교만 15개교가 개교했다.[20] 그 이유는 1937년에 시작된 중일전쟁과 1941년부터 일제가 패망할 때까지 지속된 태평양전쟁이 격화되어 '전쟁 수행에 필요한 기술 인력을 양성하기 위한 군사적 목적'과 연관이 있었다.

조선인이 주로 진학했던 실업보습학교 역시 1925년 6개교에서 1937년 83개교로 77개교가 증가하여 같은 기간 동안 다른 학교에 비해 수적으로 훨씬 많이 설립되었다.[21] 특히 실업학교는 전국의 주요 도시지역에 집중되었지만, 실업보습학교는 지방의 읍·면 단위에 설립되어 조선인을 저급한 실업 인력으로 양성하는 등 식민지 통치 단계마다 필요한 인력 수요의 변화에 따라 실업학교의 종류도 달라졌다. 실업교육을 보급하려는 취지에서 설립된 간이실업학교가 그 예였다.

경비가 많이 들어가는 실업학교 설립에 비해 간편한 방법으로 조기에 실업교육의 효과를 얻기 위한 간이실업학교는 모든 공립보통학교에 부설하여 누구나 입학할 수 있었다. 직원은 공립보통학교 직원이 겸했고, 수업은 야간이나 휴일 또는 여름과 겨울 방학 등 가장 편한 방법을 선택할 수 있었다. 따라서 간이실업학교는 '서당 교육 방법에서 일보 전진하여 학교 형식을 갖춘 최하위 수준의 교육기관'이라는 평가를 받았고, 벽촌까지 일본어를 보급하고 직업 관념을 깊게 하여 황민화정책을 구현하기 위해서 창안한 마을 중심의 농촌학교였다.

이외에도 일제는 인문계 고등보통학교 교과과정에 실업 및 법제와 경제 그리고 수공을 포함하고, 실업 과목으로 농업과 상업 중 한 과목을 선택해 이수하게 했다. 여자 고등보통학교에는 재봉 및 수예 시간을 종전보다 대폭 늘리는 등 생활에 필요한 지식과 기능 습득을 강조했다.[22] 그럼에도 높은 교육열은 실업계 학교만이 아니라 인문계 중등학교 지원자의 증가로 이어지면서 이른바 입시지옥이 더욱 과열된다.

중등학교,
입시지옥이 생겨나다

고등보통학교, 대학과 연계되다

조선인과 조선에 거주하는 일본인이 다니는 인문계 중등학교는 별도로 운영했다. 고등보통학교와 여자 고등보통학교는 조선인들이 다니는 학교였고, 중학교와 고등여학교는 일본인들이 다니는 학교였다. 따라서 조선인은 입학 과정에서 일본인과 직접 경쟁하지는 않았지만, 분명한 차별이 존재했다. 먼저 일본인 소학교는 모두 6년제였지만, 조선인의 경우 4년제 보통학교가 많았다. 물론 4년제 졸업자의 경우 중등학교 진학 자격이 없었다. 따라서 상급학교에 진학하려면 6년제 보통학교로 편입하거나 별도의 자격시험을 통과해야 했다.

또한 고등보통학교는 4년제였고, 중학교는 5년제로 교육 기간을 비롯해 교육 내용과 수준에도 차이가 있었다. 중학교에서는 전문학교와 대학 진학에 대비한 과목을 중심으로 교육했다. 하지만 고등보통학교에서는 중학교보다 쉬운 교재를 사용했고, 수학·물리·화학 등은 초보적인 지식만 훑는 것으로 끝났다. 영어는 성적이 좋은 학생만 가르쳤고, 수공(手工) 시간을 두어 직업교육을 시키면서 농촌 출신은 농업기술, 도시 출신은 부기와 주산을 가르치는 등 농·공·상업에 종사할 수 있는 실업교육, 즉 사회에서 필요한 실용 교육을 이수해야 했다.

졸업 후 진로에도 차이가 있었다. 일본인은 중학교 졸업 후 상급학교 진학을 우선했다. 반면 조선에는 1920년대 초까지 대학이 없었고, 전문학교도 극소수였다. 따라서 상급학교 진학은 그야말로 극소수만이 가능했다. 고등보통학교는 인문계 중학교였지만, 식민지 통치에 필요한 하급 관리 양성에 중점을 두었다. 심지어 재학생들까지 철도국이나 임시토지조사국 등 경제 수탈기구에서 필요한 인력을 차출했다. 1907년 경성고등보통학교의 전신인 관립 한성고등학교는 49명이 입학했지만, 1911년 불과 15명이 졸업했다. 그 이유는 1910년 일제가 토지조사사업을 실시하면서 조사요원으로 15명을 뽑았고, 신설된 총독부 철도국 요원으로 상당수를 차출했기 때문이다. 졸업생 15명도 관공리 8명, 교원 4명, 은행 4명 등 주로 취업을 했다.[01] 1913년에도 경성고보 졸업생 43명 가운데 관리 7명, 금융회사원 7명, 토지조사관 2명, 미상 7명 등으로 취업자가 많았다.[02]

그러나 1920년대에 들어서면서 고등보통학교를 졸업하고 상급학교 진학 희망자가 늘어났다. 1921년 중등학교 입학 정원은 약 1,000명이었으나 지원자는 약 7,000명에 이르렀다(《동아일보》, 1921. 3. 27.). 이러한 현상은 비록 차별이 여전히 존재했지만 변화된 학제와도 연관이 있었다. 즉 보통학교는 4년에서 6년으로 그리고 고등보통학교는 4년에서 5년으로 연장되었고, 실업 중심의 교육과정으로 운영하던 교과목을 중학교와 유사한 형태로 변경했으며, 고등보통학교에서 제대로 가르치지 않았던 영어를 필수과목으로 지정하고, 이과를 박물과 물리 및 화학 두 과목으로 나누었다. 그리고 한 과목이었던 실업 및 법제와 경제를 실업과 법제 및 경제의 두 과목으로 분리하고, 사정에 따라 이를 전혀 교수하지 않거나 선택과목으로 변경했다.

물론 이 제도가 전국의 고등보통학교에서 전면적으로 실시된 것은 아니었지만, 학제상 일본의 고등교육기관과 연계되는 길이 열렸고, 여기에 1924년 경성제국대학이 설립되면서 고등보통학교의 상급학교 진학 열기가 뜨거워졌다.

█입학난이 생겨나다

조선총독부는 조선인의 교육 기회를 제약하려는 의도에서 인문계 중등학교의 설립에 소극적이었다. 그나마 3.1운동 이후 '1도(道) 1 고등보통학교제', 즉 1개도에 1개교의 고등보통학교 설립을 추진하면서 1919년 공립고등보통학교가 5개교에서 1925년에는 15개교로 늘어났다. 그러나 1936년 공립 안주고보가 설립될 때까지 10여 년 동안 공립고등보통학교는 설립되지 않았고, 다만 1925년 129학급에서 1930년 167학급으로 증설되었다.[03] 일제강점기 전국의 남녀 공립과 사립고등보통학교 설립 현황은 다음과 같다.[04]

연도 (년)	남자 고등보통학교		여자 고등보통학교	
	공립	사립	공립	사립
1911	평양, 경성		경성	숙명
1912				진명
1913		양정		
1914			평양	
1915				
1916	대구	배재, 동래		

연도				
1917		보성, 송도		
1918	함흥	휘문, 광성		이화, 호수돈
1919	전주			
1920		고창, 광주		
1921	경성제2, 신의주	중앙		정의
1922	공주, 광주, 동래, 해주, 함북 경성	(광주, 동래 공립으로 전환)		
1923				
1924	청주, 춘천			
1925	진주			배화, 일신, 루씨
1926		오산	공주, 대구	동덕
1927			광주, 부산	
1928				
1929				영생
1930				
1931		김천, 영생		
1932			해주	
1933				
1934				
1935			함흥, 나남	
1936	평남 안주		신의주	
1937			대전	
합계	16	11	11	10

이처럼 일제강점기에 고등보통학교는 총 48개교가 설립되었다. 그중 남자 고등보통학교는 27개교로, 이 가운데 16개교가 공립이었다. 여자 고등보통학교는 모두 21개교였고, 공립은 11개교였다. 따라서 고등보통 학교 지원자의 증가에 비하면 터무니없이 부족한 수였다.

그나마 전국에서 관공립중등학교가 들어서는 과정은 지역 주민들의 중등학교 설립 운동에 편승하거나 사립중등학교 설립을 견제하려는 의도와도 연관이 있었다.

또한 조선총독부는 국비를 지원하여 직할 경영하던 각 중등학교들을 1925년부터 지방비 관할로 이관하여 관립학교가 없어지고 공립학교로 전환되었다. 그리고 지방비 자체에 대한 국고 보조는 계속했지만, 중등학교의 경비를 독립적으로 지원하지는 않았다. 때문에 국비 지원과 고등보통학교 증설 요구가 지속적으로 이어졌지만 실현되지는 않았다.

이처럼 인문계 중등학교가 절대적으로 부족한 가운데 진학 희망자의 증가는 입학난을 더욱 부추겼다. 이에 〈동아일보〉(1921. 4. 10.)는 "입학난의 절규, '나를 가르쳐 주세요'하는 아우성 소리가 삼천리강산을 울리다"라는 등, 신문에도 기회 있을 때마다 학교가 부족한 현실을 보도했다.

▌사택을 헐어 교실을 신축하기도

1920년대 초부터 고등보통학교 입학 경쟁이 치열했다. 다음과 같은 1921년 경성의 공립과 사립고보 정원과 지원자 현황이 그 예이다(〈동아일보〉, 1921. 3. 27.).

		정원(명)	지원자(명)	탈락자(명)
사립	중앙고보	200	1,250	1,050
	배재고보	250	1,226	976
	보성고보	200	1,215	1,015
	휘문고보	130	750	620
	양정고보	100	500	400
	경신고보	100	150	50

		정원(명)	지원자(명)	탈락자(명)
공립	경성제일고보	136	788	652
	경성제이고보	160	480	320
	합계	1,276	6,359	5,083

1920년대 초 경성의 고등보통학교는 복수 지원이 가능했다는 점을 감

안해도 약 4,000여 명의 탈락자가 예상되는 등 해마다 많은 탈락자들이 발생했고, 1930년대에는 전국의 합격률이 30퍼센트 아래로 떨어질 정도로 입학 경쟁이 더욱 치열해졌다. 다음은 1934년과 1939년 경성의 공립 고보 정원과 지원현황과 입학 경쟁이 치열했던 1927년부터 1930년대 말까지 전국의 고등보통학교 합격률 현황이다(《동아일보》, 1934. 3. 28. 외).[05]

연도(년)	학교	정원(명)	지원자(명)	탈락자(명)
1934	경성제일고	209	739	530
	경성제이고	150	560	410
1939	경기중학(변경)	200	1,007	807
	경복중학(변경)	200	1,200	1,000

1927년부터 1930년대 말까지 고등보통학교 합격률 현황

연도(년)	지원자(명)	입학자(명)	합격률(%)	연도(년)	지원자(명)	입학자(명)	합격률(%)
1927	25,123	7,860	31.3	1934	33,325	9,863	29.6
1928	31,387	8,969	28.6	1935	41,979	10,643	25.4
1929	31,024	8,920	28.8	1936	53,883	11,852	22.0
1930	27,877	9,172	32.9	1937	57,074	12,849	22.5
1931	26,304	9,517	36.2	1938	70,977	15,517	21.9
1932	26,955	9,619	35.7	1939	82,952	17,738	21.4
1933	29,337	9,767	33.3				

이처럼 매년 고등보통학교에서 정원보다 많은 탈락자가 발생했고, 1927년에는 고등보통학교 지원자가 1,000여 명이나 감소했지만, 2만 5000여 명이 지원하여 1만 7000여 명이 탈락했다(《동아일보》, 1927. 3. 15.). 1930년대 초 지원자가 소폭 감소하다가 1933년부터 다시 폭증하기 시작하여 1936년과 1937년에는 경쟁률이 약 6대 1이라는 전례 없이 높은 수치를

보였다. 1939년에는 경성의 9개 남녀 중등학교 지원자 접수가 마감되었다고는 하지만 지방에서 올라오는 입학원서가 취합되지 않았음에도 정원 1,400명에 1만 1000명이 지원했다. 따라서 복수의 지원자가 있기는 했지만, 수치상 1만여 명의 탈락자가 예상되었고(《동아일보》, 1939. 3. 12.), 전국적으로 합격률이 20퍼센트대로 떨어져서 탈락자는 6만 5000여 명으로 추산되었다.

사립고보 역시 경쟁이 치열했다. 1921년 경성의 중동학교는 2,300여 명이나 지원했다. 이에 1,200명을 선발하여 주야간으로 나누어 수업했지만 여전히 250명을 수용할 수 없어 인근에 있던 교사들의 사택을 헐어서 500여 명을 수용할 수 있는 교실을 새로 건축했다. 다음 해에도 경성의 사립고등보통학교는 4,883명이 지원하여 1,395명이 입학했고, 1928년에는 경성의 사립고보 6개교 정원 1,050명에 지원자 접수가 마감되지 않았음에도 이미 4,200여 명이 지원하여 평균 경쟁률이 4대 1을 넘어섰다. 여기에 양정고보는 100명 정원에 950명이 지원하여 10대 1에 가까운 최고의 경쟁률을 보였다(《동아일보》, 1928. 3. 16.).

1929년 경성에서는 공립고보 2개교와 사립고보 6개교 총 1,450명 정원에 6,906명이 지원하여 평균 7대 1에 가까운 경쟁률을 보였다. 공립고보는 지원자가 267명이 감소했고, 일본인이 다니던 경성중학교와 용산중학교도 지원자가 감소했지만 6개교의 사립학교는 1,708명이나 지원자가 늘어났다. 특히 휘문고보는 200명 모집에 1,258명 지원했고, 중앙고보는 1,002명 그리고 양정고보는 100명 모집에 708명이 지원했다(《동아일보》, 1929. 3. 20.). 1930년대 중반 이후에도 경성의 사립고보 5개교 입학 경쟁은 다음과 같이 치열했다(《동아일보》, 1934. 3. 28. 외).[06]

연도(년)	배재		보성		양정		중앙		휘문	
	정원(명)	지원(명)	정원(명)	지원(명)	정원(명)	지원(명)	정원(명)	지원(명)	정원(명)	지원(명)
1934	243	581	50	505	100	770	289	962	200	826
1935	180	607	150	570	100	937	150	903	150	881
1936	—	—	100	987	100	1,041	150	980	150	1,535
1938	150	1,312	100	1,280	100	1,171	150	1,588	150	1,700
1939	150	1,490	150	1,424	100	1,138	150	1,601	150	1,780

이처럼 사립고등보통학교의 입학 경쟁은 1930년대 후반에도 더욱 치열했고, 1940년에는 최고 11.6대 1이나 되었다(〈동아일보〉, 1940. 3. 6.).

▋ 고등보통학교 졸업 후 진로는?

1939년 이화여고보는 100명 정원에 1,059명이 지원했고, 동덕여고보는 150명 정원에 1,028명이 지원하는 등 여학교 역시 시간이 지날수록 입학 경쟁이 치열했다. 그리고 지방 고등보통학교에도 지원자들이 정원의 3~4배를 넘기는 것은 기본이었다. 참고로 1920년대 말부터 1930년대 말까지 전국의 몇몇 학교 사례를 보면 다음과 같다.

연도(년)	지역	학교	정원(명)	지원(명)	비고
1928	전북 전주	공립전주고보	100	370	〈동아일보〉 1928. 3. 11.
	전남 광주	공립광주고보	100	430	
	평남 평양	사립광성고보	70	400	〈동아일보〉 1928. 3. 22.
		공립평양고보	150	770	
		공립평양여고보	100	335	
1931	경북 김천	사립김천고보	70	420여	〈동아일보〉 1931. 4. 2.

1936	평북 신의주	공립신의주고보	106	549	《동아일보》 1936. 4. 10.
		공립신의주상고	100	475	
		공립신의주농고	50	359	
		공립영변농업	55	354	
	평남 평양	사립광성고보	120	950	《동아일보》 1936. 3. 13.
		공립평양고보	150	1,019	
		공사립8개교	870	5,171	
1938	전남 순천	공립순천중학교	100	680	《동아일보》 1938. 4. 20.
1939	황해도 개성	공립송도중학교	150	1,350	《동아일보》 1939. 3. 4.
		사립호수돈여학교	100	400	
		공립송도상업학교	100	450	

이처럼 지방에서도 최대 8대 1에 이르는 경쟁률을 보였고, 1936년 평양의 경우 접수를 마감하지 않은 학교가 있었음에도 평균 6대 1의 경쟁률을 충분히 넘어설 것으로 예상되었다. 그리고 1938년 순천중학교는 신설 학교였음에도 7대 1에 가까운 경쟁을 보였고, 1939년 교육의 도시 개성의 송도중학교가 약 9대 1의 경쟁률을 보였다.

일제강점기에는 고등보통학교 재학생들은 엘리트로서 자부심도 충만했고, 졸업 후에는 선호도가 높은 직종의 취업을 기대할 수 있었다. 다음은 1919년에서 1939년까지 고등보통학교 졸업생의 진로 현황이다.[07]

연도 (년)	관공서	교원	은행, 회사	가사	진학	기타	사망	합계
1919	44(9.8)	55(12.3)	55(12.3)	125(28.0)	121(27.1)	40(8.9)	7(1.6)	447(100)
1920	38(10.8)	44(12.5)	34(9.7)	59(16.8)	142(40.5)	31(8.8)	3(0.9)	351(100)
1921	29(8.6)	64(19.0)	12(3.6)	47(13.9)	157(46.6)	28(8.3)	0(0.0)	337(100)
1922	23(5.6)	61(14.8)	5(1.2)	66(16.0)	192(46.6)	60(14.6)	5(1.2)	412(100)
1923	16(3.7)	49(11.2)	1(0.2)	112(25.6)	192(43.9)	67(15.3)	0(0.0)	437(100)

연도								합계
1924	12(2.3)	69(13.3)	2(0.4)	128(24.7)	247(47.7)	60(11.6)	0(0.0)	518(100)
1925	21(2.0)	221(21.6)	22(2.1)	342(33.4)	225(22.0)	190(18.5)	4(0.4)	1,025(100)
1926	54(5.3)	111(10.9)	36(3.6)	320(31.6)	260(25.6)	231(22.8)	2(0.2)	1,014(100)
1927	99(7.7)	107(8.3)	74(5.8)	409(31.9)	298(23.2)	290(22.6)	7(0.5)	1,284(100)
1928	90(6.8)	64(4.9)	72(5.5)	477(36.2)	353(26.8)	254(19.3)	7(0.5)	1,317(100)
1929	92(7.0)	43(3.3)	49(3.7)	502(38.0)	296(22.4)	330(25.0)	8(0.6)	1,320(100)
1930	135(10.7)	44(3.5)	77(6.1)	407(32.4)	325(25.8)	267(21.2)	3(0.2)	1,258(100)
1931	95(7.2)	103(7.8)	89(6.7)	354(26.8)	422(32.0)	248(18.8)	8(0.6)	1,319(100)
1932	115(8.9)	50(3.9)	105(8.1)	349(27.0)	483(37.4)	180(13.9)	9(0.7)	1,291(100)
1933	116(7.5)	49(3.2)	93(6.0)	522(33.9)	593(38.5)	164(10.6)	4(0.3)	1,541(100)
1934	168(9.6)	100(5.7)	107(6.1)	526(30.2)	642(36.8)	198(11.4)	2(0.1)	1,743(100)
1935	158(8.6)	122(6.7)	121(6.6)	448(24.4)	819(44.7)	155(8.5)	10(0.5)	1,833(100)
1936	134(6.7)	179(8.9)	181(9.0)	534(26.6)	817(40.8)	153(7.6)	6(0.3)	2,004(100)
1937	200(9.1)	133(6.0)	178(8.1)	541(24.5)	854(38.7)	291(13.2)	7(0.3)	2,204(100)
1938	178(7.3)	144(5.9)	180(7.4)	565(23.3)	964(39.7)	391(16.1)	6(0.2)	2,428(100)
합계	1,817 (7.5)	1,812 (7.5)	1,493 (6.2)	6,833 (28.4)	8,402 (34.9)	3,628 (15.1)	98 (0.4)	24,083 (100)

*단위: 명, ( )는 비율(%)

위 도표에 따르면 1920년대 중반을 기점으로 고등보통학교 졸업자들의 관공서·교원·은행 취업률이 약간 감소한 반면, 상급학교 진학률이 증가했으며, 1930년대에는 상급학교 진학이 가장 높은 수치를 보인다. 이러한 현상은 1920년대 중반부터 고등보통학교 졸업생의 급증과 함께 벌어진 취업난과도 무관하지 않았다.

예를 들면 1920년에서 1923년 사이 고창·광주·경성제이·신의주·중앙·공주·해주·함북 경성(鏡城) 고등보통학교가 신설되어 고등보통학교 진학생이 늘어났고, 1924년 졸업생이 518명에서 1925년 1,025명으로 2배 가까이 증가했다. 반면 가사 종사자가 높은 비율을 차지했다는 점은 취업난의 심각성을 보여주고 있다. 가사 종사자는 가업을 계승했다는 것을 의미했지만, 당시 주요 산업은 농업이었고, 뚜렷한 직업을 갖지 못한 실업 상태의 졸업생들도 포함되어 있었기 때문이다. 따라서 고등보통학교 졸업생들은 졸업 후 진로에 어려움을 겪었고, 한편으로는 상급학교 진학 희망자가 늘어나면서 고등보통학교는 진학 준비를 위한 교육기관의 성격이 점차 강화된다.

고등교육 주도권 장악을 위하여

실업교육을 강조한 일제는 조선인을 위한 민간대학 설립을 반대했다. 총독부 학무국장 세키야 데자부로는 "조선에는 아직 민도가 전문교육을 실시할 정도에 이르지 못했다"고 그 이유를 설명했다.[08] 이어서 일제는 선교사들이 설립했던 기존의 민간대학들을 전문대학으로 격하했다. 따라서 일제강점기의 고등교육기관은 관립전문학교와 사립전문학교가 있었고, 대학은 1924년에 설립된 경성제국대학이 유일했다. 물론 전문학교 규칙이 발표되기 이전에도 의학강습소·전수학교·공업전습소 특별과 등에서 전문학교 과정을 가르쳤지만, 전문학교 위상은 부여하지 않았다.

이후 기독교 계통의 사립대학이 기반을 넓혀가자 이를 견제하기 위해 조선총독부는 기존의 정책을 수정하여 전문학교를 허용하는 방향으로 전환하면서 전문학교 교육을 학제 내부로 편입했다. 그리고 사립전문학교가 고등교육을 선점하면 교육의 주도권을 상실할 것을 우려한 일제는 관립전문학교를 중심으로 전문학교 제도를 개편했다. 따라서 1910년대에 갑자기 등장한 전문학교 중에서도 관립전문학교는 처음부터 조선에서 최고학부의 위치에 있었다.[09]

또한 관립전문학교는 일본에서 이미 설립하여 운영되던 전문학교의 영향을 받았다. 1873년 일본 문부성은 교육법령을 추가로 발표하면서 학교 종류의 하나로 전문학교가 처음으로 등장했다. 그리고 "외국 교사가 교수하는 고상한 학교로, 이를 넓은 의미로 전문학교라고 한다"고 정의했고, 전공에 따라 법학교·의학교·이학교(理學校)·예학교(藝學校)·광산학교·공업학교·농업학교·상업학교·수의학교 등으로 구분했다.

조선에는 1915년 마련된 규정에 따라 1895년 법관 양성소로 출발한 경성전수학교가 1916년 경성법학전문학교로, 1899년 경성의학교로 설립된 의학강습소가 1916년 경성의학전문학교로, 1906년에 설립된 공업전습소가 1916년 경성공업전문학교로, 1904년 농상공학교로 설립된 수원농림학교가 1918년 수원농림전문학교로 각각 개편되어 4개교의 관립전문학교가 발족했다.[10] 이 학교들은 모두 새로 설립된 것이 아니라 한말(韓末)부터 설립하여 운영되던 관립학교들을 전문학교로 인가한 것이었다.

또한 1895년 이화학당, 1897년 숭실학당, 1905년 세브란스의학교, 1905년 보성학교 등 고등교육기관의 체제를 갖춘 사립학교가 있었고, 이 가운데 '대학' 명칭을 사용한 학교도 있었다. 그러나 일제는 사립전문학교의 설립 기준을 강화하여, 이 학교를 각종학교(各種學校, 정규학교에서 담당하기 어려운 특수 분야의 교육을 실시하는 교육기관을 통틀어 이르는 말)로 격하했고, 학교 명칭도 변경하도록 했다. 학과목도 "성경·지리·역사 등을 과하여서는 안 된다"는 규정을 두는 등 적극적으로 통제함으로써 사립고등교육기관을 자연스럽게 소멸시키고 관립전문학교에서 교육받은 극소수의 조선인만을 통치기구의 중간관리로 육성하여 그들에게 보통의 식민지인들이 누리지 못하는 지위를 부여함으로써 선민의식과 함께 자발적인 충성심을 갖게 하려고 했다.

이에 따라 1911년 「제1차 조선교육령」에 의한 전문학교는 1919년까지 관립 4개교, 사립 2개교 등 모두 6개교에 재적학생(在籍學生) 수는 총 585명에 지나지 않았다. 교원은 총 92명으로 조선인은 21명이었다. 이후 3.1운동으로 일제는 이른바 문화정치를 표방하면서 1922년 「제2차 조선교육령」을 공포하고, 외형적으로 종전의 차별 교육을 완화했다. 그리고 관공립전문학교는 1922년 사립 경성상업학교가 관립 경성고등상업학교로 교명이 바뀌었고(1944년 경성경제전문학교로 개칭), 1929년 공립 평양의학전문학교, 1933년 공립 대구의학전문학교가 설립되어 모두 7개교가 되었다. 그러나 1938년까지 신설되거나 새로 지정된 관립전문학교는 하나도 없었다. 1939년이 되어서야 6번째 관립전문학교인 경성광산전문학교가 신설되었는데, 이는 전시체제에 들어서면서 광물 채굴과 야금에 필요한 기술 인력이 시급하게 필요함에 따라 '산금 조선의 고급기술부대를 양성'하는 데 가장 큰 목적을 두고 설립된 것이었고(《매일신보》, 1939. 1. 1.), 1941년 관립 부산고등수산학교가 신설되어 총 7개교가 된다.

전문학교,
일본인과도 경쟁하다

▌사범학교, '사반(死半)학교'라고 하다

사범학교는 초등학교 교원 양성기관으로 정규 교육기관이자 한국 최초의 근대 교육기관이었다. 이에 신학문을 수용하는 데 역점을 두고, 1906년 수업연한을 3년으로 하는 본과와 1년 이내의 예과와 속성과 및 강습과의 관립 한성사범학교가 유일했다. 그리고 공립과 사립사범학교는 인가를 허가하지 않았다.

1911년 일제는 「제1차 조선교육령」에 따라 독립적으로 존재했던 사범학교를 폐지하고 관립 남녀 고등보통학교에 1년제 사범과 또는 1년 이내의 교원 속성과를 부설하여 보통학교 교사를 양성하도록 했다. 여기에는 초등교육에 일본인 교원을 배치함으로써 식민지 지배를 공고하게 하려는 의도가 담겨 있었다.

이후 1922년 「제2차 조선교육령」에 따라 교사 양성을 위한 독립된 교육기관으로 경성사범학교를 신설하기로 하고, 제1부와 제2부를 두어 일본인 소학교 교원과 조선인 보통학교 교원을 별도로 양성했다. 그리고 각 지역에도 공립사범학교를 설치해 1924년까지 각 관립 고등보통학교에 설치했던 1년제 사범과를 1925년부터 폐지했다.

사범학교의 학제는 2년제의 본과와 1년 이내의 예과를 두었고, 본과 입학 자격은 보통학교 졸업 이상의 학력을 가진 자로 신분상의 규제는 없었다. 그리고 6개월 과정의 속성과와 강습과를 비롯해 연습과·보통과·심상과(尋常科, 일반 교과 중심)·임시 특설과 등 모집학과가 다양했고, 학과에 따라 입학 자격과 수업연한 및 졸업 후의 대우가 각기 달라 체제가 매우 복잡했다. 그 이유는 초등학생의 급증을 감당하기 어려워 단기과정의 교원을 양성하기 위함이었고, 한편으로는 저급한 수준의 조선인 교원을 양성하려는 의도가 있었다.

반면 정규과정의 사범학교는 '교육과정이 반쯤은 죽인다'는 뜻으로 '사반(死半)학교'라고 불릴 정도로 학교생활이 힘들었다. 1930년대 중반 대구사범학교를 다녔던 박정희 전 대통령의 성적표에 따르면 '이수 과목이 26과목이었고, 이를 세분하면 36과목이나 되었다'고 한다. 그리고 여름방학에는 2주간 대구에 주둔했던 80연대에서 군사훈련도 받았다.

사범학교의 입학시험을 통해 선발된 조선인 지원자들의 성적도 대단히 우수했다. 어느 수험생은 "자기 희망보다는 담임선생이 정해줍니다. 이른바 대구사범은 특차이니까 1등, 2등 아니면 추천을 안 해줬습니다"[01]라고 회고할 정도로 사범학교는 매년 졸업반에서 수석을 하는 수재들이 지원했고, 입학 경쟁이 대단히 치열했다. 예를 들면 1923년 경남 진주사범학교는 모집 정원의 5배가 지원했고(《동아일보》, 1923. 4. 20.), 함남 임시교원강습회에도 "45명 정원에 354명이 지원해 입학시험에 비상이 걸렸다"고 하는 등(《동아일보》, 1923. 4. 19.) 다음과 같이 전국 사범학교 입학 경쟁이 치열했다.

연도(년)	학교	정원	지원	비고
1924	평북사범학교	남자 50명	남자 575명	〈동아일보〉 1924. 3. 8.
		여자 20명	여자 79명	
	평남사범학교	특과 50명 강습과 30명	619명	〈동아일보〉 1924. 4. 1.
	전북사범학교	100명	1,000여 명	
1925	충북사범학교	30명	400여 명	〈동아일보〉 1925. 3. 2.
	황해도사범학교	관비생 80명 사비생 10명	460여 명	〈동아일보〉 1925. 3. 27.
	함남사범학교	30명	520명	〈조선일보〉 1925. 4. 2.
1926	충북사범학교	30명	325명	〈동아일보〉 1926. 2. 28.
1928	광주사범학교	50명	251명	〈동아일보〉 1928. 3. 11.

사범학교는 전시체제기였던 1939년에도 다음과 같이 입학 경쟁이 치열했다(〈동아일보〉, 1939.2.16.).

학교	정원(명)	지원(명)	탈락자(명)
경성사범학교	100	603	503
평양사범학교	100	1002	902
대구사범학교	100	940	840
경성여자사범학교	심상과 100 / 연강습과 300	648 / 582	548 / 282
공주여자사범학교	심상과 100 / 강습과 250	395 / 472	295 / 222
함흥사범학교	100	960	860
광주사범학교	100	940	840
전주사범학교	100	707	607
춘천사범학교	100	450	350

이처럼 사범학교 입학 경쟁률은 최소 4대 1이 넘었고, 10대 1에 가까운 학교들이 다수일 정도로 높은 경쟁률을 보였다. 그 이유에 대해 〈동아일보〉(1925. 3. 2.)는 '사범학교에는 관비생 제도가 있었고, 중등 정도의 학교가 부족했기 때문'이라고 했고, 〈조선일보〉(1925. 3. 16./ 3. 18.)는 '불경기로 인해

졸업하고 바로 취업할 수 있는 점'을 원인으로 꼽았다.

경쟁률이 상식을 뛰어넘다

사범학교들은 모두 위상이 동일하지 않았다. 경성·대구·평양의 3개교 관립사범학교에서 1종 훈도를 양성했고, 각 도의 공립사범학교에서 2종 훈도를 양성했다. 이처럼 전국 15개교 사범학교 중에서도 경성·대구·평양의 사범학교가 중심에 있었다.

또한 사범학교는 일본인과 공학이었고, 일본인에게 제공하는 경제적 지원으로 경쟁이 더 치열했다. 1932년의 예를 들면 경성사범학교는 입학 지원자 접수를 마감한 결과 전년도 보다 58명의 지원자가 감소했지만, 지방에서 접수한 서류가 취합되지 않았음에도 정원 300명에 2,427명이 지원했다. 과별로는 남자 연습과는 정원 100명에 1,372명이 지원한 가운데 조선인 지원자는 불과 89명이었고, 보통과는 643명 지원자 중 조선인은 402명 그리고 연습과는 412명 지원에 조선인은 203명이었다(《조선일보》, 1932. 2. 22.).

경성·대구·평양 사범학교는 매년 입학시험에서 최고의 경쟁률을 나타냈다. 경성사범학교의 경우 개교 첫해인 1921년 경성 외에도 부산, 원산, 평양, 이리에서 입학시험을 치를 정도로 전국에서 지원자들이 응시했고(《동아일보》, 1921. 4. 17.), 입학률은 6퍼센트에 지나지 않았다. 다음은 1921년부터 1929년까지 경성사범학교 보통과 조선인의 경쟁률이다.[02]

연도(년)	1921	1922	1923	1924	1925	1926	1927	1928	1929	평균
경쟁률	3.0 : 1	22 : 1	46.8 : 1	80.8 : 1	67.9 : 1	61.2 : 1	55.8 : 1	45.8 : 1	75.6 : 1	51.0 : 1

1927년의 경우 불경기의 영향 등으로 고등보통학교 지원자가 1,000여 명이나 격감하고 실업학교 지원이 증가했는데, 사범학교 역시 100명 정원에 지원자가 4,000명이 넘는 등 경쟁률이 상식을 뛰어넘었다(《동아일보》, 1926. 3. 18./ 1927. 3. 15.).

대구와 평양 사범학교도 10대 1의 경쟁률을 쉽게 넘겼고 합격률이 각각 8퍼센트와 7퍼센트였다. 1931년 경성·대구·평양 등 3곳의 관립사범학교 정원 300명에 보통학교를 졸업하고 바로 들어가는 보통과에 2,635명이 지원했는데, 평양사범학교는 100명 정원에 1,060명이 지원했고(《동아일보》, 1931 .2. 22.), 1936년에는 100명 정원에 917명이 지원했다. 대구사범학교는 1933년 100명 정원에 1,050여 명이 지원했는데, 이리 지역에서만 280여 명이 지원해 5명의 직원을 파견해서 이리공립보통학교에서 입학시험을 치렀다. 당시 이리 지역의 필기시험에서 82명이 합격하는 우수한 성적을 나타냈고, 최종 몇 명이 합격할지 주목받기도 했다(《동아일보》, 1933. 3. 14.). 1935년에는 100명 정원에 일본에서 건너온 50명의 지원자를 포함해 1,289명이 지원했다(《조선일보》, 1935. 2. 27.). 1936년에는 전주사범학교가 개교하여 전년도보다 전체 지원자가 200여 명이 감소했음에도 정원 100명에 1,070명이 지원했다(《동아일보》, 1936. 2. 15.). 1938년에는 광주사범학교가 개교했음에도 전주사범학교는 100명 정원에 800여 명이 지원하는 등 매년 10대 1 내외의 경쟁률을 보였다(《동아일보》, 1938. 1. 23.).

1935년 2월 24일 윤치호는 일기에 신문 기사를 인용해 "경성사범학교 입학시험에 6,024명의 일본인과 조선인 보통학교 졸업생들이 응시했다고 한다. 이 많은 지원자 중에서 단지 100명만이 입학한다!"고 기록할 정도로 경성사범학교를 비롯해 평양과 대구사범학교 입학생 선발은 사회적인 주목을 받았다.

사범학교 입학시험은 구술시험, 신체검사, 학력 시험을 거쳐야 했다. 1930년 경성·대구·평양 사범학교 정원과 입학시험 과목은 다음과 같다 (《동아일보》, 1930. 2. 5. 외).[03]

학교	정원	시험과목
경성사범학교	약 100명	일본어, 산술, 국사, 지리, 이과, 구술시문과 신체검사
평양사범학교	약 100명	일본어, 산술, 국사, 지리, 이과, 조선어(조선인에 한함)
대구사범학교	약 100명	일본어, 조선어, 산술, 역사, 지리, 이과, 구두시문과 신체검사

이처럼 사범학교 시험과목은 전문학교와 큰 차이가 없었고, 1930년대의 평양과 대구사범학교 입학시험에서 조선어를 보았다는 점도 주목된다. 이외에도 동경고등사범학교 등 일본 사범학교 입학시험이 매년 조선에서도 실시할 정도로 지원자들이 많았다(《조선일보》, 1926. 1. 10. 외).

전문학교, 관보에도 이름이 오르다

1917년부터 1925년 사이에 인가를 받은 사립전문학교는 5교개였다. 이 가운데 조선인이 설립을 주도한 전문학교는 각종학교로 격하되었던 보성법률상업학교가 1922년 학교 명칭을 되찾아 보성전문학교가 되었고, 이화학교와 숭실학교가 1925년 이화여자전문학교와 숭실전문학교로 각각 승격되었다(숭실전문학교는 1938년 신사참배를 거부하며 스스로 폐교했다). 1929년 경성치과의학전문학교와 1930년에 경성약학전문학교, 중앙불교전문학교(이후 혜화전문학교로 개칭)가 설립되었고, 1938년 경성여자의학전문학교와 대동공업전문학교, 1939년 숙명여자전문학교, 1942년 명륜전문

학교 등이 새롭게 설립되거나 개편되었다.[04]

전문학교 재학생들은 중등학교와는 비교할 수 없을 정도로 희소성이 대단했고, 경성제국대학과 관립전문학교 출신은 조선총독부 관보에 이름이 올라 전통사회에서 청금록(靑衿錄)에 기재되는 것처럼 사회적인 보상을 기대할 수 있었다. 청금록에서 '청금'은 '푸른 옷소매'라는 뜻으로, 유학(儒學)을 공부하는 선비들을 의미한다. 여기에 이름이 오르면 유교 경전에 대한 지식을 갖춘 선비로 인정받아 관리의 천거 대상이 되었다.

전문학교 입학 자격은 '중학교 또는 수업연한 4년 이상의 고등여학교를 졸업한 것과 동등 이상의 학력을 가진 자'였다. 그러나 사회에서 관립전문학교와 사립전문학교에 대한 대우가 달랐다. 관립전문학교는 학문 연구보다 당장 필요한 전문 관료를 육성하기 위해 설립되었음에도 '대학과 어깨를 나란히 했다'는 평가를 받았고, 졸업 후에는 문관 임용령에 따라 관임문관에 임용될 자격과 중등학교 교원 자격이 공통적으로 주어졌다.[05] 각 관립전문학교 졸업생에게 주어진 자격은 다음과 같다.

전문학교	자격	
경성법학전문학교	총독부 판사 및 검사 임용 자격, 변호사 시험 응시 자격	
경성의학전문학교	의사면허 취득, 일본 내 개업	
경성고등공업학교	기수(技手) 자격	

이처럼 법령이나 규칙으로 지정된 자격 이외에도, 관립전문학교 졸업생은 취업에도 모종의 '특혜'를 받았다. 예를 들면 사립전문학교 졸업자는 관립 출신자에 비해 급료가 반액 또는 3분의 1밖에 안 되었고((동아일보), 1926. 5. 7.), 은행에서도 초임부터 20원의 차이가 났다. 그리고 교원이 되려

면 별도의 자격시험을 통과해야 했다. 따라서 취업에 관심이 많은 학생들은 유형·무형의 '자격' 획득에 유리한 관립전문학교를 선호했다.

하지만 전문학교는 중등학교와는 비교도 되지 않을 정도로 부족했다. 때문에 극심한 입학난을 겪었지만, 조선총독부는 "학교를 증설하여 교육을 많이 시키는 것은 결국 고등유민(高等遊民)을 양성함에 불과하니 차라리 학교 증설을 피하여야 한다"(《동아일보》, 1927. 2. 25.)며 관립전문학교 규모를 확장하지 않았다. 고등유민이란 고등교육을 받고도 부모의 경제적인 지원으로 일을 하지 않는 고등실업자(高等失業者)를 말한다. 그러나 이러한 이유는 그야말로 변명에 지나지 않았다.

일제의 입장에서는 막대한 예산 지출을 감수하면서까지 전문학교를 증설할 이유가 없었다. 고등교육을 받은 지식인을 양성한다는 것은 식민통치에 결코 도움이 되지 않았기 때문이다. 따라서 일제는 전문학교의 증설보다는 관립전문학교의 입학을 통제하여 조선에서 고등교육기관으로서의 지위를 확고히 한 후, 이를 통해 자신들에게 순응하는 극소수의 지식인을 양성하고, 한편으로는 학생들을 통제하는 수단으로 활용했다.

1919년 관공립중등학교 졸업생 227명 가운데 45명이 관립전문학교에 지원서를 제출했고, 1920년에는 222명의 졸업생 가운데 72명이 지원서를 제출했다. 이후에도 전문학교 지원자가 눈에 띄게 늘어났다(《동아일보》, 1920. 5. 4.). 예를 들면 함북 경성고보는 33명의 졸업생 가운데 11명이 취업을 희망했고, 상급학교 지원이 20명으로 과반수를 훨씬 넘었다. 경성의 배재고보는 졸업생 99명 가운데 상급학교 진학이 73명이었고, 서양 유학도 4명 등 절대다수가 상급학교 진학을 희망할 정도로 전국적으로 상급학교 진학 희망자가 늘어났다.

▌일본인과도 경쟁하다

여학생 역시 상급학교 진학자가 증가했다. 진명여고보는 95명의 졸업생 가운데 가사 종사가 53명으로 과반수를 넘었지만, 사범학교 14명, 상급학교 5명, 의학 6명, 보육 5명, 일본 유학 4명, 기타 8명 등 상급학교 진학자가 3분의 1을 넘었고, 선천의 보성여고보는 27명 졸업에 가사 14명, 상급학교 13명으로 상급학교 진학이 과반수에 가까웠다. 전주여고보는 38명의 졸업생 가운데 23명이 상급학교에 진학했다. 또한 1920년대에는 전문학교에서 조선인과 일본인의 공학이 전면적으로 시행되면서 입학 경쟁이 더욱 치열해졌다. 참고로 1920년과 1925년 경성의 의학·법학·공업·상업·농업 등 5개교 관립전문학교 입학 경쟁률은 다음과 같다.[06]

연도(년)	경성법학전문	경성의학전문	경성고등공업	수원고등농업	경성고등상업
1920	3.6 : 1	2.3 : 1	2.0 : 1	6.0 : 1	—
1925	6.2 : 1	8.7 : 1	4.7 : 1	농학과 6.0 : 1	9.8 : 1
				임학과 2.4 : 1	

이처럼 관립전문학교에 일본인들의 지원이 늘어난 이유가 있었다. 즉 일제가 일본에서 발생한 실업자 구제책으로 조선과 만주로 이주를 권장했고, 조선으로 이주한 일본인 자녀가 진학할 고등교육기관의 부족으로 불만이 쌓이자 이에 대한 해결책으로 조선의 고등교육기관을 일본과 동등하게 개편했던 것이다.[07] 이에 학무 당국은 조선인과 일본인의 공학을 실시하면서 "전문학교는 조선인 자제의 편익을 위한 곳이며, 편의상 일본인 학생을 수용하기로 하나 배정되는 입학 정원은 조선인 학생의 3분의 1 이내에서 결정될 것이다"(《매일신보》, 1916. 4. 9./ 《동아일보》, 1923. 4. 11.)라고 했

다. 그러나 이 말은 사실이 아니었다.

　　전문학교 제도가 형성되기 이전인 1910년대에는 일본인과의 공학이 실시되지 않았고, 전문학교 입학자의 90퍼센트 이상이 조선인 학생이었다. 이후 5개교 관립전문학교 가운데 1922년까지 경성법학전문학교는 조선인 학생이 그리고 경성고등상업학교는 일본인 학생이 주로 입학했다. 경성의학전문학교와 경성고등공업학교, 수원농림학교는 1916년과 1917년부터 일본인과 공학을 실시했고, 1922년부터 본격적인 공학이 실시되자 일본인 입학자가 계속 늘어났다. 일제강점기 초기인 1911년부터 입학 경쟁이 치열했던 1930년대까지 5개교 관립전문학교의 조선인과 일본인 입학생 현황은 다음과 같다.[08]

연도 (년)	경성법학 전문학교		경성의학 전문학교		경성고등 공업학교		수원고등 농림학교		경성고등 상업학교		합계	
	조선인 (명)	일본인 (명)	조선인 (명)	일본인 (명)	조선인 (명)	일본인 (명)	조선인 (명)	일본인 (명)	조선인 (명)	일본인 (명)	조선인 (명)	일본인 (명)
1911	26	—	43	—	168	—	40	—	—	43	277	43
1912	56	—	86	—	137	—	40	—	—	15	319	15
1913	86	—	75	—	128	—	40	—	—	30	329	30
1914	53	—	75	—	152	—	40	—	—	37	320	37
1915	42	—	96	—	107	—	40	—	—	14	285	14
1916	57	—	49	25	23	19	40	—	—	24	169	68
1917	51	—	26	26	31	31	15	7	—	18	123	82
1918	53	—	58	25	32	18	14	5	—	67	157	115
1919	48	—	69	25	40	21	9	1	—	43	166	90
1920	52	—	34	62	25	19	8	11	—	76	119	168
1921	54	—	65	37	25	22	22	17	—	79	166	155
1922	54	4	47	53	14	34	18	46	—	78	133	215
1923	47	3	47	56	17	38	25	55	14	68	150	220
1924	41	17	26	56	21	26	20	52	13	76	121	227

1925	31	16	22	66	18	30	29	32	9	81	109	225
1926	48	16	18	65	20	46	24	30	9	56	119	213
1927	40	29	16	65	10	40	25	31	14	66	105	231
1928	49	19	26	64	12	53	26	37	15	64	128	237
1929	45	20	30	60	12	50	20	42	16	82	123	254
1930	43	26	22	63	7	53	15	46	13	84	100	272

이처럼 1922년 이후 대부분의 관립전문학교에서 조선인 입학생이 줄어들었고, 경성의학전문학교와 경성고등공업학교 그리고 수원고등농림학교는 일본인 학생이 전체적으로 2배 넘게 늘어났다. 1935년 경성제국대학 등 총 8개 관공립고등교육기관에서 664명 정원에 3,746명이 지원하여 평균 경쟁률이 5대 1이 넘었는데, 조선인 합격자는 약 3분의 1인 233명에 불과했고 관립전문학교는 일본인 학생이 다수를 차지했다(《동아일보》, 1935. 4. 1./ 4 .2.).

▌현해탄까지 건너오다

조선의 관립전문학교는 조선에 거주하던 일본인뿐만 아니라 일본에서 중등학교를 졸업한 지원자들도 급증했다. 조선의 관립전문학교를 졸업해 일본에서도 동일하게 적용되는 자격을 얻을 수 있게 되자 극심한 경쟁을 피해 조선으로 건너오는 지원자가 증가했기 때문이다. 예를 들면 1910년대에는 경성의학전문학교를 졸업하고 취득한 의사 자격은 조선에서만 적용되었다. 그러나 1920년대에는 일본까지 적용 범위가 확대되면서 조선에서 공부하여 자격을 취득한 후 다시 일본으로 돌아가는 일본인 학생이 많았다.

그런데 입학시험에서 일본인의 합격률이 월등하게 높았다. 예를 들면 1929년 평양의학강습소는 75명 정원에 210여 명이 지원(조선인 130여 명, 일본인 80명)했는데 합격자는 조선인 32명, 일본인 43명이었다(《동아일보》, 1929. 4. 21./ 4. 27.). 심지어 대구의학전문학교는 75명의 신입생 모집에 신청 마감일을 15일이나 남겨 놓고도 400여 명의 지원자가 몰려 마감까지 600명을 초과할 것으로 추정했다. 이처럼 대구의학전문학교에 지원자가 몰린 이유는 조선에서 의학전문학교가 부족한 것도 이유였지만, 대구의전은 저렴한 학비와 실습용 사체가 풍부하고 교수진이 충실하여 일본인들과 대만, 만주 등지에서도 지원자가 있었기 때문이다(《동아일보》, 1939. 3. 2.).

경성의학전문학교 역시 졸업생의 80퍼센트가 일본인 학생이었고, 이들은 대부분 의사 면허를 취득한 후 일본으로 취업했다. 이 때문에 가뜩이나 의료시설이 부족한 조선에서 곤란한 상황이 벌어졌고(《동아일보》, 1929. 3. 10.), "조선에서 총독부 예산으로 교육한 인력이 외부로 유출된다"는 비판을 받는 등 관립전문학교는 조선에서 필요한 고급 인력을 배출하는 기능을 제대로 수행하지 못했다.

그럼에도 조선총독부 학무국은 "전문학교 입학 정원의 50퍼센트를 조선에서 중등학교를 졸업한 지원자에게 제공하고, 나머지 50퍼센트는 자유경쟁에 맡기도록 하겠다"며 일본인 학생을 지원했다(《동아일보》, 1928. 7. 25./ 1929. 2. 17.). 이 결정이 구체적으로 어떻게 지켜졌는지는 확인하기 힘들지만, 총독부에서 입학 정원을 통제할 정도로 일본에서 조선으로 건너오는 지원자가 많았다는 사실을 확인할 수 있다.

게다가 일본어로 보는 입학시험과 시험문제 출제도 일본의 교육자들과 연관이 있었기 때문에 일본에서 공부한 수험생들에게 전혀 불리할 것이 없었다. 여기에 거주지를 불문하고 50퍼센트를 자유경쟁에 맡기고, 나머지 50퍼센트는 조선인만이 아니라 조선에 거주하는 일본인 학생들도 포함되어 있었다. 따라서 조선총독부의 조치는 실질적으로 조선인 학생은 어떠한 보호 장치도 없이 자유경쟁에 내몰렸지만, 일본인은 어느 정도의 자리를 이미 확보한 셈이었다. 뿐만 아니라 1930년대 말까지 관립전문학교를 신설하거나 입학 정원을 늘리지 않아 결과적으로 조선인 학생들의 정원을 축소해 극심한 입학난을 불러왔다. 다음과 같이 1935년과 1936년 경성의 5개교 관립전문학교 정원과 지원 현황이 그 예이다(《동아일보》, 1935. 3. 16.).

연도	1935년				1936년	
구분	정원		지원		정원	지원
경성의학전문학교	80명		595명		80명	617명
경성법학전문학교	60명		448명		60명	463명
경성고등공업학교	합계 67명	방직 11명	402명	방직 33명	81명	440명
		화학 13명		화학 73명		
		토목 18명		토목 154명		
		건축 13명		건축 75명		
		광산 12명		광산 67명		
경성고등상업학교	85명		419명		85명	451명
수원고등농업학교	합계 65명	농학 40명	272명	농학 188명	60명	302명
		임학 25명		임학 84명		

이처럼 대부분의 학교들이 4~5대 1 이상의 경쟁률을 보였고, 눈치를 보고 지원을 망설인 수험생들이 있는 등 입학 경쟁이 치열했다.

사립전문학교의 입학 경쟁도 치열했다. 다음은 1927년부터 1937년까지 관공립전문학교와 사립전문학교 정원과 지원 현황이다.[09]

연도(년)	관공립전문학교			사립전문학교		
	지원(명)	입학(명)	합격률(%)	지원(명)	입학(명)	합격률(%)
1927	1,786	336	18.8	521	283	54.3
1928	1,666	364	21.8	572	284	49.7
1929	2,103	377	17.9	799	465	58.2
1930	2,012	372	18.5	1,064	519	48.8
1931	1,884	352	18.7	1,316	602	45.7
1932	1,989	354	17.8	1,367	702	51.4
1933	2,886	492	17.0	1,381	789	57.1
1934	3,299	512	15.5	1,542	777	50.4
1935	2,918	526	18.0	1,818	854	47.0
1936	3,134	527	16.8	1,854	798	43.0
1937	3,799	545	14.3	1,864	751	40.3
합계	27,476	4,757	17.3	14,098	6,824	48.4
조선인	10,538	1,554	14.7	11,508	5,556	48.3
일본인	17,090	3,210	18.8	2,570	1,268	49.3

평균 합격률은 관립전문학교가 17.2퍼센트로 대단히 낮고, 사립전문
학교는 48퍼센트가 넘어 상대적으로 합격률이 높았다. 그리고 사립전
문학교는 일본인의 지원도 상대적으로 낮았다. 하지만 특정 학과의 경
우 일본인들이 지원하는 등 학교와 학과에 따라 경쟁이 치열했다. 예를
들면 1904년 세브란스병원에서 우리나라 최초의 근대적 치과의사를 양
성하여 1922년까지 조선인 치과의사는 10명 내외였다(《동아일보》, 1923. 3. 10.).
1922년 본격적인 치과의사 양성기관으로 사립경성치과의학교가 2년제
야간으로 설립되었고, 우리나라와 만주에서만 치과의사 면허증이 통용
되었다. 그러나 1929년 경성치과의학전문학교로 개편되면서 일본에서
도 개업을 할 수 있게 되자 일본인들이 늘어나 학생 비율이 조선인 40퍼

센트에 일본인이 60퍼센트를 차지했다.[10] 세브란스의전에도 일본인 지원자들이 있었으나 1927년부터 대만대학에 일본인 지원이 가능해지면서 지원자가 줄어들었다(《동아일보》, 1928. 3. 2.).

▌전공 선택이 세분되다

사립전문학교 입학률이 상대적으로 높은 편이라고는 하지만, 선호도가 높은 학교와 전공학과의 경우 입학 경쟁이 치열했다. 예를 들면 경성제국대학에 경제학과가 설치되지 않았기 때문에 경성고등상업학교와 보성전문학교 상과는 각각 관립과 사립의 유일한 학과였다. 1934년 보성전문학교는 법과와 상과를 합해 120명 모집에 입학시험을 볼 공간이 부족할 정도로 지원자가 몰려 중앙고보 대강당을 빌려 시험을 치렀다(《동아일보》, 1934. 3. 30.). 또 연희전문학교를 졸업하고 보성전문학교 상과에 입학하기 위해 지원하기도 했고(《동아일보》, 1934. 3. 30.), 일제 말기에는 20대 1의 극심한 경쟁률을 나타냈다. 그리고 1935년 세브란스의전은 40명 정원에 314명이 지원했고, 1936년에는 50명 정원에 356명이 지원하여 경쟁률이 7대 1이 넘는 등 매년 치열한 경쟁률을 보였다.

여학생의 경우 중등학교를 졸업하면 1939년에 신설된 숙명여자전문학교에서 입학생을 모집하기 이전까지 1925년부터 이화여자전문학교에서 문과 40명, 음악과 15명을 선발하는 것이 유일했다. 여학생들은 사범학교를 선호했지만, 웬만한 성적으로는 명함도 내밀지 못했다. 경성의학전문학교와 경성약학전문학교에서도 여학생을 선발했지만, 남학생 중심으로 운영되었고 동경 유학생도 최대 20명을 넘지 않을 정도로 입학이 까다로웠다. 다만 1921년부터 시험을 보아 청강생을 허가했고(《조선일보〉, 1921. 3. 25.), 설혹 입학한다고 해도 공부하기가 대단히 힘들었다. 따라서 〈동아일보〉(1926. 2. 17.)는 칼럼에서 "전공을 선택하여 전문지식을 공부한 여성을 육성하기 위해 적어도 세 곳 정도의 전문학교가 설립되어야 한다"고 주장했다.

또한 전문학교 선택에서 전공이 세분된 가운데 특정 학과에 지원자가 몰려들어 전공과 학교 서열에 따라 다양한 차별성이 나타나기 시작했다. 몇몇 학교의 사례를 살펴보면 다음과 같다(〈조선일보〉, 1925. 3. 8. 외).[11]

졸업 연도	학교	졸업생(명)	지원 학교 및 전공(명)
1925년	휘문고보	92	의학 13, 대학 예과 7, 고등농업·법학 각 6, 문학·유학 각 5, 가업 및 사회활동 10 등
	중동고보	201	의학교 40, 대학 예과 6, 수원고농 26, 고등공업 10, 연희전문 10, 일본 유학 30 등 126명 상급학교 지원
1931년	평양고보	106	의학 24, 대학 예과 10, 법학 4, 고등농업 3, 고등상업 1, 고등공업 4, 일본 유학 9, 사범학교강습소 53 등
	공주고보	41	의학전문 2, 세브란스의전 1, 대학 예과 7, 법학전문 4, 고등상업 2, 고등농업 1, 사범학교 9 등
1932년	양정고보	69	의학전문 3, 세브란스의전 3, 경성제대 예과 1, 대학 예과 5, 법학전문 4, 일본 와세다대 4, 고등공업 4, 체조학교 1, 경성사범 4, 대구사범 2, 연희전문 1, 불교전문 1, 고등농업 2, 고등상업 1, 보성전문 1, 중국 1, 기타 전문학교 2 등
	보성고보	68	의학전문 12명, 평양의학강습소 1명, 대구의학강습소 1명, 대학 예과 4, 법학전문 9명, 고등상업 2명, 고등공업 2명, 고등농업 4명, 연희전문 1명, 보성전문 1명, 불교전문 1명, 평양사범 2명, 일본과 중국 유학 17명 등
	경신고보	25	의학 11, 법과 2, 농과 2, 문학 3, 공학 1, 기타 2 등
	고창고보	15	의학전문 2, 법학전문 1, 사범학교 3, 고등공업 2, 음악 1 등
1934년	신의주고보	59	의학 1, 경성제대 7, 법학 4, 농학 4, 공학 1, 기타 전문학교 6 등
	중앙고보	84	의학 15, 법학 1, 농학 1, 공업 5, 상학 8, 약학 1, 사범학교 4, 기타 전문학교 14 등
	진주고보	45	의학 1, 법학전문 3, 농학 2, 약학 1, 사범학교 8, 공학 1, 기타 전문학교 4 등
1935년	공주고보	49	평양의전 1, 경성제대 2, 법전 4, 고농 3, 고상 1, 고공 1, 연전 1, 숭실전문 3, 보성전문 1, 경성사범 3, 평양사범 5, 대구사범 2 등

이처럼 중등학교 졸업생들은 관공립전문학교 외에도 전공이 다양해진 가운데 의학과 법학 그리고 사범학교 지원자가 다수를 차지하고 있다. 1930년대에는 공업 등 전문기술직 관련 학과의 지원자도 증가했다. 최고학부인 경성제국대학 예과 역시 문과 경쟁률이 3.7대 1이었고, 법학부 8.8대 1, 이공학부 10대 1, 의학부 5.5대 1이었다. 1940년에는 문과가 6대 1, 법학부가 18대 1, 이과가 22대 1이었다(〈조선일보〉, 1940. 3. 4. 외).[12]

전공 선택은 졸업 후 취업과도 연관이 있었다. 종전에는 우수한 성적의 졸업생들이 관청을 선호했지만, 1930년대 이후 학교와 전공 선택에서 취직률이 높고 보수가 많은 직종이 주목을 받았다. 졸업 후 은행이나 산업개발 회사의 지원자가 늘어났고, 심지어 관리의 등용문이었던 고등문관시험을 합격하고도 관청보다는 실업계로 진출하는 경우도 있었다. 때문에 1938년에는 대만총독부에서 고시 합격자를 한 명도 채용하지 못했고, 조선총독부에서만 겨우 몇 명을 배정받기도 했다. 관청에 근무하던 기사들도 민간회사로 자리를 옮겼다. 그 이유는 관청은 봉급이 일정했지만, 민간회사 가운데 특히 군수공장은 대우가 상당히 좋았고, 때로는 '일급이 월급을 초과하는 일도 있었다'고 한다(〈동아일보〉, 1939. 4. 9.). 그리고 경성광산전문학교 졸업생들은 전원 국영 광산의 간부로 우선 채용되었기 때문에 전쟁 시기에 취직이 매우 어려웠던 학생들에게 대단히 인기가 있었으며, 입시 경쟁률 또한 최고 수준을 나타냈다. 이에 각 관청에서는 우수한 인재를 채용하기 위해 쟁탈전까지 벌어졌다.

이러한 사회 분위기에 대해 "……전에 누가 '당신은 무슨 목적으로 학교에 다니시오?' 하고 물으면 반드시 '우리나라를 위하여 일하고자 한다'고 답변했지만, 근년에 물으면 그 솔직한 대답이 '취직하기 위하여'라고 한다. 이 사상이 최근에 이르러 걷잡을 수 없이 강렬해진 것은 숨길 수 없는 현상이다"라며 3.1운동 이후 15년이 지난 사회의 변화를 한탄하기도 했다.[13]

▌ 경성제국대학, 최고의 정점에 서다

식민지 교육으로 조선에는 모순과 차별이 존재했고, 고등교육기관이 대표적 예에 해당했다. 따라서 고등교육기관의 입학시험에 합격하는 것을 일제의 차별에 대한 분노와 저항의식으로 받아들이기도 했다. 어느 광주고보 졸업생이 당시 교육 기회의 분배 등 민족 차별에 대해 "똑똑하고 패기가 많은 자일수록 꺾임을 당하고, 한국인은 몇 사람으로 제한된 대학입시의 어려움은 민족적 울분을 터뜨리는 분노를 일으키기엔 너무나 시원한, 그러면서도 또 너무나 어려운 거국적인 운동으로 발전할 여지를 가지고 있었다"[14]라고 회고한 것이 그 예였다.

이러한 분위기는 상급학교 진학에 대한 교육열을 사회적으로 바람직하게 인식하게 되었고, 더 나아가 치열한 입학 경쟁을 뚫고 상급학교에 입학하게 되면 민족적 자부심이라는 상징적 의미로 이어졌다. 특히 이전까지는 중등학교를 졸업한 조선인 학생들 가운데 대학 진학을 희망할 경우 유학을 가는 경우가 많았지만 경성제국대학이 설립되면서 "일제강점기 입시의 화마(火魔)에 기름을 부었다"고 표현할 정도로 경성대학을 정점으로 학문적 서열화 구도가 형성되었고, 대부분의 학교와 학생들의 최종 목표는 경성제국대학이 되었다. 예를 들면 보성고보 졸업생 80~90명 가운데 매년 20~30명이 경성제국대학 예과에 지망했다. 그러나 합격자는 매년 2명 정도에 불과할 정도로 극소수였고, 해마다 지원자가 입학자의

10배에서 15배나 되었다.[15] 다음은 1927년부터 1937년까지 경성제국대학 지원자와 입학자 현황이다.[16]

연도(년)	지원(명)	입학(명)	합격률(%)	연도(년)	지원(명)	입학(명)	합격률(%)
1927	1,056	148	14.0	1933	773	146	18.9
1928	994	151	15.2	1934	849	144	17.0
1929	1,080	141	13.1	1935	838	152	18.1
1930	1,701	148	8.7	1936	861	145	16.8
1931	970	161	16.6	1937	882	159	18.0
1932	1,012	148	14.6	합계	11,016	1,643	14.9

이처럼 경성제국대학의 합격률은 매년 20퍼센트에도 미치지 못할 정도로 치열한 입학 경쟁이 벌어졌다. 경성제국대학은 1924년 첫 입학생 선발부터 일본인 지원자를 받으면서 학교 관계자가 직접 일본에 가서 신입생 모집을 홍보하여 일본인 학생 유치에 나섰다. 그 결과 총 647명이 지원했는데, 조선인이 241명, 일본인이 406명이었다. 그중 일본인은 일본에서 학교를 졸업한 지원자가 200명, 조선에서 학교를 졸업한 지원자가 206명으로 비율이 거의 1대 1이었다. 모집인원은 160명으로 전체 경쟁률은 4대 1이 넘었지만 되도록 많은 지원자에게 교육의 기회를 준다는 뜻에서 문과 5명, 법과 5명, 이과 10명씩 증원해서 최종 합격생은 총 180명이었다. 합격생은 문과 45명 중 일본인 36명 조선인 9명, 법과 45명 중 일본인 26명 조선인 19명, 이과 90명 중 일본인 74명 조선인 16명으로 전체 합격자는 일본인 136명, 조선인 44명이었다.

1925년에는 884명이 지원하여 20퍼센트에도 미치지 못하는 164명을 선발할 정도로 치열한 경쟁이 벌어졌고(《동아일보》, 1925.4.2.), 이 가운데 조선인은 3분의 1에도 못 미치는 52명이었다. 1926년에는 49명, 1928년 65명, 1929년 45명, 1930년 38명 등 일제가 패망할 때까지 조선인 합격자는 일본인 입학자의 3분의 1 내외로 합격생이 제한적이었다.

▌최고의 수재들이 경쟁하다

경성제국대학은 국내에서 유일한 대학이라는 희소성과 제국대학이라는 상징성 등 사회적으로 특별한 의미가 있었다. 따라서 매년 최고의 수재들이 입학하기 위해 치열한 경쟁을 벌였다.

일제강점기에 조선에서 대학 졸업자는 경성제국대학 출신이 유일했다. 그러나 경성제국대학 출신 조선인은 일본인보다도 수적으로 희귀해 광복이 될 때까지 조선인 졸업생은 총 810명에 지나지 않았다. 경성제국대학이 설립된 1924년에 인구 1만 명당 조선인 재학생이 0.6명이었고, 일본인 재학생은 19.1명이었다. 1942년에는 인구 1만 명당 조선인 재학생이 1.8명인 데 반해 일본인 재학생은 46.5명이었다.[17] 조선인은 공부를 아무리 잘해도 사상 및 신분 검증까지 통과해야 했기 때문에 경성제국대학 입학은 그야말로 '낙타가 바늘구멍 통과하기' 또는 '하늘의 별 따기'라고도 했다.

근대의 주요 직종에서 요구하는 학력을 갖추고 있었던 경성제국대학 졸업생들은 취업에서도 특별한 위상을 지니고 있었다. 다음과 같이 취업난이 심각했던 1930년대 중반 각 교육기관별 졸업생 취업 현황에서도 이를 확인할 수 있다.[18]

직종	소·보통학교		중·고등보통학교		실업학교		전문학교		경성제국대학	
	인원 (명)	비율 (%)	인원 (명)	비율 (%)	인원 (명)	비율 (%)	인원 (명)	비율 (%)	인원 (명)	비율 (%)
관공서	1,333	1.37	246	6.36	800	27.95	277	31.62	73	58.87
교사	89	0.09	164	4.24	154	5.38	73	8.33	18	14.52
은행	5,413	5.57	180	4.65	973	34.00	231	26.37	5	4.03
가사	63,851	65.72	1,315	33.99	506	17.68	139	15.87	3	2.42
진학	24,607	25.33	1,593	41.17	308	10.76	27	3.08	5	4.03
기타	1,767	1.82	341	8.81	103	3.60	123	14.04	20	16.13
사망	94	0.10	30	0.78	18	0.63	6	0.68	—	—
합계	97,154	100	3,869	100	2,862	100	876	100	124	100

이처럼 관립전문학교가 사립전문학교에 비해 높은 취업률을 보였으며, 관립전문학교보다 경성제국대학이 근대 직종의 취업률이 더 높았다. 또한 1930년대 고등문관시험 합격자의 경우 해외에서 유학한 조선인이 많았지만, 출신 대학별로 보면 경성제국대학 법학과 졸업생 10명 가운데 3~4명이 합격할 정도로 단일 학교로는 가장 많았고, 각종 국가고시에서도 두각을 나타냈다. 또한 경성제국대학 출신은 시험을 거치지 않고 추천으로 관료에 임용되는 등 관직 진출 기회도 많았다. 다음은 1927년부터 1936년까지 경성제국대학과 관립전문학교 그리고 사립전문학교의 관공리(官公吏) 취업 현황이다.[19]

연도 (년)	경성제국대학			관립전문학교			사립전문학교		
	졸업자 (명)	관공리 (명)	비율 (%)	졸업자 (명)	관공리 (명)	비율 (%)	졸업자 (명)	관공리 (명)	비율 (%)
1927	—	—	—	286	141	49.3	257	15	5.8
1928	68	23	33.8	282	134	47.5	134	27	20.1

1929	69	21	30.4	287	163	56.8	140	20	14.3
1930	70	12	17.1	283	156	55.1	160	12	7.5
1931	70	21	30.0	314	188	59.9	283	12	4.2
1932	71	20	28.2	322	168	52.2	256	54	21.1
1933	68	11	16.2	332	192	57.8	262	44	16.8
1934	57	14	24.6	320	192	60.0	347	64	18.4
1935	79	24	30.4	347	187	53.9	397	64	16.1
1936	59	14	23.7	309	134	43.4	452	85	18.8
합계	611	160	26.19	3,082	1,655	53.7	2,688	397	14.8

위 표에 따르면 수치상 취업률은 관립전문학교 출신들이 대체로 과반수를 넘었지만, 단일 학교로는 경성제국대학 출신들이 가장 많았고, "경성제국대학 법문학부 졸업생은 군수 정도는 따 놓은 당상이다"[20]라는 말이 돌 정도로 본인이 원한다면 관료로 성장할 수 있는 유리한 조건을 차지했다. 뿐만 아니라 경성제국대학 출신은 당시 사회에서 경쟁 상대가 없는 독특한 지위를 누렸고, 매년 경성제국대학 입학시험 합격자 발표는 일반인에게도 초미의 관심사였다.

▌입학시험, 임시방편으로 생겨나다

지금까지 살펴보았듯이 1920년대를 전후하여 보통학교에 이어 중등학교와 최종 교육기관인 고등교육기관에 이르기까지 지원자들이 대폭 늘어나면서 이른바 심각한 입시난이 벌어졌고, 이에 따라 학생을 선발하는 과정에서 입학시험이 대단히 중요한 수단으로 자리 잡았다. 그러나 일제는 입시난의 근본적인 문제해결보다는 교육에 대한 수요를 억제하면서 식민지 통치 과정에서 입학시험 제도를 적절하게 활용했다.

대표적인 예로 「조선교육령」에는 입학 연령과 관련된 자격 기준만 있을 뿐 입학전형과 관련한 별도의 규정이 없었다. 그런 까닭에 보통학교 입학 지원자의 폭증에 대해 기자가 경성부 학무 당국자에게 대책을 묻자 "지원자가 엄청나게 많아 선발하는 것은 실로 유감이나 아이들에게 시험을 보게 하는 일은 없을 것이다. 다만 학교 형편에 따라 입학 여부는 각 학교별로 다를 것이다"라고 답변하여 학교가 절대적으로 부족한 현실을 외면했다. 그 결과, 정원을 초과한 지원자 가운데 입학생을 선발하는 전형은 각 학교의 몫이 되었고, 형식상 교장의 재량이나 지역별 교장회의를 통해 취학아동의 선발대책을 마련해 시험으로 입학생을 선발하게 된다. 따라서 이 시기의 입학시험은 학교에서 교육할 대상자를 선발하는 방식이 아니라 넘치는 지원자 가운데 탈락자를 선별하기 위한 '임시응변적인 도구'로 등장했다.

이러한 사태에 대해 〈동아일보〉(1921. 4. 11./ 4. 13.)에서는 '어린 아동들에게 입학시험을 보게 하여 입학생을 선발하는 일은 세계에서 유례를 찾아볼 수 없는 일'이라고 비판했고, 지금의 서울시장에 해당하는 경성부윤 사이토 레이조(齊藤禮三)에게 기자가 이 문제를 따져 물었으나 경성부윤은 자신은 모르는 일이라고 대답했다. 이에 기자는 "당국에서 이처럼 중대한 일을 모른다고 하면 누가 알겠소?"라고 항의하자 그제야 경성부윤은 깜짝 놀라는 표정을 지으며 "글쎄 나는 그 사실을 이제야 처음 듣는 일이지만, 만약 취학아동에게 입학시험을 보인 일이 있다고 하면, 아마 입학 지원자가 많고 학교의 교실은 좁으니까 임시응변으로 그렇게 한 것이지, 무슨 특별한 규정이 있어서 그렇게 된 것은 아니오"라며 별일이 아니라는 듯 대답하며 책임을 회피했다. 이어서 해결방안에 대해 "기존의 보통학교 개축이 필요하지만, 재정문제는 국고 보조도 받기 어렵고, 경성부 예산도 뒷받침되지 않아 자금 확보를 위하여 여러분이 분발하여 당국자와 힘을 합하지 않으면 안 된다"며 보통학교의 실제 운영을 조선인의 몫으로 돌리는 등 '교육에 대한 권리는 없고 의무만 있다'는 기형적인 변명만 되풀이했다.

1930년대에 '1면 1개교'가 실현되지만, 경기도 고양보통학교의 경우 면의 규모가 커서 모든 취학아동을 수용하기에는 한계가 있었다. 때문에 통학 거리가 먼 대다수 적령기 아동들이 취학을 포기하는 등[21] 전국적으로 학교가 턱없이 부족했다. 일제 말기인 1942년에도 전체 학생의 취학률은 47퍼센트(이 가운데 남자아이가 66퍼센트)로 여전히 절반에 가까운 아동이 입학시험에 탈락하여 초등교육에서 배제되었다. 뿐만 아니라 대부분의 보통학교에서는 입학한 학생들을 감당하기도 버거워했다. 대표적인 예로 교과서의 정가는 물가의 대세에 역행하여 몇 배나 인상하고도 '교과서를 팔라고 하면, 아직 없다'고 하는 등 입학생의 증가로 조선총독부 인쇄소에서 공급하는 교과서가 부족해 경성 시내 보통학교들은 입학식을 하고도 보름 동안 학생의 약 절반 정도가 교과서가 없어 놀고 지낼 정도였다(《동아일보》, 1921. 4. 16.).

상급학교 역시 정원의 몇 배가 탈락할 정도로 입학난이 극심했다. 때문에 매년 입시철이 되면 온 나라가 심한 몸살을 앓았고, 입학시험과 관련한 기이한 현상 등 새로운 풍경들이 연출되기도 했다. 그러나 교육 당국은 이를 해결하는 방안으로 입학시험 제도만 만지작거리며 학교 교육을 통제하려 했다. 그 과정에서 입학시험은 하나의 선발방식이 아니라 무엇으로도 대체할 수 없는 절대적 탈락자 선발방식이 되었고, 교육은 더욱 왜곡되었다.

입학시험,
절대적인 선발방식이 되다

▌무엇을 어떻게 시험 보았나?

보통학교는 아동이 최초로 교육을 받는 공교육기관으로, 보통학교에 입학한다는 것은 '말하기, 듣기, 읽기, 쓰기를 비롯해 계산과 문제를 해결하는 능력을 길러주고 공동체 생활에 필요한 여러 가지 능력 등을 비로소 배우는' 것을 의미한다. 따라서 보통학교 입학생을 선발하기 위해 시험을 본다는 것 자체가 대단히 모순이었다. 그렇다면 당시 보통학교에서는 어린 아동을 대상으로 무엇을 어떻게 입학시험으로 보았을까?

일반적으로 보통학교 입학시험은 필기시험 없이 서류심사와 간단한 구술면접 형식으로 진행되었다. 구술시험은 "시험관이 취학아동에게 이름, 주소, 생년월일과 부모의 성명과 직업 그리고 가정환경에 대해 간단하게 질문했고, 읽기와 셈하기 등 인지 능력을 파악하는 초보적인 지능검사를 하는 수준이었다"고 한다. 학교에 따라 검사하는 표준에 차이가 있었지만, 학교 관계자에 따르면 질문 수준은 "대체로 취학연령인 만 6세 아동의 지능을 지니고 있는지를 확인하고, 교육을 받을 만한 지능을 지니고 있는가를 시험한다"고 했다. 이를 '멘탈 테스트(mental test)'라고도 했는데, 다음의 1920년 〈동아일보〉(1920. 4. 9.) 기사로 보통학교에서 입학시험을 보게 된 이유와 시험의 수준 등을 충분히 짐작할 수 있다.

> 취학아동의 수효도 몇 해 전에 비해 갑절이나 늘었으므로, 별도로 보통학교를 더 설치할 필요가 있게 되었다. 그러나 당국에서는 아무런 조치도 취하지 않고 오히려 입학하려는 아동만 괴롭혀서 그 수효를 줄이자는 수단으로 삼아 이번 4월에 입학하는 아동들에게 입학시험을 보게 하여 정도에 넘치는 시험과목으로 보통학교 2~3학년이나 이해할 수 있는 아동만 겨우 입학시키고 나머지 반수 이상을 입학시키지 않았다. ……초등학교 취학아동에게 입학시험을 보이게 한다는 것은 세계 어느 나라에서도 일찍이 볼 수 없었고, 아무것도 배우지 않은 어린아이들에게 일부러 수효를 덜기 위해 입학시험을 보이는 엉터리 같은 일도 없는 일이다. 이것만 보아도 소위 당국자의 교육에 대한 열성이 없음을 엿볼 수가 있으며, 어디까지든지 당국자의 무책임한 일이다.

이처럼 보통학교 취학아동이 입학시험을 보는 것이 말도 되지 않았지만, 구술시험이 쉽지 않았음을 알 수 있다. 그럼에도 구술시험은 당락에 직접적인 영향을 미쳤기에 기본적으로 입학시험에서 요구하는 지적 수준을 갖춘 취학아동이 입학에 유리했다. 예를 들면 언문을 이해하고 일본어로 1, 2, 3, 4를 외우는 것은 기본이었고, 보통학교 2~3학년 수준의 질문에도 답할 수 있어야 했다(〈동아일보〉, 1930. 9. 30.).

1922년 평양공립제일보통학교는 180명 정원에 400여 명이 지원하자,

교장이 직접 취학아동을 불러 일본어와 조선어, 한문 등을 물었다. 당시 교장은 아동들에게 "도화(桃花)가 복숭아꽃인지 뭔지 알 까닭이 없으나 질문했다"고 하며, 심지어 용모를 포함해 기타 모든 것을 일일이 본 후 입학을 허가했다(《동아일보》, 1922. 3. 20.). 경성의 교동보통학교에서는 구두시험에서 취학아동에게 "자 두 개와 모래주머니 두 개를 놓고, 어느 것이 더 길고, 무거운가?" "솜 한 근과 소금 한 근 중 어느 것이 무거우냐?"[01]라고 질문하는 등 구술시험에는 취학아동의 답변은 고사하고 이해하기 힘든 부분이 많았다. 때문에 취학아동을 둔 집안에서는 별도로 시험 준비를 시키기도 했다.[02]

▍일본어까지 공부하다

입학시험을 앞둔 취학아동과 학부형들은 시험 준비를 하며 시험 당일까지 긴장했다. 이러한 분위기를 〈조선일보〉(1936. 3. 24.)에서는 다음과 같이 보도했다.

……어젯밤까지 주소와 자기 이름을 외우고, 아버지의 이름과 직업을 외워가며 가슴에 큰 꿈을 안고 곤한 잠을 깨고 보니, 오늘은 보통학교 시험을 치르러 가는 3월 20일, 아침밥도 먹는 둥 마는 둥 하고 아버지와 어머니 혹은 할머니 손을 잡고 학교 문까지 갔다. ……시험은 제1, 제2, 제3으로 나누어 첫째 주소와 이름을 묻고, 둘째 상식시험으로 아이의 총명을 헤아려 보고 셋째, 아동의 최종 입학을 판단한다.

……시험관이 "언니가 사과 둘을 가졌고, 네가 사과 셋을 가졌다면

모두 몇 개이냐?"라고 질문하자 아이는 손가락을 꼼지락거리며 다섯까지 헤아리고 나서 대답은 "여섯"이라고 하기도 했다. ……또 "나무와 유리가 어떻게 다르냐?"고 묻자 얼굴을 붉히며 고개를 갸웃거리다가 '다른 줄은 알겠으나 무어라 대답은 못 하겠다'는 듯한 표정을 짓기도 했다. 이렇게 시험을 마치고 강당을 나와 집으로 가는 길에 학부형들은 아이에게 "무엇을 물어보았느냐?" "대답은 잘 했느냐?"는 등 질문을 해대기도 했다. ……5천 명 정원에 1만 명이 지원했으니 학부형도 초조하기는 마찬가지였을 것이다.

이러한 분위기는 매년 반복되었고, 경쟁이 치열할수록 구두시험은 더 어려워졌다. 1939년 어느 보통학교 입학시험장 분위기를 〈조선일보〉(1939. 3. 24.)에서는 다음과 같이 보도했다.

……교사가 삼각형과 동그라미를 그려놓고 아동에게 그려보라고 연필을 준다. 아동은 연필을 쥐고 열심히 그린다. 그러나 삼각형이 네모진 탓에 옆에 있던 채점 교사에게 지적을 받았고, 아동은 5점이 감점되었다. 다음은 바둑돌 헤아리기로, 책상 위에 빨간 돌 5개와 흰 돌 4개가 섞여 있다. 교사가 "모두 몇 개냐?"고 묻자 "아홉 개"라고 답했다. 다음에는 "빨간 돌과 흰 돌 중 어느 것이 많은가?"를 물었고, "빨간 돌이 많다"고 답하자 "옳지, 맞었다. 그러면 이 중에서 두 개가 없어지면 몇 개가 남느냐?"라고 묻자, 아동은 두 눈을 동그랗게 뜨고 한참을 바둑돌만 노려보고 있더니 갑자기 여교사를 바라보고 "선생님…… 저…… 오줌……"이라며 머뭇거렸다. 그러자 여

교사는 아동의 번호와 함께 '오시꼬(오줌)'를 외쳤다.

이처럼 어린아이가 얼마나 긴장했는지, 그리고 교사의 질문이 얼마나 부담스러웠는지를 충분히 짐작할 수 있다.

보통학교 입학시험을 통과하기 위해서는 일본어도 중요했다. 구술시험에서 일본어를 전혀 모르면 답변하기 힘든 질문이 있었고, 입학한 후에는 학교에서 말과 글이 모두 일본어 중심으로 교육했기 때문이다.[03] 〈조선일보〉(1940. 3. 30.)에서는 다음과 같은 어느 보통학교 입학시험장에서 있었던 일도 보도했다.

> **선생:** 나 하는 대로 해봐요. 센세이 오하요-.
>
> **아동:** …….
>
> **선생:** 못 하겠니?
>
> **아동:** 그건 아침에 하는 인사예요. 낮에는 '곤니치 와' 한다는데…….
>
> 선생도 웃어버린다. 학부형들이 얼마나 시험 준비에 애를 썼는가를 알 일이다.

이처럼 취학 연령대의 아이들이 보통학교에 입학하기 전에 이미 일본어로 기초적인 말하기 외에도 읽기, 듣기, 셈하기 등의 공부를 했다는 사례는 곳곳에서 발견된다.[04]

▌입학시험 과목은?

중등학교는 1920년대 이전에도 입학시험이 있었지만, 조선총독부는 깊이 개입하지 않았다. 학생 선발은 학교의 개별적인 문제로 입학시험은 학교별로 실시했고, 관공립과 사립학교 모두 입학생 모집에 어려움을 겪었기 때문이다. 그러나 점차 지원자가 모집 정원을 초과하게 되면서 입학생 선발방식으로 입학시험이 중요해졌고, 조선총독부에서도 관여하기 시작했다.

중등학교에서는 입학시험으로 필기시험을 보았고, 시험과목은 보통 학교별로 교과목에 약간의 차이가 있어 '이를 어떻게 반영하느냐?' 하는 고민이 뒤따랐다. 이에 일제는 시험과목에 대한 통제에 나섰다. 국사 과목과 일본어가 대표적인 예였다. 1906년 통감부에서 제정한 「보통학교령 시행규칙」에는 "보통학교에서 역사 시간은 따로 정하지 않고 독본 시간에 교수한다"고 하여 공립보통학교에서는 소학교 교과서가 역사 교과서를 대신했다.

반면 사립보통학교에서는 국사를 역사 또는 동국역사 등의 교과목으로 표시한 학교가 상당수 있었다. 교과서로는 1907년 현채(玄采, 1886~1925)가 편찬한 『유년필독幼年必讀』이 폭넓게 사용되었다. 이 책은 어린아이부터 노인까지 전 국민이 애독한 국민 교과서였다. 그러나 일제는 '반일적이고 민족주의적인 교과서'라는 이유로 1909년 발매를 금지했다.

또한 초기에는 관공립학교 입학시험에 일본어가 반드시 포함되었고 역사 과목은 제외되었다. 반면 상당수의 사립학교에서는 일본어를 제외했고, 1906년 이후 입학시험에 역사 과목이 포함되었다. 1920년대 말까지도 조선어 또는 조선어 및 한문 과목을 입학시험에 포함한 중등학교들이 있었고(《동아일보》, 1921. 2. 22. 외),[05] 1926년 배화여고보에서는 '일본어를 잘하는 자는 조선어 면제'라는 입학생 선발 요강을 발표하기도 했다(《조선일보》, 1926. 1. 31.). 참고로 신문에서 보도한 1926년 이후 중등학교 입학시험

과목의 사례를 보면 다음과 같다.

1926년 중등학교 입학시험 과목[06]

과목	학교
일본어·산술 (1)	배재고보, 양정고보, 경성제일고보, 경성제이고보, 경기상업학교, 선린상업학교, 철도원양성원
(1) + 조선어	중앙고보, 보성고보, 휘문고보
(1) + 역사·지리·이과	남대문상업학교
(1) + 상업	경성공업학교

1928년 전국 실업학교 입학시험 과목(《동아일보》, 1928. 2. 14.)

학교	과목
이리공립농업학교	일본어, 산술
신의주상업학교	일본어, 산술, 지리, 역사, 이과
남포공립상공고	보통학교 미졸업자: 일본어, 산술, 지리, 역사, 이과 보통학교, 소학교 졸업자: 일본어, 산술, 지리, 역사
밀양공립농잠교	일본어, 산술, 지리, 역사, 조선어, 이과
목포공립상업학교	일본어, 산술, 역사, 지리, 이과
대구공립상업학교	일본어, 산술, 지리, 역사, 이과

1929년 여학교 입학시험 과목(《동아일보》, 1929. 2. 13.~2. 17./ 3. 1.)

학교	과목
동덕여고보	일본어, 조선어, 산술, 국사, 지리, 이과
이화여고보	보통학교 졸업자: 일본어, 산술 미졸업자: 일본어, 조선어, 일본 역사, 일본 지리, 이과
진명여고보	일본어, 조선어, 산술, 국사, 지리, 이과
배화여고보	졸업 또는 졸업 예정자: 일본어, 산술 기타: 일본어, 산술, 일본 역사, 지리, 이과, 조선어
정신여고보	일본어, 산술
호수돈여고보	일본어, 산술
숙명여보고	일본어, 조선어, 산술, 일본 역사, 지리, 이과

중등학교 입학시험에서 일본어와 산술 두 과목은 기본이었고, 학교와 전공에 따라 조선어와 역사·지리 또는 이과 등이 더해져 4과목 이상을

보는 등 입학시험 과목에 차이가 있었다. 일제는 1911년 「제1차 조선교육령」으로 고등보통학교에서 역사와 지리 교과목에서 일본과 외국의 역사와 지리만 교수하도록 하고 조선의 역사와 지리는 수업 시간을 전혀 배당하지 않았다.

필기시험은 학과목에 관한 지식의 소유 정도를 평가했다. 시험문제는 모두 주관식이었고, 출제자와 채점자는 학교의 담당 과목 교사였다. 그리고 1920년대 초반까지 대부분의 학교들은 필기시험과 함께 성적 우수자의 무시험 선발을 병행했다.

예를 들면 1916년 대구공립고보는 필기시험 합격자 48명과 함께 보통학교 교장 추천으로 13명을 선발하는 등 무시험 전형이 있었고, 공립 경성고보도 1922년까지 교장의 추천서를 받은 성적 우수자를 무시험으로 선발했다. 1921년 신의주고보 역시 29명을 추천으로 선발했고(《동아일보》, 1921. 4. 20.), 같은 해 사립 보성고보와 휘문고보도 성적 우수 학생을 무시험으로 선발하는 등(《동아일보》, 1921. 2. 22./ 2. 26.) 관공립과 사립학교 모두 무시험 전형이 있었고, 학교에 따라 많게는 정원의 2분의 1 범위 내에서 선발했다. 하지만 1922년부터 대구고등보통학교에서 무시험 전형이 없어지고 전원 입학시험으로 선발하는 등 점차 입학 경쟁이 치열해지면서 무시험 선발은 상당히 축소되거나 폐지했고, 전국적으로 필기시험의 비중이 커지게 된다.

▮ 필기시험, 합격을 좌우하다

필기시험의 비중이 커지면서 시험과목에 대한 논란도 이어졌다. 조선총독부 학무국장은 이미 1914년 교장회의를 소집하여 "입학시험 과목을 일어와 산술 두 과목으로 하라"고 지시했고, 교과서 중심으로 문제를 쉽게 출제하라고 요구했다. '시험으로 인한 문제를 시험으로 해결한다'는 지극히 간결한 해결책을 제시하며 총독부가 나선 것이다. 그러나 1920년대에는 입학 경쟁이 치열해지면서 입학시험은 더 어려워졌고, 1926년, 조선총독부의 지침이 나오자 전조선중등학교 교장회의에서 "시험과목은 일어와 산술 2과목으로 하고, 가급적 평이한 문제를 다수 선정하여 교과서에서 출제하고 초등학교 성적에 치중한다"(《동아일보》, 1926. 1. 11.)고 결의하는 등 일본어와 산술은 중등학교 입학시험에서 주요 과목이 되었다.

수험생들과 보통학교에서는 입학시험 준비과정에서 일본어와 산술 과목에 집중하는 폐해도 발생했다. 이에 경상북도 학무과에서는 "도내 보통학교와 소학교에서 입학시험 준비교육을 폐지하고 중등학교 입학시험을 전보다 쉽게 한다"는 공문과 각 학교장을 소집하여 학생들의 입학시험 부담을 덜어주기 위해 입학시험 준비교육의 폐지를 결의하기도 했다. 그러나 각 학교에서는 오히려 전보다 더 맹렬하게 준비교육을 시키는 등 입학시험 준비교육과 그 폐해는 해소하지 못했다(《동아일보》, 1927. 11. 18./ 《중외일보》, 1927. 11. 19.).

1937년 부산에서 입시 준비교육의 폐해를 근절하기 위해 첫째, 입시 준비교육을 위해 함부로 정규 일과표를 변경하여 특수 과목을 편중해서 교수하지 말 것, 둘째, 수업 시작 전과 종료 후에 입학시험 준비교육을 행하지 말 것, 셋째, 시험 준비를 위해 인쇄물 또는 참고 문제집 등으로 숙제를 부과하지 말 것, 넷째, 교사는 자택 또는 학교 이외의 다른 장소에서 준비교육을 행하지 말 것, 다섯째, 일요일 또는 휴일 등에 아동을 소집하여 준비교육을 행하지 말 것 등을 발표했다. 하지만 입학시험 준비교육은 근절되지 않았고, 오히려 1930년대 입학시험 준비교육이 구체적으로 어떻게 행해졌는지 다양한 사례들을 확인할 수 있을 뿐이다.

1938년 경성부 학무과는 '보통학교에서 무리하게 중등학교 입학시험 준비를 시키는 경향이 현저하여 초등학교 아동들의 체력이 현저하게 쇠약해가는 현상을 없애기 위해 각 학교에 입학 준비교육의 폐지에 관한 명령을 발할 것'이라고 제시하면서 '다만 6학년에 한하여 다소나마 용인하지만, 6학년 이하는 전면 폐지를 명령할 예정'이라고 하여 초등학교에서 입학시험 준비교육이 일반화되었음을 확인할 수 있다(〈동아일보〉, 1938. 2. 23.).

〈동아일보〉(1925. 2. 3.)는 "입학시험 준비교육은 어린 수험생에게 무리한 부담을 주어 건강을 해치고, 중등학교 진학을 위해 입시 과목에만 치중하고 다른 과목은 등한시하여 교육에 악영향을 미친다"며 일찌감치 입학시험 제도의 개선을 주장했고, 일부에서는 재산으로 입학생을 선발하는 등 차별을 차단하기 위해 '입학시험을 폐지하고 추첨제를 도입하자'며 무시험으로 중등학교에 진학시키자는 주장도 나왔다(〈매일신보〉, 1926. 1. 10.).

특히 1939년에는 입학시험 폐지를 위해 초중등학교 교장과 6학년 담임 등 관계자들의 회의가 열리기도 했다. 하지만 조선에는 여전히 4년제 소학교가 상당수 있었고, 사립학교와의 차이도 있는 등 조선의 특수한 교육 사정으로 인해 입학시험 폐지는 어렵다고 결론을 내렸다(〈동아일보〉, 1939. 9. 17.). 조선총독부 학무국 소속 조선교육회에서는 "당장 입학시험 폐지가 어렵다면 우선 입학시험 과목을 늘려 아동들이 평소 균형 있게 공부할 수 있도록 하자"는 방안도 검토되었다. 조선총독부는 "조선의 여건을 감안하면 입학시험 폐지나 과목을 늘리는 것은 결코 바람직하지 않다는 데 의견 일치를 보고 절충안으로 중등학교 입학시험 과목을 일본어와 산술로 제한하고 시험문제는 6학년 교과서 내에서 출제하여 시험 부담을 줄이기로 결정했다"고 발표하여 종전대로 당분간 입학시험 과목을 유지하게 된다(《매일신보》, 1926. 1. 11. 외).[07]

▮부담만 더욱 커지다

입시 경쟁이 치열해지면서 시험문제로 인한 논란도 이어졌다. 1934년 공립 경성제일고보 입학시험 문제의 경우 단답식과 서술식의 주관식 문항으로 구성되었고, 일본어는 독해와 작문 그리고 일본어 한자 읽기 능력 등을 시험 보았다. 난이도는 일반적인 생활 일본어 수준을 넘어 전체적으로 일본어를 능숙히 다룰 수 있는지를 측정하는 수준이었다. 산술 역시 '기초적인 수학 원리와 응용 능력을 요구했다'고 발표했다. 하지만 시간에 비해 시험문제가 많다는 지적을 받았고, 응용문제를 출제하여 수험생들이 곤혹을 치르는 일도 비일비재했다(《동아일보》, 1935. 2. 28.).

일본에서는 중등학교 입학시험 문제가 교과서 밖에서 출제되자 문부성은 각 학교에 "입학시험 문제는 반드시 소정의 교과서 내에서만 출제하고 다른 곳에서 응용한 문제는 내지 않도록 단속하라"는 엄명을 내렸다. 하지만 조선에서는 응용문제가 나와도 이렇다 할 조치나 단속이 없었다. 이에 기자가 문제를 제기하자 교육 당국은 "조선에서는 예전부터 입학 시험문제는 반드시 교과서 안에서 출제하도록 하였으나 간혹 예외가 있다는 소문도 있기는 하다. 그러나 확실한 것은 모르겠다. 만약 교과서 외에 시험문제를 출제한다면 그것은 좋지 못한 것이다"라며 원론적인 답변만 내놓았다(《동아일보》, 1935. 2. 28.). 현대사회에도 계속 이어진 입학 시험의 교과서 범위 출제에 관한 논란은 이렇게 시작된 듯하다.

이후 교육 당국은 입시 준비교육의 폐단을 해소하기 위해 필기시험 비중을 줄이고 소견서와 체력검사를 강화하는 등 입학시험 제도를 개선했다. 또한 음악과 미술 그리고 체육에 천재적 재능을 지녔거나 공부는 잘하지만 몸이 허약한 학생을 다소나마 구제하기 위해 이른바 특기생이나 천재 아동은 학교장과 도지사의 추천을 받아 총독부에서 구제하는 특수 규정도 두었다. 하지만 이러한 개선안은 입시난의 근본적인 해결책이 되지 못했고, 일선 학교에서의 입시 준비교육은 여전히 일반화되었다(《매일신보》, 1940. 10. 26. 외).

1940년 일본에서는 모든 중등학교 입학시험이 폐지되었지만, 조선총독부는 "조선에서는 일본어 능력을 강화하기 위해 남겨두고 황국신민으로 연성(鍊成)하려면 체력이 강화되어야 하고, 입학시험 준비교육의 부담을 경감한다"는 이유로 일본어는 남겨두고 산술 과목을 폐지했다. 그러나 교육계에서는 산술 과목 폐지의 적절성에 관한 논란이 이어졌고, '차라리 입학시험을 폐지하라'는 주장까지 나왔다(《조선일보》, 1939. 10. 16.). 1941년 국민총력조선연맹에서는 "산술 폐지가 과학적 두뇌를 약화시킨다"며 부활을 주장했다. 이에 조선총독부 학무국에서는 "교과목은 5개 범주로 나누어 체력과 예능 그리고 직업과는 실제적인 성격이므로 수신, 일본어, 일본 역사, 일본 지리를 통합한 국민과와 산수와 이과를 통합한 이수과에서 한 과목씩 출제한다"며 결국 일본어와 산술 과목을 입학시험으로 보게 된다(《매일신보》, 1941. 10. 3./ 10. 5. 외).

그러나 입학시험의 폐단은 여전히 난이도에 문제의 소지가 있었다.

일본어 문제와 관련하여 다음의 「풍경 3」에서 구체적인 사례를 살펴보겠지만, 산술 시험 역시 초등학교 6학년 졸업생에게 적합한 문제인지 의문이 들 정도로 상당히 고난이도의 문제들이 포함되어 있었다. 1942년 대구공립중학교 산술 시험문제를 보면 모두 주관식으로, 전체 9문제였다. 그리고 다음과 같이 셈하기, 속도, 용적, 거리, 비율, 설계도, 이자율 등에 관한 내용이 출제되었는데, 결코 무난하다고 할 수 없다.[08]

1942년도 대구공립중학교 '산술' 시험문제

1. 다음을 계산하라.

(1) $24 \times 2(1/2)$ (2) $1(1/5) \times 1(1/7)$ (3) $2 - ((7/10) + (1/5))$

(4) $4/5 \div ((9/19) \div (3/8))$ (5) $1 \div (1/6) + (1/8) + (1/10))$

2. 다음 수는 개수이다. 적당하고 생각하는 바를 계산하라.

(1) $27m \times 3.14$ (2) $175.4 \div 3.14$ (3) $743L \div 1.8L$

(4) $70 \times 70 \times 70 \times 0.52$ (5) $2896 \div 57.0$

3. 50m를 8.5초 속도로 걷는 쪽과 10초간 60m 속도로 걷는 쪽은 어느 쪽이 어느 정도 더 빠른가.

4. 상선(商船)으로 몇만 톤을 싣느냐는 용적인데, 1톤은 1천입방미터의 353분의 1이다. 1만 7천5백 톤의 상선의 용적은 약 몇 입방미터인가?

5. 甲地에서 乙地까지의 거리는 甲地부터 乙地까지의 3분의 2, 乙地부터 丙地까지의 거리는 甲地부터 乙地까지의 5분의 3이다. 甲地부터 乙地까지의 거리가 4.5km라면, 甲地부터 乙地를 거쳐 丙地까지의 거리는 얼마인가?

6. 지구의 육지 면적은 다음 표와 같다. 육지 총면적에 대한 각 대륙의 면적률을 구하라.

아시아	유럽	아프리카	북아메리카	남아메리카	대양주	남극주
4,431m²	991m²	2,981m²	2,436m²	1,744m²	895m²	1,361m²

7. 측면의 폭이 4間, 집의 높이가 3間 반, 지붕의 기울기가 5寸인 집의 측면도
를 그려라.

8. 천원을 연 3분(푼), 반년마다 복리로 저금한다. 일 년 후 원리합계는 얼마인
가?

(……)

▍전문학교와 대학, 영어와 수학에 치중하다

전문학교와 대학 입학시험은 일반적으로 학과시험, 구두시문, 내신
서, 체력검사 등으로 구성되었고, 조선총독부에서는 입학시험 과목을 일
률적으로 통제하지는 않았다. 따라서 학교별로 필요한 과목으로 시험을
치렀고, 일본어 및 한문, 영어, 수학 시험은 대부분 공통 과목이었다. 여
기에 역사 과목을 시험 보는 학교도 있었고, 이과(理科)에서는 수학과 물
리, 박물과 같은 과목이 추가되었다(《동아일보》, 1922. 7. 13.). 1920년대 신문
에서 발표한 입시요강에 따르면 경성제국대학 예과를 비롯해 전문학교
입학시험 과목은 다음과 같다.

1926년 경성제국대학 예과 및 전문학교 입학시험 과목(《동아일보》, 1926. 2. 11.)

학교		과목
경성제대	문과	일어 및 한문(일문 해석·서취書取·작문), 영어(영문 일역·일문 영역·서취·액센트추에이순accentuation), 수학(대수·평면기하), 동양사, 세계지리
	이과	일어 및 한문(일문 해석, 일문 영역, 서취, 액센추이에이순), 수학(대수·평면기하·입체기하), 화학

경성법학전문학교	일어, 한문, 영어(영문 일역·일문 영역), 수학(산술대수·평면기하), 역사(일본 역사·서양 역사)
경성의학전문학교	일어·한문, 외국어(영어·불어·독어 중 선택), 수학, 박물학(동물·식물), 물리, 화학
경성치과의학전문학교	일어, 한문, 산술, 물리, 화학
경성고등공업학교	일어 및 한문, 영어, 수학(대수·평면기하·입체기하·삼각), 물리, 화학, 용기도화(用器圖畵)
조선약학교	일어, 수학(대수·기하), 영어, 물리화학
보성전문학교	일어, 한문, 수학(산술·대수·평면기하), 지리, 역사, 영어
연희 전문학교 문과	영어, 일어, 한문, 서양사 및 일본사, 수학(대수·평면기하), 물리
상과	영어, 일어, 한문, 수학(대수·평면기하), 세계지리
수물과(數物科)	영어, 일어, 한문, 수학(대수·기하·삼각), 물리화학
세브란스의학전문학교	일어, 한문, 영어, 수학, 박물학, 화학

1928년 관립농·공·상업전문학교 입학시험 과목(〈동아일보〉, 1928. 12. 5.)

학교	시험과목	
수원고등농림학교	일어 및 한문, 영어, 수학, 박물, 동물학	
경성고등공업학교	일어 및 작문, 영어, 수학, 물리	
경성고등상업학교	일어, 영어, 수학	

1929년 여자 사립전문학교 입학시험 과목(〈동아일보〉, 1929. 2. 13.~2. 17./ 3. 1.)

학교	시험과목	
이화여자전문학교	문과: 일어, 영어 / 음악과: 일어 / 가사과: 일어, 가사	
경성여자미술학교	본과: 일어, 조선어, 도화, 구두시험, 신체검사 전공과: 일어, 도화, 구두시험, 신체검사	
협성여자신학교	성경, 일어, 영어, 작문(조선문), 과학 상식(역사·지리·이화학에 관한 것)	

이처럼 1920년대의 입학시험 과목은 이후에도 큰 변동이 없다. 다만 1928년 사립 세브란스연합의학전문학교 입학시험에서 조선어 시험을 보았고(〈동아일보〉, 1928. 2. 3. 외), 경성제국대학 예과 입학시험에서 세계지리 과목이 '지리 및 만주 지리'로 바뀌었는데, 그 이유는 일제가 만주국 건설 이후 통치 전략의 하나로 최고의 행정 관료들을 배출하기 위해 만

주에 관한 지식을 소유한 이들을 합격시키려는 의도가 담겨 있었다. 경성제국대학이 '대학으로서 학문의 자율성보다는 일제의 이익이 되는 지식 생산지로 활용되었다'는 지적을 받는 이유도 여기에 있다.

▌입학시험도 전시체제로 돌입하다

경성제국대학 예과와 전문학교 입학시험은 신체검사와 구술시험이 다소 부족해도 필기시험에 합격하면 입학할 수 있는 것이 관례였다(《동아일보》, 1937. 12. 28.). 예를 들면 경성고등공업학교의 경우 구두시험은 당락에 거의 관계가 없었고, 경성여자의학전문학교에 응시했던 김동순은 구두시험에서 교육칙어를 암송하지 못했음에도 합격한 것으로 보아 각 고등교육기관이 내신서 평가와 구두시험을 강화했음에도 여전히 필기시험이 중요했다는 사실을 확인할 수 있다.[09]

필기시험 중에서도 일본어·영어·수학 과목의 비중이 컸다. 때문에 수험생과 중등학교에서는 이 과목들에 집중하여[10] 교육 당국은 이러한 입시 준비교육을 '지력 편중'이라 비판했고, 1930년대에 본격적으로 황국신민화 교육을 실시하면서 필기시험의 비중을 줄이려고 시도했다. 그럼에도 학교와 수험생들은 여전히 주요 과목을 중심으로 필기시험에 집중했고, 이에 교육 당국은 점차 입학시험에 대한 통제를 강화했다. 특히 1930년대 말 전시체제로 돌입하면서 모든 입학시험도 커다란 변화를 겪게 된다.

중등학교 입학시험의 경우 "필기시험 비중을 줄이고, 신체검사와 인물 검사를 실시하겠다"는 개선안을 발표하면서 "첫째 소견표와 성적 일람표, 둘째 구두시험을 강화한 '인물고사', 셋째 신체검사, 넷째 필기시험의 네 가지를 평가하여 상급학교 입학을 결정한다"는 선발 요강을 각 도 지사에게 통첩했다. 이전에도 시험과목과 시험출제방식 등을 지정하여 통제에 나섰지만, 1939년도에 발표한 개정안에는 채점 기준까지 획일적 으로 제시되었다. 이에 〈조선일보〉(1937. 12. 28.)에서는 '이제까지와는 비 교가 되지 않는 커다란 변화'라고 보도했고, 배화여고보 교장은 "금년 입 학시험은 학교 당국으로서는 융통성이 없게 되고 과학적 채점에 의하여 고사하게 되었습니다"(《동아일보》, 1939. 12. 15./ 1940. 1. 16.)라며 교육 당국의 강력한 개입을 확인할 수 있다.

이후에도 교육 당국의 통제는 더욱 강화되었고, 태평양전쟁 말기인 1944년의 입학시험에서 1차로 정원의 2배를 출신 학교장의 추천서로 선 발한 뒤, 2차 시험에서 신체검사, 구술시험, 문답 시험을 실시하여 입학 생을 선발했다(《매일신보》, 1944. 8. 16.). 따라서 입학시험에서 교장의 추천서 가 입학생 선발에 중요한 기준이 되었고, 여기에는 근로동원 성적도 포 함되어 있었다.

근로동원 성적은 전쟁 준비와 관련한 각종 행사나 노동력 차출에 학 생들의 동원에 대한 평가를 말한다. 일제는 이를 통해 학생들의 학업 연 마보다는 전쟁물자의 생산과 군사시설의 건설에 전력함으로써 학교를 군사능력의 양성과 국방력 증강을 위한 도구로 삼았다. 마산상고의 경우 태평양전쟁 기간에 학교 수업 시간보다 전쟁물자 운반, 도로 개설 등에 강제 동원되는 시간이 많았고, 심지어는 사천비행장 건설공사에도 강제 로 동원되는 등[11] 학교 교육이 정상적으로 이루어지지 않았다.

뿐만 아니라 1944년에는 전문학교, 사범학교, 중등학교 학칙을 일부 개정하여 휴일에도 수업한다는 명목 아래 등교하도록 하여 군모와 군

복 비슷한 복장에 각반을 두르고 작업장이나 군수공장 등에서 근로동원과 노력 봉사를 하게 했다. 그리고 남성의 대체 노동력으로서 여학생들의 노동력도 강조되었다. 대표적인 예로 1943년 제4차 교육령 발표 이후 여학교 정규 교과목에 '근로'가 추가되면서, 여학생들은 전용 국민복이나 이른바 '몸뻬(もんぺ)'라 불리는 일바지를 입고 후방 노동에 투입되었다. 또한 여성의 몸은 국가를 위해 다방면으로 헌신할 수 있는 신체로 부각되었고,[12] 군부대 위문 등 각종 행사에도 동원되어 사실상 학교 교육은 등한시한 채 오직 전시 동원 체제에 집중했다. 따라서 이 시기를 "학생들은 후방의 전투대로 또는 근로대로 동원을 위한 군사 목적에 합치하게 교육체제를 개편하여 군인을 양성하기 위한 하나의 작은 훈련소가 되어버렸다"고 평가한다.

시작부터
기울어진 운동장이었다

학교가 변하다

▌'명문 학교' 인식이 생겨나다

중등학교 합격률은 보통학교의 평판에 영향을 미치면서 보통학교부터 이른바 명문 학교라는 인식이 생겨났다. 이러한 인식은 취학아동의 보통학교 선택에도 영향을 미쳤다. 일반적으로 거주지 인근에 보통학교가 없거나 6년제가 아닌 경우 먼 거리에 있는 보통학교에 다녔지만, 상급학교 진학을 목표로 명문 학교, 즉 학교의 서열화를 의식하고 읍(邑)이나 면(面) 소재지 또는 일찌감치 대도시나 경성으로 올라와 보통학교에 다니는 경우도 있었다.

황해도 신막이나 개성, 수원, 인천 등 경성과 비교적 가까운 지역에서는 경의선이나 경인선 또는 경부선 기차를 타고 경성으로 통학하는 학생들도 많았다. 1922년에 이미 전년에 비해 기차 통학생이 2배로 증가했고 (《동아일보》, 1922. 5. 29.), 1936년에는 경성의 공립보통학교 18개교에서 278명의 전학생을 받았는데, 800명 이상이 지원해 시험으로 전학생을 선발할 정도였다(《동아일보》, 1936. 4. 7.).

심지어 경성 내에서도 학교의 서열화를 의식하고 보통학교를 선별하여 자녀를 입학시키려는 학부형들이 있었다. 때문에 신입생이나 전학생을 선발하면서 경성에 거주하지 않거나 거주지가 멀 경우 접수를 받지 않았고, 1922년 경성의 보통학교 입학시험에서 탈락자가 대거 발생했음에도 이른바 사대문 밖에 효창공립보통학교가 개교하여 420명의 신입생을 모집했지만 미달되어 그해 입학하지 못한 아동들에게 입학을 권장하는 기사도 보인다(《동아일보》, 1922. 4. 13.).

보통학교에서도 다른 학교보다 더 좋은 입학성적을 내기 위해 "진학 희망자 중 평소 성적이 약간 열등한 학생과 그 부형에게 수험 중지를 종용하거나 수험을 저지하는 일이 발생했다"고 할 정도로 수험생의 상급학교 선택에 적극 관여했다.[01] 대구의 어느 보통학교 수험생은 "(상급학교 선택은) 담임 선생님이 결정하지요. 너는 실력이 이 정도 되니까, 예를 들어서 안동농림은 안 된다, 상주로 가라든지. 이렇게 입학 상담을 하는 거지요. 말하자면 (학교에) 서열이 있었어요. 자기 능력이 이 정도밖에 안 된다고 생각하고, 담임 선생님 지도에 따르는 거지요. 서열, 다 알지요. 그리고 그때 흐름이 사범학교는 시골에서 아주 수재들이 갔고……"[02]라고 회고하기도 했다.

이러한 분위기에 대해 "모 보통학교가 좋다고 사람들이 칭송하는 것이 그 학교의 교장이 덕망가이거나 교사가 학식이 풍부하다는 것은 전혀 아니고, 그 학교 졸업생이 상급학교에 입학을 많이 했다는 것이고, 모 고보가 좋다는 것도 그 졸업생이 전문학교와 대학교 입학자가 많다는 것이며……"[03]라고 비판했다. 중앙고보의 어느 교사 역시 "……자기 학교 졸업생이 상급학교에 더 많이 진학했다는 통계에 만족하고, 그것만을 기대한다면 그 교육자는 자기의 출발 의의를 말살시키는 커다란 인식 착오이

겠지요"라며 학교의 우열이 교육자의 인품과 학식에 따라 결정되는 것이 아니라 상급학교 입학자의 수에 따라 결정되는 당시의 사회 분위기를 비판했다.

그럼에도 보통학교와 수험생들은 진학 성과가 좋은 중등학교에 입학하기 위해 입시 준비에 더욱 집중하게 되면서 입시난을 부추겼다. 심지어 진학률이 높은 상급학교에 합격하는 것을 '우승자' '최후의 승자'라고 했고, "승리의 월계관을 위하여!"라며 수험생을 독려하는 등 다양한 구호들이 쏟아지면서 입학시험은 마치 전쟁을 치르는 듯했다.

또한 1920년대에 이미 교우회가 조직되기 시작하는 등 명문 학교에 대한 인식이 학벌주의를 싹틔웠다. 이 같은 학벌주의도 바람직하지 않았지만, 일제의 우리 민족에 대한 분열 책동이기도 했다. 즉 최대한 이간질하여 민족의 역량을 분산시켜 독립운동을 억제하여 영구히 지배하려던 식민지 정책 의도와도 무관하지 않았던 것이다.

▌중등학교, 서열화의 중심에 서다

〈동아일보〉(1929. 2. 21.)에는 진학률이 좋은 학교를 '이름난 학교' '좋은 학교' '이름이 높은 학교' 등으로 표현하면서 "이러한 학교에는 지원자가 많아 입학하기가 용이하지 않다. 특별히 학교의 우열을 가릴 것이 아니라 그 학교를 졸업하여 상급학교에 입학할 자격을 얻을 만한 정도이면 아무 학교든지 입학하기 쉬운 학교를 선택하는 것이 영리한 처지라 하겠다. 또한 중등학교에 지원하면서 전문학교까지 가르칠 힘이 없으면 실업학교에 입학하는 것이 낫다"라고 충고했다. 하지만 교육 당국은 근본적인 대책 마련에 대단히 소극적이었고, 조선인 차별이 존재하는 상황에서 수험생과 학부형의 의지만으로 해결할 수 있는 문제가 아니었다.

때문에 보통학교 교장회의에서는 신입생과 전학생 선발에서 통학 거리를 감안하기로 협의했고, 〈동아일보〉(1938. 3. 29.) 기사에서 취학아동들이 거주지와 가까운 거리에 있는 보통학교에 지원할 것을 권유했지만, 큰 효과를 보지는 못했던 것으로 보인다.

지방에 거주하는 경우 어린 자녀의 보호와 경제적인 부담 등으로 자녀를 대도시나 경성의 보통학교에 입학하는 것은 쉽게 결정할 수 있는 문제는 아니었지만, 중등학교 선택은 달랐다. 대부분의 중등학교들이 지방의 주요 도시나 경성에 있었고, 중등학교 진학은 취업이나 최종 교육기관의 진학과 직접적인 관계가 있었기 때문이다. 따라서 중등학교가 있는 각 도의 도청 소재지와 주요 도시들로 지원자들이 몰려들었고, 특히 경성의 중등학교는 전국의 수험생들이 몰려들면서 학교 서열화의 중심에 서게 된다.

특히 중등학교 이상의 학교들은 취업이나 진학에서 관공립학교가 사립학교보다 유리했다. 예를 들면 관공립학교 출신은 관공서·교원·은행 등 근대 직종에 종사할 수 있는 확률이 사립학교보다 높았고, 사립학교 출신은 관공립학교 출신보다 가사 종사자가 될 확률이 높았다. 그리고 농업이 산업의 대부분을 차지하던 시절에 가사에 종사하는 것은 그만큼 전근대적 영역에서 잠재적 실업자 또는 비임금 노동자로 남을 가능성이 높았음을 의미했다.

관공립학교 출신은 각종 시험에서도 여러 가지로 유리했다. 기본적으로 관공립학교는 진학지도에서 상급학교 입학시험과 관련한 자료가 상대적으로 많았고, 고등문관시험 출제자의 대다수가 동경제국대학 교수들이었기에 이들과 직간접적인 관계가 있는 관공립학교에서 공부한 학생들이 유리했다.

입학시험에서도 가산점을 부여하는 등 관공립학교 출신을 우대했다. 1945년 공산중학교는 정원 100명에 939명이 지원하여 무려 9.4대 1의 경쟁률을 보였는데, 1차 전형 자료는 성적 일람표와 출신학교의 실적을 참조했다. 출신학교의 실적이란 학교 차이를 반영하는 것으로, 지난 3년간 공산중학교에 합격한 학생 수를 연도별로 기입하도록 되어 있었다. 때문에 "지원자의 출신학교 입학자들의 실력과 입학 후 성적을 고려하여 지원자의 학교에 가점을 주었다"는 지적을 받았다. 달리 말하면 공산중학교의 수준을 감안하여 지원자를 보냈다는 것을 의미했다.

이에 대해 이시모토 교학관은 "조사서만으로는 지원자의 인물이나 소질 그리고 능력 등 우열을 판정하기 어려워 이를 참고하도록 한 것이며, 각 학교의 우열을 판정하거나 입학을 허가할 인원의 범위를 미리 정하여 선발하는 것은 아니다"(《매일신보》, 1944. 12. 17.)고 해명했지만, 입학시험에서 지원자의 출신학교에 대한 자료를 활용한다는 것이 사실로 밝혀졌다.

관공립학교 출신들은 각종 시험에서 여러 가지 특전도 주어졌다. 평양 자혜의원에 설립된 평안남도 의학강습소는 입학시험을 치르면서 관공립중등학교나 공립고보 졸업자는 무시험 전형으로 선발한 것이 그 예였다(《동아일보》, 1924. 3. 11.). 또 중등교원 양성기관이 없어 매년 별도로 시험을 보아 공립과 사립 중등교원을 선발했는데, 관공립전문학교와 대학을 졸업하면 시험을 치르지 않고도 중등교원 자격을 수여했고, 조선총독부의 문관시험 등 사무직 시험과목도 관공립학교의 교과목과 거의 동일했다.[04] 뿐만 아니라 경성제국대학을 졸업하고 내무성에 등록만 하면 의

학사와 제약사 자격증을 받을 수 있었고, 법학생은 고등 예비시험을 면제받았다(《동아일보》, 1927. 3. 22. 외). 극심한 불경기로 취업문이 좁아진 1930년대에는 민간회사에서도 자발적으로 시험제도를 도입했는데, 여기서도 관공립학교 출신들이 유리했다.

▌입학시험, 관공립학교가 주도하다

공립고보와 사립고보는 상급학교 진학에서도 뚜렷한 차이를 보였다. 공립고보는 31.2퍼센트, 사립고보는 33.7퍼센트가 전문학교 및 대학에 진학하여 사립고보가 공립고보보다 진학률이 조금 높았다. 반면 공립고보는 관공립전문학교 진학률이 높았고, 사립고보는 사립전문학교 진학률이 높았다. 또한 다음의 도표에서 보는 바와 같이 경성제국대학 예과의 진학에서 공립고보 출신이 사립고보 출신보다 앞섰다.

연도(년)	1926	1927	1928	1931	1932	1933	1934
공립고보	28	29	28	38	29	32	28
사립고보	14	15	6	7	2	4	1

이외에도 졸업생들의 상급학교 진학률과 함께 취업은 학교 서열이나 등급 그리고 교풍(校風) 등의 평가에 직접적인 영향을 미쳤고, 이를 다시 개별 지원자의 평가에 반영했다. 〈조선일보〉(1932. 2. 17.)에 "관공립학교라면 부모 되는 이들은 그저 숭배하게 되어 아동이 그 학교에만 입학하게 되면 그 아동을 훌륭하게 생각하게 되며 아동 자신도 그렇게 생각하는 것입니다……"라며 마치 공립학교 입학만 하면 모든 게 잘될 것이라는 믿음을 갖는 것을 지적한 것도 이러한 사회 분위기를 잘 보여주고 있다.

이처럼 학교의 서열화는 상급학교 입학시험이 만들어낸 결과였고, 조선총독부 학무국은 학교 간의 차이에 유의할 것과 성적 일람표 제출을 통첩하며 학교 서열화를 조장했다. 또한 관공립학교 우대라는 차별정책은 학력주의의 제도화로 이어졌고, 관공립학교를 황국신민 양성을 위한 최적의 교육기관화함으로써 식민지 지배체제 구축의 도구로 이용했다.

그렇다고 관공립학교 입학생들이 모두 일제의 황국신민화 교육에 동조한 것은 아니었다. 다만 진학이나 취업을 우선하는 경우 사립학교보다는 관공립학교를 선호한 것은 사실이었다. 특히 경성제국대학 예과 진학률이 학교의 평판을 좌우하면서 고등보통학교 사이에 경성제대 예과 합격생 숫자로 서열 구조가 형성되었다.

그 가운데 역사가 가장 오래된 경성제일고보가 학교 서열화의 대표 주자였다. 이 학교는 1900년 관립중학교로 설립되어 1906년 관립 한성고등학교와 1911년 경성고등보통학교를 거쳐 1921년 경성제일고등보통학교로 이름이 바뀌었고, 1938년 공립 경기중학교가 되었다. 그리고 1924년 경성제국대학 예과 첫 입학생 선발에서 44명의 조선인 합격자 가운데 이 학교 보습과 출신 5명을 포함해 15명이 합격했고, 평양고보가 6명, 대구고보가 5명으로 뒤를 이었으며, 휘문고보가 3명, 배재고보, 보성고보, 중동고보, 중앙고보 등 사립고보들에서 각 2명씩 합격자를 배출했다(《동아일보》, 1924. 4. 2.).

경성제일고보는 이후에도 진학률에서 단연 선두를 유지했다. 1931년에는 졸업생 111명 가운데 60명이 상급학교에 진학하여 같은 해 전체 공립고보의 진학률 29.6퍼센트보다 훨씬 높은 54.1퍼센트의 진학률을 기록했다. 같은 해 경성제국대학 예과에 한 명도 입학하지 못한 공립학교가 많았음에도 경성제일고보는 18명이 합격하여 다른 학교와 현격한 차이가 나는 등 1924년에서 1937년 사이에 경성제국대학 예과에 입학해서 수료한 조선인 학생 687명 중 경성제일고보 출신이 4분의 1이 넘는 182명(26.5퍼센트)으로 가장 많았다. 그리고 경성제이고보가 79명(11.5퍼센트), 평양고보 51명(7.4퍼센트), 대구고보 38명(5.5퍼센트), 청주고보 33명(4.8퍼센트), 함흥고보 25명(3.6퍼센트), 신의주고보 22명(3.2퍼센트) 등 공립학교에서 꾸준하게 합격자를 배출했다.

▌진학률과 민족문제의 관계는?

경성제국대학 진학률이 곧 우수한 인재의 배출을 의미하는 것은 아니었다. 경성제이고보를 졸업하고 경성제국대학 예과에 입학한 이항녕의 다음과 같은 회고담이 그 예였다.

>……우리는 중등학교에 다닐 때부터 선생들이 의식적으로 수학과 영어 그리고 일본말 등을 중점적으로 가르치는 입시 교육을 철저하게 실시했다. 때문에 학교 교과서에만 매달렸고, 다른 책을 읽을 기회가 별로 없었다. 당시 경성제일고보, 경성제이고보 등 공립학교에 머리 좋은 학생들이 많았고, 상급학교에도 많이 진학했다. 하지만 높은 진학률은 입시 교육에 집중한 결과라고 생각한다. 사립학교에서는 입시 교육 대신 한국 역사를 가르쳤고, 정규 수업 외에도 다양한 교양과 민족의식 고취에 할애했다……. 사립학교 출신 학생들은 여러 가지로 아는 게 많았다. 한국 역사도 우리가 도저히 모르는 부분이었다. 경성제일고보, 경성제이고보 등 이 학교 졸업생들

은 자신들이 머리가 좋아서 대학 예과에 많이 합격했다고 생각했지만, 지금 가만히 생각해보면 학교의 입시 교육방침이 더 효과가 있지 않았나 생각한다.[05]

이처럼 경성제일고보와 경성제이고보에서는 다른 학교들보다 더 자주 모의시험을 시행했고, 모의시험 성적을 발표하는 등 입시 위주 교육에 더 철저했다. 때문에 경성제국대학 진학에 더 유리했다. 관공립학교와 사립학교는 역사교육에서도 차이가 있었다. 관공립학교에서는 일본역사를 가르쳤고, 신도(神道) 전통에 기초하여 천황제 국가의 정통성과 강제 합병의 정당성을 주입하는 데 중점을 두었다. 그리고 조선의 역사는 일본사의 범주 안에서 조선과 일본의 관계를 중심으로 한 지방사로 다루었다.

반면 사립학교는 학교 차원이든 또는 교사 개인 차원이든 민족적인 문제를 완전히 외면하지 않았다. 3.1운동으로 경성제일고보에서 퇴학당하고 편입시험으로 보성고보 2학년에 입학한 유진산은 "역사 시간에 조선의 최근세사를 가르치려고 애쓰는 교사를 보고 감명을 받았다"[06]고 회고했고, 보성전문학교 교수였던 유진오는 "보성전문학교에는 관공립중학교에서 동맹휴학 등 일제에 반항 투쟁을 하다가 출학 또는 퇴학을 당해 오갈 데 없던 학생들이 많았다"[07]고 회고한 것이 그 예였다. 따라서 민족문제를 외면할수록 입학시험에 더욱 유리했음을 의미했다.

경성제국대학 제1회 졸업생 가운데 고등문관시험에 합격자가 한 사람도 없었다. 다만 한 사람이 두 번 응시했다가 실패했고, 고등문관시험 응시를 꺼려하는 분위기였다. 때문에 고등문관시험을 준비하는 학생은 주변의 시선을 의식해 대부분 숨어서 시험공부를 했다.

그러나 1930년대 이후 고등문관시험 응시자가 급격하게 늘어났다. 이러한 현상은 1930년대 세계 경제공황의 여파로 늘어난 고학력자들이 극심한 실업 상태에 휩싸이게 된 것과도 연관이 있었고, 한편으로는 일제가 조선을 강점한 지 20여 년의 세월이 흘러 '황국신민화 교육'이 체제화되면서 관리시험을 대하는 자세에 변화가 생겨났음을 의미했다. 관리시험을 입신(立身)의 기회로 삼게 된 것이 한 예였다.

동경제국대학을 졸업하고 고등문관시험에 합격한 장수길은 비상한 수재로 경성제국대학 법문학부에서 조교수로 초청한 것을 거절하고 행정관으로 출세하기 위해 관리의 길을 선택하여 일제의 침략전쟁에 적극 협력했다.[08] "황민화와 내선일체를 주장하는 등 대동아공영권을 이루기 위해 전쟁을 위한 단련이 필요하다"고 주장한 계광순, 일제의 전쟁 수행을 적극 지원하고 광복 당시 경찰 최고위직인 경시(警視, 현재의 총경에 해당)에 오른 8명의 조선인 가운데 한 명이었던 전봉덕 등도 고등문관시험에 합격하여 입신출세의 길을 걸었다.

▌경성에 길이 있다?

1910년대까지는 중등학교 등 정규과정의 상급학교가 없었고, 자격을 갖추지 못해도 입학할 수 있었다. 다만 입학 자격이 있는 정규학교 졸업생과 이들을 구분하여 반 편성을 했다. 특히 신설된 정규 중등 과정인 고등보통학교일수록 보통학교 졸업자의 비율이 떨어졌다. 1911년에 설립된 경성고보와 1922년에 설립된 공주고보의 경우 보통학교 졸업자의 입학 비율을 보면 다음과 같다.[09]

학교＼연도	1923년	1924년	1926년
경성고보	45.0%	69.1%	76.5%
공주고보	28.7%	32.7%	34.6%

이처럼 학교의 설립 연도와 지역도 서열화와 연관이 있었다. 기본적으로 학교 설립이 오래될수록 입학시험과 관련한 경험이 축적되어 있었고, 대도시일수록 입학시험 준비와 관련한 기회와 정보가 많았다. 물론 지역에 있는 학교에도 뛰어난 인재들이 많이 진학했지만, 일반적으로 대도시의 오래된 학교일수록 수험생들의 선호도가 높았다. 특히 경성은 그 중심에 있었다.

경성은 행정구역상 수도였지만, 도시 계획상으로는 특별한 대접을 받지 못했다. 오히려 경성의 특별한 위상을 경계했던 일제는 일개 지방 도시로 취급하는 경향이 있었다. 때문에 일본 유학생 중 일부는 경성을 도외시하고 근대의 도시로 동경을 그리워하기도 했다.

그럼에도 일제는 식민지 기반을 다지기 위해서 근대화에 대한 요구를 외면할 수 없었다. 경성에 전기와 수도 등 각종 기반 시설이나 도로와 교통망의 체계화 등을 이루는 등 1910년대에 이미 크게 변화한 것이 그 예였다. 여기에 어느 시대나 중앙에는 온갖 정보와 사람 그리고 돈이 모여들었고, 교육도 예외는 아니었다.

1926년 5월에 창간된 잡지 〈동광東光〉에서 어느 학생은 "도시에서 공부하는 것이 사상을 넓히며 독서를 많이 할 수 있는 등 여러 방면으로 보고 들으니 사람을 학문적으로 단련함에 있어서 시골보다 나은 것이 사실이며, 특히 경성은 평균적으로 나은 것이 사실이다"[10]라며 경성에서 공부해야 하는 이유를 설명한 것이 그 예였다. 고향이 경북 문경이었던 어느 학생은 "대구에서는 조선 제일의 명문 경성제일고보에 들어가기가 매우 어려워 사촌과 함께 경성에 올라와 보통학교에 다녔다"며 당시 사람들 사이에서 최고 명문으로 인정받았던 경성제일고보에 입학하기 위해 보통학교부터 경성에서 다녔다고 회고했다. 1936년 이귀영(45세)은 함경도 북청에서 외아들을 공부시키기 위해 경성에 올라와 고향 사람들과 자취를 하며 물장사를 했고, 아들 이재옥(21세) 군은 입주 가정교사로 있으면서 공부하여 경성제국대학 예과에 합격해서 이른바 '북청물장수 신화'의 주인공이 되었다(〈동아일보〉, 1934. 3. 29.).

그러나 지방에도 우수한 학교가 많은데 경성으로 학생들이 집중되는 현상을 우려하는 목소리도 있었다.[11] 경성 전체 인구 39만여 명 가운데 일본인을 포함한 학생 인구는 6만 4천여 명으로 전체의 16.4퍼센트였다. 경성 사람 5~6명 중 한 명이 학생인 셈이었고, 전체 인구의 4.1퍼센트가 학생이라는 사실과 비교하면 경성의 학생 인구는 네 배 이상 높은 수치였다.[12] 반면 "도시의 학교에서는 시험지옥이 연출되었지만, 농촌의 학교는 모집난에 땀 흘리는 기현상이 발생했다"[13]고 할 정도로 도시와 농촌의 격차가 벌어졌고, 특히 학교 서열화의 중심에 있는 경성은 매년 입학시험으로 심한 몸살을 앓았다.

이처럼 상급학교 입학시험 준비교육은 도시로의 집중 현상을 더욱 부추겼고, 이러한 현상에 대해 〈조선중앙일보〉(1936. 2. 1.)는 "시험지옥에서 자녀들의 고통을 덜어주자! 일류 학교만을 고집하는 부모의 허영심은 생각해볼 문제"라고 충고했다.

▌교육정책의 도구가 되다

입시난이 심각해지자 교육 당국은 입학시험 개선 방안을 수차례 검토했고, 1939년 일본어 과목의 수준을 훨씬 낮춰 쉬운 문제를 출제하고 내신과 체격검사를 필기시험과 동일한 점수로 산정하여 입학생을 선발하기로 결정했다(《동아일보》, 1939. 9. 17.). 하지만 개정된 입학시험은 선발된 입학생의 학력이 고르지 못한 결점이 있었고, 일본어 한 과목과 구두시험을 보게 되자 구두시험에서 상당히 어려운 산술문제나 다른 과목의 문제를 질문하기도 했다.

또한 5분 이내의 구술시험으로 합격 여부를 판단하는 것도 부담이었고, 신체를 중요하게 본다며 체능검사에서 운동선수가 아니면 할 수 없는 어려운 운동을 시킨 학교도 있었다. 뿐만 아니라 체격만 중시하는 신체검사와 내신서는 장점만 쓰고 단점이 없는 등 너무 천편일률적으로 작성하여 학생 선발에 어려움을 더했다. 결국 개정된 입학시험은 단 한 번 실시하고 재검토에 들어갔다(《조선일보》, 1940. 3. 24./ 〈동아일보〉, 1940. 5. 10.).

때문에 필기시험만이 변별력을 인정받을 수 있다고 판단한 학부형들은 자녀의 합격을 위해 학교에 입시 준비교육을 요구했고, 학교 입장에서도 종전보다 입학시험이 쉬워진 만큼 다른 학교와의 경쟁이 더욱 치열해진 상황에서 학부형의 요구를 거절하기 힘들었다. 1939년 〈조선일보〉(2. 6.)에 "……소학교 학생들은 각 학교에서 금지령의 뒷골목에서 이 수단 저 수단으로 갖은 고심을 다해가며 지도를 하고 있는 관계로 도서관을 찾아드는 가련한 소학생은 극히 적고……"라며 중등학교 입학을 준비하는 초등학교 수험생들은 도서관에 갈 시간이 없을 정도로 학교에서 입시 준비교육을 하는 분위기를 지적한 것이 그 예였다.

더구나 일제는 입시 준비교육을 황국신민화 교육을 최고의 목표로 하는 교육제도의 요지를 파괴하는 것으로 보았다.[14] 따라서 입시난을 보는 올바른 관점과 이를 극복하기 위한 근본적인 해결책을 기대하기에는 처음부터 무리가 있었다. 입학시험을 체력·학술·구두시험과 함께 내신서를 입학생 선발의 준거로 개선한 것이나, 수험생들이 내신을 평가하는 1차 시험에 합격해야 2차 시험을 치르게 개선한 것도 단순히 입시난을 해소하고 수험생들의 부담을 덜어주려는 의도가 아니었다.

이와 관련해서 이시모토 세이시로(石本淸四郞) 교학관은 "근로동원 중에 있는 수많은 학도가 입학시험을 보기 위해 오랫동안 중요한 생산 업무를 담당한 직장을 떠나지 않을 수 있게 되었다"(《매일신보》, 1944. 12. 17.)며 수험생의 이동 기간과 횟수를 제한하여 수송력에 대한 부담을 줄이고, 근로동원 현장에서 이탈하는 학생을 최대한 방지하도록 입시제도를 개편한 의도를 숨기지 않았다. 구술시험 역시 언어, 상식과 함께 인물에 대한 평가는 곧 황민화의 정도에 대한 평가로, 관공립학교에서 철저한 일본인 교육을 받고, 시험에 단련된 황국신민을 양성하려는 의도가 담겨 있었다 (《매일신보》, 1944. 12. 16.).

또한 일제는 '입학시험에서 살아남은 학생들이 자신들에게 순응하고 협조하면 출세의 기회가 열려 있다'는 점을 강조했다. 하지만 교육 현장에서 벌어지는 민족 정체성의 부정과 낮은 수준의 교육 등 민족 차별에 기초한 학력 경쟁으로 중등학교 학생들의 장래가 희망적이지만은 않았다. 물론 입신양명, 관존민비, 일류학교 선호 등의 첨병 역할에 동조하여 입시 경쟁에서 살아남아 일본적인 학벌주의의 병폐를 양산하는 데 합류하거나[15] 또는 차별적인 일상에 적응하여 일제에 순응하고 충성하며 살아가는 방법도 있었다.

하지만 교육을 받을수록 민족 차별에서 누구도 벗어날 수 없다는 사실을 확인하게 되면서 식민지 지배의 현실을 비판적으로 이해하는 학생들도 생겨났다. 때문에 불만을 갖고 때로는 반발하기도 했고, 어려운 관문을 뚫고 경성제국대학 법학부에 입학했지만 졸업하면 고등문관시험을 볼 것이라는 주변의 기대를 거부하고 독립운동에 앞장서기도 했다. 강원도 평창 출신 이효석의 경우 모두가 선망했던 경성제일고보를 거쳐 경성제국대학 법학부 영문학과를 졸업하고 일본인 은사의 주선으로 조선총독부 경무국 검열계에 취직했지만, 주위의 지탄을 받자 15일 만에 그만두고 함경북도 경성(鏡城)으로 내려가 경성농업학교 영어 교사와 평양 숭실전문학교 교수를 지내며 소설「메밀꽃 필 무렵」등 주옥같은 작품을 남겼다.

수험생을
다양하게 검증하다

▌구두시험을 강조하다

구두시험은 면접관의 질문에 대한 수험생의 답변 능력과 태도가 채점 기준이었다. 당시는 구두시문이라고도 했고, 사람을 평가한다는 의미에서 '인물고사' 또는 '인물시험'이라고도 했다. 1914년 「입학시험 관련 건」에 따르면 "신체검사는 필히 행하고 구두시문은 필요에 따라 이를 행할 것"이라고 하여 초기에는 입학시험에서 반드시 시행하거나 당락에 큰 영향을 미치지는 않았다. 하지만 구두시험은 '일제에 헌신하는 기능인 양성이라는 교육목표를 충실하게 수행했다'는 평가를 받았다. 1917년 경성의학전문학교 입학시험을 보았던 이미륵은 5일간의 시험 마지막 날 "면접관의 질문을 통해 수험생이 일제의 국민이며, 경성의학전문학교가 의학이 아니라 의술을 가진 기능인 양성이 목표라는 것을 확인할 수 있었다"고 했다.[01]

이후 입학난이 극심해지자 조선총독부와 각 도의 학무국장 등이 협의를 통해 "일본어와 산술에 대한 시험만으로는 다른 과목에 대한 평상시의 공부를 잘 못하기 쉬운 폐단이 생길 것이므로 평소의 일반 학습에 대

하여 극히 쉽고도 누구나 알 만한 상식적 구두시험을 하여 아동의 상식·
수양·지능을 판정하게 되었다"(《조선일보》, 1936. 12. 9.)라며 필기시험과 구두
시험 그리고 신체검사에 동일한 비중을 두면서 구두시험이 중요해졌다.

중등학교의 경우 1939년 「입학시험 개정안」에서 다음과 같이 총 1,000
점 만점이 되었다(《동아일보》, 1940. 1. 27.).

구분	점수	세부 내용
소견표	200점	건강 50점, 근태(勤怠) 50점, 학력 50점, 인물 50점
구두시험	200점	언어 50점, 상식 50점, 지조 50점, 성행 50점
신체검사	300점	체격 100점, 체질 100점, 체능 100점
지필시험	300점	읽기 100점, 쓰기 100점, 듣기 100점

200점이 배점된 구두시험에서 언어는 명료함·발음·해독 능력·문장
이해 능력 등을 평가했고, 상식은 초등학교 교재에서 간단하고 쉬운 내용
으로 질문했다. 지조는 황국신민으로서의 마음가짐과 실천 상황을 검사
했고, 성행(性行, 성품과 행실)은 전체적인 마음의 경향과 성향 등을 평가했다.
하지만 "몇 가지 질문에 대한 대답으로 수험생의 언어·상식·지조·성행
을 평가하여 점수로 수험생들의 순위를 결정하는 것이 과연 가능한가?"
라는 지적을 받았다.

1934년 이후 평양의 숭실전문학교 교수를 지낸 이효석은 자전적 수
필 「인물시험」[02]에서 "구두시험의 비중이 커질수록 정작 면접관은 그 상
황이 당혹스럽다. 짧은 시간 안에 학생의 능력을 알기 역부족이고, 시험
이라는 특수한 상황에서 모두가 심성스럽고 겸손해 보이다가 문득 악해
보이는 등 채점 준거가 일관되기 어렵다. 인간이 발명해낸 능력평가 장

치로서 시험, 그러나 늘 허술한 시험, 이 점에서 '현명하면서도 어리석은 것'이 시험이다"라며 전문학교 입학시험에서 인물시험을 담당할 때의 난처한 심정을 고백했다.

그럼에도 이시모토 교학관은 "인물에 대한 평가는 황민화의 정도에 대한 평가와 함께 지원하는 상급학교의 특질에 응하여 고등 정도의 학술과 기예를 배우기에 충분한 소질과 능력이 있는가를 평가하는 것이다"(《매일신보》, 1944. 12. 16.)라며 구두시험에서 황국신민의 확인을 강조하는 등 일제 말기로 갈수록 인물 평가는 황국신민화의 정도를 측정하는 중요한 도구가 되었다.

구두시험에 200점이 배정되고 비중이 커지면서 이에 대비한 문제집도 등장했다. 문제집은 국가와 국체 관련 문제, 천황 등 모범인물 관련 문제, 학교와 교과 관련 문제 등으로 나누어 기출문제와 함께 예상문제 그리고 이에 대한 모범답안이 수록되어 있었다.[03]

▌구두시험, 황민화 측정도구였다

구두시험에서 국가와 국체와 관련해서는 다음과 같은 질문들이 있었다.

- 사대절(四大節), 기원절(紀元節), 명치절(明治節)은 언제이고 어떤 날인가?
- 우리나라(일제) 국가(國歌)를 무엇이라 하고 언제 부르는가?
- 기미가요(일본 국가)의 대체적인 의미는 무엇인가?

물론 이러한 질문에는 황국신민으로서의 의식을 고양하려는 의도가 담겨 있었고, 침략전쟁이 계속되면서 전쟁에 협조하는 의식을 강조했다.

천황 등 모범인물에 관해서는 다음과 같은 질문들도 있었다.

- 우리나라(일제) 황계(皇系)는 만세일계가 있다는 것이 무엇을 의미하는가?
- 최근 존경하는 인물은 누구이고, 어떤 점에서 존경하는가?
- 우리나라(일제) 충신 가운데 가장 국민의 모범이 되는 사람은 누구인가?
- 수신, 국사(일본사), 국어(일본어) 시간 등에서 배운 인물 중 자신의 모범으로 여겨지는 사람이 있는가? 그리고 어떤 점이 모범이 된다고 생각하는가?

이러한 질문은 천황을 가장 위대한 인물로 상정하고 다음으로는 일본 제국주의를 위해 희생한 인물들을 영웅으로 만들어 이들의 뒤를 따르는 인물로 재탄생시키려는 의도가 담겨 있었다. 학교와 관련해서는 다음과 같은 질문들이 있었다.

- 공익·용기·규율·자선·근면 가운데 학교에서 가장 중요하다고 생각하는 3가지를 선택하시오.
- 심상 6학년용(일본인 초등학교) 수신서의 표지에는 무엇이라고 적혀 있는가?
- 좋은 학생이 된다는 것은 어떤 것인가?
- 학교에서 어떤 학과를 배웠는가? 학과의 이름을 전부 한자로 쓰시오.

이처럼 구두시험은 평소 학교 교육과정 등을 확인하면서 황국신민화에 중점을 두었고, 전시체제가 강화되면서 더욱 구체화되었다. 일제가 태평양전쟁을 일으킨 직후인 1942년 대구사범학교 입학시험을 보았던 어느 수험생은 "사쿠마가 면접을 맡았다. 그는 수험생에게 맨 처음 '요즘

즐거운 일이 있었는데 아는가?'라고 질문을 던졌다. '싱가폴 함락'이라는 답이 바로 나오지 않는다면 면접 점수는 최하를 각오해야 했고, 대답을 한 학생에게는 그 의미를 설명해보라는 질문이 계속되었다"04라고 회상했다.

이러한 질문은 다른 학교들도 대동소이했다. 즉 상급학교에서 요구하는 능력이란 학습 능력이 아니라 천황에 대한 충성심을 구체적으로 보여주는 것이며, 상급학교에서 요구하는 인물은 일본제국주의를 찬양하는 인물이었다. 이러한 과정을 거쳐 일제는 '국가가 요구하는 인물로 재탄생하지 않는다면 구두시험 합격은 어렵다'는 인식을 심어주려고 했다. 구두시험의 질문 유형을 정리하면 대략 다음과 같다.

1. 황국신민의 선서에 관한 문제

  1) 황국신민의 선서는 누구에 대한 맹세인가?

  2) 무엇을 선서하는가?

2. 대동아전쟁에 관한 문제

  1) 우리나라(일제)가 예전부터 지금까지 전쟁에서 반드시 승리하였는데, 이 것은 무엇을 말하는가?

  2) 대동아전쟁이 일어났는데, 우리 국민은 어떻게 해야만 하는가?

  3) '싱가폴이 함락되었다'는 것을 듣게 되었을 때, 군(君)은 어떤 감상이 들었는가?

  4) 지금부터 장기전에 들어가는데 군은 국민으로서 어떻게 해야 하는가?

3. 신사(神社) 묵도(黙禱)에 관한 문제

1) 신사참배를 할 때 군은 어떤 기분인가?

2) 한 달에 몇 회 하는가?

3) 신사 앞을 지날 때, 군은 배례(拜禮)하는가? 그때 기분은 어떤가?

4. 지원병 문제

1) 군이 사는 면(邑)에서 지원병이 나왔는가?

2) 군은 환송을 하였는가? 어떤 기분으로 환송하였는가?

5. 군은 대조봉재일(大詔奉載日, 일제가 태평양전쟁을 일으킨 날인 1941년 12월 8일을 기념하여 매월 8일을 대조봉재일로 정함)에 무엇을 했는가?

6. 총후(銃後, 전쟁 중 후방을 의미)에 대해

1) 위문대(慰問袋)는 언제 만들어졌는가?

2) 위문문(慰問文)을 보낸 적이 있는가? 그럴 때 어떤 기분으로 글을 썼는가?

3) 국방헌금을 냈는가?

4) 폐품 수집은 언제 하였는가?

5) 절미(節米, 혼식)는 어떻게 하는가? 군은 실행하는가?

7. 애국 반상회 문제

8. 국어(일본어) 상용 문제

1) 국어(일어)를 상용하는가? 친구들과 놀 때는? 가정에서는 어떤가?

2) 군의 부모는 국어(일본어)를 말할 수 있는가?.

3) 학교에서 친구들이 조선어를 사용하는 것을 보면 군은 어떻게 하는가?

4) 국어(일본어) 상용의 필요성을 말하라.

9. 군은 집에서 어떤 날에 국기를 게양하는가?

10. 海行力バ('바다로 가면'으로 일본의 제2 국가國歌)의 노래를 부를 때 어떤 마음가짐인가?

11. 방공(防空) 문제

1) 방공훈련이 필요한 이유는 무엇인가?

2) 등화관제는 언제 하는가?

3) 공습경보에는 어떻게 해야 하는가?

4) 우리나라(일제)가 공습할 때 어떻게 해야 하는가?

▌소견표, 일상까지 통제하다

입학시험에서 수험생의 성적 일람표가 포함된 소견표도 중요했다. 성적 일람표는 1910년대에 이미 상급 학교장의 요청에 따라 제출하는 규정이 있었고, 학급 전체 학생의 과목별 성적과 총점, 석차를 기록했다. 이 소견표에는 신상에 관한 내용도 기록하여 수험생이 졸업한 초등학교 교장이 수험생이 지원한 중등학교 교장에게 직접 송부해야 했고, 중등학교 교장의 요구가 있으면 초등학교장은 그에 응해서 필요한 조사서를 비밀로 처리하여 중등학교 교장이 직접 개봉하도록 보내야 했다. 그러나 1914년에 발표된 「중등학교 입학시험에 관한 건」에는 소견표와 관련한 내용은 보이지 않고, 다만 성적 일람표만 요구했다. 이후 1920년대에 소견표에 대한 기록이 보여 언제부터 소견표가 제출되었는지는 정확하지 않다.

소견표 양식은 중등학교장의 요구에 따라 바꿀 수 있지만, 기본적인 양식에는 졸업하기 전 2년 동안의 성적, 성행, 신체, 가정환경, 자산, 소견 등을 기록했다. 그리고 성행은 성격과 특성, 신체는 발육 및 영양과 질환, 가정환경은 교양상 참고할 점, 자산은 학비 조달 능력, 그리고 진학을 희망하는 학교의 교육 이수 등을 기록했다.

입학시험에서 소견표는 크게 첫째 성적 판정, 둘째 가정의 자산 판정, 셋째 사상 검열 등 세 가지 기능을 했고, 입학 경쟁이 치열해질수록 탈락자를 선별하기 위한 기초자료로 활용되었다. 특히 조선총독부 학무국에서 입학시험의 간소화를 추진하면서 "시험지옥을 돌파하게 할 만한 좋은 방책으로, 이제까지 해왔던 것처럼 입학시험에서 수험과목의 성적에 치중하기보다는 출신학교의 성적 소견표를 더 중요시할 방침이다"(《조선중앙일보》, 1934. 12. 1.)라며 소견표의 중요성을 강조했다.

여기에는 소견표에 기록된 석차의 도입으로 '일제가 제시하는 교육 내용을 학생들 간의 치열한 경쟁을 통해 적극적으로 학습하도록 유도하는 통제 전략'이라는 의미와 '조행(操行) 평가'에 '일제가 제시하는 규칙이나 규율을 어기지 않도록 유도하는 일상의 통제 전략'[05]이라는 의미 등 일제의 식민지 교육정책이 그대로 반영되어 있었다. 소견표에 대해 '조선총독부의 식민지 통치 정책을 지원하기 위해 일관성 있게 활용하도록 강조했다'고 비판하는 이유도 여기에 있다.

소견표는 사상 검열에도 활용되었다. 조선총독부 학무국은 "초등학생들에게 사상 검열이란 있을 수 없다"며 강력하게 부인했지만, '소견표가 입학시험에서 사상 검열의 의도를 포함하고 있었다'는 사례들은 충분하다(《동아일보》, 1928. 11. 1.)/ 《매일신보》, 1930. 2. 13. 외). 예를 들면 1927년의 경우 동맹휴학으로 골치를 앓던 학교 당국이 입학생 선발 과정에서 이른바 '품행 방정'한 학생만을 뽑으려는 속셈이 담겨 있었다.[06] 달리 말하면 소견표는 입학시험에서 동맹휴학을 주도할 가능성이 있는 학생을 사전에 배제하는 등 이른바 문제 학생을 탈락시키기 위한 장치였다.

소견표는 전문학교와 대학 입학시험에도 점차 중요해졌다(《매일신보》, 1930. 2. 13.). 1930년 학무 당국과 경무 당국에서는 1년 전에 일어난 광주학생운동의 기세가 꺾이지 않자, "학생 소요에 감(鑑)하여 소견표를 중요하게 참고하기로 결정한다"(《매일신보》, 1930. 2. 13.)고 강조했고, 1932년 대구사범학교 면접을 본 왕학수는 "동맹휴학에 참가한 사실이 소견표에 적혀 있어 곤란을 겪었다"고 기억했다.[07] 1934년 학무국은 동요하는 학생, 청소년의 사상 대책의 하나로 지육(智育) 편중의 폐해를 타파하고 덕육과 체육을 중시하는 형태로 입시제도를 개편하기로 결정하고, "전문학교 이상의 입학자에 대해 특히 사상관계 방면을 엄중히 조사하여 입학을 허락하고, 학과시험에서 우수한 성적을 보이더라도 사상의 건실을 결한 자와 국체 관념이 협소하다고 인정되는 자는 일체로 입학을 단연 거부하도록 한다"고 발표했다.

▌탈락자 선별 자료가 되다

1939년 입학시험 개정안에서 소견표에 200점을 배정하면서 중등학교 입학시험에서 차지하는 비중이 높아졌다. 소견표에 학력은 석차로 표기되기 때문에 점수로 환산하는 것은 어렵지 않았고, 건강 역시 신체 상태

및 소견을 근거로 점수로 환산할 수 있었다. 하지만 조행, 성행개평(性行槪評), 가정환경 등을 고려하여 점수를 매겨야 했던 근태와 인물 평가는 점수로 환산하기가 쉽지 않았다. 따라서 가정환경은 재산이 많을수록 유리했고, 조행과 성행개평은 평소 학교생활에서 저항 행위가 있었는지의 여부가 중요한 기준이 되었다.

1940년 경북중학교 교장은 "……실상 선발시험은 초등학교의 소견을 보는 정도로 되는 것이 아닌가 한다. 총점 1,000점 중 신체검사 점수가 300점으로 높으나 짧은 시간에 충분한 운동능력 검사는 어렵고, 구두시문이란 것도 하지만 1~2분의 시간밖에 할당되지 않을 터이니 그것만으로 판정하기가 극히 어렵고, 역시 소학교의 소견을 참작하지 않으면 아니 되니, 실로 소학교 소견이 1,000점 중에 700~800점을 차지하는 셈이다"라며 입학시험에서 소견표에 비록 200점이 배정되었으나 그 비중이 대단히 크다고 강조했다(《동아일보》, 1940. 2. 3.).

물론 소견표를 잘 받으면 진학 가능성이 높은 것은 사실이지만, 진학희망자가 넘쳐나는 상황에서 모두에게 절대적인 효력을 발휘하기에는 한계가 있었다. 출신 학교에서 특별한 이유도 없이 학생을 탈락시키기 위해서 소견표를 부정적으로 작성하기보다는 한 명이라도 더 입학시키기 위해서 긍정적으로 기록했기 때문이다.

이러한 소견표를 둘러싸고 갈등이나 사건, 사고도 발생했다. 1932년 박영효의 외손자가 경성농업학교 진학을 위해 소견표에 찍는 보통학교 교장의 도장을 위조한 사실이 발각되어 법원에 기소되었고, 이 사건으로 검사는 그에게 1년 구형을 언도했다(《매일신보》, 1932. 6. 11.). 또 1934년 경남 김해의 장유공립보통학교에서는 상급학교에 지원하는 수험생에게 소견표를 써주지 않아 수험생이 상급학교에 응시하지 못했다. 때문에 학부형 150여 명이 강당에 모여 교장 성토대회를 열기도 했다(《조선일보》, 1934. 4. 26.)/《동아일보》, 1934. 4. 25.). 뿐만 아니라 소견표의 비중이 높아지면서 입학시험에서 정실(情實) 관계 등으로 불공평한 추태가 발생하는 등 학생 선발에 공평성과 공정성의 문제가 제기되어 조선총독부 학무국 안에 중등학교시험고사위원회를 설치하여 부작용 방지를 위해 엄중 감시에 나서기도 했다(《조선일보》, 1937. 2. 14. / 《매일신보》, 1939. 11. 10.).

그럼에도 침략전쟁이 막바지로 치닫던 1941년 국민학교제도의 도입과 그에 따른 황국신민화 교육이 노골적으로 시행되면서 소견표는 학생들의 학교생활을 적극적으로 통제하는 실천 장치의 기능이 강화되었다. 1944년에는 조선총독부가 나서서 공사립전문학교의 입학자 선발방법을 전면적으로 통제했다. 이는 일본에서 실시한 입시제도의 개혁을 추종한 것으로, 지원자 중 내신서 평가가 좋지 못한 경우 제2차 응시가 불가능하게 되어 입학자 선발방법 중 내신서 평가가 이전 시기의 그 어느 때보다 중요해졌다.

1945년에 학무 당국은 "입학시험에서 필기시험을 없애고 소견표로만 학생 선발을 한다"고 발표했다. 그리고 소견표는 내신 추천서로 이름을 바꾸었고, 사상 검열의 강도가 한층 더 높아졌다. 1945년 학교에서 '근로총동원에 고분고분하게 응하지 않았다'는 이유로 조행 성적에서 최하점인 '가(可)'를 받아 중학교 입학이 어려워지게 된 안재구는 당시를 다음과 같이 회고했다.

그해 4월, 나는 6학년이 되었다. 이제부터 중학교 진학에서 입학시험 제도가 없어졌다. 모두 학교장의 내신 성적과 추천으로 입학을 결정한다고 했다. 이제 나 같은 놈은 왜놈들 밑에서 중학교와는 영영 멀어졌다. 5학년을 마치는 날, 호시노가 직업 가(可), 조행 가(可)인 통신부를 주면서 좀 남아 있으란다. 그래서 다 마칠 때까지 기다렸다. "올해부터 상급학교 입학제도가 내신 추천제로 바뀌었다. 그래서 아무리 학과 공부를 잘해도 내신 추천서가 나쁘면 상급학교에 들어갈 수가 없다. 네가 상급학교에 가려고 한다면 이때까지의 학교생활을 반성하고 좀 더 잘해야 한다. 학교에서 하라는 일을 부지런히 하고 학교에서 조선말을 마구 지껄이지 말고 얌전하게 굴어야 한다. 그래야 상급학교에 들어갈 수 있는 내신 추천서를 받을 수 있다." 호시노가 남아서 한 말은 이것이었다.[08]

이처럼 일제 말기에 소견표는 평소 학교생활에 대한 평가까지 포함되어 있었고, 입학시험에서 당락에 영향을 미쳤음을 알 수 있다. 그러나 사상 검열의 기능이 강화되었음에도 학교교육을 정치 도구로 삼는 것이 타당한가에 관한 교육계의 담론이 없을 정도로 일제는 통제를 강화했다.

▌체력검사, 황국신민 양성을 위하여

조선총독부 학무국은 "사상과 체육은 밀접한 관계가 있다"는 연구 결과를 토대로 신체검사를 더욱 엄격하게 실시했다(《동아일보》, 1934. 2. 4.). 특히 1930년대에 들어서면서 입학시험에서 학생들의 체력을 검사하고 성적에 합산하는 등 신체검사가 점차 강조되었다. 1938년에 「제3차 조선교육령」으로 일제는 표면적으로는 덕육과 체육을 통한 인간의 조화로운 발달을 목적으로 하는 전인교육(全人敎育) 이념을 강조했다. 하지만 "건전한 정신과 건전한 신체로 다져진 이들이 황국신민으로서 충분한 자질이 있다"며 항시 동원이 가능한 식민지 학생을 양성하고 선별하는 수단으로 기능하는 등 신체검사는 인물검사와 함께 '황민화의 정도'에 대한 평가였다.

신체검사는 1913년 조선총독부에서 학생들의 신체를 관리하기 위해 규정을 만들어 학교마다 학교의(學校醫) 또는 임시 검사원을 두어 신체검사를 실시했다. 그리고 그 결과를 학적부에 기록했고, 이 자료를 참조하여 신체검사를 대신하는 등 요식적으로 실시하거나 시행하지 않은 학교도 있었다. 따라서 입학시험에서도 전염병과 같은 특별한 경우를 제외하면 신체검사가 합격 여부에 큰 영향을 미치지 않은 것으로 보인다.

그러나 점차 학교와 전공에 따라 신체검사의 구체적 기준이 적용되기 시작했다. 예를 들면 학무국장은 "안과 전문의의 정밀한 검사와 향후 대책을 세울 것을 전하면서 사범학교 등에서는 입학을 허락하나 관립 공업·농업·상업학교에서는 입학을 불허한다"(〈동아일보〉, 1923. 6. 19.)고 발표했고, 관립전문학교에서 색맹색약자(色盲色弱者)에 대해 입학을 엄격하게 제한하여 전공에 따라 근시 등 눈이 나쁘면 입학시키지 않았다(〈동아일보〉, 1940. 2. 3.). 1942년 경성경제전문학교에 입학했던 변형윤은 "강한 색약이었기 때문에 색약 여부가 문제가 되는 이과 계통이 아니라 문과 계통의 전문학교밖에 지원할 수 없었다"고 회고한 것이 그 예였다.[09] 〈동아일보〉 (1940. 2. 3.)에는 "학부형들은 학과보다도 아동들의 체위 향상에 노력하고, 질병은 속히 충분하게 치료시켜 입학 전에 대처할 일이다"라고 신체검사에 대비할 것을 강조한 기사도 보인다.

입학시험을 개선하면서 체능검사, 즉 체력검사도 점차 강조되었다. 특히 개선된 신체검사는 체격 100점, 체질 100점, 체능 100점 등 300점을 배정하여 총점 1,000점에서 차지하는 비중이 컸다. 신체검사는 1939년 이후 전국적으로 실시된 전쟁지원병 모집 기준과 동일했다. 따라서 상급 학교 학생 선발은 전쟁 대비와 연관이 있었음을 의미했다.

체능검사는 달리기, 넓이뛰기(멀리뛰기), 던지기, 철봉, 체조 등 5개 종목으로, 달리기는 남자는 100미터, 여자는 50미터였고, 던지기는 모형 수류탄을 던졌다. 그리고 철봉은 남자는 턱걸이, 여자는 턱걸이 또는 매달리기였고, 체조는 지원하는 학교가 실시하는 종목으로 했으며, 점수별 기준표도 만들었다. 예를 들면 중등학교의 체능검사 기준표에서 만 12세 남녀 수험생의 종목별 만점은 다음과 같다.[10]

구분	달리기	넓이뛰기	던지기	턱걸이 / 매달리기	체조
남자	100m : 16.5초	203보	25m	7개 이상	20점
여자	50m : 9.0초	177보	18m	5~9개 / 9.0초	20점

야기 노부오(八木信雄) 학무과장은 "입학시험 성적 외에 종래의 성행과 학업성적·신체검사 성적·구두시문 등의 성적을 고르게 심사하여 종전에는 학과시험만이 총점수가 되었는데 앞으로는 체능검사와 인물고사, 중등학교 교장의 내신서까지도 전부 채점한다"(《매일신보》, 1940. 9. 16./《동아일보》, 1940. 1. 13.)며 1940년대에는 필기시험의 비중을 줄이고, 그 대신 체력검사와 구두시험 그리고 내신서의 비중이 커지는 등 체력검사가 더욱 강조되었다. 경기도 학무과장이 필기시험 준비에 대한 폐단을 지적하면서 체력검사의 중요성을 다음과 같이 강조한 것도 그 예였다.

……중등학교 입학시험제도가 개정된 후부터는 실질적으로 그다지 도움될 것도 없는 것인데, 여전히 그러한 폐단이 있다고 한다면 여러 가지 점으로 유감스러운 일이다. 백점 만점에 30점밖에 안 되는 한 과목에 그렇게 힘쓰는 것보다도 정신으로나 체격으로나 훌륭한 황국 소년을 만들도록 훈련하는 것이 무엇보다도 긴요한 일이며, 상급학교 입학시험의 점수를 얻는 데도 극히 유리할 것이다. 이 같은 내용을 학교 당국이나 가정에서도 각별하게 신경 쓰고, 자진해서 수험 준비 같은 것을 하지 않도록 힘써야 할 것이다.(《매일신보》, 1940. 10. 26.)

이처럼 체력검사가 강조되면서 1940년 이후 각 전문학교에서도 체력검사를 엄격하게 실시한다고 발표했다(《동아일보》, 1940. 1. 14.). 예를 들면 대동공업전문학교의 경우 '신체검사 합격자를 대상으로 학과시험을 치른다'고 결정했고, 1942년 경성광산전문학교는 '체격검사에서 한 종목이라도 불합격하면 최종 합격을 불허한다'고 발표했다.[11] 당시 626명의 지원자 가운데 264명만이 체력검사를 통과했다.

식민지 정책을
고스란히 담다

▌자격 검정시험이 기다리다

1920년대 이후 학제가 개편되었지만 재정 문제 등으로 모든 학교에 일제히 적용된 것은 아니다. 따라서 보통학교의 경우 4년제 또는 5년제가 여전히 남아 있었다. 경기도에 1930년대에도 다음과 같이 4년제 보통학교가 여전히 남아 있었던 것이 그 예였다.[01]

구분	관립	공립	사립	합계
학교 수(4년제)	2(0)	233(140)	23(0)	258
4년제 비율(%)	0	60	0	

이처럼 관립과 사립보통학교는 모두 6년제였으나 공립보통학교는 무려 60퍼센트에 해당하는 140개교가 4년제였다. 당시 수도였던 경성과 가장 가까웠던 경기도의 사정이 이 정도였다면 농촌의 경우 상황이 더욱 심했을 것으로 보인다. 심지어 군산보통학교의 예를 보면 1908년 6년제로 기록되어 있으나 공립으로 통폐합한 후 일본인 교감이 학교를 장악하면서 4년제로 단축했고, 종래 대한제국의 교육은 국권 회복을 위해 노력

할 수 있는 국민으로서의 책임감을 중시하였으나 일제는 이에 대해 정치와 교육을 구별하지 못하는 것으로 폄하하면서 성실과 근면 등 개인적인 것으로 국한된 도덕을 양성하고 규율을 체질화하여 순량한 식민지 국민으로 양성하는 데 주력하는 등 교육 내용도 저급한 실업교육을 중심으로 바꾸었다.

도 평의회와 학부형 회의 등을 통해 보통학교를 6년제로 연장해줄 것을 지속적으로 요구했지만, 일제는 이를 모두 묵살하고 "4년간 교육을 해도 농촌에서 노동을 하지 않으려고 하는데 6년으로 연장하면 더욱 그렇고 또 중등교육기관이 모자라 상급학교 진학이 불가하다"(《동아일보》, 1925. 5. 26.)라고 그 이유를 설명했다.

그러나 사회에서 학력에 대한 요구가 커지면서 검정시험 지원자가 늘어났다. 검정시험은 정규교육을 받지 못했거나 중퇴자 또는 야학이나 강습소 등 비정규학교 출신들이 보통학교나 중등학교 졸업 자격을 획득하기 위한 시험으로, 상급학교 진학을 위한 자격시험이기도 했다. 예를 들면 4년제 보통학교를 졸업하면 중등학교 진학 자격이 없었다. 따라서 중등학교에 진학하려면 별도의 자격 검정시험을 먼저 치러야 했다. 보통학교 졸업 검정시험은 대부분 중등학교에서 입학시험을 보기 전에 먼저 실시했다. 시험과목은 조선어·산술·일본 역사·일본 지리·이과였고, 수준은 6년제 보통학교 졸업 정도였다. 〈동아일보〉(1922. 3. 6.)에 따르면 "중등학교 지원자들 가운데 보통학교 6학년 졸업생은 몇 명 되지 않았고, 4년제 보통학교 졸업생이 대부분이었는데 이들에게 6학년 정도의 검정시험은 대단히 어려웠다"고 한다.

중등 과정의 경우 일제강점기 초기에는 학제가 짧았던 고등보통학교를 졸업하고 조선에 있는 전문학교에 진학할 수 있었다. 비록 명칭은 일본의 전문학교와 같았지만 조선에서만 전문학교로 존재했기 때문에 가능했던 것이다. 하지만 고등보통학교를 졸업하고 일본으로 유학을 가면 바로 전문학교에 진학하지 못하고 예비과정인 전문학교 예과에 진학하거나 청강생이나 별과생으로 학교를 다녀야 했고,[02] 별도로 전문학교 입학 자격 검정시험을 치러야 했다. 이후 학제가 개편되면서 수업연한이 짧은 고등보통학교 졸업생을 포함해 비정규학교 출신 그리고 독학생들은 졸업 자격 검정시험을 보아야 했다.

그러나 전문학교와 대학의 경우는 개별학교에서 검정시험을 치르는 것이 아니라, '전문학교 입학자 검정시험'에 통과해야 했다. 시험과목은 법제·경제·실업·창가를 제외한 중등학교의 모든 이수과목이었다(《동아일보》, 1923. 12. 25.). 따라서 시험과목이 많았기 때문에 대체로 남자는 6일, 여자는 5일 동안 시험을 보았고, 시험 장소는 전국의 주요 지역에서 시행되었다. 1939년과 1943년의 경우 경성중학·전주남중학·경북도청·평양제2중학·함흥소학교 등 다섯 곳에서 시험을 치렀다(《동아일보》, 1939. 7. 18.).

이외에도 4년제 또는 5년제 보통학교를 마치고 6년제 보통학교로 편입하는 경우도 있었는데, 대부분 편입 지원자가 정원을 초과하여 편입시험을 보았다. 그리고 중등학교는 입학시험이 끝나면 보결시험을 시행했다. 보결시험은 합격자 가운데 이중 지원으로 다른 학교에 입학하거나 학비 문제 등으로 학교를 그만두는 경우 생기는 결원을 보충하기 위해 학교별로 실시했다. 관공립학교에서는 보결시험을 시행하지 않는 경우도 있었지만, 사립학교에서는 학생을 선발하는 하나의 방식이었다.

█ 학교 인가를 받기 위해 시험을 보다

사립학교 가운데 조선총독부의 인가를 받지 못한 학교를 '각종학교'라고 했는데, 학교에 따라 민족적 이유와 종교적 이유로 조선총독부 인가를 의도적으로 신청하지 않는 경우도 있었다. 하지만 인가를 신청해도 조선총독부의 요구 조건을 채우지 못해 탈락하는 학교도 많았고, 의도적으로 트집을 잡아 인가해주지 않았다.

인가를 받지 못한 학교는 학생 모집에 곤란을 겪었고, 행정과 재정적인 지원을 받지 못해 학교 운영에 어려움이 컸다. 그리고 학생들은 학력을 인정받지 못했기 때문에 취업에서 불리했고, 진학을 희망할 경우 검정시험을 치러야 하는 불편함이 있었다. 이러한 문제를 해소하기 위해 '지정학교'가 되는 방법이 있었다. 지정학교는 인가받은 사립학교와 동일한 자격이 주어지는 것은 아니지만, 졸업생들은 인가받은 사립학교 졸업생들과 동등한 자격으로 입학시험에 응시할 수 있었다.

사립학교가 지정학교가 되거나 인가받는 것을 '승격'이라 했고, 학교에서 이를 위해 노력하는 것을 '승격 운동'이라고 했다. 조선총독부에서는 승격 운동을 벌이는 학교들이 인가 신청을 하면 충분한 조건을 갖췄는지 검토했고, 도(道) 학무 당국 관계자들과 함께 직접 해당 학교를 방문하여 학생들의 실력을 평가한 후 최종적으로 승격 여부를 결정했다. 따라서 학생들의 시험은 승격 여부에 중요한 요건이었고, 시험과목은 중등학교에서 이수하는 과목이었다.

숭실학교의 경우 1923년 지정학교 신청을 했으나 조선총독부는 '이학교 교사들은 지정학교의 교원이 될 자격이 없다'는 이유로 신청을 받아들이지 않았다. 그러자 12명의 교원이 모두 학교의 발전을 위해 사직서를 제출했고(《동아일보》, 1923. 11. 7.), 1927년 조선총독부 학무국과 도 학무 당국의 감독 아래 학생들이 학력 시험을 보았다. 시험 결과는 각 과목별 평균, 각 학생별 점수, 학년별 평균, 학급별 성적 일람표 등을 작성하여 조선총독부에 보고했다. 그리고 조선총독부는 모든 점수를 보고 학교의 승격 여부를 결정했다.[03] 대구 계성학교는 1923년 인가를 받기 위해 학생들이 동맹 퇴학을 벌이는 등 적극적인 승격 운동을 벌였고(《동아일보》, 1923. 2. 1.), 10여 년 만인 1933년에 지정학교로 인정받기 위한 마지막 관문으로 학생들의 시험이 실시되었다. 학교 자료에 따르면 당시 상황을 다음과 같이 기록하고 있다.

> 학무 당국은 「학교현황보고서」라는 300여 매의 두툼한 보고서를 검토하고 나서 1933년 2월 23일부터 26일까지 학생의 학력 시험을 치르기로 하였다. 이 시험은 멀리 서울 본부에서 내려온 시학관 지휘로 도 학무과 시학, 대구고보 교원 수명을 시험 감독으로 배치한 거교적인 행사였다. 학교 측에서도 모든 교직원이 시종일관 긴장하여 시련 아닌 시련을 치렀다. '시험 성적이 나쁘지 않을 자신은 있었으나 당국을 놀라게 할 만한 성적을 나타내겠다'는 패기로 전 교직원들은 학생의 가정을 가가호호 빠짐없이 방문하여 과자와 달걀 등을 사비로 사서 학생들에게 먹이며 독려하였다. 학생들도 시험의 의도를 충분히 이해하였고, 장래 진학에 중대한 기점이 되는 시험인지라 서로 격려를 하며 시험을 치렀다.[04]

이처럼 승격 운동은 몇 년에 걸쳐 이루어졌고, 시험에서 좋은 성적을 내기 위해 사비까지 들여가며 학생들의 집을 방문하여 격려하는 등 학교 승격을 위해 교직원과 학생이 한마음으로 최선을 다해 준비했다. 그리고 시험 결과 숭실학교와 계성학교는 인가를 받게 된다.

또한 '우리나라' '우리 국민'이라고 하면 일본제국 전체를 말하는 등 식민지 기간에 일본어가 국어가 되었고, 조선어 배제정책이 도처에서 다양한 방식으로 시행되었다. 그리고 일본식 사고와 행동을 익힘으로써 그들의 문화적 가치를 수용하도록 요구했고,[05] 더 나아가 조선어 사용은 악(惡)이고 일본어 사용은 선(善)이라는 인식을 심어주려고 했다.[06]

▌식민지 정책을 고스란히 담다

조선총독부 관계자는 "일본어는 상당히 잘해야 할 것이다. 요컨대 충량한 황국신민이 될 지조와 성행을 가지고 간난을 극복하고 황국신민으로서 아무런 중책이라도 감당할 만한 건전한 신체를 겸하여 국가에서 유용의 인물을 선발하려는 것이므로…… 출신 학교의 평소 소견표와 성적을 충분히 감안하여 한편에만 기울어짐이 없도록 할 것이다"라며 학교생활은 물론 입학시험에서도 일본어의 중요성을 강조했다.

학교에서도 일본어 사용을 강화하고 조선어를 금지하는 등 각별한 신경을 썼다. 따라서 일본어에 익숙하지 않았던 학생들은 곤란을 겪었고, 특히 불이익을 당하지 않으려면 각별한 신경을 써야 했다.[07] 예를 들면 학교 안에서 조선어 금지는 일상적인 대화에도 적용되었고, 학생들에게 '국어(일본어) 상용 카드'를 지급하여, 조선어를 사용할 경우 그 학생의 카드를 빼앗았다. 그리고 수업이 모두 끝나면 갖고 있는 카드 수를 검사하여 벌금을 내거나 체벌이 가해졌고, 일본어만 사용한 학생에게는 '국어

상(國語賞)'이라는 배지를 달아주었다. 경북 경산군 자인공립보통학교에서는 학생들에게 전표(傳票)를 나누어주고 같은 반 친구들끼리 서로 감시하게 했다. 만약 조선어를 사용하면 이름을 적어 제출하도록 했고, 상·하급생들도 교내는 물론 학교 밖에서 조선어를 사용하다가 발각되면 담임교사에게 보고하도록 했다(《동아일보》, 1931.1 2. 3.).

입학시험에서도 일본어를 잘할수록 유리했다. 심지어 말과 글을 제대로 하지 못하는 보통학교 취학아동들도 일본어를 알아야 입학시험을 치를 수 있었다. 때문에 《동아일보》(1923. 3. 7.)는 "7~8세의 젖내 나는 어린아이들에게 일본말 시험이나 보이지 않았으면……"이라며 우리말도 아직 제대로 배우지 못한 어린아이들이 일본어를 배워야 한다는 사실을 비판하면서, "조선의 보통학교에서 조선어로 교육하는 것이 조선의 언어와 풍습을 익히고 있는 아이들의 정서와 지능 발달 등에 좋다"고 주장했다.

입학시험은 단순하게 어학 실력을 요구한 것이 아니라 일본 문화에 익숙해야 좋은 점수를 받을 수 있었다. 이에 대해 "보통학교 학생에게 '사사로울 사(私)'를 '와다구시사'라고 해야 알고, '자미(滋味, 영양분이 많고 맛있는 음식)스럽다'는 '면백(面白)하다'고 써야 한다면, 알아들을 수 있는 학생이 과연 몇 명이나 되겠느냐?"며 한심하다고 개탄했다. 심지어 보통학교 입학시험에서 "모모가 무엇이냐?"는 질문을 했다가 한바탕 논란이 일어난 적도 있었다(《동아일보》, 1931. 12. 3.).

입학한 후에도 일본어로 수업을 진행하여 수업 분위기와 수준에도 심각한 영향을 미쳤다. 경상남도 동래읍에 사는 어느 학부형은 "조선어를 모르는 일본인 교사가 보통학교에 갓 입학한 1학년 담임을 맡았는데, 교사가 학생의 이름을 불러도 학생들은 무슨 말인지 몰라 선생의 입만 바라보고 있으니, 가르치는 교사나 배우는 학생이 서로 괴로워하는 모습은 정말로 보고 있을 수 없을 정도다"라고 〈조일신문〉(조선판, 1940. 7. 11.)에 투고하기도 했다.

고등보통학교와 여자 고등보통학교의 교육 목적은 일본어를 숙달시키는 데 있었다. 따라서 중등학교 이상에서는 '일반적으로 한글을 몰라도 수업에 큰 지장이 없다'고 했지만 일본어에 능통하지 못한 교사도 있었다. 1923년 경성고등공업학교에 입학했던 안동선에 따르면 "응용화학 과목을 강의했던 어느 교수는 빠른 동경 사투리로 어려운 내용을 강의해서 학생들이 이해하지 못하고 동문서답을 하는 바람에 교실 안이 웃음바다가 되었다"고 한다.

▌입학시험은 일본어 종합시험이었다

입학시험에서 필기시험은 기본적으로 일본어의 읽기와 쓰기 능력을 평가했고, 구두시험은 일본어의 듣기와 말하기 능력 등 실제 회화 능력을 평가했다.[08] 따라서 입학시험은 과목과 관계없이 종합적인 일본어 평가시험이었고, 특히 일본인 학생과 경쟁할 경우 모든 면에서 불이익을 감수해야 했다.

조선인과 일본인 학생들은 기본적으로 일본어 교과서에서부터 차이가 있었고, 한문 실력이 동등하다고 해도 독법(讀法)과 일상에서 사용하는 말에 차이가 있었다. 따라서 각 과목의 문제를 읽고 이해하는 것에 차이가 있는 것은 당연했다. 더구나 일본어에서 해석이나 문법에 고어(古語) 등 일본 학생들도 어려워하는 문제가 출제되었고, 영어나 독어 등 외국어의 경우 실력이 있더라도 일본어를 통해 외국어 시험을 보고 답을 써야 했기 때문에 실력을 제대로 발휘하기 어려웠다((동아일보), 1923. 3. 31.).

예를 들면 1942년 대구공립중학교 입학시험은 모두 일본어로 주관식 문제가 출제되었는데, 학교 관계자는 "정답이 분명히 존재하는 문제를 출제했기 때문에 채점의 공정성에는 문제가 거의 없다"고 했다. 하지만 시를 읽고 해석하는 문제, 한자를 일본어로 표기하는 문제, '가타카나'를 한자로 바꾸는 문제, 문장의 의미 해석과 구어(口語)로 바꾸는 문제, 작문 등을 평가하여 전체적으로 일본어를 능숙하게 다룰 수 있는지를 측정했다.[09] 때문에 교육 관계자들은 "한문 실력은 충분하면서도 일본어 실력이 일본인 학생만 못 하기 때문에 실력에 상당히 못 미치는 점수를 받게 될 것이니 이것이 어찌 공평이라 하랴!"고 지적하는 등 입학시험에서 일본인보다 일본어를 더 잘하지 않고서는 합격을 기대하기 힘들었다.

의학전문학교 입학시험에서는 고대 일본어와 고전 한문의 일본어 번역이 꼭 필요한 수학 능력은 아니었지만, 시험과목에 있었다. 더구나 일본인 학생들도 어려워하는 작품으로 10세기경에 저술된 54권의 대작 『겐지 이야기源氏物語』와 13세기 초에 저술한 일본 3대 수필집의 하나인 『방장기方丈記』 등 일본 고대어로 쓴 문학을 일본 현대어로 해석하는 문제도 출제되었다. 때문에 대부분의 수험생들이 이 과목에서 낙제했다.

경성제국대학에서 '일본인도 선발한다'는 계획이 발표되자 이에 우려한 것도 기본적으로 일본어와 관련이 있었다. 예를 들면 1925년 경성제국대학 예과 국사(일본 역사) 시험에서 다음과 같은 문제가 출제되었고, 일본어로 답을 써야 했다.

문1 1) 도쿠가와 이에야스의 무역 정책에 대해 쓰시오.

2) 동주시대의 미술·공예에 대해 쓰시오.

3) 다음 사항에 대해 아는 대로 쓰시오.

　蔵人所(일본의 옛 관청 이름) / 藤原隆家(후지와라노 다카이에)

문 2　4) 송대의 유학에 대해 쓰시오.

5) 다음 사항에 대해 아는 대로 쓰시오.

　鄭和(정화) / 尼布楚条約(네르친스크 조약)

또한 가모 쿤헤이(蒲生君平)이라는 인물과 관련한 문제가 출제되었는데, 우리의 봉이 김선달과 같은 인물이었다. 하지만 조선인 학생들이 그를 알고 있을 리 만무했다(〈동아일보〉, 1924. 3. 22.).

〈동아일보〉(1930. 3. 20.)는 "일본인과 공학제를 실시하는 중등학교의 경우 조선인 입학률이 10퍼센트에 지나지 않을 정도로 현저하게 낮은 이유는 일본어 시험에 있다"며 입학생 선발에서 영어와 수학은 쉽고, 일본어 및 한문이 극히 어려운 점을 지적했다. 그리고 "다른 부분에서는 조선의 특수성을 운운하며 일본과 다른 정책을 취하면서 유독 입학시험만은 조선의 문화적 특수성을 고려하지 않는 것은 모순이고 불합리한 조치이다"라고 비판했다(〈동아일보〉, 1934. 3. 18.). 그러나 일제는 1930년까지 조선인이 일본의 고등전문학교에 지원할 경우 따로 시험을 보는 외국인 학생 우대 제도를 철폐하여 유학생들도 불이익을 받았다(〈동아일보〉, 1930. 2. 14.).

▌영어 시험과 영국 스파이의 관계는?

1938년 「제3차 조선교육령」에서 외국어 순위는 '중국어 – 독일어 – 불어 – 영어'로, 중국어와 영어의 자리가 바뀌었다. 이 시기는 대륙 침략에 집중했던 일제와 중국의 전쟁이 장기화 국면에 접어들었고, 한편으로는 영국에 대한 적대적인 분위기가 형성되면서 중국어와 영어에 대한 비중에도 영향을 미쳤던 것이다.

학교에서는 중국어 수업 시간이 늘어나지는 않았지만, 영어 수업 시간은 줄어들었다. 이후 조선총독부 학무국에서는 1940년부터 전문학교와 대학 입학시험에서 영어 시험을 폐지하면서(《동아일보》, 1939. 7. 15.) "외국어가 실생활에서 유용하게 이용되지 못하고, 학문적으로도 그럴 필요가 없을 정도로 사회의 정세가 변전(變轉)되었으며, 문화 수준이 향상되었음에도 영어 시험에 지나치게 편중하고 있다……. 오랫동안 그저 인습적으로 영어 등 형식적 교육을 해오던 방침을 버리고 새로운 방향으로 조정을 꾀한다"며 지나치게 영어에 편중해온 입학시험을 개선한다고 발표했다. 이에 숙명여전, 세브란스의전, 연희전문, 보성전문, 경성고등공업학교, 경성제국대학 예과는 시험과목이 줄어들었고, 경성의전과 경성법전은 일본어 작문, 경성고등상업학교는 지리 과목을 추가했다.

조선의 지식인 중에서도 "조선어가 주인 우리 사회에서 조선어도 배워야 하고, 일본어 교육 또한 사회적으로 대단히 강조되고 있으니 어쩌면 조선 학생들은 학문 탐구보다 어학을 전공하는 감이 없지 않다"며 조선 학생들이 일본어를 포함해 외국어에 대한 부담이 크고, 외국어를 실용하는 사람은 극소수에 불과하다며 영어 시험 폐지를 긍정적으로 평가하는 사람들도 있었다.

반면 "영어를 모를 경우 국제사회에서 고립될 수도 있다" "폐지된 영어 시험 대신 추가되는 과목이 입학 경쟁에 어떻게 작용할지 주목된다" "일본에서 영어 실력이 부족한 수험생들이 조선으로 건너와 입시 경쟁을 더욱 부추길 수 있다"는 등 다양한 관점에서 우려하는 사람들도 있었다. 특히 외국어 순위의 변화나 영어 시험 폐지는 '문화 수준의 향상이나 객관적인 세계정세의 변화에 따른 조치가 아니라 대동아공영권이라는 구상과 관련이 있었다. 달리 말하면 일제에 의한 국면 전환용으로, 국체 관념을 심어주기 위한 황국신민화 정책의 일환이었다'(《동아일보》, 1939. 6. 24.)/ 〈매일신보〉, 1939. 10. 6.).

일제가 국가 기간산업인 전조선우편소의 영어 간판을 일제히 떼어버리기로 결정함에 따라 체신당국은 전국 88개 취급소의 영어 표기를 모두 삭제했고, 학무 당국에서는 "비행기나 군함보다 한 사람의 밀정(密偵)이 현대 전쟁을 좌우하며, 세계에서 가장 우수하고 교묘한 스파이 전술을 가진 곳이 영국이다"라며 다음과 같은 담화까지 발표했다.

> 배영사상(拜英思想)이야말로 스파이 활약의 온상이다. 이번 일본 전국에 영국의 첩보망을 총검거하였는데, 그들의 작전방침이 지도계급, 상류사회에 영국을 숭배하는 사람으로 고취하는 것을 제일로 주력하고 있다. 실제로 일본 지식계급에서부터 상류사회, 독서인 사이에 영국 숭배사상은 가히 뼈에 사무쳤다고 할 수 있을 정도다. 자기 자신도 그 증세를 알아차리지 못하고 마치 유전병자가 그 혈액에 독병이 들어 있는 줄 모르는 것과 같다.
>
> ……학자라든지 소위 유한(有閑)마담들과 혹은 신사들 또는 청년들에게 영국과 미국을 숭배하는 사상이 많은 것은 스파이가 잘 번식하는 온상인 것이 틀림없다. 우리는 작년 전문학교 입학시험에서 영어를 폐지하였다. 그때 암암리에 반대와 방해가 있었다. 그중에

서도 교육계에서 상당한 지위에 있는 일부 인사들도 있었다. 조선을 지배하고 있는 지식인들도 예외가 아니었다. ……자각이 없는 사람들은 즐겨가면서 스파이들의 심부름을 하고 있지 않은가? 또 한 가지 이야기는 도처에서 마치 밤에 돌이 들어가 있는 것과 같이 간판이라든지 문서 등에 영어가 섞이는 것은 이것저것을 모르는 사람이 볼 때는 마치 영국과 미국의 식민지라고 생각할지 모른다. 이것을 배제하고 순수한 국어(일본어)로 돌아가지 않으면 안 된다. ……유식자들의 뼈에 사무친 난치병에 신속하게 그리고 용감하게 건강법을 강구하여야 할 것이다. 건강법이 필요하다면 그 약을 무료로 줄 작정이다.(《동아일보》, 1940. 8. 3.)

이처럼 일제는 담화문에서 '영어를 옹호하거나 영어 시험 폐지를 반대하는 자들은 영국의 스파이'라고 비난할 정도로 영국에 대한 적대감을 강조했지만, 한편으로는 사회적으로 영어에 대한 관심이 어느 정도였는지를 보여주는 예이기도 하다.

시작부터
기울어진 운동장이었다

▌출발부터 달랐다

조선인과 일본인은 초등학교 입학 과정부터 차이가 있었다. 먼저 조선인 취학아동은 보통학교 입학을 위해 준비교육이 필요했고, 입학시험이라는 치열한 경쟁을 통과해야 보통학교에 입학할 수 있었다.

1919년 조선인 공립보통학교는 482개교에 84,306명이었고, 일본인 소학교는 380개교에 42,732명이었다. 참고로 1920년 조선인 인구는 1,700만 명이었고, 조선에 거주하는 일본인은 35만 명으로 조선인 취학률은 3.7퍼센트에 지나지 않았으나 일본인은 91.5퍼센트였다.[01] 또한 다음 표에서 보는 바와 같이 교육여건에도 차이가 컸고, 일제가 패망할 때까지 개선되지 않았다.[02]

연도	1921년		1931년		1941년	
구분	조선인	일본인	조선인	일본인	조선인	일본인
공립보통학교 수	755	419	1,860	467	2,973	524
학생 수(명)	152,305	47,233	447,589	70,218	1,503,818	98,719
학급 수	3,078	1,218	8,780	1,774	20,550	2,530

	3,826	1,499	9,338	2,105	20,557	2,827
교원 수(명)	3,826	1,499	9,338	2,105	20,557	2,827
학교당 자산(원)	12,072	12,037	19,832	21,165	35,069	45,374
학급당 학생 수(명)	49.5	38.8	51.0	39.6	73.2	39.0
교원 1인당 학생 수(명)	39.8	31.5	47.9	33.4	73.2	34.9

조선인과 일본인 초등학교 학급당 평균 학생 수(명)[03]

연도		1933년	1939년	1940년	1941년	1942년	1943년
조선인 초등 학교	재적생	606,408	1,159,708	1,331,760	1,503,811	1,681,691	1,927,788
	학급 수	9,480	15,791	18,039	20,550	23,258	26,014
	학급 평균	64.0	73.4	73.2	73.4	72.3	74.1
	일본인 학생	613	7,840	886	905	1,040	993
일본인 초등 학교	재적생	80,290	95,487	97,199	98,704	103,707	102,100
	학급 수	1,925	2,519	2,307	2,476	2,584	2,663
	학급 평균	46.8	37.9	42.1	40.0	39.7	38.3
	조선인 학생	1,378	3,901	4,609	5,285	5,656	5,552

이처럼 일본인의 경우 학생이 늘어남에 따라 학교와 교사 등이 꾸준하게 증가하여 학급당 학생 수와 교사 1인당 학생 수가 일정한 수준을 유지했다. 반면 조선인은 학교와 교사가 늘어나긴 해도 급증하는 학생에 비해 턱없이 부족하여 학급당 학생과 교사 1인당 학생은 오히려 지속적으로 늘어났고, 일본인과도 두 배 가까이 차이가 났다.

또한 소학교는 벽돌식 건물에서 쾌적한 수업이 이루어졌다.[04] 반면 보통학교 건물은 옹색한 목조건물이었고, 교실은 교탁과 책상을 사이에 두고 교사와 학생이 마주 보며 칠판을 주목하여 주입식교육이 이루어졌다. 따라서 학생들의 능동적 참여를 기대하기 힘들었다. 뿐만 아니라 보통학교는 학생 1인당 3원가량을 지원받았으나 소학교는 전부 지방 보조비로 학생 1인당 10원가량의 지원을 받는 등 매년 국고에서 막대한 보조를 받

았다(《동아일보》, 1932. 2. 17.). 심지어 소학교 교장을 일본 동경에서 초빙하면서
그 여비를 보통학교에 부담시켰고, 당시 보통학교에 결원이 없었음에도
교장을 이 학교 교원으로 보임했다가 3일 만에 소학교로 전근시키는 편
법까지 저질렀다(《동아일보》, 1924. 3. 21.).

이외에도 경성 시내 18개교 보통학교 학생 가운데 식사를 제대로 못
해 영향 부족으로 발육부진 상태의 아동이 30퍼센트나 되었고 신경과민
이 많았으나 소학교 학생은 근시자가 많았다. 경성 시내가 이렇다면 지
방의 농촌은 더 심했을 것으로 보인다(《동아일보》, 1932. 8. 4.). 게다가 경성 시
내 13개교 보통학교들이 건립된 지 10년에서 15년이 되어 시설이 노후되
어도 예산이 없어 고치지 못하고 있었으나(《동아일보》, 1922. 4. 9.) 1921년 교동
보통학교를 건축하면서 엄청나게 큰 벽돌을 사용해 21만 원이라는 거액
을 들이자 〈동아일보〉(1921. 7. 23.)에는 "선생만 있으면 머리를 싸매고 배우
려고 덤벼드는 세상에 그 돈이면 7만 원짜리 학교 3곳을 짓는다"며 지나
친 사치를 비판했다. 그러면서 "학교를 낙성한 후에 사진엽서나 만들어
서 정보위원회나 총독부 광고국에서 외국 사람에게 광고하는 자료로는
충분하겠지"라며 일제의 의도를 비꼬았다.

▌실업학교, 선발부터 차별하다

인문계 중등학교인 조선인 고등보통학교 역시 일본인 중학교와 달리
입학 과정부터 경쟁이 치열했다. 1927년부터 1937년까지 공·사립고등
보통학교와 여자고등보통학교 그리고 중학교와 고등여학교 지원자 및
입학률은 다음과 같이 2~3배나 차이가 났다(《동아일보》, 1930. 2. 4. 외).[05]

연도(년)	일본인			조선인		
	지원(명)	입학(명)	입학률(%)	지원(명)	입학(명)	입학률(%)
1927	4,648	3,186	69	12,498	4,500	36
1928	4,300	3,141	73	16,067	4,946	31
1929	4,623	3,283	71	15,593	4,796	31
1930	4,549	3,392	75	14,064	4,993	36
1931	4,655	3,408	73	12,113	5,103	42
1932	4,641	3,459	75	12,267	5,134	42
1933	5,267	3,686	70	12,931	4,898	38
1934	5,279	3,842	73	15,434	5,006	32
1935	7,056	4,218	60	19,682	5,161	26
1936	7,448	4,450	60	24,816	5,382	22
1937	8,246	4,890	59	27,001	5,910	22

조선인과 일본인이 공학인 경우 조선인 입학률이 더 낮았다. 대표적인 예로, 경성사범학교는 개교 첫해를 제외하면 매년 조선인과 일본인 입학 비율이 대략 2대 8로 일본인이 절대다수를 차지했다. 때문에 개교 초기부터 경성사범학교를 사실상 일본인 학교로 인식할 정도였다.[06] 그리고 전국 40여 개의 농·공·상 등 5년제 정규 관공립실업학교 역시 대부분 조선인 지원자가 월등하게 많았음에도 입학률은 일본인에 비해 현저하게 낮았다(〈동아일보〉, 1932. 3. 1. 외).

실업학교 가운데 일본인이 선호했던 5년제 상업학교의 경우 1927년부터 1937년 사이에 조선인 입학 경쟁률은 5~6대 1이 기본이었지만, 일본인은 2대 1 내외였다. 참고로 1930년 공립과 사립실업학교 합격률 현황은 다음과 같다(〈동아일보〉, 1930. 2. 4.).

구분	공립농업학교	공립상업학교	사립상업학교
조선인 지원자 대비 합격률	21.08%	16.49%	14.54%
일본인 지원자 대비 합격률	44.72%	51.49%	60.41%

심지어 상업학교도 사립학교가 일본인 합격률이 더 높았다. 〈동아일보〉(1930. 2. 4.)에는 "일본인 자제는 우선권이라도 가진 듯 현저한 차이를 보여준다"고 보도하면서 사립상업학교에도 일본인이 많은 이유는 "졸업 후 취직이 용이한 까닭이다"라고 했다.

또한 부산·인천·원산 등 개항장(開港場)을 중심으로 근대 도시로 거듭난 지역에는 상당수의 일본인들이 거주했고, 이곳에 새로 설립된 학교에도 일본인들의 입학률이 높았다. 예를 들면 1910년 개항하여 근대 도시로 발전한 신의주의 경우 1922년 신의주상업전수학교에서 44명의 입학생을 선발했는데, 일본인이 40명, 조선인이 4명이었다(〈동아일보〉, 1922. 3. 23.). 19세기 말 근대적 항구가 개발되어 일찍부터 상공업도시로 발전한 마산에서도 1923년 마산공립상업학교 입학생 모집에 총 188명이 지원하여 50명을 선발했는데, 조선인은 162명이 지원하여 40명이 합격했고, 일본인은 26명 지원에 10명이 합격하여 입학률에 큰 차이를 보였다(〈동아일보〉, 1923. 4. 13.).

함경남도 행정중심지 함흥은 1935년에 함흥공립여자고등보통학교가 개교하여 입학생을 선발하기 전까지(〈동아일보〉, 1935. 5. 25.) 중등여학교가 일본인 고등여학교만 하나 있었다. 때문에 보통학교를 마친 조선 여학생이 상급학교에 진학하려면 경성 등 외지로 나가거나 일본인 고등여학교에 진학해야 했다. 그러나 함흥고등여학교에서는 조선인 여학생을 일본인의 2분의 1 이내만 받게 되어 있었고, 시험이 까다로워서 합격이 힘들었다. 설혹 합격한다 해도 조선 여학생들에게는 전혀 필요 없는 일본 요리법과 일본 재봉법 등을 가르쳤다. 이 때문에 불만이 커지자 1926년부터 조선인 교사를 채용해 조선 여학생에게 유익한 재봉과 요리를 가르쳤다 (《동아일보》, 1926. 1. 18.).

매년 전국에서 인재들이 몰려들었던 이리농업학교 역시 일본인 합격률이 높았다. 1928년 100명 정원에 1,141명이 지원하여 11대 1이 넘는 경쟁률을 보였는데, 조선인 지원자가 800여 명이고 일본인 지원자가 300여 명이었다. 그런데 합격자는 조선인이 48명이었다(《동아일보》, 1928. 4. 5.). 이에 빗대어 "실업계 학교 입학시험에서 일본인은 누워서 떡먹기"라는 말까지 나왔다. 참고로 중등학교 입시 경쟁이 치열했던 1927년부터 1937년까지 일본인과 조선인의 5년제 및 3년제 남녀 공사립실업학교 지원자 및 입학률은 다음과 같다(《동아일보》, 1930.2.4. 외).[07]

구분 연도(년)	일본인			조선인		
	지원(명)	입학(명)	입학률(%)	지원(명)	입학(명)	입학률(%)
1927	1,745	950	54	11,350	2,384	21
1928	1,834	941	51	13,479	2,402	18
1929	1,792	970	54	12,890	2,463	19
1930	1,874	1,043	56	11,066	2,330	21
1931	2,178	1,247	57	11,676	2,638	23
1932	2,305	1,278	55	12,075	2,610	22
1933	2,547	1,373	54	13,397	2,753	21
1934	3,130	1,542	49	16,068	2,909	18
1935	3,215	1,577	49	18,978	3,246	17
1936	3,526	1,507	43	24,205	3,612	15
1937	3,863	1,773	46	26,887	4,298	16

이처럼 실업학교 지원자는 조선인이 훨씬 많았음에도 정원의 20퍼센트 이하의 입학률을 보였고, 일본인은 50퍼센트 내외의 입학률을 보여 그 차이가 뚜렷했다.

조선 학생은 모두 바보 천치인가?

신문과 평의회 등에서는 조선인과 일본인 합격자의 현저한 차이에 대해 "입학시험에 내규가 있음에도 조선인을 의도적으로 차별하는 행위이다" "전체 지원자나 성적과 관계없이 조선인에게 할당된 입학 정원을 미리 정해놓은 내규가 있지 않은가?"라고 따졌다. 그러나 조선총독부 학무국은 "조선인 차별이 아니라 자유경쟁 속에서의 시험 결과로, 조선인의 실력이 더 낮을 뿐이다"라고 답했다. 하지만 이 말을 믿는 조선 사람은 아무도 없었다.

매년 경쟁이 치열했던 대구상업학교의 경우 별도의 규정이 없음에도 100명 정원에 조선인과 일본인을 각각 반씩 선발했는데, 1927년의 경우 조선인은 300여 명이 응시해 50명이 합격했고, 일본인은 70명 응시해 50명이 합격했다(《동아일보》, 1928. 3. 9.). 공립 신의주상업학교 역시 몇 년 동안 조선인과 일본인 입학생을 동일한 비율로 선발했다.

이에 평북도 평의회 홍치업과 고일청 의원은 "조선인 지원자가 일본인보다 다섯 배나 많은데 합격자 수가 동일하다면, 조선인 학생들이 천치이거나 아니면 조선인 학생들이 다녔던 보통학교 교육방침에 오류가 있는 것이 아니냐?"고 질타했다. 그러나 학무과장이나 도지사는 "시험 답안은 수험 번호를 쓰므로 입학 허가에 민족 차별은 절대로 없다"는 말만 되풀이했다(《동아일보》, 1934. 3. 11.). 그러자 김병제 의원은 "그러면 조선인 교육에 결함 있음이 명료하니 당국에서는 그 결함에 대한 고민은 했는가? 또 개혁안을 생각하고 있는가?"라고 따졌고, 내무부장이 "조선인 학생은 수업 기술이 부족하지 않다고 생각한다"고 답변하자 전영길 의원이 "상업학교와 공립중학교 정원 문제를 의장 지명으로 5명의 위원을 뽑아 당국자와 논의하자"고 제안했고, 의원들이 동의하여 조사위원이 구성되었다.

이후 〈동아일보〉(1934. 3. 14.)는 "상업학교 학급을 증설하여 입시지옥을 완화할 것과 시험의 신성을 모독하지 않는 한 당국에서 시험의 공평을 잘 감독할 것 등을 지적하며 체면 좋게 마무리되었다"고 보도했지만, 1936년과 1937년도에도 신의주상업학교의 조선인과 일본인 합격자 비율은 각각 52대 47, 56대 51로 대략 5대 5의 비율에 큰 변화가 없었다.

충남도 평의회에서도 입학 정원의 차별에 대한 내규 문제가 다루어졌다. 하지만 학무국장 등 관계자들은 "차별은 없다" "자유경쟁의 결과이다" "완화책을 강구하겠다"는 등 형식적인 답변으로 상황을 모면했다(《조선중앙일보》, 1935. 3. 10.). 이러한 현상은 일본인과 조선인 공학인 많은 학교에서 지속되었고, 때로는 조선인 학생들까지 나서서 이 문제를 따졌다.

대구상업학교는 조선인과 일본인 학생들이 충돌한 사건이 발생하자 조선인은 퇴학 처분을 내리는 등 지나치게 엄격했고, 일본인에게는 특별한 조치가 없었다. 이에 조선인 학생들은 폭행에 가담한 일본인 학생 4명에게도 퇴학 처분을 요구하는 등 7개조의 요구서를 제출하고 동맹휴학을 벌였다. 당시 요구서의 네 번째에는 "입학생 수를 조선인과 일본인을 각각 반수로 하는 것을 철폐하고 시험 성적 순서대로 할 일"이라는 조항도 포함되어 있었다(《동아일보》, 1931. 1. 28.).

용산철도학교의 입학생 선발과 관련하여 "조선 아동은 부려 먹는 데에만 쓰려는 용산철도학교의 잔혹한 조선인 차별"이라는 〈동아일보〉(1934. 3. 15.) 기사도 주목된다. 이 학교는 본과와 도제과의 두 과가 있었다. 도제과 입학 자격은 보통학교 졸업 정도였고, 조선인과 일본인을 반반씩 선발했다. 도제과는 공부보다는 공장을 견습하며 장래에 직공이 되는 과정을 밟았다. 그리고 본과 입학 자격은 중학교 2년 정도로 역무과, 운전과, 토목과의 전공이 있었고, 졸업하면 정거장 직원과 기차 운전수 등으로 취직했다. 따라서 본과는 100명 정원에 일본인이 300~400명, 조선인이 700~800명 지원할 정도로 인기가 높았다. 그러나 합격자는 모두 일본인이었고, 조선인은 1~2명에 지나지 않았다. 학교 관계자는 그 이유를 '조선인 지원자의 학력이 부족하기 때문'이라고 했다.

이에 대해 신문에는 "학교에서 일본인 시험지를 먼저 채점하여 모집 정원을 뽑았고, 조선인의 시험지는 보지도 않았다. 그래도 뽑지 않을 수는 없으니, 구색을 갖추기 위해 재산가의 자제로 판단되는 지원자를 1~2명 뽑았다. 이러한 사실을 모르는 수백 명의 지원자들은 '혹시나 직업을 가질 수 있을까?' 하는 기대감을 안고 지방에서 먼 길을 와서 지원한다"며 안타까워했다.

당연히 학교 관계자는 이를 부정했지만, 기자는 "그렇다면 조선 아동은 모두 저능아만 모여드는 곳인가?"라고 따지면서 "조선인은 막벌이꾼이나 하라는 욕을 보이는 것이다. 철도학교가 설립된 대정 8년(1919)부터 5년 동안 공장에 나가서 막벌이나 하는 도제과와 정거장 직원과 기차 운전수가 되는 본과의 조선인 입학 지원자 수를 보건대 본과 지원자 700~800명 중에 그동안 입학한 자가 겨우 6명에 지나지 않지만, 공장에서 막 부려 먹으려고 양성하는 도제과에는 1,681명이 지원하여 170명이 합격했으니 유독 도제과에서는 일본인들과의 실력이 그 같은가? 이 같은 사실로 보아 의심을 하지 않는다면 세상에 분개할 사실이 어디 있겠는가?"라고 신랄하게 비판했다.

█ 관립전문학교, 일본인이 다수를 점하다

관립전문학교 입학률도 조선인과 일본인의 격차가 뚜렷했다. 1927년에서 1937년까지 관립전문학교와 사립전문학교의 조선인과 일본인 입학 현황은 다음과 같다.[08]

구분 연도(년)	관공립전문학교(단위: 명, %)			사립전문학교(단위: 명, %)		
	조선인	일본인	조선인 비율	조선인	일본인	조선인 비율
1927	105	231	31.3	283	–	100.0
1928	133	231	36.5	283	1	99.6
1929	123	234	34.5	398	67	85.6
1930	100	272	26.9	390	129	75.1
1931	105	247	29.8	463	139	76.9
1932	108	246	30.5	513	189	85.2
1933	152	340	30.9	591	198	74.9
1934	161	351	31.4	649	128	83.5
1935	180	346	34.2	709	145	83.0
1936	198	329	37.6	657	141	82.3
1937	189	356	34.7	620	131	82.6
합계	1,554	3,183	32.8	5,556	1,268	81.4

이처럼 관립전문학교는 조선인 입학률이 30퍼센트 내외였고, 사립전문학교는 평균 80퍼센트가 넘었다. 예외가 있다면 경성법학전문학교의

경우 조선인 합격률이 높았다. 이 학교의 전신은 경성전수학교로, 강제 합병 이후 설립 목적이 '공사(公私)의 업무에 종사할 자를 양성한다'로 바뀌어 사법관 양성기관에서 하위 전문직 종사자 양성기관으로 변했다. 따라서 이 학교를 졸업하고 법관으로 임용된 자는 극히 적었고, 대부분 하급 관료인 재판소 서기 겸 통역생이 되었다. 1921년까지 조선인만 입학하다가 1922년 경성법학전문학교로 바뀌면서 일본인도 입학이 허용되었으나 여전히 조선인 비중이 높았다. 이 학교는 3년제로 대학 예과 2년보다 1년을 더 공부했기 때문에 대학에 진학하려는 일본인들의 경우 굳이 입학할 이유가 없었던 것이다. 반면 하루빨리 학업을 마치고 취업해야 하는 조선인들이 이 학교에 지원했다.

고등공업학교와 고등농업학교는 1922년 일본인의 입학이 허용되면서 조선인과 일본인의 비율이 역전되었다. 예를 들면 수원고등농업학교의 경우 1923년 입학생 선발에서 조선인은 70명이 지원하여 합격자는 3명에 불과했고, 경성고등상업학교는 조선인 합격자가 7~8명일 정도로 조선인 입학생이 줄어들었다. 이에 〈동아일보〉(1923. 4. 11.)는 "두 학교는 일본인 자제만 양성하기 위해 설립한 듯하다"고 꼬집었다. 이후 수원고등농업학교는 1928년 농학과 40명 정원에 17명의 조선인이 합격했고, 임학과는 24명 정원에 7명이 합격하여 입학률이 약간 높아지기는 했지만, 총 64명 정원에 조선인 합격자는 정원의 3분의 1 수준인 24명에 불과했다(〈동아일보〉, 1928. 4. 2.).

같은 해 관립경성고등상업학교는 80명 정원에 조선인 합격자는 14명이었고, 경성고등공업학교는 69명 정원에 15명이 합격했다. 과별 조선인 합격자는 방직과 11명 중 4명, 응용화학과 14명 중 5명, 토목학과 20명 중

3명, 건축학과 14명 중 2명, 광산학과 10명 중 1명으로 절대다수가 일본인이었다(《동아일보》, 1928. 4. 4. 외).

경성의학전문학교 역시 1924년 일본인 학생이 조선인 학생보다 많아졌고, 이후 격차가 더 벌어졌다. 1929년 평양의학강습소도 60명 정원에 조선인 130명, 일본인 80명이 지원하여 합격자는 조선인 32명, 일본인 43명으로 일본인이 더 많았다(《동아일보》, 1929. 4. 21.). 1930년 5개 관립전문학교와 경성제국대학 졸업생 486명 중 일본인은 70퍼센트가 넘는 309명이었고, 조선인은 30퍼센트에 못 미치는 177명이었다(《조선일보》, 1930. 2. 2.). 이후 관공립전문학교 조선인 입학률은 다음과 같이 더 낮아졌다(《동아일보》, 1936. 2. 7. 외).

| 구분
연도(년) | 일본인(명) | | 조선인(명) | | 입학 경쟁률 | | 입학자 비율(%) |
	지원자	합격자	지원자	합격자	일본인	조선인	일본인 : 조선인
1931년	325	77	95	17	4.2:1	5.6:1	82:18
1932년	275	71	114	17	3.9:1	6.7:1	81:19
1933년	230	76	136	18	3.0:1	7.6:1	81:19
1934년	280	73	163	19	3.8:1	8.6:1	79:21
1935년	283	77	136	21	3.7:1	6.5:1	79:21

이처럼 관공립전문학교는 대체로 조선인과 일본인은 2대 8 비율을 유지했다. 이에 〈동아일보〉(1928. 7. 25.)는 "신교육제가 실시되기 이전에는 고등교육기관의 모집 정원은 적었지만, 일본인보다 조선인이 차지하는 비율이 높았는데, 신교육제가 실시된 사이토 총독 시대에 이르러서는 일본인 학생 수가 조선인 학생 수보다 훨씬 빠른 속도로 증가하고 있다"고 지적했다.

이어서 그 원인을 "전문학교 교장 사이에 일정한 불문율과 같은 내규가 있어 일본에서 건너오는 학생들에게 정원의 50퍼센트를 제공하고, 나머지 50퍼센트로 조선에 거주하는 조선인과 일본인을 수용하기 때문이다"라며 사이토가 1919년 9월 조선 총독으로 부임한 후 각종 관립고등교육기관의 학생 모집 정원이 증가함으로써 창출된 고등교육의 기회를 조선인보다는 일본인에게 우선적으로 부여했으며, 이는 민족 차별이라고 비판했다. 그러면서 "차라리 내규상 비율에 따라 선발한다고 정직하게 내세우는 것이 교육자로서 마땅히 빌어야 할 정도가 아닌가?"라며 선발 정원이 정해져 있다고 솔직하게 인정하라고 질책했다(《동아일보》, 1936. 2. 7.).

하지만 여전히 관공립전문학교는 일본인 학생이 주가 되고, 조선인은 마치 외국학교에 입학하듯이 소수에 지나지 않았다.

▌모든 것이 실력이다?

1929년, 조선으로 일본인 학생이 몰려오는 것을 제한하기 위해 경성제국대학 예과와 관공립전문학교 입학시험을 일본의 전문학교 입학시험과 같은 날 치렀다(《동아일보》, 1929. 2. 17.). 하지만 특별한 효과는 없었던 것으로 보인다(《동아일보》, 1931. 2. 14.). 다음과 같이 2년 후인 1931년 경성사범학교와 관공립전문학교 재학생 현황이 그 예였다.

구분	경성사범학교	경성고등상업학교	경성의학전문학교	경성고등공업학교	경성법학전문학교	수원고등농림학교	합계
조선 학생(명)	85	45	99	34	132	62	832
일본 학생(명)	571	212	258	149	70	117	1,949

1933년에는 의학전문·법학전문·고등공업·고등상업 등 4개 관립전문학교에 총 1,633명이 지원하여 301명이 합격했는데, 조선인은 95명으로 30퍼센트가 약간 넘었다. 그러나 조선인이 주로 입학한 법학전문을 제외하면 합격률이 하락한 경우도 있었다. 예를 들면 경성의학전문학교의 경우 639명이 지원하여 80명을 선발했는데, 조선인 합격자가 12명까지 감소하는 등 조선인 합격자가 매년 20명 내외에 지나지 않았다. 반면 일본인 합격자 68명 가운데 6명이 조선에서 중학교를 졸업했고, 80퍼센트에 가까운 62명이 일본에서 중학교를 졸업했다(《동아일보》, 1933. 3. 26.).

또한 고등공업학교는 65명의 합격자 가운데 조선인은 19명이었고(《동아일보》, 1933. 3. 30.), 경성제국대학 예과 역시 매년 지원자는 조선인이 훨씬 더 많았지만, 합격자는 일본인이 절대다수를 차지했다. 때문에 "조선인 학생은 선발 정원이 미리 정해져 있다"는 말이 공공연하게 돌았고, 1939년 경성제일고보 이와무라(岩村俊雄) 교장이 "경성제대 예과를 비롯하여 각 전문학교에서 성적 이외의 요소에 의해 차별하여 선발한다"고 항의했다.[09]

신문에서는 "조선의 돈을 모아서 경영하는 학교에 조선의 청년 학생은 마음대로 다니지 못하고, 일본인이 절대다수를 차지하고 있다"라고 비판하며 경성제국대학 신입생 모집에 대해서 "조선에 있는 학교에서 학생들을 선발하는데 일본의 각 도시에 가서 학생 모집을 선전하는 것은 결국 일본인을 절대다수로 만들려는 의도가 있는 것이다"며 추궁했다.[10] 물론 교육 당국은 이를 강력하게 부인했지만(《동아일보》, 1924. 3. 31. 외), 다음과 같이 1924년 첫 신입생 선발부터 1930년대 후반기까지 조선인과 일본인 합격 현황을 보면 충분히 의심을 받을 만했다.[11]

구분 연도(년)	1920년대(단위: 명, %)		구분 연도(년)	1930년대(단위: 명, %)	
	조선인	일본인		조선인	일본인
1924	44(26.2)	124(73.8)	1931	60(37.3)	101(62.7)
1925	47(29.0)	115(71.0)	1932	45(30.2)	104(69.8)
1926	49(34.3)	94(65.7)	1933	48(32.9)	98(67.1)
1927	44(29.7)	104(70.3)	1934	54(37.0)	92(63.0)
1928	65(43.0)	86(57.0)	1935	55(36.2)	97(63.8)
1929	45(31.9)	96(68.1)	1936	52(35.6)	94(64.4)
1930	38(25.7)	110(74.3)	1937	57(35.6)	103(64.4)
			1938	71(36.8)	122(63.2)
합계				774(33.4)	1,540(66.6)

이처럼 조선인 합격자는 1920년대 후반까지 대략 40명대를 유지하다 가 1930년대에는 약간 늘어나 50명대를 유지했다. 이와 관련해서 경성 제국대학 초대 예과부장은 "본 대학 예과에서는 처음부터 일본 거주민 과 나란히 조선인의 구별을 하지 않고 입학시험을 전부 동일한 표준으로 행하였다"라고 설명했다. 하지만 경성제국대학 합격자에 대한 구체적인 자료를 공개하지 않아 여전히 의심을 거둘 수 없었다. 예를 들면 1928년 의 경우 경성제국대학에서 조선인 합격자 수를 공개하지 않았으나, 신문 에서 "600여 명의 조선인이 지원하여 66명이 합격했고, 일본인은 350명 이 지원하여 83명이 합격했다"고 보도했다. 1930년에는 1,102명이 지원 하여 148명을 선발했다. 당시 조선인 합격자와 출신 학교는 극비리에 부 쳤지만, 〈동아일보〉(1930. 3. 30.)에 따르면 조선인은 38명이 합격하여 겨우 26퍼센트로, 전년도 45명에 비해 감소했다.

▌일본까지 가서 학생을 유치하다

경성제국대학 입학생은 지속적으로 논란이 되었다. 〈조광〉(1936년 6월호)에는 "조선인에 비해 일본인이 일정한 비율을 유지하면서 조선인보다 많이 선발되는 것은 공정하지 못한 민족 차별이다"라고 비판했고, 심지어 경성제국대학에서 '조선인을 40명 모집한다'는 모집 광고문까지 밝혀져 다음과 같이 거센 비판을 받았다.

> 학교 당국은 공정하게 선발했다고 하지만, '기적이 아닌 다음에야 어떻게 수년간 딱 40명씩을 지속하느냐?'고 물었더니 그 후에는 약 50명이 선발되었습니다. 그런데 여기서 하나 재미있는 증거가 드러났지요. 〈수험과 학생〉이라는 잡지에 대학과 전문학교 입학생 선발 요강이 발표되었는데, 경성제국대학에는 응모 인원 중 '조선인 40명'이라고 발표되었습니다. 이것을 보면 분명히 미리부터 조선인은 40명이면 40명, 50명이면 50명을 뽑기로 내정되어 있는 것이라 하겠습니다. 그래서 그때 말이 많았지요.
> 그랬더니 그 후로는 43명 또는 47~48명씩 뽑았고, 최고로 50명까지 된 때가 있습니다. 그래서 우리는 차라리 경성제국대학 예과에서 조선인과 일본 내지인을 구분하여 '조선인 몇 명 모집, 일본 내지인은 몇 명 모집한다'고 분명히 하라고 친화회(親和會) 같은 데서 누누이 주장해보았습니다. 그러나 암만 주장해야 소용이 없으니까 이젠 그런 말도 않습니다. (《동아일보》, 1936. 2. 7.)

이처럼 '조선인을 40명 모집한다'는 광고문은 평소 일제가 각종 방법을 동원하여 식민 통치의 선전에 적극적으로 활용했다는 사실을 감안하면 단순한 실수가 아니라 처음부터 정원 차별에 대한 의도가 분명했음을 알 수 있다.

또한 1924년부터 1943년까지 경성제국대학 예과 합격생의 본적지에 따르면 1위 경성을 포함한 경기도(290명), 2위 후쿠오카현(福岡, 204명), 3위 야마구치현(山口, 162명), 4위 히로시마현(廣島, 118명), 5위 가고시마현(鹿兒島, 115명), 6위 충청남도(110명), 7위 나가사키현(長崎, 107명), 공동 8위 평안남도 및 경상북도(101명), 10위 함경남도(100명), 11위 오이타현(大分, 97명), 12위 도쿄도(東京, 93명), 13위 구마모토현(熊本, 91명), 14위 사가현(佐賀, 88명), 15위 평안북도(87명)로 일본인이 조선인보다도 출신 지역 분포가 넓다는 점도 주목된다.

그런데 일본까지 가서 홍보하며 조선으로 넘어오라고 권유한 이유는 '우수한 학생을 유치하기 위해서였다'고 했지만, 일본인에게 절대적으로 유리했던 경성제국대학 예과 첫 입학시험에서 수석 합격자를 비롯해 10등까지 모두 조선인이었다. 당시 19세의 유진오는 "일제의 교묘한 차별을 뚫고 경성제국대학에 수석 입학하여 우리의 자존심을 지켰다"며 주목을 받았고, 5년 후 졸업에서도 수석을 하여 '다시 한번 조선인의 우수성을 과시했다'고 평가받는 등 오래도록 사람들의 입에 회자되었다.

▎2중 3중으로 사상을 검열하다

관공립중등학교는 대부분 교장이 일본인이었고, 입학 과정부터 사상 검열을 철저하게 했다. 따라서 반일 성향을 가진 학생들은 합격하기 어려웠다. 예를 들면 구두시험에서 수험생의 사상을 검열했고, 경찰에서도 별도로 수험생의 전과 유무, 가정의 재산과 성행 등과 함께 사상 경향, 소요사건 관계 유무 및 가정의 사상 경향을 조사하는 등(《동아일보》, 1924. 3. 13.) 2중 3중으로 수험생의 사상 검열이 이루어졌다. 때문에 입학철이 되면 학생이 많았던 경성에서는 "비밀 정탐원, 신협잡꾼이 횡행한다"(《동아일보》, 1924. 4. 2.)고 할 정도로 수험생의 사상 검열이 이어졌다.

심지어 관립전문학교에서 수험생의 철저한 신분 조사 때문에 지원자가 감소할 정도였고, 경성제국대학에서도 첫 입학생 선발부터 수험생의 사상 검열에 각별한 신경을 썼다. 예를 들면 학무 당국의 촉탁으로 수험생들의 사상 검열을 각 경찰서 고등계에 의뢰했고, 광성고보 출신의 한 수험생은 "경성제국대학 구두시험에서 면접관이 '고보 시절 동맹휴학에 가담한 적이 있는가?'라는 질문을 받았다"고 회고하여 구두시험에서도 사상 검열이 이루어졌음을 알 수 있다.[12] 이에 〈동아일보〉(1924. 3. 13.)는 "경성제국대학 예과 지원생을 경찰에서 엄중 조사…… 사상 경향과 만세 사건의 관계 유무를 엄밀히 조사한다"고 보도하면서 "경성제국대학 관계자는 입학시험에서 '조선인 입학시험 성적이 양호하였다'고 하였음에도 합격자가 적은 이유는 형사 시험관의 배일사상 시험에 성적이 불량한 까닭인가?"라고 따졌다.

또한 조선총독부 학무국장은 "조선인과 일본인 가리지 않고 신분 조사는 모두에게 진행되며, 종래 각 학교에서도 한 것과 같이 각 도지사에게 신분 조사를 부탁한 듯하오"라고 해명하여 경성제국대학만이 아니라 전국의 학교에서 신분 조사를 시행하고 있다는 사실을 인정하여 논란을 더욱 키웠다(《동아일보》, 1924. 3. 13.).

그럼에도 여전히 비공식적이었지만, 학교 관계자들 사이에서 "동맹휴교 등과 같은 불온한 행동을 사전에 방지하기 위해 각 학교의 입학시험에서 필기시험과 신체검사 외에 수험생의 환경과 성품을 잘 조사하여 소위 '선량한 분자'만을 입학시키고, 학생의 성품 조사는 보통학교 교장에게 일임하자'(《조선일보》, 1928. 10. 31.)는 논의가 이루어졌고, 공립고보 교장회의에서는 "사상 검열이 효과가 있었다"는 말까지 나왔다. 심지어 "입학시험을 폐지하고 사상 검증만을 중시하자"는 의견도 나왔지만, 실현되지는 않았다.

입학시험에서 사상 검열은 시간이 지날수록 더욱 강화되었다(《동아일보》, 1928. 11. 1. 외). 예를 들면 1926년 조선총독부 학무국은 "6.10만세운동 관련 학생은 경성제국대학 예과 입학을 불허한다"고 발표했고(《시대일보》, 1926. 7. 3.)/ 〈조선일보》, 1926. 3. 1.), 1927년 경기도 학무과는 도내 사립남녀중등학교 교장회의에서 '동맹휴학을 주동하여 학교에서 퇴학당한 학생은 다른 학교에서 입학시키지 않는다는 규약을 더욱 엄중히 실시할 것'을 요구했다(《동아일보》, 1927. 10. 29.). 뿐만 아니라 학무국은 앞으로 동맹휴교가 일어날 경우 '학교의 일시 폐쇄'와 같은 비상수단 또는 철저한 탄압책까지 강구할 것을 논의했다(《중외일보》, 1927. 11. 23.)/ 〈동아일보》, 1927. 11. 23.).

1928년에는 정무총감이 각 도(道) 시학관회의(視學官會議)를 개최하여 학교 소요사태 발생의 근절을 강조하면서 학생의 상벌을 분명하게 하고 시위를 주동하는 학생에 대해 '위법을 감행하는 도배(徒輩)'라고 표현하면서 "관계기관과 긴밀하게 협조하여 주저하지 말고 단호하게 대처하라"고 훈시했다.[13] 또한 1933년 조선총독부 학무국에서 '전문학교 이상 입학자의 사상관계 방면을 엄중하게 조사하여 입학을 허락할 것'을 지시했고, 중등학교에서도 '학생의 사상에 대한 조사에 의해 입학시키는 데 중점을 두게 하고 대학 이하가 일관하여 적화사상이나 기타 반일본사상의 일소에 노력할 것'을 강조했다.

▌'사상 입학'이라고 하다

1928년 이화여전에서는 지원자에게 성행 조사서 제출을 요구했고, 연희전문학교는 1929년 지원자에게 교회 관계 증명서와 함께 성행 조사서 제출을 요구했다(〈동아일보〉, 1928. 2. 2.)/ 〈매일신보〉, 1929. 2. 5.). 따라서 사립전문학교도 사상 검열에 대한 규정의 영향을 받은 것으로 보이나 사립전문학교에서 관공립학교와 동일하게 사상 검열을 했다는 구체적인 근거는 찾아볼 수 없다.

관공립학교의 경우 사상 검열이 입학시험의 당락에도 영향을 미쳤다. 예를 들면 광주학생운동에 적극 참여했던 나주를 비롯해 장성과 완도 지역의 보통학교 졸업생의 경우 광주 각 중등학교 입학시험에 합격한 학생은 극소수였다(〈조선일보〉, 1931. 1. 29.). 그리고 〈동아일보〉(1924. 3. 13.)에 "경성제국대학 예과에 지원한 수험생에게 형사와 순사들이 찾아와 신분 조사를 하는 것이 곧 1차 입학시험의 집행으로, 이를 통과해야 경성제국대학 입학시험에 합격할 수 있다"고 비판할 정도로 사상 검열을 통과하지 못하면 입학이 힘들었다.

1934년에는 특별히 학무국·법무국·경무국 등 관계자들이 모여 입학시험에서 수험생은 물론 가정의 사상 검열을 더욱 철저하게 할 것을 결정하는 등(〈동아일보〉, 1933. 2. 4.) 학생운동이나 사상 문제에 대한 대응에 적극 나섰고, 전시체제기에는 황민화 교육의 실시나 근로동원의 원활화 등과 같은 정치적 목적을 달성하기 위해 각 고등교육기관의 입학자 선발방법까지 통제했다. 예를 들면 고등교육기관이 지원자에게 제출을 요구한 서류의 경우 1928년 입학원서의 성행란보다는 1935년 이후 인물고사서가, 그리고 이보다는 1945년의 조사서가 지원자에게 좀 더 넓은 범위의 정보를 자세하게 기록하도록 했다. 즉 종전에는 내신서 평가가 지원자의 학업성적과 성행을 참작하기 위한 것이었다면, 이제 지원자의 중등학교 재학 시절의 일상생활을 더욱 구체적으로 감시하기 위한 수단이 되었다. 심지어 입학시험에서 우수한 성적을 받아도 사상 검열에 걸리면 합격에 영향을 미쳤다고 해서 '사상 입학'이라고 했다.

학교에서는 학생들과 관련한 사항을 경찰에도 보고했다. 1943년 계성학교 교장 명의로 대구경찰서장에게 보낸 학생 처벌과 관련한 보고서에는 다음과 같은 내용이 기록되어 있다.

- 권고 퇴학 1명: 교사에게 반항
- 무기정학 9명: 음주 5명, 부정행위 3명, 기차 통학 중 생도 본분 위반 1명
- 2주간 정학 1명: 싸움
- 1주간 정학 7명: 고사 중에 부정행위 6명, 음식점 출입 1명
- 6일간 정학 11명: 기차 통학 중 생도 본분을 위반한 행위
- 5일간 정학 3명: 끽연 3명
- 3일간 정학 5명: 영화관 출입 3명, 조선어 사용 2명 (이상 기간 정학 합계 27명)

이 내용에 따르면 학생이 교사에게 반항하는 행위는 퇴학이라는 최고의 징계였고, '부정행위'라는 항목이 구체적으로 무엇을 말하는지 확인하기 어렵지만 음주 행위와 함께 두 번째로 무거운 무기정학을 받았다.

그리고 시험 중 부정행위는 1주일간, 조선어 사용은 3일간의 정학을 받았음을 알 수 있다. 또한 당시는 전국적으로 기차 통학생이 많았는데, 이와 관련해 가장 많은 학생이 징계를 받은 것으로 보아 기차 통학으로 인한 사건과 사고가 자주 발생했고, 징계 수위가 무거웠던 것으로 보아 사안을 심각하게 받아들였던 것으로 보인다.

또한 학교에서 이러한 징계를 경찰에 보고했다는 것은 학교가 경찰로부터 감시와 검열을 받는 기구였다는 사실을 확인할 수 있다. 한편으로는 상급학교 진학과 연결하여 학생들을 통제했다는 점에서, 넓게 보면 중등학교에서 고등교육기관으로의 진학은 일제가 선전한 대로 "근대적 학력주의가 기능하기 시작했다"는 주장은 설득력을 상실했고, 오히려 민족 차별과 통제를 확인할 수 있는 '식민지적 학력 경쟁'에서 벗어나지 못했음을 의미했다.

경제력도
실력이다?

▌ 합격은 했지만…

보통학교부터 대학에 이르기까지 어렵게 합격했지만, 자의든 타의든 입학을 포기하는 경우도 많았다. 심지어 3~4년을 공부하거나 졸업을 앞두고 학업을 포기하기도 했다. 가장 큰 이유는 경제적인 부담이었다. 〈별건곤〉(1923년 4월호)에 실린 「입학은 되었으나, 시골 아버지의 걱정」이라는 제목의 글에서도 이러한 분위기를 잘 전하고 있다.

인구통계에 따르면 조선인은 약 80퍼센트가 임업과 목축업을 포함한 농업으로 생계를 유지했다.[01] 그러나 일제는 1912년부터 1918년까지 토지조사사업으로 조선인 토지를 상당수 강탈하여 식민지의 첨병 역할을 담당했던 동양척식주식회사 등에 불하했고, 1919년부터 산미증식계획(産米增殖計劃)을 실시하여 일본의 식량 부족 문제를 해결하기 위해 조선을 식량 공급지로 만들려는 정책을 추진하는 등 계속되는 일제의 수탈로 조선인은 대부분 소작농으로 전락했다. 또한 지주들은 소작료 외에도 마름의 보수, 접대비, 운반비 등 각종 경비까지 소작농에게 떠넘겨 수확량의 70~80퍼센트까지 징수했고, 부채에 허덕이는 소작농들에게 고리대를 통해 잉여 수확물까지 수탈해갔다. 여기에 자연재해와 불경기 등이 겹쳐 소작농들은 빈곤 상태에서 벗어나지 못했다.

1926년 평안북도 영변군 각 면(面)의 연간 생활비 조사에 따르면 1가구 5인 기준으로 소작농의 평균 생활비는 107원이었고,[02] 경기도 농회의 조사에 따르면 김포군 소작농의 연간 생활비는 100원 이하였다.[03] 그러나 소작농의 지출은 수입을 초과해서 파산하기 일쑤였다. 따라서 대부분의 농가에서는 자녀들의 교육비에 대한 부담이 클 수밖에 없었다.

도시에서도 중산층 이하의 경우 나을 것이 없었다. 1921년 경성의 최저 생활비는 월 35원 20전으로 연간 422원 정도였다. 그러나 1923년 최하층 월수입은 5~15원 정도로, 총수입의 87퍼센트를 음식비로 지출하고 교양비는 한 푼도 쓸 돈이 없었다.

조선총독부에서 발표한 1932년도 평균임금에 따르면[04] 도시의 양복 재봉직 하루 임금이 1원 53전으로, 한 달에 25일을 일하면 월 37원가량의 소득이 있었고, 이발직 하루 임금은 1원 10전으로, 한 달에 25일을 일하면 월 27원가량의 소득이 있었다. 그리고 힘든 농촌을 떠나 경성에 올라온 이농 가구들도 저임금의 미숙련 단순 노무직으로 일하면서 경성 곳곳에 거주하는 등 1921년 총호수 38,978호 가운데 최하 빈민층에 해당하는 연 수입 400원 이하의 가구가 약 75퍼센트에 해당하는 29,213호로, 경성 가구의 3분의 2가 넘었다.

또한 1924년 세브란스의대 생리학 교수 반 버스커크(J.D. Van Buskirk) 박사의 조선인 생활비 조사에 따르면, 경성의 경우 1가구 5인 가족을 기준으로 최저 생활비는 월수입 40원으로, 여기에 교육비로 5퍼센트에 해당하는 2원 정도의 지출이 포함되어 있었다. 1910년대 공립보통학교 1인당 경비는 1년에 14원으로 한 달에 1원에서 1원 20전 정도였지만,[05] 1920년 대에는 최소한 월 20원에서 25원 정도였다. 1925년 각 학교 신입생 모집 요강에서 기숙사비를 포함해 월 20원 정도의 학자금이 소요될 것으로 공시했고(《동아일보》, 1925. 2. 10./ 2. 25.) 1928년 《조선일보》(3. 11.)에 "매월 25원이면 적당하게 쓸 수 있다"고 보도한 것이 그 예였다.

1930년대는 월 30원 정도의 학자금이 필요했다. 여기에 일제강점기 보통학교는 의무교육이 아니었기 때문에 재원(財源)의 상당 부분을 수업료에 의존했다(《동아일보》, 1925. 12. 26. 외). 때문에 한 달 수업료가 1921년 40전에서 이듬해는 50전, 1924에는 80전으로 지속적으로 인상되었고, 심지어 학교의 증설과 운영에 쓰이는 비용까지 학부모들에게 떠넘겼다.[06] 참고로 1932년 함경북도 경원군에서 쌀 한 말이 1원 70전, 좁쌀 한 말이 80전, 소주 4홉들이 한 병이 20전, 여름용 모자 하나가 1원 정도였다.

▌학비 부담이 더욱 심해지다

중등학교 역시 입학금이 한 번에 50퍼센트, 교과서는 30퍼센트 이상 오르는 등 재정적 부담이 계속 늘어났다(《동아일보》, 1922. 3. 7.). 때문에 월수입 40원 미만으로는 수업료를 비롯해 교과서 비용·교구비·잡비 등 교육비에 대한 경제적 부담을 감당하기 힘들었다. 더구나 중등학교가 대부분 도시에 있었기 때문에 기숙사 생활이 아니면 하숙을 해야 했던 농촌 출신들은 "중산층도 재산이 거의 바닥이 날 지경이었고, 집안이 재산을 날리고 빚을 지기도 했다"고 할 정도로 경제적 부담이 컸다.[07]

1910년대 여유 있는 농가에서는 계산상 1명의 보통학교 교육이 가능했고, 1929년 선린상업학교에 입학했던 김종섭의 회고에 따르면 "1년에

백미(白米) 40~50가마에 해당하는 학비가 소요되었다"고 한다.[08] 농가의 지출 규모와 학비 비중을 조사한 결과에서도 '1년에 쌀 85석을 생산하는 상농(上農)의 경우 총수입의 3분의 1 이상인 33석을 중등학교 자녀의 학비에 충당했다'고 한다.[09]

또한 1934년 경성공업학교에서 학생들에게 수령한 학과별 학비 내역인 '학비 개산표'에 따르면 1학년은 응용화학과가 가장 적은 142원 10전이었고, 건축과가 가장 많은 166원 10전이었다.[10] 여기에 월평균 하숙비 14원이 추가되면, 지방 출신의 학자금은 최소한 월 30원이 넘었다. 1940년 춘천농업학교에 입학한 원낙희는 "당시 입학금은 150원이었다. 150원이면 소 한 마리 값으로 기억되는데, 현재의 화폐가치로 볼 때 400~500만 원은 되리라고 생각한다"고 회고했다.[11]

월급쟁이도 특별히 사정이 좋은 것은 아니었다. 최기일의 회고록에 따르면 1936년 면사무소 서기의 두 달 임금이 30원가량이었고,[12] 1930년대에 판임관의 초임은 40원,[13] 보통학교에 재직하는 전체 교사들이 실제 수령한 급여액의 평균은 1인당 월 55원이었다(《동아일보》, 1935. 12. 28.). 반면 1936년 자녀가 중등학교에 입학한 경우 학비가 가장 적게 든다는 여자고보의 1년 학비가 총 250원을 넘었고, 경성제국대학은 400원 이상이 필요했다.

따라서 월수입 9원인 양복 견습생이 열 살 아들을 돈이 없어 학교에 보내지 못하는 형편이었고, 중등학교 이상은 그야말로 '뿌르주아(부르주아)' 교육기관이라는 지적을 받았고, 심지어 "교육비를 개인이 감당하는 구조에서 고등교육은 물론, 보통교육까지도 무산대중(無産大衆)에게는 별세계의 것이지, 대중의 문제일 수가 없다"는 말까지 나왔다.

전국의 인력거 차부(車夫) 1,000여 명이 조직한 경성차부협회(京城車夫協會)에서 차부들의 자녀 교육을 위해 설립한 대동학원과 관련하여 〈삼천리〉(1932년 3월호)에는 "人力車夫와 汲水夫(물장수) 손으로 建設되는 「無産學院」 雄姿-서울 가회동에 운소에 솟은 건물-勞動者의 熱誠으로 되는 大東學院!"이라며 특별히 가난한 사람들을 위해 설립했다고 강조한 문구가 인상적이다. 또 "경성 시내 한성·조선·한남·대동·경성의 다섯 권번에서 인력거꾼으로 경영하는 대동학원을 동정하기 위해 오는 19일부터 21일까지 사흘 동안 계속하여 매일 오후 7시 밤부터 장곡천정(현재 소공동) 공회당에서 연주회를 개최한다는데, 입장료는 1원 50전으로, 가무를 시작하여 여러 가지 여흥이 있을 터이므로 많이 와주기를 바란다"며 기생들이 대동학원의 재정 지원을 위해 공연을 벌이기도 했다(〈매일신보〉, 1927. 03. 19.).

▌학생이 급격히 줄어들다

1924년 〈동아일보〉(11. 15.)에 "월사금을 납부하지 못해 보통학교 학생이 격감(激減)했다"고 보도하는 등 전국에서 수업료를 내지 못해 학교에 가지 못하는 아동들이 속출했다(〈동아일보〉, 1929. 3. 16.). 1920년대의 경우 중도에 학업을 포기한 비율은 다음과 같다(〈동아일보〉, 1926. 10. 28.).

연도(년)	1920	1921	1922	1923	1924	1925	1926
입학생(명)	61,476	85,786	114,888	137,188	140,405	128,597	140,664
퇴학률(%)	40	32	32	43	55	60	53

이처럼 1920년대 중반에 이르러 중퇴자가 입학생의 과반수가 넘을 정도로 증가했고, 가장 큰 원인은 경제적 부담이었다. 이 경제적 부담은 보

통학교 입학을 포기하는 현상으로 이어졌다. 1932년 흉년으로 인한 생활 난으로 인제 지역에서는 인제공립보통학교를 비롯해 6개교에서 270명 모집에 175명이 지원했고(〈동아일보〉, 1932. 4. 12.), 1931년 함경남도 문천의 운림공립보통학교는 수업료에 대한 부담으로 지원자가 3명에 불과했다(〈동아일보〉, 1931. 3. 31.).

경제적 부담으로 학업을 포기하는 아동이 늘어나자 "초등교육만이라도 경제적 이유로 교육 기회를 상실하는 아동이 있어서는 안 된다"며 보통학교 수업료를 철폐하자는 주장이 나왔고, 경남도 평의회에서 지장희 의원은 "초등교육을 6년제로 하되 수업료를 철폐하여 무산자 아동의 교육을 원활하게 하자"고 제안했다. 여기에 의원들이 찬성하여 투표한 결과 23대 16으로 통과되었고, 〈동아일보〉(1933. 11. 2./ 1934. 1. 2.)에 "근래에 보기 드문 통쾌한 소식의 하나라고 생각한다"고 보도하는 등 사람들의 관심을 모았다. 평의회에서 한번 결정하면 번복하거나 불복할 수 없었으나, 경남 도지사의 최종 결정 과정에서 "예산이 허락하면 곧 실시하도록 하겠다"는 조건부 답변을 하며 예산을 이유로 실현되지는 못했다.

학교에서는 수업료 체납자가 늘어나자 강경한 조치까지 동원했다. 함남 함흥군 지경보통학교는 "월사금을 미납한 30여 명의 학생 집에 학교 소사의 안내를 받아 군청 직원이 다니면서 가구를 차압하여 10일 내로 납부하라 독촉했고, 그때까지 미납한 극빈 학생 10여 명의 집에 학교 직원이 가서 앞서 차압한 물품을 돌려주고 다시 고가의 물품을 차압했다"고 하며, 이날 학교는 미납한 학생 40여 명에게 수업을 못 받게 했다(〈동아일보〉, 1926. 12. 15.). 전남 벌교에서는 체납된 2개월치 수업료 1원 40전을 징수하기 위해 논을 경매했고(〈동아일보〉, 1935. 2. 2.), 성주공립보통학교에서는 체납된 3개월치 월사금 2원 10전을 받기 위해 학교 사무원과 면서기가 벼다섯 말을 차압했다(《동아일보》, 1930. 1. 16.). 심지어 가산을 차압하면서 미납기간의 이자까지 계산했고(《동아일보》, 1927. 2. 15.), 주로 식기와 용기 등을 차압하여 일상생활에 곤란을 겪기도 했다(《동아일보》, 1926. 6. 12./ 1927. 2. 15.).

이에 평남 평의회 김찬수 의원은 "수업료를 경감하고 무산 아동에게는 무료로 하고, 수업료 징수를 학교에서 학생들에게 채권자가 채무자에게 빚 받듯 하여 나쁜 영향에 있으니, 수업료는 면 당국에서 학부형에게 징수하고, 보통학교 보조비를 증액하여 학급을 증설하라"고 주장하는 등(《동아일보》, 1932. 2. 18.), 도 평의회나 학교 평의회에서 조선인 의원들이 강력하게 규탄한 문제 중의 하나가 바로 보통학교 수업료 징수 문제였다.

그럼에도 1~2개월의 수업료가 미납되면 수업을 받지 못하고 학교에서 쫓겨나기도 했다(《조선일보》, 1924. 11. 22.). 함남 공립영흥보통학교는 월사금 체납으로 한꺼번에 300여 명이 정학당했고(《조선일보》, 1925. 1. 31.), 신상보통학교는 100여 명이 제명되었다(《동아일보》, 1927. 3. 3.). 함남 정평공립보통학교에서는 수업료를 체납한 120여 명의 학생을 정학시켰다(《동아일보》, 1927. 3. 3.). 1930년 함북에서는 7개월 동안 555명이 수업료 체납으로 중도에 학교를 떠났고(《조선일보》, 1930. 12. 9.), 1935년 함경도 내 135개 공립보통학교 재적 학생 43,091명 가운데 한 달 이상 수업료 체납 학생은 5,430명으로 전체의 약 20퍼센트였다. 체납 기간별 인원은 다음과 같다(《동아일보》, 1935. 11. 6.).

기간	1개월	2개월	3개월	4개월	5개월	6개월
인원	3,479명	989명	462명	249명	185명	65명

▌학생들이 수난을 겪다

수업료 체납은 결국 중퇴생의 증가로 이어졌다. 〈동아일보〉(1928. 2. 26.)
에 따르면 1925년 보통학교에 136,823명이 입학하여 42,576명이 졸업하
고 94,247명이 퇴학했으며, 1934년에는 192,639명이 입학해서 77,856명
이 졸업했고, 퇴학자는 114,783명으로, 입학자와 졸업자가 늘어나기는
했지만, 졸업자보다 중퇴자가 1.5배나 되었는데 월사금 미납이 가장 큰
원인이었다. 1935년 4월부터 1936년 3월까지 1년 동안 함경남도 초등학
교 중퇴생이 5,404명이었고, 중등학교는 300여 명이었다. 이들 중 조선
학생이 4,220명, 일본인이 1,180명으로 매월 500여 명이 학교를 그만두
었고, 전년도에 비해 중퇴자가 3분의 2가량 증가했다. 중퇴 이유는 신병
또는 조행 부정 등도 있었지만, 수업료 문제가 가장 컸다.

경성에서도 보통학교 1학년부터 중학생이 매년 증가했지만, 많은 학
교에서 퇴학생 대부분이 가난한 집 아이들이었다. 또한 경성의 여고보
지원자는 700여 명 감소했고(〈동아일보〉, 1932. 3. 8.), 경성의 8개 남자 중등학교
역시 5년 전 1,370명이 입학했는데, 졸업할 때까지 낙제 또는 중퇴가 633
명으로 46퍼센트나 되었다.

경기도의 경우 1923년 안성군 각 보통학교 학생 1,685명 가운데 생계
곤란으로 매달 수업료 70전을 내지 못해 중도에 퇴학한 학생이 389명이
었고, 1924년 죽산보통학교는 1년 동안 150명이 학교를 그만두어 학기
초와 학기말의 학생 수가 눈에 띄게 차이가 났다(〈동아일보〉, 1924. 4. 2.).

경남 하동공립보통학교에서는 군(郡)의 방침이라며 총 755명의 학생
중 수업료 미납 학생 300여 명을 교문 밖으로 쫓아냈고(〈동아일보〉, 1926. 12.
19.), 1930년 전북 도내 각 보통학교의 재학생 32,174명 가운데 6개월 동안

수업료 체납 학생이 12,592명이었고, 이 중 3,099명이 강제로 퇴학을 당했다(《동아일보》, 1930. 12. 7.). 부산의 4개교 공립보통학교에서는 수업료 체납으로 학교에 출석하지 못하는 아동이 60명이었고, 1932년 전북 부안군 6개교 보통학교에서는 1년간 308명이 경제문제로 학교를 그만두었고, 장수공립보통학교 재학생 280명 중 96명이 수업료 체납으로 쫓겨났다(《동아일보》, 1932. 5. 27.). 충북 영동공립보통학교는 졸업식에서 122명의 졸업생 가운데 수십 명에게 졸업증서를 주지 않고 그대로 쫓아냈는데, 학교 관계자는 "그들은 빈한한 가정 출신으로 수개월분의 수업료를 내지 않았다며 수업료를 내기 전에는 졸업증서를 줄 수가 없다"고 했다(《조선일보》, 1930. 4. 3./《동아일보》, 1930. 4. 7.).

경성에서는 매월 10일 이내에 월사금을 내도록 하고, 어느 학교는 월사금을 5일 이내에 납부하지 못하면 출석을 불허하여 고학생은 물론 지방 출신자의 경우 제때 돈이 올라오지 않아 어려움을 겪기도 했다(《조선일보》, 1923. 1. 13.).

밀린 수업료를 독촉하는 과정에서 학생의 책보를 빼앗고 교실에서 쫓아내며 구타가 이루어지는 등 학대 행위도 가해졌다. 함남 이원군 진명보통학교에서는 월사금을 체납한 3학년생 3명을 화장실로 끌고 가서 뺨을 때리고 세 시간이나 화장실에 가두어 두어 물의를 일으켰고(《동아일보》, 1928. 5. 5.), 황해도 재령군의 어느 학부형은 "……어린 학생 4~5명이 길거리 한 모퉁이에서 '오늘 너 왜 학교에 안 왔니?' '그까짓 도적놈의 학교' '월사금 때문에 그랬구나.' '선생도 도적놈들이더라고'……"(《동아일보》, 1926. 6. 12.) 하는 아이들의 대화를 자신이 직접 보고 들었다며 신문에 투고하기도 했다.

이처럼 수업료 체납으로 학생들이 수난을 겪는 일은 비일비재했고, 아이들이 학교에 가기를 꺼려하거나 심지어 학교와 교사에 대해 적대감을 갖기도 했다(《동아일보》, 1928. 2. 26.). 1930년대는 경제불황과 미증유의 쌀값 폭락 등으로 농가의 생활난이 극심해지면서 수업료 체납과 그로 인한 중퇴자가 늘어났다. 〈동아일보〉(1931. 8. 17./ 1932. 3. 28.)에 따르면 "황해도 곡산군 6개 공립보통학교 재학생 988명 가운데 중도 퇴학생은 23퍼센트에 해당하는 223명으로, 이들은 대부분 소농가 아동으로, 수업료를 못 내는 이유는 전년도의 쌀값 폭락이 원인이었다"고 하며, 보통학교 수업료를 체납하는 아동이 전체의 40~60퍼센트에 이르는 것으로 추산했다.

▍수업료 납부 능력을 증명하라!

학업을 중도에 포기한 경우 불량 청소년이 되는 등 사회문제가 발생할 우려의 목소리도 나왔다(《동아일보》, 1936. 5. 5./ 7. 16.). 하지만 수업료 체납과 그로 인한 중퇴자의 발생에 민감하게 반응했던 학교는 수업료 징수에 더 신경을 썼다. 심지어 학교에서는 입학생 선발 과정부터 다양한 방식으로 수험생의 경제력을 확인했다. 도문보통학교의 경우 남자 80명 여자 40명 등 총 120명을 모집했는데, 남자 85명, 여자 47명이 지원하여 정원보다 겨우 12명을 초과하자 〈동아일보〉(1936. 3. 24.)는 "기이한 현상, 보통학교 정원 초과 불과 12명! 최근 경향 각지에 입학난으로 입학 적령 아동을 둔 학부형의 고통이 적지 않은데, 인구 3만이나 거주하는 도시에 하나뿐인 도문보통학교 입학생이 이와 같이 소수인 것은 불경기로 생활난이 심각한 관계와, 거액의 입학 수속비 12원 그리고 민회 거주등록을 첨부해야 하는데 민회비가 체납된 사람은 체납비를 완납하지 않으면 거주등록을 얻을 수 없어 이처럼 소수가 되었다고 한다"고 보도했다.

인천부 내무과장은 "돈 없는 사람이 자식을 공부시켜 무엇 하느냐?"라는 발언까지 했고, 공립인천보통학교에서는 취학아동의 구두시험을 마친 후 학부형의 재산을 확인하면서 "이 학교 신축에 기부했는가? 기부했다면 얼마나 했는가? 가산(家産)이 어떠하며 매월 1원씩 낼 능력이 있는가? 직업은 무엇인가?" 등을 묻기도 했다(《동아일보》, 1923. 3. 30.). 당시 학부형이 "기부금을 많이 냈다"고 하면 "더 물을 것도 없다"며 질문을 마쳤고, 직업에 대한 질문에 "나는 학교 평의원이요"라고 답변하면 "시험관이 '네' 하면서 속히 고개를 숙이는 등 기이한 일이 한두 가지가 아니었다"고 한다. 평의원은 일제가 1920년 형식적으로 지방자치를 시행하면서 설치한 기구인 도 평의회와 학교 평의회를 말하며 대부분 지역에서 경제력을 지닌 유지들이었다.

1925년 경성의 어느 보통학교에서는 입학시험에서 10원짜리와 100원짜리 지폐를 보여주면서 "이것이 무엇이냐?"고 물어보기도 했다. 때문에 "장성한 사람도 가난한 사람은 일 년에 한 번이나 겨우 볼 둥 말 둥 한 100원짜리 지폐를 어린아이에게 보이는 것부터 부당한 일이다."(《조선일보》, 1925. 3. 3.)라고 비판받는 등 사회적으로 논란을 불러일으켰다. 〈조선일보〉(1926. 3. 4.)는 "작년 시내 어느 보통학교에서는 100원짜리 지폐를 보고 그림이라고 하는 등 전혀 엉뚱한 답을 한 아이들도 있었고, 가장 근사한 대답으로 '진고개 어느 큰 오복점 상품절수(商品切手)'라고 답하자 선생님들은 깜짝 놀라며 이 아이야말로 참 영리한 아이라고 무난히 합격되었다. ……가난한 선생님들 중에 상품절수를 본 분이 계신지 알 수 없으나 아이는 유산계급 가정 아이인 것은 분명하다"고 조롱했다. 여기서 절수는 일제강점기에 발행된 우표 또는 유가증권이나 보증수표 등을 의미한다. 따라서 '진고개 큰 오복점 상품절수'라면 일본인들의 가게가 주로 있던 지역의 상품권으로 해석할 수 있을 듯하다.

이후 유치원에서는 원생들에게 "100원짜리는 이렇게 생겼다"고 가르쳐주기 위해 애를 썼는데, 어느 유치원에서는 "돈이 없어서 100원짜리를 은행에서 빌리기 위해 고생했다"고 보도하면서 "백 명 정도의 학생을 모집하는데 수백 명이 지원하는 까닭에 선생님들도 배가 불러서 입학시험이니 '멘탈 테스트'니 하여 여러 가지로 아이들을 떨어낼 궁리를 한다"며 100원짜리 지폐로 시험을 치른 것은 가정환경이 좋은 아동만을 입학시키려는 의도라고 힐난했다.

중등학교의 경우 입학생 선발 요강에서 '졸업할 때까지 수업료 납부 능력이 있어야 한다'는 조건을 공개적으로 명시했고((조선일보), 1926. 2 .21. 외), 수험생의 제출서류에 학부형의 직업 및 동산과 부동산을 기록하게 했다. '가정과 환경' 항목에서도 학비 납부 능력에 대한 질문을 통해 졸업할 때까지 학부형 또는 친척이 학비를 납부할 수 있는지를 확인했다.

어느 고등보통학교 교장은 "보통학교 교장의 소견표를 중요하게 참고하였더니 퇴학생이 감소했다"며 경제력을 판단하는 자료로 소견표를 참작하는 것이 제일 상책이라고 조언하기도 했다((동아일보), 1928. 11. 1.). 구두시험에서도 수험생에게 '학부형의 직업과 수험생의 가정에서 수업료를 부담할 수 있는 능력이 있는가?'를 직접 확인했다. 또 경성공립농업학교 〈생도수첩〉에는 "……2인의 보증인을 정해서 학교장에게 제출하고, 보증인은 정·부 2명의 성년 남자로 상당한 재력 신용을 가진 자로 하며, 그 중 1명은 학교 소재지 또는 경성에 거주하는 자를 요구한다"는 규정을 수록하여 수업료 납부 보증인으로 상당한 재력가를 요구했다.

▌경제력도 실력이다?

경제 사정으로 인한 학업 포기자는 사립학교가 더 많았다(《동아일보》, 1934. 3. 8. 외). 사립학교의 경우 경제적 부담을 이유로 집안에서 상급학교 진학을 반대했지만, 학생의 의지가 강해 일단 학교에 가보기나 하라는 심정으로 보냈다가 경제적 부담으로 결국 중도에 포기하는 경우가 적지 않았다. 이는 사립학교보다 공립학교에서 더 철저하게 경제력을 확인한 것과도 연관이 있었다. 때문에 〈동아일보〉(1924. 3. 20./ 1927. 2. 27.)는 "보통학교에서 여유가 있는 유산계급의 자녀를 위주로 입학시키고, 무산자의 자녀들을 제외했다"고 비판했다.

1930년 경성의 제일고보와 제이고보 그리고 공립여고보에서 일제히 입학원서에 납세증명서를 첨부하도록 요구한 것이 한 예였다. 당시 졸업할 때까지 5년간 학자금을 지불할 수 있는 능력을 대체로 200원의 공과금을 내거나 1만 5천 원 이상의 자산(資産)을 기준으로 삼았다(《중외일보》, 1930. 2. 7./ 〈동아일보〉, 1930. 2. 7.). 그러나 이 기준은 1929년도 물가에 기초하여 쌀로 환산하면 31원 하는 쌀 하석(下石), 약 484석에 해당하는 상당한 액수였기 때문에 사회적으로 논란을 불러일으켰다.

평북도 평의회 백기조 의원은 "중등학교 입학지원서에 납세증명서 첨부를 요구하는 것은 입학생 선발에서 부자와 가난한 자를 차별하기 위한 전제가 아닌가?"라며 따졌고, 신문에도 "가난한 집안 자녀의 입학을 차단하여 입학난을 완화하려는 의도로, 재산 정도가 입학생 선발의 기준이 되었다"(《동아일보》, 1935. 3. 13. 외)[14]고 비난했다. 이에 교장들은 '재산조사는 원래 있었던 것이고, 납세증명서가 간단명료한 방법'이라고 변명했지만, 비난이 높아지자 조선총독부 학무국과 경기도의 일본인 내무부장이 '시대에 역행하는 것'이라며 학교장들에게 취소를 요구해 없던 일이 되었지만(⟨동아일보⟩, 1930. 2. 9./ 2. 12.), 납세증명서를 첨부하게 하는 등 재산 확인은 계속되었고, 이로 인해 지속적으로 물의를 일으켰다(⟨동아일보⟩, 1936. 4. 12. 외).

충남 강경상업학교 입학시험에 일본인 40여 명이 지원하여 19명이 합격하고, 조선인은 120여 명이 지원하여 21명이 합격하자 화가 난 학부형들이 학교로 찾아가 "조선인 본위인 학교에 일본인을 다수 수용한 이유가 무엇인가?"라고 교장에게 직접 따졌다. 이에 교장은 "성적은 좋은데 5년간 학비를 잘 납부할 수 있느냐고 물어 충분히 납부할 수 있다고 하면 보결생으로 입학을 허락한다"고 답변하자 ⟨조선일보⟩(1925. 4. 21.)는 "재산 본위로 합격 여부를 결정하는 학교의 처사에 지역민들이 항의하고 대책을 논의 중이다"라고 보도했다.

또한 경남 통영에서는 '4학년생인 첫째 아들의 월사금이 체납되었다'는 이유로 둘째 아들이 교장에 의해 입학을 거절당했고(⟨동아일보⟩, 1931. 3. 18.), "보통학교장이 발급하는 소견서에 기록된 학부형의 재산 정도에 따라 입학시험에서 합격 여부를 암암리에 결정한다"는 말까지 돌았다(⟨동아일보⟩, 1930. 2. 9. 외).[15] 심지어 '최고액을 납세한 가정부터 순차적으로 입학원서를 배부하고 부모의 재산 정도에 따라 입학 아동을 선발한다'거나 입학원서를 제출할 때 '관청에서 세금을 납부했다'는 확인 도장이 없으면 접수를 거부당하기도 했다(⟨비판⟩, 1947년 3월호). 때문에 입학철이 되면 면사무소는 서류 발급에 정신이 없었고, 이러한 현실을 ⟨개벽⟩(1926년 4월호)에서는 다음과 같이 개탄했다.

……경성 시내 보통학교의 입학생 선발하는 모양을 보면 먼저 조선인 교원으로 하여금 지원 아동의 가산(家産)을 조사케 하고, 그다음 일본인 교장이나 또는 수석이 그중 재산 있는 집 아동 상당수를 지정하고 가난한 집 아동에게는 시험 결과 불합격이라는 이유로 축출하고 만다. 오늘의 모든 제도와 기관이 있는 계급의 사람을 위해 있는 줄은 누구나 아는 일이지만, 이렇게 분명하게 있는 사람만을 위해서 있는 줄은 몰랐다.

이처럼 '재산 정도가 입학의 기준이 되었다'는 사실은 더 이상 비밀이 아니었다. 따라서 학교 입장에서는 경제력도 일종의 실력(?)이었고, 가난한 집안의 자녀들은 입학시험 준비만이 아니라 경제적인 문제로 이중의 시련을 겪어야 했다.

█ 기부금이 합격 기준이 되기도…

어느 수험생은 전문학교 입학시험에 합격했으나 입학금이 없어서 자살하기도 했고(《동아일보》, 1934. 5. 3.), 집안이 가난하다는 이유로 입학시험에서 낙방하자 비관하여 자살을 시도한 수험생도 있었다. 이에 〈동아일보〉(1933. 4. 16.)는 "입학시험 성적이 아니라 '학업에 경제적인 보장이 없는 학생은 학업을 시키지 않는다'는 내부 방침으로 인해 앞길이 창창한 젊은 학생이 죽음에 이르렀다"라고 비판하는 등 사회적인 공분을 샀지만 이러한 일은 지속적으로 발생했다.

김홍배(19세) 군은 경제적 어려움으로 경성제이고보를 3학년에 중퇴하고 경성공업직업학교 입학시험에 합격했다. 그러나 구술시험에서 집안이 가난하다는 이유로 탈락하자 비관하여 성북리 산중에서 목을 매어 자살했다. 〈동아일보〉(1933. 4. 16.)에서는 "다 떨어진 외투를 입고 시험을 치르고 면접을 보러 간 학생이 자산이 없다는 것이 들통이 나서 불합격되자 자살했다"고 보도하면서 "직업학교까지도 돈을 가지고 들어가야 하는지? 자산가와 권력가의 자제가 입학허가를 거부당했다는 이야기를 들은 바가 없으며 오히려 우선권이 부여되었다"고 힐난했다.

학교에서는 재산을 확인하는 과정에서 입학금과 기부금 등 돈을 받고 입학을 허가하기도 했다(〈동아일보〉, 1931. 3. 5. 외).[16] 김해군 면장회의에서는 김해농업학교 설립을 위한 기부금을 내지 않은 사람에게는 호적등본을 내주지 않기로 결의하여 면사무소에 자녀의 입학지원용 호적등본을 신청했다가 직원에게 거절당하기도 했다(〈동아일보〉, 1928. 2. 28.). 그리고 "수업료 체납으로 장차 퇴학의 폐단이 있다"는 이유로 몇 달치 월사금의 선납을 요구하는 학교들도 있었고(〈동아일보〉, 1931. 3. 9.), 부산공립보통학교에서는 학부형회의 6년간 회비라며 10~15원의 선납을 요구하면서 재산이 많을 경우 특별히 50원의 선납을 요구하기도 했다(〈동아일보〉, 1931. 4. 9.).

함남 영흥의 보통학교에서는 입학금 1원 외에도 3원의 기부자에게 입학을 허용하고, 재산 등급에 따라 최하 3원의 기부금이 있어야 입학을 허가하는 학교도 생겨났다(〈동아일보〉, 1931. 3. 5.). 심지어 신막공립보통학교는 취학아동에게 말도 되지 않는 구술고사를 비롯해 한문과 산술의 입학시험을 보고 재산 정도를 조사했다. 그리고 "교장이 독단적으로 입학금을 받으면서 선발 아동들에게 '원래는 2원씩 받아야 하지만 특별히 할인하여 1원씩 다음 달 4월 1일까지 가지고 오라'고 면장을 시켜서 전했다"고 한다(〈동아일보〉, 1931. 3. 29.).

장흥공립보통학교는 농촌에 경제공황이 심할 때임에도 입학 아동에게 20원가량의 기부금을 요구하며 "납부하지 못하는 자는 입학을 허락하지 않는다"고 하여 주민들이 분개했다(〈조선일보〉, 1932. 4. 17.).

〈조선일보〉(1937. 1. 1.)에는 "입학난을 완화한다는 목적으로 학부형회의 이름으로 학교 증축 기금으로 입학 아동에게 5원에서 10원의 학부형 회비를 절대 조건으로 징수하는 제도가 있다"는 기사도 보이며, 부산에서는 "9개교 공립보통학교에서 건축비 등 각종 구실을 내세워 최저 5원에서 최고 12원 50전을 입학 수속과 함께 지불해야 하는 부담으로 아예 보통학교에 지원하지 않거나 입학허가를 받았으나 기부금이 없어 학교에 가고 싶어 발버둥치는 어린 자녀를 말리며 입학을 해제해버리는 가정도 있고, 심지어 조반석죽(朝飯夕粥)의 어려운 처지에 입다 남은 옷과 식기 등을 전당 잡혀서 겨우 돈을 마련하여 입학하는 경우까지 있었다"(〈동아일보〉, 1938. 3. 24.)고 하며, "경성의 어느 보통학교에서는 입학지원서에 호적을 첨부하게 하여 경성에 거주하지 않는 경우 입학할 때 160원의 기부금을 받았다"는 기사도 보인다(〈동아일보〉, 1940. 1. 9.).

보결생이나 전학생에게도 기부금이나 입학금을 받았다. 강원도 강릉군 하모면 보통학교는 5학년 보결시험에 무려 507명이 지원하여 30명을 선발했는데, 학교에 기부금 40원을 내지 않아 모두 탈락시키고 불합격자 중에서 40원씩 기부금을 납부한 아동을 다시 선발했다(〈조선일보〉, 1939. 4. 5.). 경남 칠원보통학교는 매년 인근지역의 4년제 보통학교 졸업생 가운데 시험을 통해 편입생을 선발하면서 전례에 없었던 10원 이상의 입학금을 징수했고, 시험에 합격해도 입학금을 내지 못하면 입학을 허가하지 않을 방침이라고 했다(〈동아일보〉, 1935. 4. 5.).

1938년에는 경성의 보통학교들이 전학생을 선발하면서 '종전과 같이 학년별로 다음과 같이 기부금을 받았다'고 발표했다(《동아일보》, 1938. 3. 29.).

학년	2학년	3학년	4학년	5학년	6학년
기부금	140원	120원	100원	80원	60원

이외에도 재정이 어려운 학교를 돕기 위해 곡마단 흥행수익의 절반을 기부하는 일도 있었다(《중외일보》, 1928. 3. 1.). 이는 예정에 없던 일로 학생들이 곡마단 공연을 단체 관람하여 물의를 일으키기도 했다. 충남 예산의 어느 공립보통학교는 학생들에게 80여 원을 걷어 곡마단 구경을 시켰는데, 곡마단 공연의 목적은 황해도 수재민을 돕기 위한 것이었다고 한다. 이에 〈동아일보〉(1928. 9. 24.)에는 "용기 있는 교육자이자 곡마식 교육가"라며 한껏 비꼬는 기사가 실렸다.

입학시험이 만들어낸 풍경들

교육은 사라지고
입학 실적만 남다

▌4~5세에 입시 경쟁에 뛰어들다

보통학교 입학시험에 대비한 준비교육이 생겨나면서 불과 4~5세의 아동들이 입시 경쟁에 뛰어들었다. 일반적으로 준비교육은 집안에서 어머니가 담당했지만, 여유가 있는 집에서는 가정교사를 두기도 했고, 원생들에게 준비교육을 하는 유치원도 있었다.

이에 전문가들은 "유치원은 1, 2, 3을 가르치고 글을 깨우쳐주는 등 보통학교의 지적 준비를 하는 곳이 아니며, 아동들이 너무 일찍 공부에 부담을 느끼게 되면 학교 공부에 흥미를 잃게 되고, 심한 경우 '학교에 가지 않겠다'고 할 수도 있으며, 모든 유치원에서 글을 가르치는 것이 아니기 때문에 학교에 입학한 후 학생들 사이에 편차가 생겨서 교사들이 수업에 곤란을 겪게 된다"며 부작용을 우려했다. 심지어 '유치원 무용론'까지 주장하는 등 어린 아동을 대상으로 전문적으로 입학시험을 준비하는 교육에는 부정적이었다(《동아일보》, 1934. 11. 18./ 1940. 2. 2.).

하지만 유치원에 대한 인식이 다른 학부형들도 있었다. 유치원 한 달 월사금이 50전에서 1원으로, 부담 없는 금액이 아니었고, 코앞에 닥친 보통학교 입학시험에 대한 부담도 대단히 컸다. 때문에 "아이들에게 가르치는 것은 쓸데없는 노래와 춤뿐이고, 글 한 자 가르치지 않는다……. 유치원이 돈값을 해야 한다"고 불평하며 유치원에 보통학교 입학시험 준비교육을 요구하는 학부형들이 있었고, 유치원에서도 학부형들의 요구를 무시할 수 없었다. "유치원에서 글을 가르치게 된 책임은 학부형과 보통학교에 있다"고 비판한 이유도 여기에 있다.

교육 당국도 책임을 추궁당하자 "보통학교에서 절대로 글을 시험하는 것은 아니다"라고 해명했다. 하지만 전국 보통학교의 모범이 되어야 할 경성사범학교부속 보통학교 입학시험에서 취학아동에게 자기 이름을 써보라고 요구하는 등 문자나 숫자에 대한 지식과 글쓰기를 시험한 것은 숨길 수 없는 사실이었다. 때문에 학부형들의 머릿속에는 '보통학교 입학시험에 대비해서 글을 알아야 한다'는 인식이 확고해졌던 것이다.

이렇게 시작된 입학시험 준비교육은 보통학교에 입학한 후 학년이 올라갈수록 다시 상급학교 진학을 위한 입시 위주 교육으로 이어졌다. 반면 상급학교 진학을 희망하지 않는 학생들은 수업에서 배제되었고, 진학을 준비하는 수험생들에게는 공부가 단순한 경쟁으로 변해갔다. 심지어 수예(手藝) 시간은 물론, 학생들의 전람회나 학예회에도 자신이 만들지 않은 작품을 제출했고, 교사들은 이 사실을 알면서도 아무 말 없이 받았다. 때문에 "선생님이 아무 말 없으니 어머니가 만든 작품을 내놓게 되어 천진난만한 아이들에게 거짓말을 가르치는 결과를 초래한다……. 학부형들의 경쟁의식과 허영심으로부터 나오는 조력이 얼마나 아이들을 나쁘게 만드는 것인지 알 수가 있다"는 비판을 받았다.

또한 대부분의 보통학교에서 빠르면 5학년 또는 6학년이 되면 진학을 위한 수험생활을 시작했다. 이에 조선총독부에서는 각 학교장들에게 "전문학교와 대학의 입시 준비는 예외로 하더라도 초등학교에서 수험 준비교육은 일체 금하라"(《조선일보》, 1935. 3. 14./ 1937. 1. 29. 외)고 엄중하게 경고 했다. 그럼에도 수험생들은 모든 것을 입시 준비에 집중했고, 학교에서 는 수업 시간을 전략적으로 활용하는 등 보통학교는 중등학교에 진학하 기 위한 예비학교가 되었고, 고등보통학교는 전문학교나 대학 진학을 위 한 준비 학교가 되어갔다(《동아일보》, 1935. 10. 10.).

▌전략적으로 시간을 활용하다

보통학교에서는 학생들이 정규 수업 시간 두세 시간 전에 등교했고, 수업이 끝난 후에도 학교에 남아 일곱 시가 넘도록 밥을 사먹어 가며 입 학시험 준비교육을 했다(《매일신보》, 1940. 10. 26.). 5학년이나 6학년이 되면 일 어와 산술 두 과목에 전력하기 위해 수업 시간표를 조정했고, 학기 중에 교과서 진도를 모두 끝내고 인쇄물 등으로 입학시험 문제를 중점적으로 지도했다. 또한 주기적으로 모의시험을 보아 그 결과를 비평 지도하는 등 고학년이 되면 학교교육이 제대로 이루어지지 않았다.

교사들은 효율적인 준비교육을 위해 교실에서 학생들이 지원하는 상 급학교별로 좌석 배치를 하여 수업을 진행했다. 그리고 입시 준비교육에 대한 교육 당국의 감시가 엄해지자 감독관이나 교장의 눈을 피해서 방과 후수업을 하기 위해 수업이 끝나면 교실 청소를 이유로 교실에 남아 한 시간가량 수업을 한 다음 청소를 했다. 〈조선일보〉(1939. 2. 3.)에 "이보다 더 교묘한 방법이 없지 않으며 날로 새 방법이 강구될 것이다……. 현재 같 은 시험제도를 그냥 두는 한 아무리 준비교육을 금하여도 사실상 철폐는 도저히 바랄 수 없다"고 할 정도로 입시 준비교육을 위한 다양한 방법들이 생겨났다.

고등보통학교도 시간표를 조정하면서 입학시험에서 배점이 높은 일본어·영어·수학 과목에 치중했다. 참고로 경성제국대학 예과는 총 750점 만점에 일본어 200점, 영어 200점, 수학 250점으로 세 과목이 무려 650점을 차지했다. 반면 조선어를 포함해 입학시험에 포함되지 않은 과목은 소홀하게 취급했다. 때문에 "조선의 학생은 오직 기계적 학문인 어학과 수학에 몰두하여 교육의 근본적인 목적이 어디에 있는지 의심하지 않을 수 없게 되었다"[01]고 우려했고, 어느 중등학교 교사는 "입학시험에서 좋은 성적으로 합격했지만, 한 학기가 끝나기도 전에 실력이 드러나는 학생이 있는가 하면, 지방에서 골고루 실력을 쌓아온 학생의 경우 입학시험 성적은 좋지 않았지만, 입학한 후 실력이 성장했다"며 입시 위주 교육의 폐단을 지적했다.

그럼에도 정도의 차이는 있었지만, 공립과 사립학교 모두 수업 시간에 입학시험 준비에 치중했다. 보성고보의 경우 입학시험 준비를 위해 정규과정을 학기 중에 모두 끝내고 이후 과외 교재로 수업했고,[02] 배재고보에서는 학생과 학부형들 사이에서 전문학교와 대학 입학시험에 필요한 과목의 수업 시간을 늘려주고, 시험에 포함되지 않은 과목을 제외시켜달라는 요구가 있었으나 학교에서는 절대 불가하다고 거절하기도 했다. 때문에 〈별건곤〉(1930년 10월호)에 "현재 조선에 있는 고등보통학교는 사실상 상급학교 입학 준비 과정의 한 기관이 되었다. 일반 학부형들이 그렇게 인정하고 학생들 또한 이를 당연하게 생각하며, 교사나 당국자들 역시 이 점에 대해 별다른 생각이나 의심 없이 의식, 무의식 간에 그러한 기관을 자인하는 태도를 보이고 있다"고 한탄할 정도로 교사는 수험생들에게 지식만 넣어주면 그만이었다. 수험생들 역시 지식만 얻으면 그만이라는 기계적 관계로 변질되었고, 교육 내용과 수업방식 역시 입시 중심으로 바꾸어 놓는 등 학교가 있어야 하는 의미가 변질되어 갔다.

이러한 현상은 이른바 암기과목에서 더 두드러졌다. 〈학생〉에서 입시 준비 방법을 소개하면서 "암기과목은 여러 번 반복할수록 훌륭한 계책이니 적어도 2,3차 내지 4,5차는 반복해서 읽지 않으면 안 됩니다……. 많은 수험생들은 과거의 실패와 성공이 달려 있으니 특히 주의해야 할 것입니다"[03]라며 역사·지리·물리·화학 과목은 이해하기보다는 반복적으로 암기하는 것이 성공과 실패의 갈림길이라고 강조한 것이 그 예였다.

▌진학반과 취업반으로 분반하다

고등보통학교에서는 빠르면 4학년이나 5학년이 되면 전문학교와 대학 진학 준비반과 취업 준비반으로 나누어 수업했다. 양정고보의 경우 5학년이 되면 취업에 필요한 주산과 부기 등을 별도로 가르치는 취업반과 진학반을 나누어 수업했고,[04] 광주고보도 진학반과 취업반으로 나누어 진학반에서는 주로 의과와 법과 진학 준비를 했다.[05] 해주고보와 공주고보도 취직조와 수험조로 분반하여 취직조에서는 실업 시간을 늘려 취업에 필요한 주산과 경필습자(硬筆習字) 등을 가르쳤고, 수험조는 입학시험에서 큰 비중을 차지하는 수학과 영어 시간을 늘렸다.[06]

4학년부터 수험조와 실무조로 분반한 청주고보는 실무조의 영어는 평이하고 실생활에 적절한 교재를 선택하여 실용 영어를 가르쳤고, 필요하면 실생활과 관련한 외래어나 편지, 광고문 등도 수업했다. 수험조는 2

시간의 실업 과목에서 1시간은 영어 과목에 배정하고 나머지 1시간은 수험생들이 상업에 흥미를 갖기 어렵다고 판단해서 주로 상식에 중점을 두고 가르쳤다. 수학 과목 역시 실무조는 실용적 교재를 중시했고, 수험조는 약간 고급 정도의 수준을 선택했다.[07]

진학반은 대부분 수업이 끝난 후 과외지도를 받으며 상급학교의 최근 입학시험 출제경향과 시험문제 공부법 등을 함께 연구했다. 그리고 매주 1~2시간씩 등사물이나 자습용 수험 참고서를 지정하여 일정한 범위를 자습하고 정해진 날 시험을 본 후 성적을 공개했다. 방학 기간에도 학교에 나와 시험공부를 했고, 희망자에 한하여 약 10일간 특별 과외지도를 하는 학교도 있었다. 경성제일고보의 경우 여름과 겨울방학 기간에 강습회를 개최하거나 특별 지도를 실시했고,[08] 광주고보에서는 재학생을 대상으로 강습회를 개최하면서 외부인에게도 개방하는 등(《조선일보》, 1935. 7. 18.) 학교마다 입학시험에 필요한 다양한 프로그램을 마련했다.

입시 준비교육에서 모의고사도 중요했다. 모의고사는 시험에 단련하기 위한 훈련이면서 동시에 모의고사 성적을 통해 어느 학교에 진학할 수 있는지를 예측하는 중요한 정보로 활용되었다. 따라서 학교에서는 정기적으로 모의시험을 실시했고, 경성제일고보에서는 본교 학생이 아니어도 신청자를 받아 함께 시험을 보았다. 그리고 때로는 별도의 비용을 지불하고 학교 바깥에서 합동 모의고사도 보았다(《동아일보》, 1923. 11. 26.). 채점한 시험지는 첨삭하여 수험생들에게 다시 돌려주어 본인의 수준을 점검하게 했고, 다른 학교 출신들의 성적과 비교 분석할 수 있도록 수험 잡지 〈향상向上〉에 성적 분포와 순위 등을 공개했다.[09] 〈향상〉은 1937년부터 경성제일고보에서 매년 3회 발행한 진학 전문잡지로, 모의고사 성적 외에도 시험제도의 변화, 출제경향 분석, 각 상급학교의 소개 등 입시와 관련된 다양한 정보를 제공했다.[10]

보통학교에서도 수험생들의 진학지도에 필요한 정보를 활용했다. 따라서 정보가 많은 학교와 담임교사의 진학지도가 중등학교 선택에 결정적인 영향을 미쳤다. 그러나 수험생의 적성과 장래보다는 오로지 합격률을 높이기 위해 수험생의 성적을 기준으로 일방적으로 학교 선택을 강권하는 부작용도 발생했다. 예를 들면 수험생의 성적에 따라 1등부터 ○등까지는 ○○관립학교, ○등부터 ○○등까지는 ○○사립학교라는 식으로 정해주었고, 다른 학교를 지원하겠다고 수험생과 학부형이 요구해도 허락하지 않았다. 그러나 진학 관련 정보가 합격을 100퍼센트 보장하는 것도 아니었고, 때로는 정보 부족으로 낭패를 보는 경우도 있었다.

개성의 어느 고등소학교의 고등과는 60명 정원에 120여 명이 지원해 예상보다 낮은 경쟁률을 보였는데, 이 학교는 신설 학교로 수험생들에게 잘 알려지지 않았고, 원서 제출기한이 짧았던 것도 영향을 미쳤다. 그리고 개성의 어느 보통학교에서는 지도교사가 1곳의 중등학교만 지정하여 시험을 보게 하자 불안한 수험생과 학부형은 다른 학교에도 응시할 수 있게 해달라고 요구했다. 하지만 학교에서는 "수험생의 실력을 참작하여 학교를 선정했으니 안심하라"고 종용했다. 그러나 탈락자가 대거 발생하자 "공연히 1년의 시간을 더 허비하게 되었다"며 학교 측을 원망하기도 했다(《동아일보》, 1939. 4. 7.).

▌학교 간 경쟁으로 이어지다

입학시험에서 탈락자가 속출하면서 다시 입학시험에 도전하는 재수생이 생겨났고, 거듭해서 입학시험에 실패하여 삼수, 사수생 등도 생겨났다. 때문에 수험생과 학교에서는 입학시험에서 탈락하지 않기 위해 더욱 입시 준비에 집중하면서 마치 교육의 이유가 입학시험에 있고, 교사와 학생 모두 합격이 면학의 동기이자 유일한 목표가 되어버린 듯했다. 이러한 현상에 대해 우려와 비판이 이어졌지만, 오히려 학교에서는 공부 외에도 다양한 방법을 동원하며 수험생들을 지원했다.

경성제일고보에서는 수험생들의 사기를 북돋우기 위해 여름에 옥상에서 수박 파티를 열었고, 겨울에는 우동 파티도 열었다.[11] 또 도서관을 밤늦게까지 개방하여 감독교사를 두었고, 겨울에는 스팀을 넣어주었다. 심지어 지방 출신 학생들을 위해 고향에 내려가지 않고 공부할 수 있도록 배려해 주었다.[12] 졸업한 선배들도 수험생들의 지원에 나섰다. 1936년 경성제일고보에서 발간한 〈학우회지〉 「통신」란에는 각 상급학교를 소개하면서 이 학교들에 재학 중인 선배들의 명단과 함께 입학시험과 관련된 다양한 정보를 제공했다.

특히 경성제국대학은 다른 학교보다 많은 지면을 할애하여 입시 준비에 대비한 각 과목별 준비 요령, 시험장에서의 마음가짐, 구두시험 답변 요령 등 선배들의 경험을 바탕으로 유용한 입시 정보를 제공했다. 광주고보에서도 입학 정보를 제공하는 잡지를 발간했고,[13] 평양고보에서는 학우회에서 발간하는 〈대동강〉의 「졸업생 통신」란에서 상급학교에 진학한 선배들이 후배들을 위해 자신들이 재학 중인 학교와 시험 준비 방법 등을 소개했다.[14] 때로는 상급학교에 진학한 선배를 학교에 초청하여 후배 수험생들과 직접 만나는 간담회도 개최했다.[15]

또한 상급학교 진학 결과는 학교들 간의 경쟁의식을 자극했다. 1930

년대 중반 경성제이고보에 재학했던 시절을 회고한 다음과 같은 수기에서도 이러한 분위기를 확인할 수 있다.

> 아직 초창기라서 이렇다 할 교풍이라든가, 전통 같은 것은 확립되어 있지 않았다. 다만 느낀 것은 경성제이고보가 본교인 제일고보와 경쟁하는 학교라는 것이었다. 이는 공부에서나 운동에서나 매한가지였다. 우리의 머릿속에 제일고보는 항상 그림자처럼 붙어 다녔다. 물론 이런 의식은 어디까지나 선의의 것이었으나, 제1과 제2라는 순위에서 오는 명칭은 가끔 우리에게 콤플렉스까지 느끼게 한 것도 사실이다. 그러나 우리는 제일고보 학생을 적대시하지는 않았다. 우리는 다 같은 조선 학생들이었기 때문이다. 두말할 것도 없이 경기는 운동장에서 결판이 나지만, 공부는 상급학교의 합격률로 판가름이 된다.[16]

경성제이고보는 1921년에 설립된 관립중등학교로, 경성에는 이미 관립 경성고보가 있었기 때문에 경성고보가 제1고보, 이 학교가 제2고보가 되었다. 이 두 학교는 현재 경기고등학교와 경복고등학교의 전신으로, 조선인 학생들이 다니던 학교였다. 그리고 조선인 학생들 사이에도 공부에 대한 선의의 경쟁의식이 학교 간의 경쟁으로 이어졌고, 그 우열은 상급학교의 진학률로 판가름되었다는 사실도 확인할 수 있다.

▌도서관, 선생 없는 학교였다

경성의 도서관은 평상시에도 그렇지만 특히 입학시험을 앞둔 몇 달은 그야말로 "학교의 연장이며 교실의 대용으로, 선생 없는 학교였고, 혼합 교실이 바로 요사이 도서관이라고 생각하면 틀림없을 것이다"라고 할 정도로 입시철이 다가오면 수험생들로 매일 초만원을 이루었다. 400명 을 수용할 수 있는 조선총독부 도서관 동관은 매일 아침 2백여 명이 자리 가 없어서 돌아갔고(《동아일보》, 1935. 3. 14.), 대구에서도 "입학시험 전에 도서 관 대번창"(《부산일보》, 1931. 2. 24.)이라는 기사가 보이는 등 지방의 도서관들 도 수험생들의 발길이 끊이지 않았다.

조선인이 경영하던 인사동에 위치한 경성도서관은 경영난으로 몇 달 째 문을 닫았는데, 현재의 서울시에 해당하는 경성부에서 2월과 3월 두 달 동안 보조금을 지원하여 문을 열게 되었다(《동아일보》, 1925. 1. 30.). 경성도 서관 운영자 이범승은 "……각 학교의 입학시험 준비를 하려고 해도 도 서관이 없어서 곤란한 학생이 많으므로 그들을 위하여 우선 급한 대로 경성부로부터 2월과 3월 두 달분 경비로 1,200원의 보조를 받았고…… 입학시험을 준비하는 수험생들을 위해 하루라도 속히 편의를 도모하기 위해 경영이 어려운 도서관의 운영 방안을 찾고 있다"(《조선일보》, 1925. 1. 30.) 며 관청에서 운영이 어려운 도서관에 보조금을 지원한 이유를 설명했다.

경성도서관이 문을 열자 매일 평균 330명이 이용할 정도로 만원을 이 루었고, 자리가 없어 돌아가는 사람도 많았다. 이용자는 대부분 중등학 교에 재학하거나 중등학교를 졸업하고 입학시험을 준비하는 수험생들 이었다(《조선일보》, 1925. 2. 12.).

〈조선일보〉(1939. 2. 6.)는 도서관에 자리를 잡기 위해 아침 일찍부터 도서 관 앞에서 줄을 서서 기다리는 다음과 같은 풍경도 보도했다.

입춘이라고는 해도 눈이 내리는 아침 날씨는 대단히 매서워서 영하 10여 도를 가리키고 있는 아침 여덟시 반, 황금정(현재 을지로 1가와 2가 사이) 네거리 전찻길에서부터 장사진을 치고 있는 학생의 무리……
30분이 지나지 않아 문이 열리는 총독부 도서관에 자리를 하나 얻으려는 모한부대(冒寒部隊)들이다. 북촌 방면에서 오는 학생들 중에는 네거리에서부터 자리를 빼앗길까 봐 전차에서 내려 달리는 사람도 있으니, 도서관에 들어가는 것부터가 상당한 경쟁이다…….
일요일 같은 때는 3~4배나 초과되어 '기다리는 패(대찰)'를 얻어 가지고 하루 종일 도서관 뜰에서 책을 읽다가 결국 들어가지 못하고 그냥 돌아가지 않으면 안 되는 것을 그들은 모두 잘 알고 있기 때문이다. 문이 열리기를 기다리는 동안 시간을 아껴 서 있는 채로 책보를 끌러서 영어 단어를 외우느라 중얼거리는 학생, 한번 외워 두었던 화학 방정식을 다시 외우느라 남의 얼굴을 물끄러미 얼빠진 듯이 쳐다보는 학생도 있다…….
모든 광경이 하루의 밥을 얻기 위해 직업소개소 문전에서 떨고 있는 노동자들을 연상케 하는 것도 시험지옥에 시달리는 학생들의 봄을 등진 수난상인 것 같아 보여 오히려 애절한 감정을 자아내게 하고 있다…….

이처럼 추운 날씨에도 입학시험 준비를 위해 도서관 앞에서 문이 열리기를 기다리는 수험생들의 모습은 1980년대까지도 흔히 볼 수 있었던 풍경이었지만, 애처로움이 더 크게 느껴진다. 또 〈조선일보〉(1939. 2. 6.)에는 '자녀들이 도서관에 간다고 하고 친구들과 어울려 노는 경우도 있으니 자녀들에게 각별히 신경 쓸 것'을 당부하는 기사도 보인다. 당시에도 공부한다는 핑계를 대기에는 도서관이 가장 만만했던 모양이다.

▌재수생을 위한 교육과정이 설치되다

수험생들을 위한 단기 교육과정도 생겨났다. 예를 들면 신천공립보통학교에서는 4년제 보통학교를 졸업하고 상급학교 진학을 준비하는 수험생들을 대상으로 1개월간 야간 강습회를 개최했다. 이 강습회에서 성적이 우수하고 연령이 많은 학생은 5~6학년에 편입시키고, 강습회가 끝나면 보통학교 6학년 검정시험을 보았다(《동아일보》, 1925. 5. 21.).

평양 숭실중학교에서는 중등학교 입학시험을 준비하는 수험생 70명을 선발하여 3개월 과정의 강습회를 개설했고(《동아일보》, 1922. 1. 30.), 사립 계명강습원에서는 여름방학을 맞아 41일 동안 중등학교 등 상급학교 진학과 보결생 시험 준비생을 대상으로 하계강습을 개강했다(《동아일보》, 1924. 7. 13.). 함흥기독교청년회에서는 여름방학을 이용하여 전문학교 입학시험을 준비하는 수험생들을 대상으로 1개월간 강습회를 개최했는데, 강사는 동경제국대학 재학생 등 대학생들이었다(《동아일보》, 1926. 7. 16.).

1922년 중앙고보 교사 백남규는 "조선인의 향학열이 격증되고 학교가 부족하므로, 보통학교와 중등학교에 입학하지 못한 자 그리고 전문학교 진학을 준비하는 자를 위해 예비학교의 설립이 시급하다"고 주장했고, 본인이 예비학교인 한성강습원을 설립할 정도로(《동아일보》, 1922. 3. 22.) 1920년대 초부터 상급학교 진학에 실패한 수험생들이 갈 만한 곳이 거의 없었다.

경성제일고보와 경성제이고보에서 이들을 대상으로 입학시험을 본격적으로 준비하는 보습과가 설치된 것도 이러한 이유 때문이다. 중등학교가 없는 지역에서는 일본인 소학교에 보습과를 설치하는 경우도 있었던 것으로 보인다.

경주공립보통학교의 경우 졸업생 대다수가 상급학교 진학을 희망했지만, 갈 수 있는 학교는 극소수였다. 때문에 매년 많은 졸업생들이 재수를 했고, 이들 중에는 경주고등소학교 보습과에 입학시험을 치러서 합격하면 기부금 30원을 내고 다니기도 했다. 1928년의 경우 149명의 졸업생 가운데 상급학교 진학자가 공사립을 합해 8명이었고, 재수를 선택한 학생들 중 19명이 이 학교 보습과에 응시하여 8명이 합격했다.

그런데 학교에서 "기부금을 50원으로 대폭 인상하고, 납부하지 않으면 입학을 허락하지 않겠다"고 하여 학부형과 학교 사이에 갈등이 벌어졌다. 이에 경주 군수까지 중재에 나서서 타협을 시도했으나 소학교 일본인 관리자가 "가정풍속이 상이한 조선인은 넣기 싫다"는 민족 차별 발언을 했고, 이에 분개한 학부형들이 이 발언을 따지며 자리를 박차고 나와버렸다. 이 일은 일반 학부형들에게도 알려졌고, '차별적인 보습과에 절대 학생들을 보내지 않겠다'며 졸업생과 재학생 학부모들이 경주공립보통학교에 모여 회의를 열어 사설기관의 보습과를 설치하기로 만장일치로 결의했다(《조선일보》, 1928. 4. 18.).

1936년에는 숭실중학교 교장 정두현이 "평양에 교육기관이 부족하므로 전문학교, 고등보통학교, 여자고등보통학교와 함께 중등과 고등 예비학교도 두어야 한다"(《동아일보》, 1936. 6. 3.)고 제안하여 2년 이내의 보습과 제도를 도입했다.[17] 이처럼 보습과의 등장은 재수생을 대상으로 하는 입시학원의 성격 외에도 정규교육 기회를 상실했거나 비정규학교 출신의 정규학교와의 수업 기간 차이를 임시방편적으로 보충하기 위한 과정으로, 일제의 식민지 교육정책이 만들어낸 기형적인 결과물이기도 했다(《조선중앙일보》, 1921. 5. 7.).

그러나 매년 많은 탈락자가 발생하자 보습과의 성격도 바뀌었다. 1934년 경성제일고보와 경성제이고보 그리고 일본인이 다녔던 경성중학교와 용산중학교에 설치된 보습과가 그 예였다(《동아일보》, 1934. 3. 8.). 당시 보습과는 학교에서 개별적으로 추진한 것이 아니라 경기도 차원에서 추진하면서 "중등학교 졸업자로 상급학교 입학 준비를 하고자 하나 적당한 교육기관이 없어 수험생들이 불규칙한 생활을 하고 혹은 감독자를 떠나 있는 관계로 방종한 생활 등으로 나태해지고 불량자가 되기도 하고, 멀리 유학까지 가는 학생이 늘어 잘못하면 동경 같은 번화지에서 타락해 버리는 경향이 있다"[18]라고 설립 취지를 설명했다. 따라서 보습과의 설치는 주민들의 요구와 함께 재수생을 위한 일종의 입시학원 성격을 지니고 있었다.

경성제일고보에 설치된 보습과의 경우 50명 정원에 1년 과정이었는데, 본교 출신뿐만 아니라 타교 출신과 비정규학교 출신 그리고 독학하는 수험생 등을 선발해 특별지도했다(《동아일보》, 1935. 3. 14. 외).[19] 수업료는 월 5원으로, 연간 수업료 55원(11개월분)에 학우회비 4원 50전, 교과서비 5원 23전 등 모두 64원 73전이었다. 당시 고등보통학교의 수업료가 월 3원이었던 것에 비하면 비싼 편이었고, 일본어·한문·작문·영어·수학 등 별도의 입학시험과 구두시문, 신체검사를 치르는 등 입학 절차가 까다로웠다(《조선일보》, 1934. 4. 18.).

그럼에도 1940년에는 약 3대 1의 경쟁률을 보일 정도로 지원자가 많았다(《동아일보》, 1938. 4. 16.). 그 이유는 경성제이고보 보습과의 경우 재학생 출석률이 96.3퍼센트였을 정도로 철저하게 학생을 관리했고, 매주 26시간의 수업 시간 중 일본어·수학·영어가 각각 6시간으로, 같은 해 경성제일고보 5학년보다 30퍼센트가 많은 수업 시간을 주요 입학시험 과목에 집중할 정도로 입시 위주 교육을 실시했기 때문이다.[20]

조기유학에서
각종 군사학교까지

▌조기유학 풍조가 생겨나다

입학시험에서 해마다 많은 탈락자들이 생겨나면서 "사회의 풍기문란과 고등 부랑자를 양산한다"(《동아일보》, 1922 .4. 15.)거나 "학부형들의 경제 사정도 고려하지 않고, 고등교육을 추구하는 허영심이 문제"[01]라는 등 새로운 사회문제가 생겨났고, 한편에서는 입학난을 피해서 현해탄을 건너 멀리 도쿄를 비롯해 교토(京都)와 규슈(九州) 등지로 이른바 조기유학을 떠나는 기이한 현상이 생겨났다.

조기유학의 근본 원인은 학교의 절대 부족에 있었다. 예를 들면 1920년 보통학교는 641개교에서 1935년 2,274개교로 증가했으나, 고등보통학교는 1920년 23개교에서 1935년 45개교에 지나지 않았다. 따라서 경성과 전국의 도청 소재지 그리고 몇몇 주요 도시를 제외하고 대부분의 지역에는 고등보통학교가 없었다.

안동군의 경우 40여 개교의 초등학교가 있었지만, 경북 지역의 인문계 중등학교는 대구에 1개교씩의 남녀 공립고등보통학교와 사립 김천고보가 있었다. 때문에 안동 지역 주민들은 중등학교 설립을 위해 적극적

인 운동을 벌였고(《동아일보》, 1928. 1. 10.), 한편으로는 유학생이 600~700명이
나 되었다(《조선일보》, 1924. 1. 28.). 참고로 1920년대 중반에서 1930년대 중반까
지 일본 유학생 현황은 다음과 같다.[02]

연도 구분	1926년		1930년		1934년	
	학생 수(명)	비율(%)	학생 수(명)	비율(%)	학생 수(명)	비율(%)
대학	214	5.5	418	11.0	539	11.8
전문학교, 대학 예과	1,449	37.2	1,553	40.9	1,743	38.2
사범학교	91	2.3	8	0.2	5	0.1
중등학교	424	10.9	657	17.3	897	19.7
실업학교	207	5.3	738	19.5	644	14.1
각종학교	1,510	38.8	419	11.0	735	16.1
합계	3,895	100.1	3,793	99.9	4,563	100.0

이처럼 1926년부터 10여 년 사이에 중등학교 유학생만 2배가량 늘
어났다. 조선교육회 장학부의 통계에 따르면 1932년 일본 유학생 총수
는 3,368명으로, 중등학교 이하 유학생이 1,588명이었고, 1933년에는 총
4,087명의 유학생 중 중등학교 이하 유학생이 2,151명, 전문학교와 대학
생이 1,936명으로 중등 이하 유학생이 고등교육기관보다 늘어났다. 1938
년에는 총 9,086명의 유학생 가운데 중등학교 재학생이 4,603명으로 전
체의 과반수를 넘었고(《동아일보》, 1940. 4. 2.), 1939년에는 총 12,500여 명의 유
학생 가운데 약 60퍼센트가 중등학교 유학생이었다(《동아일보》, 1939. 3. 15. 외).[03]
이후 1940년에는 2만 명에 달하는 등 조기 유학생은 해가 갈수록 늘어났
다. 조기유학도 문제였지만, 〈동아일보〉(1939. 3. 15.)에 따르면 다음과 같은
문제가 있었다.

……유학생 중에는 좀 더 좋은 학교를 찾아가는 경우도 있기는 했지만, 대부분 조선에서 중등학교에 입학하지 못하고 그냥 있을 수 없어서 막대한 학자금과 여러 가지 불편을 참아가면서 멀리 학교를 찾아갔으며, 혹은 중학 졸업 자격을 얻기 위해 비교적 입학이 쉬운 중등학교를 찾아간 것이었다. 그나마 전문대학을 찾아 멀리 간다는 것은 그다지 무리한 일이라고 할 수 없으나 중등학교에 입학하기 위해 멀리 수학의 길을 떠나는 것은 일종의 기현상인 동시에 교육 조선에 큰 충격을 주는 문제다.

……뿐만 아니라 그들이 재학하는 학교는 동경, 경도, 구주 등지에서도 그다지 우수한 학교가 못 되고, 설비와 기타 시설이 오히려 조선 내 학교보다도 못한 것이 대부분이다.

이처럼 조기유학은 중등학교 졸업장을 따기 위해 좀 더 편리한 방법이 되어버린 것도 입학난의 심각성을 보여주는 또 하나의 예였다.

▌최초로 항공기 밀항을 시도하다

조선에 있는 관립전문학교의 치열한 입학 경쟁과 엄격한 사상 검열을 피해 도쿄(東京)나 오사카(大阪) 등지의 입학하기 쉬운 사립대학이나 지방 관립전문학교로 유학을 떠나기도 했다(《조선일보》, 1934. 3. 28.). 때문에 조선에 있는 전문학교 지원자가 감소할 정도였다. 그러나 일본 유학은 상당한 경제력이 뒷받침되어야 했다.

예를 들면 1934년 동경 유학생의 하숙비는 20~25원이었다(《동아일보》, 1934. 2. 17.). 쇼가와 제국대학 수업료는 1년에 120엔이었고, 수업료를 제외하고 한 달에 47엔의 학비가 들어 1년 평균 684원이 필요했다. 그러나 1930년대 초 조선인 자작농 1년 평균 수입 544원보다 150여 원이 더 많은 금액이었기 때문에 많은 사람들이 유학을 마음먹었다가 포기해야 했고, 때로는 불미스러운 사건까지 발생했다.

마산 출신 이 모 군(22세)은 경성제국대학 예과 입학시험에 두 번이나 낙방하고 집에서 시험 준비를 하다가 부모님에게 도쿄로 유학을 보내달라고 했다. 그러나 아버지가 허락하지 않자 도쿄로 떠날 것을 결심하고 아버지 돈 500원을 훔쳤다. 이 군은 배로 가면 붙잡힐 가능성이 크다고 판단해 울산에서 떠나는 여객기에 몰래 올라탔다. 이 군은 태도세(太刀洗, 후쿠오카현 남부의 다치아라이)에 무사히 도착했으나 곧바로 경관에게 발견되어 다시 관부연락선 편으로 부산으로 보내졌다. 당시 이 군은 '항공기로 밀항한 최초의 조선인이었다'고 한다(《조선일보》, 1935. 8. 10.).

유학비 마련을 위해 거액의 절도와 위조 사건도 발생했다. 절도·횡령·공문서 위조 등의 전과가 있는 원 모 군(24세)은 마음을 고쳐먹고 경성의 모 사립고등보통학교에 입학하여 좋은 성적으로 졸업했다. 이후 이화여고보 음악 교사로 있던 미국인의 가정교사로 일하며 상급학교 진학을 준비했다. 그러던 어느 날 유학 비용을 마련하기 위해 그 집에 있던 이화여고보 교장의 제일은행지점 보증수표 용지를 훔쳤다. 그리고 교장의 필적을 교묘하게 모방하여 거액의 금액을 써서 은행에 예금했다가 다음 날 현금으로 찾으려다가 발각되어 체포되었다(《조선일보》, 1926. 4. 23.).

결혼하여 부인이 있던 황 모 씨(20세)는 강경공립보통학교를 졸업하고 경쟁이 치열했던 강경상업학교에 지원했다. 그는 성적은 좋았으나 피부질환으로 신체검사에서 탈락하자 이리농업학교에 지원했다. 하지만 다시 신병이 도져 시험을 포기하고 신체검사가 심하지 않은 일본으로 유학을 가려고 했다. 그러나 집에서 반대하자 비관한 나머지 홍수로 물이 불어난 강물에 뛰어들어 자살하고 말았다(《조선일보》, 1925. 5. 7.).

이처럼 경제적 부담이 컸음에도 유학에 대한 관심은 꾸준히 늘어났고, 신문에서는 일본 외에도 미국과 유럽 등지의 해외 유학 정보도 제공했다. 1922년 〈동아일보〉(4. 1.)에는 "……독일에 유학하고 있는 조선인은 29명으로, 15명은 백림(베를린)에 나머지는 지방에서 공부하고 있다. 독일에서 외국인이 생활하기는 대단히 용이하며, 독일 화폐로 한 달에 3,000마르크에서 10,000마르크가 든다. 일본 돈으로 계산하면 40원에서 140원 정도로, 지방에 따라 한 달에 1,000마르크로도 생활이 가능하며 백림에서 10,000마르크면 여행도 하고 책도 구입하고 외국인과 교류도 할 수 있다"라며 독일 유학을 소개했다.

또한 중국은 우리나라와 거리도 가까웠고, 환경이 비슷해서 여러모로 주목을 받았다. 신문에는 일찍부터 신입생 모집 요강 등 중국 유학과 관련한 다양한 정보를 소개했고, 1930년에는 "조선에서 중등 과정을 공부하는 데 1년에 3백~4백 원 정도 든다면, 중국은 1년에 약 100원 정도 든다. 그리고 소학교에도 기숙사가 있으며, 기숙사 식비가 한 달에 약 6원가량이며, 월사금은 1년에 약 10원이고 나머지는 교복비 등으로 타 지역 출신도 공부하는 데 비교적 부담이 적다"고 소개하는 등 다양한 유학 정보를 제공했다(《동아일보》, 1930. 3. 5./ 〈조선일보〉, 1930. 8. 1.). 특히 "봉천 지역은 교육 기관이 우리와 비교하면 수준이 뒤지지 않고, 경제적 부담 없이 가장 자유롭게 배울 수 있으며, 우리 생활의 전도(前途)에 많은 도움이 될 것으로 기대한다"며 만주 지역 유학을 적극 권장했다.

만주 지역은 일제가 일찍부터 관심을 기울였다. 특히 만주국을 건설한 후 통치 전략 차원에서 조선인의 이주를 장려했고, 조선에서도 일찍부터 사람들의 주목을 받았다. 1916년 평안남도 경무부의 헌병 보조원과 순사보 모집에 정원의 6~7배가 지원하는 기현상이 발생했는데, 그 이유는 "일제가 만주 일대에 헌병과 순사를 파견한다는 풍설을 듣고 이 기회에 만주에 가서 한번 성공해 보겠다"는 기대감이 큰 영향을 미쳤다(《매일신보》, 1916. 1. 22.). 또한 일제가 경성제국대학 예과 입학시험에서 만주에 대한 지식을 소유한 학생을 합격시키려고 했던 이유는 장차 만주 지역의 행정 관리를 배출하려는 의도가 담겨 있는 등(《동아일보》, 1922. 6. 9./ 1930. 2. 27. 외) 만주는 학력 수준과 관계없이 다양한 이유에서 주목받았다.

만주, 개인의 출세에서 독립운동까지

만주에 있는 국립대학인 건국대학과 1932년에 설립된 대동학원에서도 조선인을 모집했다. 이 학교들에 입학이 되면 모든 비용을 국가에서 지급했다. 특히 만주국 관리 양성과 현직 관리를 재교육하는 대동학원은 학생들이 입학하면 위임관 대우를 하고 졸업 후 원칙적으로 1~2년 만에 고등관으로 임용했다(《동아일보》, 1937. 9. 4.).

만주국은 신생국으로 일등 국민은 일본인이었고, 현지인이었던 만주인들은 삼등 공민이었다. 그리고 일제는 만주인들보다 일본말을 능숙하게 사용하고 일찍이 황국신민화 교육을 받은 조선인 관리들을 '이등 공민'이라고 칭하면서, 자신들의 침략 정책에 적극 활용했다.

그럼에도 조선인 고학력자들이 만주행을 택한 이유는 '조선인들도 차별받지 않고, 입신출세할 수 있다'는 인식과 1930년대 경제공황으로 취직난이 심해지자 만주국이 새로운 기회의 땅으로 주목받았고, 징병을 합법적으로 피할 수 있었기 때문이다.

또한 만주는 일찍부터 의병의 잔여 세력들이 이전하는 등 항일운동가에게 저항의 땅으로, 망명한 지도자들은 명동학교, 신흥학교 등 학교를 설립하고 만주에 독립군 기지화를 시도했다. 그리고 민중에게 '배부른 땅'으로 일찍부터 주목받았던 만주는 19세기 후반부터 이주가 시작되었고, 특히 북부지역에 해마다 발생한 홍수와 가뭄으로 인한 자연재해로 이주민이 많았다. 이후 강제 합병과 3.1운동 이후 대거 이주가 이루어졌다. 일제강점기에 만주로 이주한 길림성 내 조선족(집안·통화·반석·교하 지역)의 면담 과정에서 가장 많이 차지한 이주 이유는 "배를 곯아서 이주했고, 간도는 쌀밥은 못 먹어도 강냉이는 실컷 먹을 수 있는 배부른 땅으로, 적어도 조선에서 지낼 때보다는 배불리 먹을 수 있기 때문이었다"고 한다.

이주민들은 생활기반 마련을 위해 황무지를 개간하는 등 악전고투를 하면서 교육에도 적극적인 관심을 기울였다. 특히 1907년 만주 연길현 와룡동에 설립된 창동학원은 민족의 독립과 자유를 위해 인재를 양성하는 민족교육기관으로, 북간도뿐만 아니라 남북만 또는 연해주에서 오는 학생 등 한민족 독립운동의 중심지가 되었다. 이 학교의 학생들은 모두 기숙사 생활을 했고, 경비는 학교 후원회에서 부담했다.

간도 지역은 1910년대에 이미 독립운동단체들이 군자금 모금과 무기 구입 등을 위한 활동에 참여했다. 이곳은 80퍼센트가 농민이었고, 용정 시내에 거주하던 최두남은 간도 개발을 목적으로 농장을 구입하여 우리 손으로 산업개발을 하자는 목표를 세워 '일하지 않는 자 먹지도 말라'는 지도 표어 아래 여러 시설을 갖추어 나가면서 산업학원을 창설했다.

자격은 보통학교 졸업자로, 면접시험으로 학생을 선발하여 2년 동안 수업했다. 그리고 1934년에는 간도 지역의 도문학교에서 학생을 모집했는데, 120명 모집에 3백 수십 명이 지원할 정도로 향학열이 높았다(《동아일보》, 1934. 4. 1.).

만주 지역은 1930년대 100만 명이 이주할 정도로 많은 조선인들이 터를 잡고 살았고, 조선인 거류민회연합회도 활동했다. 그리고 19,793명을 수용하는 169개교의 조선인 교육을 위한 초등교육기관도 있었지만, 상급학교 진학률은 매우 낮았다. 그 이유는 조선 학생이 입학할 수 있는 중등학교가 없었고, 무자격 보통학교를 졸업했기 때문에 일본이나 조선의 중등학교에 입학하려면 입학 자격 검정시험을 치러야 하는 불편함과 경제적 부담 등이 있었기 때문이다(《동아일보》, 1935. 11. 29.).

그럼에도 중국 유학은 1년 이상 어학 공부를 하는 등 철저하게 준비한다면 다양한 선택의 기회가 있었다. 예를 들면 만주 지역에는 동북대학·길림대학·의과대학·여자체육전문대학·공과대학 등 각 대학과 공업중학·상업중학·농업중학·직업학교·여자사범학교 등 남녀 중등학교가 있었다. 그리고 길림한인학우회에서는 공동기숙사 건립을 계획하는 등 학업을 지원하기 위해 많은 사업을 벌였고, 신입생 안내를 핵심 활동으로 꼽았다. 1930년 중등학교 이상 중국에 유학 중인 조선인 학생은 약 40명이었고, 길림대학에서 공부하는 유학생은 30명이었다(《동아일보》, 1930. 3. 6.).

▌러시아 유학, 마술사가 되어 돌아오기도…

1914년 제1차 세계대전과 1917년 러시아 혁명으로 아시아 피압박민족에게 민족주의에 대한 자각 등 강렬한 인상을 심어준 러시아는 혁명 시기에 이미 25만 명의 조선인들의 이주가 이루어질 정도로 주목을 받았다. 신문에도 일찍부터 소련의 대학에 관한 유학 정보를 제공했고, 〈동아일보〉(1925. 10. 16.)는 "소련에서 공부하는 것이 예전보다 매우 유리하다……. 소련 교육기관은 모두 노동자 본위이기 때문에 부잣집 출신이나 놀고먹는 사람에게는 비싼 교육비를 받고, 그 수도 줄이고 있다……. 반면 노동하는 학생은 무료로 공부할 수 있다. 소련 유학을 목적으로 하면 노동자가 될 결심을 하지 않고는 견디기 어렵다. 그렇지 않으면 차라리 영국으로 가는 것이 더 편리하고 학비도 싸게 들 것이다"라고 조언했다. 1934년에는 "소련의 대학에서 외국인 입학을 허락했다. 소련 대학에서는 자국어로도 시험을 볼 수 있고, 러시아어로 보는 시험은 1년간 연기할 수도 있다"는 기사도 보인다(〈동아일보〉, 1934. 6. 13.).

러시아는 사회주의 사상에 관심을 기울였던 청년들에게 특히 주목을 받았고, 러시아에서 공부한 김문필과 김완실의 이력도 흥미롭다. 평안북도 초산(楚山)에서 태어난 김문필은 23세 때 러시아에 유학하여 알렉산드르 대학에서 7년간 문학을 공부했다. 이후 예술단을 따라 프랑스로 가서 마술과 최면술을 익히고 인도까지 다녀왔다. 러시아어·서반어(에스파냐어)·독일어 등 7개 국어가 가능한 보기 드문 엘리트였던 그는 러시아 황실의 상을 받았고, 공연 종목도 150여 가지에 이르는 등 천재적인 재주를 지닌 것으로 전한다.

본격적으로 마술사의 이름을 내걸고 공연을 시작했던 그는 20여 년 만에 고국을 방문하여 경성을 비롯해 전국을 순회하며 공연을 하여 갈채를 받았고, 유지들이 그의 후원회를 결성할 정도로 인기가 굉장했다. 〈동아일보〉(1924. 10. 22.)에는 '조선인 초유의 세계적 기술사'라고 소개되었고,

천도교 수운대선사 100년 기념행사에서도 공연을 했다. 1925년에는 순종의 초청을 받아 인정전(仁政殿)에서 공연할 정도로 실력을 인정받았다.

당시 김문필에 대한 관심은 단순히 마술에 대한 것만은 아니었던 것으로 보인다. 그의 유학은 마술이 크게 유행하기 전에 이루어지기도 했지만, 그가 공연을 하며 유럽 각국을 다녔다는 점과 멀리 인도까지 다녀온 경험 등은 '신문물과 첨단'이라는 의미로 받아들일 만했다. 즉 그의 공연은 한낱 볼거리가 아니라 방금 배달된 서구 문명으로 인식되었다. 또한 그는 고국에 들어오기 전에 하얼빈과 장춘에서 공연한 수익금을 지역의 조선동포학교에 기부했고, 동대문 밖에 거주하던 고학생들의 거주지를 마련하기 위해 천도교와 협력하여 공연한 후 일본까지 가서 순회 공연을 하여 얻은 수익금을 기부하는 등 특이한 이력으로도 주목받았다(〈조선일보〉, 1924. 6. 30. 외).[04]

3년 후인 1927년, 함북 명천 출신으로 세 살 때 모스크바에 가서 오랫동안 공부한 김완실이 귀국하여 마술 공연을 했다. 아마도 19세기 말에 그의 가족들이 러시아로 이주했던 것으로 보인다. 공학도로 전하는 그는 대학 시절부터 마술에 관심이 높았고, 학생들을 모아 흥행단을 조직하여 여름방학 때 각지를 순회하며 공연하여 갈채를 받았다(〈조선일보〉, 1927. 12. 18.). 그러나 러시아 혁명 이후 만주와 시베리아 지역을 표류하다 귀국하여 단체를 결성해 요술과 마술을 가르쳤고, 소년소녀 가극단을 육성하여 전문 공연 계획까지 세웠다.

〈매일신보〉(1927. 12. 17.)는 "공학도 출신인 만큼 마술을 과학적으로 연구했으므로 김문필보다 나을 것"이라고 했고, 〈동아일보〉(1927. 12. 17.)는 그를 공예학교 출신으로 소개하면서 "무대배경과 의상 등 자신의 손으로 못

만드는 것이 없었다"고 보도했다. 그러나 신문 등에서 그와 관련한 기사가 더 이상 보이지 않는 것으로 보아 공연이 성공적이지 않았던 것으로 보인다. 그의 경력이 김문필과 비교되는 것이 그 예였다.

김문필의 경우 이미 20여 년을 유럽 등지에서 공연한 경험이 있었고, 고국에 돌아왔을 때는 51세로 노련미를 갖추고 있었다. 무엇보다 어려운 동포들을 지원하는 등의 활동이 주목받았고, 대중에게 잘 알려진 '천승일행보다 더 심오한 재주를 가졌다'는 평가를 받았다(《동아일보》, 1924. 6. 30.). 김문필은 공연 첫날 지역 유지들을 초청하여 공연장 1층을 제공하는 등 사업 수완도 지니고 있었다(《조선일보》, 1924. 6. 30.). 반면 김완실이 고국에 돌아왔을 때는 31세의 젊은 나이였고, 공학도였던 김완실의 기술이 뛰어났을지는 몰라도 대중성 면에서 김문필과 비교되었을 것으로 보인다.

각종 군사학교들도 소개하다

동북육군강무학당과 항공학교, 육군고등군사연구소 등 군사 분야의 교육기관에서도 입학생을 모집하면서 신문을 통해 조선인의 지원을 권유했다(《조선일보》, 1930. 3. 20./ 〈동아일보〉, 1930. 2. 27.). 예를 들면 〈동아일보〉(1930. 2. 2.)에 '중국 군관학교는 누구나 입학시험이 면제'라고 소개했고, 일본 비행학교도 각종 특전과 함께 자주 소개되었다.

하지만 비행학교 입학시험에 합격한 조선인은 소수였고, 졸업도 어려웠다. 때문에 비행학교를 졸업하고 비행사 자격을 획득하게 되면 신문에 크게 소개되었고, 고향 방문 기념으로 비행 공연도 했다. 조선인 최초의 비행사로 비행학교 교수를 지낸 안창남을 비롯해 서상한·이상태·조성순·강세기·김영수 등이 그들이다(〈동아일보〉, 1921. 7. 11./ 1924. 2. 7. 외). 그리고 일본에서 기예학교를 졸업하고 귀국했다가 다시 일본에 건너가 자동차 학교를 마치고 조선 여성으로는 최초로 비행학교에 입학한 박경원(《동아일보》, 1925. 7. 9.)과 이정희 등 여류 비행사들도 주목을 받았다(《조선일보》, 1927. 10. 21.).

1926년에는 여의도에 조선 최초로 비행 연습소가 설립되어 연습생을 모집했다. 자격은 고보 2학년 수료 또는 일본고등소학교 졸업 정도였고, 입학금 15원에 월 수업료 10원 그리고 비행기 연습비는 1시간에 무려 120원가량으로 비행사 면허증을 받기까지 약 1,200원 내외의 거금이 들었다(《조선일보》, 1926. 5. 29.). 따라서 자비로 비행사 자격을 따기가 쉽지 않았다. 반면 신문에서는 "비행사가 되면, 만 20세가 못 되어 월급이 59원으로, 대졸자보다 많이 받는다"며 비행학교를 권장하는 기사도 보인다(《동아일보》, 1936. 2. 5.). 여기에 비행사는 하늘을 날아다니는 것을 동경했던 청소년들의 마음을 자극하는 등 주목을 받았다.

또한 〈동아일보〉(1938. 11. 2.)에는 '국경선 확보에 중대 역할을 연출하고 있는 만주국군'이라는 선전 문구와 함께 만주육군사관학교 생도 모집 기사도 보인다. 지원 자격은 만 17세 이상 20세 미만의 미혼으로 학과 교련에 합격한 중등학교 졸업자였고, 시험과목은 체력검사와 수학·이과·지리·역사·작문·일본어·한문 등이었다.

전차 조종사를 양성하는 일본 전차학교에서는 '소년들의 동경의 대상' '소년의 열렬한 애국군인 지망생을 환영하고 있다'며 소년 전차병 생도도 모집했다. 지원 자격은 고등소학교 졸업 정도로 만 15세에서 18세까지였고, 신체검사와 학과시험에 합격하면 2년 과정의 교육을 받고 졸업하게 된다. 1939년 소년 전차병 생도 모집에 100여 명의 지원자 중 조선인이 3분의 1을 차지할 정도로 주목을 받았다(《동아일보》, 1939. 8. 30.). 그리고 1933년부터 일본 육군사관학교 입학시험이 경성·평양·대구·나남·함흥에서 치러졌다(《동아일보》, 1933. 1. 28.).

군사 분야 교육기관 중에는 일본 육군사관학교가 가장 주목을 받았다. 중국인의 경우 1928년 일본의 전문학교나 대학 재학생 500여 명이 지원하여 370여 명이 응시할 정도로 지원자가 많았으나 합격자가 94명에 지나지 않을 정도로 입학이 어려웠다(《조선일보》, 1928. 3. 1./ 《동아일보》, 1928. 3. 1.). 일본 육군사관학교는 조선인에게도 문호를 개방했고, 지원 자격은 만 18세부터 21세의 중학교 4학년 2학기 수업 정도의 미혼 남자였다. 단, 파산선고를 받고 복권 전인 자, 금고 이상의 형에 처한 자, 품행이 좋지 못한 자 등은 자격이 없었다. 신체검사를 합격해야 필기시험을 볼 수 있었고, 시험과목은 대수·화학·외국어·물리·일본어·한문·지리·역사·기하·작문 등이었다.

《동아일보》(1934. 9. 1.)에는 "조선인 청년으로 이미 일본 육군사관학교에 입학한 생도가 있으며, 성적이 좋다. 특별히 조선 청년을 크게 환영한다"는 등의 기사도 보이며, 매년 생도 모집을 소개했다. 그러나 1933년에는 약 20명의 조선인이 지원했으나 합격자는 2명에 지나지 않았고, 1934년에는 40명이 지원하여 신체검사에서 19명이 합격했으나 필기시험에서 몇 명이나 합격할지 관심을 모을 정도로 입학이 쉽지 않았다(《조선일보》, 1934. 12. 11. 외).

▌일찍이 인연이 시작되었지만…

신문에서는 일본 육군사관학교에 지원한 조선인 합격자도 발표했다. 1936년에는 "함흥고보 5년생 박범집과 대구고보 최명하 등 2명이 우수한 성적으로 합격했다. 현재 육군사관학교 예과와 본과에는 중포병 채병덕, 공병 이종찬, 예과 항공병 지인태, 기병 이용문 등이 재학 중"이라고 소개했다. 1937년에는 경성 출신 강석우와 김정렬, 나남 출신 노태순 등 3명이 합격했고, 1939년에는 일본 육군사관학교 지원자의 3분의 1이 조선인이었다(《동아일보》, 1936. 2. 21. 외).[05]

1934년 8월에는 일본군 육군 소좌 김석원이 동경에 있던 일본 육군사관학교 재학생 이종찬·이용문·채병덕·지인태 등 4명의 생도를 인솔하여 조선일보사를 방문했다. 〈조선일보〉(1934. 9. 1.)에는 "조선 출신 현역 장교와 사관학교 재학생은 모두 16명"이라고 보도했는데, 소수의 조선인만 합격했던 일본 육군사관학교 생도들의 자부심과 함께 생도 모집을 홍보하려는 의도가 엿보인다. 그러나 군사 분야에서 입학생 모집은 조선 청년을 전쟁에 동원하려는 일제의 의도를 간과해서는 안 된다.

일본 육군사관학교를 비롯해 군사 분야의 학교를 졸업한 청년들은 일제가 벌인 전쟁에 참전했다. 일본 육군사관학교 출신 최명하의 경우 태평양전쟁에 참전하여 체포될 위기에 놓이자 권총으로 자살하여 훗날 욱일장에 추서되었고, 야스쿠니 신사에 합사되었다. 일제는 그를 '태평양전쟁에 참전한 조선인 청년 용사의 업적'으로 선전했다.[06] 또한 전국을 순회하며 일제의 침략전쟁을 선전하면서 조선인의 입대를 권유하는 등 일제에 적극 협력한 자들도 있었고, 광복 후에는 대부분 대한민국 국군 창설에 참여하여 주요 직책을 맡았다. 그들 가운데 육군참모총장을 지낸 이종찬은 보기 드물게 일제에 협력한 잘못을 인정하고 반성했다.

일본 육군사관학교는 우리와 일찍이 불편한 인연이 있었다. 1907년 이토 히로부미(伊藤博文)에 의해 일본 유학이라는 명목으로 11세에 인질로

잡혀간 영친왕 이은은 일본에 강제 체류하는 동안 철저한 일본식 교육을 받았고, 일본 육군사관학교를 다닌 후 육군 중장을 지냈다. 통감부는 1907년 대한제국 군대를 해산했고, 1909년 초급장교 양성소인 육군무관학교마저 폐교하면서 학생들의 반발을 무마하고 일본에 충성하는 군인을 양성하기 위해 관비로 이들을 일본 육군사관학교에 유학을 보냈다.

그러나 1910년 일제가 조선을 강제 합병하자 유학 중인 생도들 사이에 "나라가 망한 마당에 계속 공부할 필요가 있는가?" "퇴교하거나 자결하자"는 등의 강경 발언까지 나왔다. 당시 연장자였던 지청천(일명 이청천)은 "일본군과 싸우려면 지휘관이 필요하다. 이왕에 군사 교육을 받으러 온 것이니 배울 것은 다 배우고 중위가 되는 날 일제히 군복을 벗어 던지고 조국의 광복을 위해 총궐기하자"고 제안했고, 생도들이 이에 동의하여 함께하기로 맹세했다. 당시 이 논의가 요코하마에서 있었다고 해서 '요코하마 맹세'라고 한다.

지청천은 1914년 동기들 13명과 함께 일본 육군사관학교를 졸업하고 장교로 임관하여 일본군 부대에 배치되었다. 이후 망명 기회를 노리던 그는 남만주로 탈출에 성공하여 항일무장투쟁 대열에 합류했다. 당시 그는 일본군 최신 군사 서적과 군용지도 등을 휴대하고 탈출하여 독립군의 현대적 군사 지식 등에 큰 도움이 되었다. 이후 지청천은 독립군을 양성하고 일본군과의 전투에서 활약했으며 광복군 총사령관이 된다.

그리고 선배 김광서(김경천)가 지청천과 함께 탈출했고, 1년 후에는 이종혁이 탈출하여 독립군으로 활약하다 체포되어 사망했다. 이동훈은 일찍 퇴역하고 평양광성고보 교사를 지내다 3.1운동을 지도한 후 상해 임시정부로 탈출하다가 체포되어 고문 후유증으로 사망했다. 군사기밀을 가지고 상해로 망명을 시도했던 조철호는 신의주에서 체포되어 옥고를 치른 뒤 오산학교와 중앙학교에서 체육 교사로 활동하다가 6.10만세운동 배후 조종자로 지목되어 북간도로 망명하는 등 파란만장한 삶을 살다가 1941년 사망했다. 이들 외에는 훗날 '요코하마 맹세'를 지킨 인물은 찾아보기 힘들다.[07]

언론과 문학,
입학시험은 뜨거운 감자였다

▌'입시지옥'이라는 말이 등장하다

신문에는 1920년대부터 입학시험과 관련한 다양한 내용들이 보도되기 시작했고, 1940년대 초 일제가 일으킨 중일전쟁과 태평양전쟁으로 사회 전반에 대한 통제로 인해 한글 신문과 잡지가 폐간되기 전까지 적극적인 관심을 기울였다.

1936년 잡지에 「학교는 눈물인가? 한숨일런가?」라는 제목으로 다음과 같은 글이 실렸다.

> ……사실 내가 어렸을 때만 해도 집집마다 선생이 다니면서 면서기 모양으로 학령 아동을 데리고 가서 강제로 공부를 시켰다. ……그 때는 책을 주고 지필묵을 사주고 하여도 공부하는 학생이 없고, 심지어는 잡아다 놓은 생도들이 도망을 가는 등 '탈옥수 사건'이 빈번하여 교관들이 칼을 차고 다닌 것도 이런 불상사의 방비책이 아니었던가? 하는 생각이 든다.
> ……이제 와서는 학교에 하나 넣기가 하늘의 구름잡기보다도 더 어

렵게 되었다. 자식을 낳아서 이놈을 공부시킬 만큼 돈을 벌어야겠다고 염려하는 것보다도 먼저 요놈을 어떻게 학교에 넣을 수 있을까? 하는 말하자면 재정 문제보다 인격 문제가 앞섰다.[01]

이처럼 학비 걱정보다 자녀의 입학이 더 큰 문제였을 정도로 입시난이 심각했다. 신문에도 매년 입학시험 철이 되면 "비참! 1:6의 이 비참, 중등학교가 태부족, 교육계의 통한(痛恨), 모집하는 정원은 불과 1,300명인데 입학 희망자는 이미 7,000명에 가까웠다" "뼈가 저리게 비참한 광경, 가련한 소년들" "남의 학교까지 빌려서 처참한 입학시험 광경" "낙제(탈락자) 아동 천여 명, 17개의 보통학교 입학시험 결과" 등 높은 경쟁률, 시험 대비 요령, 학교의 수험 준비 기관화, 조선인 차별과 자산 차별 문제, 수험 준비로 인한 '건강 파괴' 문제, 불합격생들의 자살과 각종 입시 비리 등, 해마다 입학시험 시기에 발생한 온갖 기사가 쏟아졌다(《동아일보》, 1921. 3. 27. 외).[02]

특히 신문에서는 1920년대 중반부터 매년 각 학교의 지원 현황을 집중 보도하는 등 경쟁률을 표제화했다. 예를 들면 "5~6배 초과의 중학 입학난, 불합격자는 장차 어디로, 대구의 각 학교 시험지옥"(《동아일보》, 1929. 3. 7.), "두드려도 안 열리는 입학난 지옥문…" "시험지옥에 대하여"라는 제목으로 전국이 입시 경쟁으로 몸살을 앓고 있는 심각한 현실을 보도했고, 본격적으로 '입시지옥'이라는 용어도 등장했다(《매일신보》, 1927. 3. 28. 외).

1930년대에는 「시험지옥」이라는 5회의 연재 기사가 실렸고, 또 「소가 바늘구멍 나가는 듯한 입학시험」(《중외일보》, 1930. 2. 4.~2. 8.) 등의 연재 기사에서는 높은 경쟁률과 함께 실업학교와 여학교 문제, 조선인 차별 문제 등

을 본격적으로 제기했다. 심지어 "해마다 봄이 되면 식량의 걱정보다도
교육의 기근이 닥쳐와 입학난의 소리가 귀가 아플 정도로 들려온다"(《동아
일보》, 1938. 12. 27.)라며 입학시험은 끼니 걱정보다도 더 무서운 괴물과 마주
하는 연례 행사(?)가 되어버렸다.

이외에도 1930년대 입시 경쟁이 얼마나 심각했는지를 보여주는 신문
기사 제목의 사례를 살펴보면 다음과 같다.

- 「참담한 입학시험 진지보통학교 대이상, 입학 지원자가 정원의 5배」(《조선
  중앙일보》, 1934. 2. 16.)
- 「시험지옥 최고 기록 16배의 혈전… '홍수 지원'」(《동아일보》, 1935. 3. 15.)
- 「백 명 모집에 1,100명 지원, 대구사범학교의 입학난」(《조선중앙일보》, 1936. 2.
  18.)
- 「시험지옥의 절정! 38∶1」(《동아일보》, 1936. 3. 24.)
- 「입학난은 너무도 귀 아프게 되풀이되는 소리라 다시 붓에 올리기도 진저
  리나는 일이다」(《동아일보》, 1936. 3. 16.)
- 「입학시험 전 백열화! 중등 교문에서 버림받을 생도 경성 시내에만 만여
  명… 경쟁률 7배」(《동아일보》, 1938. 3. 10.)
- 「입학난의 급단(急端)! 9∶1의 시험지옥」(《동아일보》, 1939. 3. 4.)

이처럼 신문에는 입시지옥이라는 말도 모자라 '살도(殺到), 참담(慘憺),
백열화(白熱化), 혈전(血戰)' 등의 극단적인 단어까지 동원되었고, 삼재팔난
(三災八難)이라며 국가 재난 상황에 비유했다(《매일신보》, 1930. 2. 6. 외).[03]

국가 재난 상황에 비유하다

삼재팔난은 '세상의 모든 재앙과 곤란을 이르는 말'로, 민간에서는 '이를 방지하는 방법은 오직 삼두응(三頭鷹)이라는 머리가 셋 달린 매뿐이다'라고 해서 이 그림을 집 안에 걸어두는 풍습이 전한다. 일제강점기의 삼재(三災)는 일본인의 증가로 인한 인재(人災), 일본인 지주로 인한 지재(地災), 조선총독부의 관료주의로 인한 관재(官災)를 꼽았고, 교육과 관련해서는 '입학난(入學難), 수학난(受學難), 취직난(就職難)'을 3난으로 꼽았다.

팔난의 첫 번째는 생활난이었다. 1920년대는 농가의 가구당 평균 부채가 100~150원이었으나 농민의 하루 평균 소득은 7전 5리로 부채의 이자도 되지 않았고, 먹고 입는 것은 물론 병이 나면 약을 살 돈도 없었다. 때문에 각종 직간접 세금을 납부하지 못해 밥 짓는 솥까지 강제로 압수당하는 일이 비일비재했고, 농가에서는 영양부족과 심리적 부담 등에 시달리다가 심한 경우 자살을 선택하기도 했다.

두 번째는 취직난으로, 중등학교를 졸업하고도 취직이 어려워 생활고에 시달렸다. 1923년 일본에서 중등학교 이상을 유학하고 돌아온 1,312명 중 순(純) 무직자가 284명, 농업에 종사하면서 소작료 이외에 다른 소득이 없는 준(準) 무직자가 288명이었고, 직업을 가진 자는 740명으로 절반을 조금 넘었다. 1924년에도 상황이 크게 달라지지 않아 일본 유학을 마치고 귀국하면 이와 같은 운명이 기다리고 있었다. 또 연희전문과 보성전문 출신 100여 명 중 15퍼센트만 취직이 결정되었고, 나머지는 무직으로 국내 졸업자의 상황도 대단히 열악했다.

세 번째는 아동의 입학난이었다. 전국적으로 보통학교 입학시험 탈락자가 정원보다 많은 것은 기본이었고, 심한 경우 3~4배가 넘었다. 반면 경성의 전차 안에는 미려한 일본인 아동이 등장하는 소학교 광고를 접할 수 있어 이질감을 더했다.

네 번째는 어학난이었다. 만 6세가 되기 전에 아동들이 보통학교 입학시험을 보기 위해 일본어를 배워야 했고, 돈을 내라는 납세고지서 외에는 일반 조선인에게 알리는 법령이나 게시문 등이 모두 일본어였다. 그리고 전화나 대중교통을 이용할 때도 일본어를 사용해야 했다. 때문에 "일상생활에 2천만 조선인의 불편은 말로 다할 수 없으나, 조선에 살고 있는 30만 일본인은 모르는 일이다"라는 말까지 나왔다.

다섯 번째는 여행난이었다. 일본에 가려면 신분 보증서가 있어야 했고, 서양의 경우 조선총독부의 허가를 받아야 하는 등 여행권을 받기가 쉽지 않았다. 그리고 언론집회는 개회도 하기 전에 금지되었고, 하급 관리의 기분에 따라 멋대로 출판물을 압수하는가 하면, 심지어 명령권까지 휘둘렀다고 해서 언론난을 여섯 번째로 꼽았다.

이외에도 관세 철폐로 일본의 제조 공업품이 조선 곳곳을 휩쓸어서 벌어진 기업난을 일곱 번째로 꼽았고, 조선 최대의 금융기관인 조선은행을 비롯해 기타 은행은 일본인에게 친하고 조선인에게 엄격해서 금융난을 여덟 번째로 꼽았다.

이처럼 입시난을 포함한 팔난이 모두 교육과 무관하지 않았고, 교육을 받는다고 해서 생활고에서 벗어난다는 보장도 없었다. 하지만 교육을 외면한다면 이러한 문제로부터 더욱 심각한 속박을 받을 수밖에 없었다. 따라서 어려운 생활 속에도 공부를 할 수밖에 없는 이유는 살기 위한 선택이었고, 농촌의 경우 생존전략의 하나로 교육을 통한 탈농촌화를 꿈꾸었다. 이러한 분위기는 보통학교에 이어 상급학교 진학으로 이어졌다.

▌한계를 드러내다

보통학교부터 시작되는 입시 경쟁에 대해 〈동아일보〉(1934. 3. 29.)는 다음과 같이 개탄했다.

> 배움의 첫길인 초등학교 입학에도 시험! 이래서 아무 탈 없이 6년을 마친 학생들 중에서 가정의 혜택을 입은 호강스러운 졸업생들만 또 첩첩이 굳게 닫힌 중학의 교문을 두드리느라고 입학 난리! 여기서 5년을 천신만고로 겪고 나서 교문을 나서며 둥근 모자를 벗어 놓은 학생 중에서도 학비와 여러 가지 환경을 추리고 추려서 여러 가지 면에서 자신 있다는 생도들만으로 배움 바다의 제3 관문인 고등전문학교를 향해 두드려도 열릴 줄 모르는 그야말로 입시지옥을 여느라고 또 한 번 난리!"

이처럼 입학시험은 '두드려도 열릴 줄 모르는 시련의 연속'이었고, 신문에서는 입시난으로 인한 사회문제를 기회 있을 때마다 다루면서 입시지옥을 해소하기 위해 교육자와 학부모, 사회단체들이 전개한 초·중·고등 교육기관 확충 운동에도 관심을 기울였다. 그리고 각 도의 평의회에서 예산 문제와 정원 차별 등 입시난의 근본적 문제를 지적하며 교육 당국을 질타한 현장을 취재하며 교육 당국도 압박했다.

1932년 〈동아일보〉(2. 17.)는 평남도 평의회에서 오승은 의원이 보통학교 교육비 보조의 삭감과 조선인 차별 문제를 따지면서 "세계 각국에서 모두 의무교육을 실시하는지는 모르겠으나, 초등교육기관인 보통학교에서 입학시험을 보는 비참한 현상은 조선 말고 또 어디에 있느냐!"고 추궁하자 평안남도 내무과장은 "조선도 어서 속히 민도(民度)가 진보되어 일본인과 같이 교육비를 증가할 날이 오기를 바란다. 그리고 보통학교는 현재 모집인원을 초과하여 시험을 보는 것이 부득이하다. 구구한 변명 같으나 오해 말기를 바란다"며 보통학교 입학시험은 세계에서도 유례없는 일이라는 지적에 대해 "조선의 민도가 진보하지 않았다" "예산이 부족하다"는 조선총독부의 입장을 되풀이하면서 교실 증원과 학교의 신설을 외면한 내용을 자세하게 보도했다.

특히 입시난으로 사회적 압력에 직면한 조선총독부는 입학시험과 관련하여 최대의 뉴스 생산자로 신문에서 자주 비판을 받았지만, 그럴 때마다 교묘하게 책임을 회피하며 빠져나갔다. 때문에 신문의 비판은 분명한 한계를 드러냈고, 한편으로는 "언론은 교육정책 당국에서 쏟아내는 각종 정보의 전달자 노릇을 충실히 했다"는 지적을 받았다.

실제로 언론사는 매년 12월부터 입학시험 날짜, 시험과목, 지원 자격 등 각 학교의 입학시험과 관련한 정보를 신속하고 정확하게 전달하고, 입학에 도움이 되는 현실적인 정보를 전달하기 위해 노력했다. 예를 들면 중등학교의 구두시험 준비와 관련해서 "교사와 학생은 예상 문제를 뽑아 외워야 하며, 질문에 막힘없이 대답할 수 있어야 한다. 또 구두시험은 수험생의 태도를 보기 때문에 조신한 태도를 몸에 익히는 것 역시 중요하다"고 조언했다.

초등학교의 구두시험에 대해서는 "문제를 열성적으로 가르치기 때문에 이를 따로 외우고 있다가 질문을 받았을 때 당황하여 더듬거리며 외웠던 것을 다시 생각하느라 애를 쓰는 경우가 있습니다. 그러나 구두시험이란 어떠한 상식을 반드시 모두 알아야 하는 것이 아니라 답변하는 동안 수험생의 태도를 보려는 의도가 있으며, 또한 알지도 못하고 배우지도 못한 것 중에서 묻는 것이 아니라 이 정도면 수험생이 충분히 알 수 있을 것이라고 생각하는 것을 묻는 것이니, 너무 겁을 집어먹을 필요는 없습니다"라며 침착하게 질문에 답변하는 태도를 몸에 익힐 것을 조언했다(《동아일보》, 1940. 2. 2.).

▌그래 가지고 어디 입학하겠느냐?

〈동아일보〉(1935. 2. 17.)에는 "금년부터 신제도의 입학시험에 대한 준비, 구두시험은 대답보다 태도가 중요, 어머니의 주의하실 점" 등을 보도하면서 다음과 같이 집에서 어머니가 취학 아동에게 입학시험에 대비한 교육 사례도 소개했다.

> **어머니:** 너는 몇 살이냐? **원용:** 여덟입니다.
>
> **어머니:** 아버지는 무얼 하시느냐? **원용:** 날마다 은행에 다니십니다.
>
> **어머니:** 너의 손가락은 몇 개이냐? **원용:** 열 개입니다.
>
> **어머니:** 그러면 참새 다리는 몇이냐? **원용:** 셋입니다.
>
> **어머니:** 셋이라고? 그러면 황소 다리는 몇이냐? **원용:** 넷이지 몇입니까?
>
> **어머니:** 참새 다리는 셋이고, 황소 다리는 넷이라니 너는 다리가 셋 달린 참새를 보았느냐? **원용:** 아, 참새 다리는 둘이야. 어머니, 내가 틀렸어요.
>
> **어머니:** 자, 그러면 사람 얼굴을 그린 이 그림을 보아라. 이 사람 얼굴에는 무엇이 없는 것 같은데. **원용:** 코가 없습니다.
>
> **어머니:** 이 사람은? **원용:** 바른쪽 눈썹이 없습니다.
>
> **어머니:** 참 잘했다, 우리 원용이. 내 동생 이름은 무엇이냐? **원용:** 순용이, 나

는 순용이가 제일 이뻐.

어머니: 다 잘했다. 너는 수도 셀 줄 아느냐? **원용:** 응. 쉰, 예순까지 알아요.

어머니: 그러면 여기 있는 콩을 열다섯 개만 세어 놓아라. **원용:** 네. 하나 둘 셋 다섯 여섯 일곱 여덟 아홉 열 열하나 열셋 열넷 열다섯. 어머니 맞았지?

어머니: 틀렸다. 왜 빼먹고 세니? 넷하고 열둘은 모르는구나. 그래 가지고 어디 입학하겠느냐? ……학교에 가려고 하는데 비가 오면 어찌하느냐?

원용: 장화를 신고 우산을 받고 옷은 가볍게 입고 가방을 메고 가지요.

어머니: 만일 너의 집에서 불이 난 것을 먼저 보았으면 어떻게 하겠니?

원용: 끄지요.

어머니: 너 혼자서 불을 끌 수 있겠니? **원용:** 어머니, 아버지, 누나를 모두 부르고, 순용이는 내가 데리고 나오지.

어머니: 어머니가 못 들었으면 어찌하느냐? **원용:** 불이야! 불이야! 하고 소리를 지릅니다.

어머니: 오늘은 연습 잘하였다. 그러면 나머지는 요다음에 하고 아버지 함자하고 네 이름을 써보아라. **원용:** 어머니, 함자가 무어유? 내 이름은 쓸 줄 알아.

어머니: 어른의 이름은 함자라고 하여 존경하는 것이란다. 그러면 너의 생일은 언제냐? **원용:** 사월 초하루예요.

어머니: 잘하는구나. ……또 모르는 것은 없느냐? **원용:** (생각하다가) 언니가 몇이냐고 하면 뭐라고 해요?

어머니: 형은 둘이고, 누이가 하나이지. **원용:** 어머니 너의 집 전등이 몇 개냐 하고 묻는데……. 동생도 있느냐고 하면 뭐라고 해요?

어머니: 있다고 하지……. 좀 놀다 오너라. 이따 또 공부하자.

이처럼 집에서 '어머니와 아들이 편하게 대화를 통해 입학시험 준비를 한다'고 했지만, 만 6세 미만의 아동들에게 결코 부담 없는 내용은 아니었다.

▌다양한 정보를 제공하다

신문에는 수험생의 관리 등 다양한 정보도 제공했다. 예를 들면 수험생의 건강 유지를 위해 몇 달 전부터 먹는 음식과 운동, 취침 시간 등을 다루었고, 시험 당일에는 아침을 많이 먹지 않고, 긴장하지 않게 하며, 영양분 있는 음식물을 섭취할 것을 권했다. 한 신문에 진명여고보 입학시험을 안내하면서 수험생이 참고해야 할 사항으로 "수험자는 수험표, 연필, 주머니칼, 고무, 도시락 등을 휴대할 것"(《동아일보》, 1928. 2. 9.)이라는 내용도 흥미롭다.

"입학시험과 취직시험에서 멘탈 테스트(정신검사), 백발백중법 소개…… 멘탈 테스트에 양호한 성적으로 합격을 위한 방법을 미국대학에서 발표…… 수일간 단식을 하였다가 시험 보기 전에 섭취를 하는 것이 가장 좋은 방법…… 적어도 수일 혹은 10일 내지 그 이상을 단식하면 몸이 멘탈 테스트에 응하기에 제일 적당한 상태에 있게 되고, 손끝의 운동과 같은 것이 도리어 민첩해지며 정확해지고, 마음의 기능도 시험 직전에 음식을 섭취하기만 하면 매우 민첩해진다. 과연 믿을 만한지는 모르겠으나 흥미 있는 학설이다"(《동아일보》, 1932. 4. 21.)라며 해외 사례도 소개했다.

그 밖에 〈동아일보〉(1931. 12. 1.)는 「시험과 음식」 코너에서 수험생의 음식 관리를 8회나 연재했고, 「입학시험을 앞두고」(1935. 3. 13.~3. 15.)라는 제목으로 3회에 걸쳐 가정에서 수험생 관리 방법을 연재하기도 했다. 〈조

선일보〉(1927. 3. 12.~3. 14.) 「가정부인」 코너에서는 '입학시험을 어떻게 보일
까?'라는 제목으로 집에서 어머니의 역할에 대한 기사를 3회 연재했다.
또 시험이 끝나면 '불합격이라는 말은 절대 하지 말 것'등 수험생의 심리
적 안정에 대해서도 관심을 기울였고, 불합격한 자녀를 어떻게 대해야
하는지 등에 대해서도 기사로 다루었다〈〈조선일보〉, 1937. 1. 21. 외〉.[04]

라디오에서도 입학시험 예상 문제와 모범답안 등을 방송했고, "문제
는 반드시 다시 한번 확인하라"는 등 시험을 보는 요령도 단골 메뉴로 등
장했다. 또 입학시험이 끝나면 과목별로 시험문제를 해설해주었고, 합격
자와 실패자의 이야기를 소개하며 수험생들의 격려와 심리적 부담 해소
에도 관심을 기울였으며, 합격자 발표도 했다〈〈동아일보〉, 1930. 3. 14. 외〉.

잡지에서는 기사 작성에 따른 시간 제약이나 지면의 한계 등을 고려해
야 했던 신문과 달리 상대적으로 이러한 부담이 적다는 특성을 살려 다양
한 내용을 분석하며 심도 있게 다루었다. 예를 들면 1914년 〈청춘〉 10월호
에는 「시험과 뇌 쓰는 법」이라는 제목으로 수험생의 공부 방식과 자기관
리 방법을 소개했고, 1931년 〈동광〉에서 문일평은 「學海의 불상사: 맹휴
와 그 대책」이라는 특집으로 학교에서 일어났던 동맹휴학과 '시험지옥'
의 연관성 등 입학시험과 관련한 사회문제도 다루었다. 참고로 잡지에서
다룬 사례를 몇 가지 살펴보면 다음과 같다.

잡지명	글쓴이	제목	연도
〈개벽〉	박달성	「시급히 해결할 조선의 이대 문제」	1920년 6월 창간호
〈개벽〉	김병준	「신학년 입학난과 우리의 각성」	1922년 5월호
〈개벽〉	필자 미상	「조선의 특이한 처지와 이에 대한 특이한 구제책」	1923년 1월호
〈학생〉	남궁 환	「모던 중학생 풍경」	1930년 6월호

〈별건곤〉	김여식	「교육으로써, 민중에게 보내는 신춘 멧세이지」	1930년 2월호
〈별건곤〉	최규동	「현실에 빗처본 중등교육 개량방침 문제」	1930년 10월호
〈동광〉	주요섭	「학교 선택에 대한 사회적 고찰과 개인적 고찰」	1931년 2월호
〈동광〉	필자 미상	「교육계의 3대 문제」	1931년 11월호
〈조광〉	함상훈	「당국의 교육정책을 논함」	1936년 6월호

▌소설도 등장하다

1924년 〈개벽〉 8월호에 「입학시험」이라는 신필희의 단편소설도 등장했다. 이 소설은 입학시험을 소재로 다룬 대표적 작품으로, 입학시험과 관련한 다양한 내용들을 접할 수 있다. 예를 들면 당시의 학제와 시험과목, 수험생의 불안과 초조한 심정, 공부하는 수험생을 위해 가족들이 동물원 구경을 유보하는 등 수험생을 둔 가족들의 애틋한 마음, 시험 결과를 이웃이나 친척과 비교하는 심리, 시험을 앞두고 해당 학교 교사를 찾아가 청을 넣는 운동과 담임교사의 개별 과외 강습 등 당시의 시험 풍속 등을 접할 수 있다. 시험을 보는 교실의 분위기에 대해서도 다음과 같이 묘사하고 있다.

> 시험 시작종이 울리면 수험생들은 시험지를 받아들고 자신이 가져온 연필과 자, 지우개 등으로 시험문제를 풀어간다. 시험 마치기 10분 전쯤에 감독 선생이 '앞으로 10분'이라고 말한다. 수험장에서는 일찍 시험을 마친 학생은 먼저 교실을 나갈 수 있다. 감독 선생은 수험생 중 부정 행위자가 있는지 살펴보다가 부정 행위자는 수험표 번호를 기억해둔다. 시험 마칠 시각이 되면 종이 울리고 교실에 남아 있던 수험생은 일제히 기립하고 시험지를 거두어 간다.

1941년 〈삼천리〉 1월호에 발표한 한설야의 단편소설 「아들」에서는 1940년대 입학시험과 관련하여 부모의 고생스러운 삶을 자식에게 물려주고 싶지 않은 마음, 수험생 아들을 뒷바라지하며 중학교에 입학하기를 바라는 부모의 기대감, 시험 합격을 가족의 영예로 여기던 심리, 어렵게 공부를 마친 학력자들이 실직자로 전전하던 사회 분위기, 그리고 오늘날 입시학원과 수험서에 해당하는 강습소와 강의록 등 다양한 사회상을 접할 수 있다.

채만식의 「회懷」라는 작품에서도 중등학교 입학시험을 주요 소재로 다루고 있다.[05] 특히 작가는 "1940년대의 치열한 입시 경쟁은 고만고만한 연령과 체력의 소년들에게는 힘에 부치는 피로이며 매우 무리한 부담이다. 거기다 재수와 삼수까지 하니 이건 학대라고 해도 가할 것이다"라며 '입학시험은 정당한 경쟁이 아니라 사회적 학대'라며 당시의 세태를 날카롭게 비판하고 있다. 그리고 12대 1이 넘는 한 중등학교에 지원한 김 군의 합격을 위해 '아는 교사에게 청을 넣어 달라'는 부탁을 받은 주인공은 내키지는 않았지만, 그 학교에 교사로 근무하는 지인을 찾아간다. 주인공이 교정에 들어서자 '면회 사절'이라고 써 붙인 종이가 자신 말고도 이미 많은 사람들이 교사들을 만나려고 학교에 찾아왔다는 사실을 말해주고 있고, 지인은 교장이나 교무주임도 아닌데, "자네까지 열일곱 번째 청탁을 받는다"고 말해 이른바 청탁이 만연한 당시 사회상도 접할 수 있다. 그리고 오늘날로 보면 복수 지원을 하는 입학시험 체제, 입학시험 당일의 풍경과 입학시험과 관련한 심리 묘사 등도 잘 묘사되어 있다.

이외에도 이미륵의 자전적 소설에는 1917년 경성의전 입학시험에서 구두시험을 보았던 경험을 통해 1910년대의 입학시험 분위기를 접할 수

있으며,[06] 〈조선일보〉(1930. 3. 15.~3. 19.)에도 「입학 전쟁」이라는 제목으로 5
회에 걸쳐 소설을 연재하는 등 다양한 내용들을 다룬 소설이 등장했다.

▌시(詩)에 심적 부담을 담다

수험생들은 입학시험에 대비한 훈련으로 모의고사를 반복적으로 보
았고, 학교 성적도 입학시험과 무관하지 않았다. 때문에 평소 학교 시험
에 소홀히 할 수 없었다. 여기에 '시험은 학생들의 경쟁을 촉진하여 학습
동기를 높인다'는 인식이 확산되면서 학교에서 시험을 보는 횟수가 늘어
났다. 특히 고학년이 될수록 모든 시험은 입학시험으로 통했다. 따라서
학생들은 시험에 대단히 민감하게 반응했고, 이러한 심리를 시(詩)로 풀
어내기도 했다. 〈학생〉(1929년 7월호)에 실린 학생 김형두는 「시험잡영試驗雜
詠」이라는 시에서 이렇게 묘사하고 있다.

> 앗차!
> 시험문제를 보니 한숨이 먼저 나네
> 어젯밤에 한 번 더 볼걸!
> 연필은 가졌건만
> 종이는 하얗을 뿐
> 시계의 바늘은 좀 잡아놓았으면
> 아아 종을 친다 어쩌나
> 하나도 못 쓴 답안을 낼라니
> 귀가 막히네 울고 싶으이.
> 그래도 좋아 끝났으니

오늘 저녁은 또 극장이다

그러나 시골 갈 일이 큰 일

많은 수험생들이 그렇듯 시험에 대한 초조함과 답답함, 그리고 시험지를 받아 보고 '좀 더 공부했더라면'하는 아쉬움과 후회하는 마음이 느껴진다. 또한 결과에 관계없이 시험이 끝난 후의 후련함과 자축(?)의 의미로 극장에 가던 풍속도 엿볼 수 있다. 그러면서도 시골에서 어렵게 학비를 보내주시는 부모님에게 보내는 성적표에 대한 걱정 등 시험을 치르는 학생이라면 누구나 느끼는 심적 부담은 그때나 지금이나 변함이 없다.

1921년 〈학생계〉(1월호)에 실린 오상순의 「시험 전날 밤」이라는 시에는 엄격한 가부장제 사회에서 아버지의 마음이 담겨 있고, 특히 여기에는 어머니 없이 공부하는 수험생을 바라보는 아들에 대한 아버지의 안쓰러운 마음도 엿볼 수 있다.

익조(翌朝)는 시험날이엇다 / 머리를 쉬어가지고 / 시험준비를 하랴고 / 저녁을 먹은 후 / 옷입은 채 / 잠간 누었더니 / 어머니 업는 아바지 / 가마-ㄴ히 조심스럽게 / 이불 덥허 주신다 / 깨여 잇스면서도 / 부러 자는 체-하고 / 눈을 슬적 감엇다 / 자는 줄노 아-시고 / 가마-ㄴ히 조심스럽게 / 덥허 주시는 /아바지의 은은한 사랑 / 고마운 마음을 지속코저 / 시험준비하려 / 일어날가 말가, 망설이다가 / 나는 인애 말엇다 / 아-니 못하였다 / 일것 가만히 조심스럽게 / 덥허주신 그의 성의에 / 반항의 죄나 범하는 듯해서

갈등에서
무시험 선택까지

▌능력을 증명하는 지표가 되다

신문과 잡지에는 고학생의 수기 등 어려운 여건에서 공부하여 입학시험에 합격한 이야기가 자주 소개되었다. 이른바 '하면 된다'는 성공 신화를 통해 수험생들을 독려하는 것은 물론 일반인들에게도 감동의 메시지를 전하기 위함이었다. 그러나 때로는 개인의 성공에 주목하여 사회적 모순을 감출 수도 있었다. 예를 들면 식민지 사회에 눈을 감게 만들고 개인에게는 '과잉 성실'을 요구하는 등 '시험=실력=사회적 지위'라는 체제를 맹신하는 신화로 굳어지게 한 시기는 바로 일제강점기였다.

그러나 한편으로는 '빼앗긴 나라를 다시 찾기 위해 실력을 길러야 한다'는 사명감과 '일본인들에게 뒤질 수 없다'는 본능적인 경쟁심을 자극하는 등 다양한 의미로 작용했다. 특히 나라를 빼앗긴 학생들에게 각종 시험은 일종의 대리전이었고, 입학시험 합격은 일본인과의 경쟁에서 승리를 의미했다. 따라서 '시험=실력'이 되었고, '입학시험 합격=민족적 자부심'으로 이어지면서 입학시험과 직접 관계없는 일반인들까지 입학시험 결과에 주목했고, 합격자들을 수재 또는 출세자의 반열에 올려놓으

며, 실력에 적합한 사회적 지위를 배분받는 것을 자연스럽게 여겼다.[01]

반면 일제는 '치열한 입학시험에서 살아남는 것은 개인의 실력 문제에 불과하다'며 시험 결과를 민족문제와 연결 짓는 것에 민감하게 반응했다. 그럼에도 입학시험 합격담은 최고의 화제였고, 꼬리에 꼬리를 물고 이어졌다. 심지어 입학시험에 대한 이야기들은 사람들의 기억 속에 쌓였고, 광복 이후에도 다양한 방식으로 호출되었다. 일제강점기를 다루는 문학작품에서 입학시험과 관련한 이야기를 자주 접할 수 있는 것이 그 예였다. 특히 이야기의 주제와 관계없이 학생이나 지식인이 많이 등장할수록 입학시험에 관한 이야기가 자주 등장한다.

이병주의 대하소설 『지리산』에는 입학시험을 포함해 고등문관시험과 의사 시험 등 시험과 관련한 다양한 이야기들이 매우 사실적으로 묘사되어 있고, 조정래의 대하소설 『태백산맥』에는 이데올로기로 갈등하는 다양한 부류의 지식인과 관련해서 "사람들이 알아주는 명문 학교의 어려운 입학시험에 합격한 수재였다"는 이야기가 빠지지 않는다. 그리고 최기일의 『자존심을 지킨 한 조선인』에서는 모의시험과 과외 강습 등 입학시험을 준비하던 상황을 상세하게 묘사하는 등 일제강점기에 입학시험을 경험한 사람들의 수기나 이 시기에 설립된 초·중·고등교육 기관의 역사를 정리한 자료집에도 입학시험과 관련한 내용이 다양하게 변주되어 실려 있다.

일상에서도 집안 친척이나, 이웃의 누군가를 기억할 때 "왜정(일제강점기) 때 ○○학교를 나왔다"라며 "어려운 입학시험을 합격할 정도로 마을에서 또는 군 단위나 도 단위에서 대단한 수재였다"는 표현에서부터 "좋은 세상 만났으면 한자리했을 것"이라는 등 당시의 어두운 시대상과 함께 다양한 기대 심리를 표출했다. 물론 사람의 능력은 시험을 통해 그 실체를 보여줄 수 있는 것은 아니지만, 일제강점기의 입학시험은 능력을 분명하게 보여주는 하나의 지표로 작용했다.

또한 일제강점기에 학교에서 실시하는 시험은 기본적으로 출제자인 교사의 권위와도 연관이 있었고, 시험 결과는 점수와 함께 석차가 매겨졌다. 그리고 학생들은 이를 수용하고 복종하는 위치에 서게 된다. 입시 위주 교육은 '수용과 거부' '승복과 부정' '성공과 실패' 등 이분법적 구조를 지니고 있었고,[02] 이를 수용하지 않거나 부정하는 경우 상급학교 진학을 포기하거나 사회적으로 낙오자를 의미했다. 따라서 학교에서는 학생들의 통제에 시험을 적절하게 활용했고, 학생들은 시험에서 성과를 거둠으로써 만족했다.

그러나 학생들은 때때로 시험 거부라는 극단적인 방식으로 저항했다. 시험 거부의 대표적 사례는 단체로 답을 쓰지 않고 시험지를 그대로 제출하는, 이른바 '백지동맹(白紙同盟)'이 있었다. 백지동맹은 '진급이나 상급학교 진학에 대한 불이익까지도 감수하겠다'는 초강수였고, 교사의 권위와 더 나아가 학교에 대한 전면적인 도전을 의미했다. 따라서 때로는 사회적 파장도 컸다. 백지동맹의 이유는 민족 차별에 대한 항의에서부터 학교나 평소 교사의 언행에 대한 불만과 불신 등 다양했고, 1919년 3.1운동으로 인한 입학시험 거부가 대표적 예였다.[03]

입학시험을 거부하다

3.1운동으로 각 학교들은 3월부터 예정되었던 입학시험을 비롯해 졸업시험 등 모든 시험을 제대로 진행하지 못했다. 경성공립농업학교는 모

집 정원 50명에 지원자가 33명이었고, 입학시험 당일 시험에 응시한 학생은 극소수에 불과했다. 휘문고보는 입학생 선발에 107명이 지원하여 예년의 절반에도 못 미쳤다. 중앙고보 역시 입학 지원자가 50~60명에 불과했고, 시험 당일에는 6~7명밖에 응시하지 않았다.

보통학교에서도 입학시험 응시자가 예년에 비해 정원의 3분의 1에서 3분의 2가 감소했다. 경상북도에서는 전체 보통학교 모집 정원 2,376명에 응시자는 1,654명이었고, 청송과 진보보통학교에는 지원자가 한 명도 없는 등 전국적으로 입학시험을 거부하자 여론의 압박으로 입학시험을 중지하는 사태가 발생했다.

3.1운동으로 졸업시험을 거부하여 상급학교 진학 자체를 포기하는 사태도 발생했다. 경성전수학교에서는 졸업 예정자 43명에게 "3월 31일부터 4월 10일까지 등교한 자에게는 수시로 시험을 쳐서 졸업장을 수여하겠다"는 방침을 정하고 학생들에게 통보했다. 그러나 4월 10일까지 등교하여 시험을 본 학생은 11명에 불과했다. 휘문고보와 중앙고보에서도 수시 시험을 실시하여 졸업시험을 대체하기로 했지만 휘문고보는 63명의 졸업 예정자 중 37명이 응시했고, 중앙고보는 31명의 졸업 예정자 중 단 한 명도 응시하지 않았다. 경성공업전문학교에서는 본과 1, 2학년 및 전습생은 진급시험을, 그리고 본과 3학년과 2학년 전습생은 4월 20일까지 졸업시험을 마칠 것을 강력하게 지시했다. 그러나 진급시험과 졸업시험에 응시한 학생은 각 학년별로 극소수에 불과했다. 때문에 1919년 각 학교들은 졸업시험은 물론 진급과 관련한 업무를 사실상 중지하게 된다.

3.1운동 이후에는 일제의 교육 차별로 인한 불만이 표출되기도 했다. 예를 들면 일제의 실업교육 강화 정책에 대해 경성고보 학생들은 실업교

육 실습을 '노예적 과목'으로 규정하고 폐지를 주장하는 등 학제 변경을 요구했고, 이에 자극을 받은 대구고보 학생들이 10월에 동맹휴학에 들어 갔다. 그리고 휘문고보에서는 일본어 과목 폐지를 요구했다.

교사와 학생의 갈등으로 시험을 거부하기도 했다. 1923년 강경상업학 교에서는 일본인 교사가 "3.1운동에 참여한 사람들을 모두 난신적자(亂臣 賊子)에 속한다"고 발언하여 이에 분노한 학생들이 동맹휴학을 일으켰다. 경성제일고보 학생들은 평소 조선인을 경멸하는 등 교사의 언행에 불만 이 높아졌고 이에 항의하는 과정에서 시험 범위를 줄여줄 것을 요구했으 며, 시험 하루 전날에는 반장이 교과서를 모두 모아서 해당 교사에게 가 져다주기도 했다.[04] 시험에 응하지 않겠다는 일종의 압력 행사였다.

1929년 11월에 일어난 광주학생운동도 전국적인 백지동맹으로 이어 졌다. 1930년 1월 광주고보와 광주여고보에서는 "광주형무소에만 학생 200여 명이 갇혀 있는데, 그들과 같이 시험을 치르기 전에는 시험을 볼 수 없다"며 2학기 시험에서 백지동맹을 벌이자 학교는 주모자로 17명의 학생을 지목하여 퇴학 처분을 내리고 부모에게만 통지문을 보냈다. 이 사실을 전혀 몰랐던 학생들이 등교하자 담임교사가 학생들을 교무실로 데리고 갔고, 미리 대기하고 있던 경찰이 학생들을 체포하여 반발이 더 욱 커졌다(〈조선일보〉, 1930. 1. 11./〈동아일보〉, 1930. 1. 13.).

평양 정의여학교에서는 4학년 을조(乙組) 영어 수업 시간에 교사가 임 시시험을 치르려고 하자 학생들은 "졸업시험이 얼마 남지 않았고, 광주학 생운동으로 시험 준비가 소홀했다"는 이유로 반대했다. 그러나 교사가 구두시험이라도 보려고 하자 학생들은 의도적으로 질문에 대답하지 않 았다. 이에 학교에서는 교사회의를 열고 시험을 거부한 학생들에게 수업을 하지 않기로 결정하자 이번에는 4학년 갑조(甲組) 학생들이 을조 학생들과 함께 동맹휴학에 참여하는 등《동아일보》, 1930. 2. 18.) 광주학생운동은 전국적으로 194개 학교에서 5만 4천여 명의 학생들이 참여했고,[05] 입학시험에도 큰 영향을 미쳤다.

▌배화여고보, 입학시험을 폐지하다

1933년 2월 수험생들의 입학시험 준비가 한창일 때 경성의 배화여고보에서 최초로 입학시험을 폐지하고 이제까지 시도해본 적이 없는 새로운 입시제도를 발표했다《조선일보》, 1933. 2. 8. 외).[06] 이에 신문과 교육 관계자들은 "시험지옥의 일복음(一福音)이요, 시험지옥 해소의 한 방법이 되어 주었으면 한다"는 등 기대감을 감추지 않았고, "조선에서 아직까지 시험해보지 아니한 이 새 제도가 세상에 발표되자 일반사회는 물론이고, 교육계 일반에게 일대 충동"이라며 적극 환영했다.

배화여고보의 결정은 정확하게 말하면 필기시험을 폐지한 것이었다. 하지만 이 시기는 "필기시험이 완벽한 것은 아니지만, 정원의 몇 배나 되는 지원자 중에서 입학생을 선발하는 방식으로 나름의 공정성을 지니고 있다"는 믿음이 확고해질 무렵이었기 때문에 더욱 주목을 받았다.

배화여고보는 필기시험의 폐지 이유를 다음과 같이 설명했다《조선일보》, 1933. 2. 8.).

첫째, 보통학교에서 상급학교 시험 준비 때문에 어린 학생들에게 지나치게 과중한 체력과 시간적 부담을 주는 교육상 폐풍을 반대한다.

둘째, 입학시험은 학생들에게 공포심과 요행심을 거듭하는 것이니

12~13세 소녀들의 심신 발육에 적지 않게 해를 끼치는 교육상 좋지 못한 일이라는 점을 인정한다.

셋째, 입학시험 성적이 출신 학교에서의 평소 성적과 전혀 다르고, 입학한 후의 성적과 반대되는 경우도 가끔 발견할 수 있는 것으로 보아 그렇게 정확한 것으로 보이지 않는다.

또한 이 학교 교사 맹원영은 "일본어와 산술만으로 학생의 모든 학력과 재능 그리고 인격을 알 수 있는 것은 아니다. 그럼에도 두 과목을 위해 수업 시간에 모의시험이란 것을 수십 번씩 치르는 학교도 있고, 또는 다른 과목 수업 시간에도 일본어와 산술 과목을 더 가르치기도 하고, 상급학교 시험을 준비하는 학생만을 위해 별도로 가르치는 까닭에 상급학교에 가지 않는 학생들이 배울 것을 제대로 배우지 못하는 일까지 있으니, 이것이 오늘날 교육의 근본정신을 망하게 하는 악풍이다"[07]라며 상급학교 입학시험 준비만 중시하는 학교 교육을 맹렬하게 비판했다.

배화여고보는 '필기시험을 대신해서 보통학교 3학년부터 6학년까지의 성적을 참고하고, 구두시험으로 품성과 재능을 조사할 것'이라고 발표했다. 이러한 배화여고보의 결정에 기대를 하면서도 한편으로는 우려하는 시선도 있었다. 이미 중등학교 입학시험에서 보통학교 재학 시절의 성적과 품행 등이 기록된 소견표를 참조하고 있었고, 구두시험도 치르고 있었기 때문이다. 그러나 이제까지 실시한 구두시험은 간단한 면접에서 벗어나지 못했고, 소견표도 객관성에 문제가 없는 것은 아니었다. 따라서 배화여고보의 결정이 '일대 충동'을 줄 만한 새로운 제도가 되기 위해서는 '구두시험을 어떻게 운영하는가?'에 달려 있었다. 이에 배화여고보는 "새로운 입시제도는 보다 세밀한 대안을 요구하며, 완전히 새로운 방식으로 입학생을 선발하는 계획을 세워 구두시험으로 학생들을 충분히 선발할 수 있다"고 자신했다.

마침내 많은 관심 속에서 배화여고보의 신입생 선발이 실시되었다. 〈동아일보〉(1933. 3. 11. 외)에서는 「필기시험의 장벽 헐고 사제 간의 명랑한 문답」이라며 "제1일은 구두시험을 실시했는데, 수험생이 8개의 방을 차례로 들르는데 약 40분가량 걸렸다. ……지원자들은 필기시험을 치르지 않고, 신체검사를 한 다음 말과 손재주, 머리의 총명, 멘탈 테스트를 보기 위해 8개로 나누어진 방에 각각 들러서 교사의 물음에 답하였다"라며 8개 방에서 진행된 시험장 분위기를 자세하게 보도했다.

▌무시험 시험장 풍경을 전하다

제1호실은 자필로 수험생의 원적지·성명·수험 번호·나이·출신 학교·집주소 등을 쓰게 하여 글씨를 보는 방으로, 이 방에서는 이제까지 공부한 것을 잊어버릴까 봐 땀을 흘리는 수험생의 모습은 전혀 보이지 않았다.

제2호실은 가옥 조사에 관한 이야기를 나누는 방으로, 첫 번째로 기와집인가, 초가집인가, 함석집인가? 두 번째는 안방 마루와 건넌방 그리고 뜰아랫방들이 어떠한 방향으로 놓였나? 집 장식과 관련해서는 장판 유무·도배 유무·창 미닫이 유무 등과 '전체 독점인가? 다른 집과 병거인가, 자가 소유인가, 또는 셋집인가?'를 물어 설명하는 말씨와 목소리 그리고 태도 같은 것에 주의하여 갑·을·병으로 점수를 매겼다. 발표력은 아이마다 달랐고, 잘 알고 있는 것도 차근차근 성실하게 대답하는 아이가 드물었다. 그리고 빨리 대답하려다 거듭 질문하는 바람에 앞뒤가 다르게 대답하는 아이도 많았다.

제3호실은 가족 조사 방으로, 전 가족의 학력과 직업 외에 어떠한 모양으로 거처하는지를 자세히 물었다. 이를 통해 아이의 지식과 상식 그리고 말하는 솜씨에 대한 점수를 매겼고, 동시에 가정의 문화생활 정도를 살폈다. 어떤 아이는 평시에 집안에서 듣고 쓰던 거친 말을 쏟아내어 옆에서 듣기에 몹시 딱하였다. 무엇보다도 남의 앞에서 자랑할 수 없는 직업을 꺼내다 말을 더듬기도 했고, 다시 질문을 하자 기어들어 가는 목소리로 대답하는 등 이 방에서는 아이의 성정과 교양에 대해 어지간히 짐작할 수 있을 것 같다.

제4호실은 일본어를 시험하는 방으로, 보통학교에서 보낸 소견표에 6학년 때 일본어 성적과 성명 그리고 고사표만 놓고 아이의 실력을 비교해보는 곳이다. 수험 번호와 출신학교 그리고 일본어 담임선생의 이름 등을 일본말로 질문했고, 보통학교에서는 쓰지 않는 6학년 정도의 일본어 독본을 읽히고 그 내용에 대해서 여러 가지 질문하여 아는 정도와 음성을 조사했다. 아이들 중에는 소견표 성적보다 훨씬 뛰어난 아이도 있었다. 아마도 그 학교 성적 수준이 높았던 것으로 보인다. 반면 소견표에 비해 성적이 떨어지는 아이도 있었다. 이 방에서는 시험관이 앉아서 하라고 해도, 선생님 앞이라며 굳이 앉지 않고 끝까지 서서 읽고 답하여 웃음을 자아내게 하는 아이도 있었다.

제5호실은 기억력을 검사하는 방으로, 기억력 검사기가 놓여 있다. 1초동안에 숫자가 열두 줄이 나오게 기계를 돌리면서 얼른 보고 기억해내기를 다섯 번 하여 모두 60줄의 숫자 가운데 20~26줄을 기억해내면 보통으로 인정했다. 어떤 아이는 처음에 잘못 기억한 숫자를 다섯 번째까지 그대로 외웠고, 여러 번 볼수록 헷갈리는지 잘 외웠던 것까지 틀렸다.

제6호실은 주의력 검사실로, 일본어 '가타카나'를 7자씩 1초 동안 보여주기를 다섯 번 하여 총 35자 가운데 12~14자를 맞히면 된다. 어떤 아이는 집중력이 있는 듯 보였으나 시력 탓인지 잔글씨를 두 주먹 꼭 쥐고 들여다보았으나 번번이 두 자밖에 답하지 못했다. 다음 아이는 경성 아이라고 하는데 차림새는 경성 티가 없고 생긴 모습이 영리해 보였다. 주의하는 품도 꽤 다부져서 보통 단번에 네 글자씩 네 차례 답하여 모두 16자를 채웠다. 여기서는 특히 침착하고 영리하다고 좋은 성적을 받지는 않는 것 같다. 무엇보다도 어릴 때부터 주위가 소란하고 지저분한 곳에서 자란 것을 먼저 탓해야 할 것 같다.

제7호실은 작업 속도를 재는 방으로, 2분 동안 구멍이 뚫린 철판에 못을 끼우기를 두 차례 하여 40~50개를 채우면 보통 성적이다. 빨리 끼우려다가 못이 떨어져서 이가 빠지게 꽂는 아이도 있었고, 조금 느리기는 하지만 한 개도 실수 없이 고르게 꽂는 아이가 있는 등 각각 손끝 재주 외에 특징을 짐작할 수 있다. 무슨 일이든지 동작이 빠른 아이는 좋은 성적을 받는 곳이었다.

제8호실은 개인 환경을 조사하는 방으로, 교장과 교무주임이 함께 자리하여 입학 동기·종교·기숙 여부 등을 질문하면 학생이 답을 하는 형식으로 진행되었다. 어떤 아이는 귀여움이 있으나 자세히 보면 너무 약아 보였는데, 들어서기가 무섭게 시험관이 "너 다른 학교 입학시험 보았지?"라고 묻자 "네" 하며 기계적으로 대답하다가 놀란 눈으로 다시 "아니요"라고 했다. 시험관이 다시 "보았으면 어때서 거짓말을 하나?"라며 아무리

바르게 말하라고 해도 "정말 안 보았어요"라고 딱하게 우기기만 했다.

이어서 가족 중에 가장 좋은 사람, 가장 친한 친구에 대해서 묻고, 집에서 어른의 어떤 일을 도와 드리는지, 어떤 과목을 좋아하는지를 물었다. 가족 중 좋아하는 사람으로 어머니를 답하는 학생이 거의 절반이었고, 어떤 아이는 어머니가 늘 편찮으셔서 아버님이 좋다고 하는 아이도 있었다. 그리고 누구나 으레 기독교 신자라고 대답하여 다니는 교회의 목사나 전도사의 이름을 묻기도 했다.

배화여고보의 새로운 입학시험은 이렇게 해서 끝이 났다. 학교 관계자는 "다른 학교와 달리 산술과 일본어만 잘하면 입학되는 것이 아니라, 원래 총명하고 평상시의 태도와 주위 환경도 중요하게 보았다. ……첫해는 일본어 문답만 했으나 다음 해부터는 산술 문답에 대한 방식도 고안되어 있다"고 설명했다. 이렇듯 사람들의 관심을 끌었던 무시험제도가 언제까지 지속되었는지 확실하지 않다. 아마도 문제의 핵심을 외면한 채 시험제도만 고쳐서 입시지옥을 해결하려던 교육 당국의 대응으로 계속 교육이 왜곡되었고, 한편에서는 '입학시험은 교육 기회를 획득할 수 있는 가장 객관적이고 보편적인 방법'이라고 인식하는 사람들이 많았다는 점을 감안하면 여러 가지로 어려움이 많았을 것으로 보인다.

그럼에도 배화여고보의 선택은 "지필시험(紙筆試驗)만이 시험이 아니며, 학교가 학생을 선발하는 데 학생의 모든 면을 고려하여 선발하겠다는 새로운 의지와 실천을 보여준 역사적 실험이었다"는 평가를 받기에 충분했다. 현대사회에 이르러서도 시험의 본래 의도와는 관계없이 줄 세우기를 강요하고 있는 현실을 감안하면, 배화여고보의 결단은 다시 한번 되돌아보게 한다.

수험생,
소비자로 주목받다

각종 수험서 시장이 형성되다

입학 경쟁이 치열해지면서 수험생들을 대상으로 출판 시장도 형성되었다. 수험서 등 각종 교재가 대표적인 예였다. 각 관공사립 중등학교와 전문학교에 지원하는 수험생을 대상으로 조선학술연구회에서 편찬한 『조선입학시험 문제답안지』의 경우 '각 입학시험 과목의 어려운 문제를 상세한 문답으로 풀어 쓴 일종의 문제집'(《동아일보》, 1922. 1. 19.)이라고 선전하며 수험생들에게 판매했고, 각 과목별 기출문제를 수록한 입학시험 문제집으로『수험과 학생』,『고등보통학교 시험 준비서』,『관사립고등보통학교·각종실업학교 입학시험 준비서』,『조선 고등보통·상업학교·공업학교 입학시험 문제집』 등도 등장했다.

수험 교재는 해를 거듭하면서 더욱 세분화되었다. 예를 들면 경쟁률이 치열한 사범학교 입학시험 준비서를 비롯해 관립전문학교 수험서가 출판되었고, 중등학교의 시험문제 동향을 알아보기 위한『최근 3년간 입학시험 문제집』등(《동아일보》, 1929. 10. 28.) 최신 정보를 담은 다양한 수험서들이 출판되면서 수험서 시장이 일반화되었다(《동아일보》, 1922. 2. 17. 외).

1920년대 중반에는 『조선 통신중학 강의록』, 『여학강의』, 『와세다(早稻田) 6대 강의』 등 중등 과정 이수를 위한 통신강좌 교재도 인기를 끌었다 (《동아일보》, 1925. 12. 13.). '통신강의록'이라고도 하는 이 교재들은 학력을 인정받지 못하는 비정규학교 출신이나 경제적 부담 등으로 학교에 다니지 못하고 독학한 수험생들이 학력을 인정받기 위한 자격 검정시험에 필요한 참고서였다.

입시 정보가 부족했던 지방학교와 상급학교 진학 준비교육을 제대로 하지 않았던 실업학교 출신들도 이 교재들로 공부하는 수험생이 많았고, 시험 응시 자격에서 학력을 요구했던 보통문관이나 순사시험 응시자들도 이 교재를 상당히 많이 구입했다. 따라서 통신강의록은 '수험서이면서 동시에 총독부 권력 기구의 말단직을 통해서라도 사회적 지위의 상승을 꿈꾸었던 식민지 시대의 모순이 낳은 산물'이라는 평가를 받았다.[01]

구술시험 문제와 전국 중등학교의 경쟁률과 입학률, 모범답안 작성 등 다양한 정보를 담은 수험서도 출간되었다. 그리고 일본의 고등학교와 전문학교, 대학 예과의 입학시험 문제를 수록한 기출문제집도 발행되었는데, 국내 수험생들을 위한 일종의 예상 문제집으로 인기가 있었다. 예를 들면 구술시험 문제집의 경우 「가정과 환경」 「신체」 「희망학교」 「학과」 「성행, 사상 취미와 기타」 등 5항목으로 구성되어 있어서 국내 수험생들에게도 적용되었고, 「성행, 사상, 취미와 기타」 항목의 "현대사상에 대해 당신이 느끼는 바가 있는가?" "현대사회 조직에 대한 감상은?" "맹휴(동맹휴학)에 대한 감상 여하는?" "입학 후 불만족한 교칙은 어떻게 할 것인가?" "소작 문제에 관한 감상 여하는?" 등의 질문은 황국신민을 육성하여 식민지 통치를 강화하려는 조선총독부의 의도와 직접적인 연관이 있었다. 따라서 입학시험에 자주 등장했던 질문으로 보이며, 수험생들은 사상 검증을 위한 질문에 자신의 생각과 관계없이 모범답안이 필요했던 것이다.

수험서의 가격은 〈동아일보〉 1921년도와 1930년도 광고에 따르면 70전부터 3원이 넘는 등 다양했고, 대략 평균 1원 내외였다.

▌가정교사에서 전문 강사까지…

입시 경쟁이 치열해지면서 과외 풍조도 생겨났다. 1924년 〈개벽〉 8월호에는 1920년대 초기에 여자고보 입학을 소재로 한 신필희의 소설에서 "금년 여자고등보통학교에 들어가야 하는 소영이의 입학시험 날짜가 이제 겨우 한 달밖에 남지 않았다. 집안사람들의 마음은 어른 아이 할 것 없이 공연히 긴장된다. ……'공부해라 공부해라!' 하면서 살이 나리도록 잔소리를 한다. 소영이 반의 담임선생이 시험 준비를 하는 학생들을 위해 과외 공부를 시킨다. 그러나 어머니는 이것으로도 안심이 되지 않아 어느 학교에 다니는 선생에게 청하여 소영이를 일주일에 두 시간씩 가서 배우도록 하였다"며 입학시험이 다가오자 불안한 마음에 자녀의 과외 공부 교사까지 신경 써서 선택하는 부모의 심정을 잘 묘사하고 있다.

여유가 있는 집에서는 가정교사를 두고 개인교습을 시켰고, 심지어 초등학교 입학시험 준비를 위해 4~5세의 어린 아동까지 가정교사에게 과외를 받았다(〈매일신보〉, 1924. 3. 1 5. 외).[02] 일반적으로 개인교습은 일주일에 일정한 시간 동안 학생의 공부를 봐주고 정해진 보수를 받았고, 입주 가정교사의 경우 먹고 자는 문제도 해결할 수 있었다. 따라서 지방 출신이나 경제 사정이 어려운 수험생들은 자기 공부를 하면서 가정교사를 하여 학비를 보충할 수 있었다.

또한 "고등보통학교를 졸업하고 상급학교 진학 준비를 하는 수험생이 보통학교 3~4학년 정도의 가정교사 자리를 구한다"(〈조선일보〉, 1933. 1. 31. 외)[03]거나, 수험생을 둔 학부형들이 '가정교사를 구한다'고 광고하는 등 신문을 통한 정보 공유도 활발하게 이루어졌다. 〈동아일보〉(1925. 12. 13.)에는 "상급학교 입학시험을 보려는 남녀 학생을 위하여 남대문통 오목정 대남여관에서 다년간 경험이 풍부한 일본인이 개인교수를 한다는데 시간제한은 없다더라……"는 기사를 통해 1920년대에 여관을 잡아놓고 직업적으로 개인교습을 하는 전문 강사가 등장했다는 사실도 확인할 수 있다.

보통학교 교사들이 개인적으로 학생들을 가르치는 과외도 꽤 성행한 것으로 보인다. 때문에 조선총독부 학무국에서는 각 보통학교장들에게 "교사들이 유족한 가정에 드나들며 개인적으로 가정교사 노릇을 하는 것은 금지하라"(〈동아일보〉, 1935. 12. 14.)고 지시하기도 했다. 그러나 과외는 점차 일반화되었다. 요즘 말로 하면 사교육 시장이 생겨난 것이다. 일제강점기에는 집안 형편이 넉넉하지 못한 수재들이 사범학교에 많이 진학했는데, 1942년 광주사범학교 입학생 104명 가운데 과외를 전혀 받지 않은 학생은 겨우 6퍼센트였다고 할 정도였다.[04]

〈동아일보〉(1939. 8. 11.)에서는 "가정교사 등 개인교습은 주입식, 암기 위주, 벼락치기 등으로 공부에 폐해가 많다"고 우려했지만, 한편으로는 치열한 입시 경쟁의 현실로 인해 가정교사를 둔다면 언제가 좋은지 등에 대해 학부형들에게 조언하는 등 당시의 사회 분위기를 접할 수 있다(〈매일신보〉, 1924. 3. 15. 외).[05] 다음의 〈조선일보〉(1931. 3. 3.) 기사도 그 예이다.

입학 경쟁이 심각해지면서 소위 가정교사라는 것을 두고 수험 준비를 시키는 가정이 많이 있는 모양입니다. 원래 오늘날과 같은 입학시험 제도는 원칙으로 그릇된 것이지만, 입학은 시켜야 하겠기에 가정교사라도 두어서 시험공부를 시킬 수밖에 없겠습니다만, 가정교사라는 것을 두지 않는 것이 좋습니다. 가정교사를 두면 우선 아이에게 제일 먼저 생기는 것이 의뢰심입니다. 무엇이든지 지금과 같이 외워 머릿속에 넣기만 하면 아이들은 스스로의 힘으로 공부하려는 생각이 없어져서 다행히 입학이 되어도 학교 성적이 좋지 못하여 공부가 재미없게 되는 일이 있습니다.

……그러나 아이가 남보다 발육이 뒤떨어져 학력이 부족할 때는 적당한 가정교사를 둘 것입니다. ……가정교사는 사범학교를 마치고 1~2년 선생의 경험이 있거나 직접 교수 경험이 있는 사람이라야 대체로 잘못이 없습니다.

이외에도 〈동아일보〉(1931. 12. 1.)는 가정에서 입학시험을 앞둔 수험생 관리와 관련해서 "필요하다면 가정교사와 공부를 상담하는 것도 방법"이라고 일러주기도 했다.

▌재수생을 위한 학교도 생겨나다

초·중등학교에 진학하지 못한 수험생들을 대상으로 입학시험을 준비하는 별도의 학교도 설립되었다(〈매일신보〉, 1934. 5. 8. 외). 부산의 목도(牧島)에서는 주민들이 비용을 부담하여 사립옥성학교 옛 교사의 목재로 영계개양서당을 지어 주간에는 보통학교 입학시험에 탈락한 아동과 기타 아동을 대상으로 보통학교 입학시험 준비를 했고, 야간에는 노동자를 모집하여 노동야학을 열었다(《동아일보》, 1921. 7. 28.). 전라남도 장성청년회에서도 보통학교에 입학하지 못한 아동을 대상으로 2학급 110명을 모집하여 수업했다(《동아일보》, 1922. 5. 8.).

가난한 수험생들을 위해 지역의 유지들이 지원에 나서기도 했다. 평양에서는 지역 유지 강형숙이 전액을 부담하여 중등학교 입학시험 준비와 보결시험을 준비하는 평양학관을 설립했다. 평양학관에서는 초등과와 고등과 각 150명씩 선발하여 평양 지역의 저명한 고보 교사들이 오후 4시부터 9시까지 강의를 했다(《동아일보》, 1922. 5. 12.). 함남 홍원군에서도 지역 유지가 지원하여 경제적 어려움으로 중등학교에 입학하지 못한 일반 청년을 대상으로 중등 과정 강습소를 설립했고(《조선일보》, 1923. 7. 16.), 경의선 사리원 시외 사립명농학원에서는 입시를 준비하는 수험생을 대상으로 여름방학에 연희전문학교에서 오랫동안 수학을 연구한 차필제 선생을 초청하여 산술 강습을 개최하면서 먼 거리에서 참석하는 수험생들에게 무료로 기숙사도 제공했다(《동아일보》, 1925. 7. 2.).

지방의 실업학교에서도 수험생들을 위해 여름방학에 강습원을 열었고, 재수생들이 참여할 수 있는 학교도 있었다. 그리고 부산의 한 종교단체에서 경영하는 학술강습소에서는 본래 지역에서 취학하지 못한 학령 초과 아동들을 대상으로 보통학교 정도의 학업을 교수하도록 되어 있었으나 6학년급에는 보통학교를 졸업한 아동들을 수용하여 중등학교 입학시험 공부를 시켜서 말썽이 일어나 도의 학무 당국에서 조사에 나선 일도 있었다(《동아일보》, 1935. 7. 7.).

그러나 이 강습소들은 영리 목적이 아니었고, 강사들도 대부분 다년간 해당 과목을 연구한 전문가들도 아니었다. 성격의 차이는 있지만, 지역 유지나 주민들 또는 사회단체들이 참여한 일종의 교육운동이나 사회사업의 성격도 발견되기 때문이다. 물론 때로는 중등학교 교사나 대학교수 등 전문가를 초청하여 특강을 했지만, 전문학원으로 보기에는 무리가 있다.

또한 충남 천안 출신 지병룡은 배재고보를 졸업하고 세브란스의전 입학시험에 네 번 낙방하고 다섯 번째 도전에서 7대 1이 넘는 경쟁을 뚫고 32세의 최고령으로 합격했고, 중등학교를 졸업하고 신문사에서 일하던 이윤식은 졸업한 지 10년 만인 29세에 7대 1의 경쟁을 뚫고 세브란스의전에 합격하는 등(《동아일보》, 1934. 3. 29.) 수험생들은 자신이 희망하는 학교에 입학하기 위해 입학시험에 도전에 도전을 거듭하면서 재수는 물론 그 이상을 하는 수험생들도 늘어났다. 그리고 입시에 재도전하는 수험생 중에는 생계를 위해 경제활동을 하는 경우도 있었다. 때문에 시험공부에 모든 시간을 투자할 수도 없었고, 독학으로 입시 준비를 하기에는 한계가 있었다. 따라서 집중적으로 입시 준비를 하는 사설 강습원이 등장하자 이들의 관심을 끌었다. 요즘 말로 하면 입시 전문학원이 생겨난 것이다.

일본에서는 예비학교라고 해서 이미 이러한 학원이 많이 설립되어 운영되고 있었는데, 조선에도 영향을 미쳤다. 매년 일본어 신문인 〈조선신문〉에 센슈대학 고등예비교(專修大學高等豫備校, 1926. 3. 23.), 와세다 고등예비교(早稻田高等豫備校, 1927. 1. 18.), 고베 고등예비교(神戶高等豫備校, 1927. 4. 6.), 헤이안 고등예비교(平安高等豫備校, 1928. 7. 11.), 슨다이 고등예비교(駿臺高等豫備校, 1930. 3. 20.) 등 예비학교 광고를 게재한 것이 그 예였다. 그리고 1920년 용산보병대 97연대에 임시 파견 대장으로 조선에 건너온 야스다 히로시(安田寬) 중

좌와 몇 명이 참여하여 수험생들을 대상으로 1923년 경성고등예비학교
를 설립했다. 이들은 장소를 물색한 끝에 후일 친일 귀족의 소굴로 비난
받았던 조선귀족회관을 빌려 오전반(8~11시)과 오후반(7~10시)으로 중등 과
정의 일어·한문·수학 과목 강습회를 열었다. 회비는 3원 50전이었고,
'일본 중학생과 지방 강습생도 예상외로 많았다'(《매일신보》, 1923. 8. 9. 외)[06]고
하며, 조선의 입학난에 대해 일본 군인이 빠르게 대응하여 오늘날의 사
설 학원 형태로 강습소를 설립한 것을 볼 수 있다.

▌입시 전문학원이 등장하다

일제강점기에 설립된 사설 강습소는 최소한 15곳 정도가 확인되었
는데, 그 특징을 살펴보면 대략 다음과 같다.[07] 먼저 설립 시기는 대체로
1920년대 초반부터 1930년대 초반으로, 고등보통학교 졸업자가 급증했
던 시기와 비슷하다. 그러나 대부분 존속기간이 짧았다. 구체적인 이유
는 알 수 없지만, 대략 7곳이 1년, 4곳이 2년간 존속하여 70퍼센트가 넘는
강습소가 2년을 넘기지 못했다. 아마도 운영이 안정적이지 않았고 1934
년 보습과가 등장하여 그 수요를 일정 정도 흡수한 것으로 보인다.

그럼에도 1939년 〈조선일보〉(3. 28.)는 "……입학 준비의 강습소 학원들
이 많이 생기고 또 그런 곳으로 입학하는 학생들이 많은데, 그보다는 각
중등학교에 정식 야간 중학을 설치하는 것이 좋을 것이다"라며 강습소
가 많이 생기고 있다고 보도하면서 '차라리 야간 중학을 설립하자'는 제
안을 했고, 1943년 조선총독부에서 "학교장은 부·읍·면 내의 학술 강습
소를 감독하고, 수험공부를 하게 한 사실이 있을 경우는 상세 조사하여
보고하라"[08]고 지시한 것으로 보아 1940년대까지 여전히 전국적으로 사

설 학원이 운영되었던 것으로 보인다.

강습소의 설립자와 강사는 대부분 조선인이었고, 사립고보와 각종학교 교사 또는 사설 학술 강습소 강사 출신이었다. 일본인이 설립한 강습소도 3곳 있었는데, 설립자와 강사는 대부분 중등학교 교사였고, 일부 고등교육기관 교수도 참여했다.

일본인이 세운 강습소는 영리 목적의 전문학원 성격이 강했지만, 조선인이 설립한 강습소는 경제적 여건 등으로 상급학교에 진학하지 못한 수험생을 대상으로 하는 교육기관의 성격이 강했다. 예를 들면 〈동아일보〉(1935. 3. 10.)에서 "경성의 동아학원에서 매년 보통학교를 졸업하였으나 돈 때문에 울고 있는 학생과 고등과 시험을 준비하는 수험생을 위해 고등과와 보습과를 신설하고 연령제한과 수업료 없이 남녀 신입생 100여 명씩 선발한다"고 보도하는 등 가난한 학생들을 대상으로 하는 학원들도 있었다(《매일신보》, 1927. 5. 25. 외).[09] 강습소의 존속기간이 짧았던 이유도 이러한 특성으로 인해 경제적 부담이 있었던 것으로 보인다.

강습소의 소재지는 대부분 경성이었고, 평양과 함흥에 각각 1곳이 있었다. 1928년에는 대구에서 중등학교에 진학하려는 수험생들을 대상으로 대구고등학원이 설립되었고(《매일신보》, 1928. 6. 17.), 1930년대에 들어서면 교사 출신들의 활동도 눈에 띈다. 예를 들면 1934년 중등학교에서 교편을 잡고 있던 강진두 교사가 평양에서 중등학교 입학시험과 보결시험을 준비하는 학생들을 위한 고등예비학원을 운영했고(《동아일보》, 1934. 4. 29.), 1935년 대구의 중등학교 입학시험에서 낙방한 학생들이 갈 곳이 없어 근심이 쌓여 사회문제로 떠오르자 수년간 교편을 잡고 있었던 주덕근 교사가 사재를 털어 교사를 신축하여 대구실수학원을 설립하여 주목을 받았다(《동아일보》, 1935. 8. 23.). 1936년 인천에서는 "매년 보통학교를 졸업하고 상급학교 입학시험에 탈락하여 속절없이 시간만 보내며 갈 곳 없이 헤매는 아동들이 늘어나자 이를 안타까워하던 학부형들이 인천사립박문보통학교 교무주임으로 퇴직한 한상렬 선생에게 간청하여 임시 보습소를 개설하여 입학비 1원에 매월 부담금 2원을 받았는데, 인기가 있었다"(《동아일보》, 1936. 4. 5.)고 한다.

교육 기간은 3개월 단기 속성반에서 최대 11개월까지 대부분 1년 미만이었다. 과목은 주요 입시 과목인 영어와 수학이었고, 강습소에 따라 일본어, 물리, 화학을 강의하는 곳도 있었다. 그리고 의사 시험 준비나 에스파란토어(Esperanto) 또는 상업, 농업, 토목 등 다양한 과목을 함께 강의하는 학원들도 있었다.

강의 시간은 사립 한성강습원과 오성강습원의 경우 오후 3시부터 10시까지 수업했고, 야간반을 운영하는 곳도 있었다(《조선일보》, 1924. 7. 10. 외).[10] 교육 대상자는 재수생 등 일반 수험생이었고, 재학생들이 수강할 수 있는 학원도 있었다. 그리고 일본인이 설립한 곳에는 일본인 수험생도 있었다.

▌스타 강사가 탄생하다

사설 강습소의 수업료는 대부분 고등보통학교 수업료보다 비쌌고, 고액을 받는 곳도 일부 있었다. 참고로 고등보통학교 한 달 수업료는 1920년대는 2원 50전, 1930년대 초반에 3원, 1930년대 후반에 4원 정도였다.[11] 따라서 강습소는 수업료가 비싼 것이 단점이었지만, 집중적으로 수험 준비를 할 수 있다는 것이 장점이었다.

일부 강습소는 경성제국대학 예과 교수나 중등학교 교사 등 전문 강사를 초청하여 여름과 겨울방학을 이용한 강습회, 즉 방학 특강반도 개설했다. 과목은 영어와 수학 등 주요 입학시험 과목이었다(《매일신보》, 1924. 7. 2. 외).[12] 그리고 대부분의 강습소에서는 수험생들을 대상으로 모의고사를 보았다. 모의고사는 매달 보는 곳도 있었고(《조선일보》, 1926. 2. 20. 외), 전국에서 강의를 듣지 않는 일반 수험생들이 응시하는 경우도 있었다.[13] 답안지는 채점하여 첨삭한 후 수험생들에게 나누어주었고, "금년에는 평양중학에서 10여 명의 재학생이 상경하여 시험을 보았으며, 석차는 1등에서 3등이 경성중학교, 4등이 경성제일고보, 5등과 6등은 용산중학교 재학생이었다"(《매일신보》, 1923. 11. 25./ 1924. 1. 12.)는 등 전체 성적도 함께 발표했다.

강습소에서는 교재를 출판하여 하기 강습회 등 강습소의 교재로 사용했고, 일반 수험생에게 판매를 목적으로 출판부를 두고 전문적으로 출판하는 강습소도 있었다. 당시 "교재를 구입하면 내년도 입학시험 예상 문제집도 함께 준다"며 일종의 부록과 함께 "해답·가격·내용·체재 모두 전 조선의 최고 명저…… 합격을 간절히 바라는 분들의 곁에 감히 권한다"며 수험생들에게 적극 선전했다(《매일신보》, 1924.7.21. 외).[14]

수험생들에게 실력을 인정받은 유명 강사들도 등장했다. 요즘으로 말하면 스타 강사와 비교할 수 있다. 대표적인 예로 '수학계의 태두'라고 평가받았던 심재덕은 중동학교 교사 출신으로, 이 학교에 재직할 때 최규동, 안일영과 함께 '수학의 대수·기하·산술에 뛰어나다고 해서 최대수·안기하·심산술'이라고 불릴 정도로 유명했다. 현대의 학교와 학원가에서도 들을 수 있는 이러한 별명은 아마도 이들에게서 비롯된 듯하다. 또한 이들은 1921년 전문학교 입학 준비와 겸하여 일반 학생의 수학 실력

향상을 목적으로 경성수학연구회라는 통신학교를 설립했고, 다음 해에는 여자 수리연숙을 설립하여 여학생을 대상으로 수학 강의도 개설했다(《중외일보》, 1927. 5. 24. 외).[15] 1927년에는 기숙사까지 갖춘 경성중등학관을 설립하여 실업학교와 인문계 중등학교 그리고 전문학교 입시 준비를 하는 남녀 수험생을 모집했다. 여기에는 다년간 중등학교에서 교편을 잡았던 경험자들도 참여했다(《매일신보》, 1927. 5. 25./ 〈조선일보〉, 1927. 7. 16.).

보성고보 교사 출신 유병민 역시 "경성 시내 각 중등학교에서 지리·역사 교수라면 으레 한 손을 꼽는다"고 할 정도로 유명 강사로 전한다. 1929년에는 경성에 의학강습소 설립을 준비하면서 "경성 시내의 유명한 의학박사와 전문학교 교수를 초빙하여 의사 자격시험에 대비한다"고 선전하는 등 유명 강사를 초빙하여 각종 시험을 준비하는 강습소도 생겨났다(《조선일보》, 1929. 12. 22.).

그러나 사설 강습소가 늘어나면서 무자격 학원들이 생겨났고, 수준 미달의 교사들을 채용하는 등 여러 가지 폐해도 발생했다. 이에 경성부 학무 당국은 경성의 사립 초·중등 입시 강습소와 어학·부기·타이프라이터·자동차 강습소 등 130여 곳의 수입과 지출 등 경영 상태와 교원 수·교원의 학력·봉급 등을 엄밀히 조사하여 이 자료를 근거로 학원에 대한 통제를 강화했다(《동아일보》, 1939. 5. 10.).

▎다양한 상품들이 등장하다

수험생과 학부모의 소비심리를 자극하는 수험생과 관련한 다양한 상품들이 등장했다. 입시 정보를 제공하는 등 수험생을 대상으로 하는 각종 교재나 잡지를 비롯해 손목시계나 안경 등이 그 예였다. 손목시계의 경우 근대를 상징하는 상품이라고 강조했고, 수험생들이 스스로 시간 계획을 세워 문제를 해결하는 방식에 익숙해져야 했기 때문에 이러한 훈련과 시험장에서 지참해야 할 필수품으로 선전했다(《동아일보》, 1925. 12. 13.). 그리고 금·은시계나 야광시계 등 다양한 종류의 시계를 선전하면서 미국이나 독일 또는 아랍 제품이라고 신문광고를 하면서 "입학시험을 치른 졸업생과 신입생에게 시계 선물이 가장 적당하다"며 좋은 시계를 고르는 정보도 제공했다(《조선일보》, 1923. 7. 21. 외).[16]

수험생의 정신건강과 관련한 문제도 일찍부터 주목받았다. 예를 들면 1908년 일본의 동경뇌병원에서 785명의 환자 중 가장 많은 162명의 환자가 "면학·고학·시험으로 인한 환자였다"[17]며 동경제국대학과 경도대의 정신의학자들은 "일 년 중 3~4월은 아동의 성장기에 큰 저해를 주는 시기로, 이때 입학시험을 보는 것은 학생들의 건강에 나쁜 영향을 미친다"고 지적하여 경성제국대학 의학부에 촉탁하여 연구를 의뢰했고, 연구 결과 입학시험을 봄에서 가을로 변경하는 안을 검토한 적도 있었다(《동아일보》, 1927. 3. 10. 외).

그리고 "4~5세의 어린 아동들이 입학시험 준비로 신경쇠약에 걸린다"는 등 입학시험의 압박에 시달리는 수험생들에게 '신경쇠약'이라는 새로운 병명이 등장했고, 두뇌를 혹사하거나 지나친 스트레스로 위장병이나 불면증 등에 시달리는 수험생들도 생겨났다. 심지어 입학시험에 대한 불안감으로 목숨까지 끊는 등 수험생들의 정신건강이 사회문제로 등장하면서 이와 관련한 의약품들도 등장했다(《조선일보》, 1934. 3. 20. 외).

제약회사에서는 신문에 약을 복용한 수험생의 경험을 소개하기도 했다(《동아일보》, 1932. 7. 26./ 1935. 4. 28. 외). 두통약의 경우 '수험생에게 필요한 영양제'라는 등 만병통치약이 연상될 정도로 다양한 효능을 선전했다.

예를 들면 '하레야가'는 "자녀를 둔 부모님이여, 입학시험 합격의 비결은 두뇌의 영양을 줌에 있다. ……위장을 든든히 하는 두통 피로 회복제" "두통·편두통·치통·신경쇠약…… 과도한 공부로 인한 피로·위장 카타르·소화불량·아토니(atony)·기타 위장에 기인하는 두통 등에 주효하다"고 강조했다(《조선일보》, 1935. 2. 17. 외). 그리고 '노신'은 "두뇌에는 두뇌의 피로를 깨끗이 회복시키는 독특한 약효가 있다. 이런 때 노신을 먹으면 공부로 피로했던 두뇌도 똑똑해지고 명쾌하게 되며 공부하는 능률을 100퍼센트나 발휘할 수 있다"며 수험생들의 두뇌 피로 회복약, 모범적 두뇌약이라고 선전했고(《조선일보》, 1937. 1. 21. 외),[18] '학기리'는 "시험이 뭐냐, 어서 덤벼라. ……공부가 조금도 되지 않던 머리도 잊은 듯이 사라진다. 공론(空論)이 아니다. 사실이다"라며 상당히 공격적으로 선전했다(《동아일보》, 1939. 10. 26. 외).[19]

초등학교 학생 중 근시안자가 1923년 13퍼센트에서 1935년에는 17퍼센트로 늘어났고, 1년 후에는 20퍼센트를 초과하여 아동의 시력이 사회문제로 주목받으면서(《동아일보》, 1938. 2. 23.) "과도한 공부는 눈병의 원인이 된다"는 등 수험생의 시력 보호에 관심이 높아졌고, '스마이루'라는 안질약이 나와 수험생을 주요 대상으로 선전했다(《조선일보》, 1931. 1. 31. 외).

해마다 입시철이 되면 여관과 요릿집도 호황을 누렸다. 대표적인 예로 경성은 전국에서 수만 명의 수험생과 학부형들이 모여들어 여관마다 초만원을 이루었고, 일부 여관에서는 하루에 1원 50전가량의 숙박비를 2원 이상으로 올려 받으며 폭리를 취해 경찰이 조사에 나서기도 했다(《동아일보》, 1938. 3. 24.).

충남 공주에서는 입시철에 일반 가정집까지 영업을 하면서 한 집에 많게는 30~40명씩 숙박했다. 이에 20여 호의 하숙집들이 영업에 타격을 받는다고 호소해서 "경찰에서 무허가 영업행위를 조사하여 시말서를 받고 다시 이를 어긴다면 엄중 처벌하겠다"고 경고한 일도 있었다(⟨동아일보⟩, 1940. 3. 20.). 개성의 송도중학교 입학시험에는 타 지역에서만 1천여 명이 지원하여 수험생과 학부형까지 2천여 명이 개성의 각 여관에 묵었고, 개성 지역의 요정도 밤 10시가 못 되어 좌석이 없어 손님을 받지 못할 정도로 밤마다 초만원을 이루었다. 여기에 개성 호수돈고녀와 개성공상업학교 입학시험까지 더하면 이들이 개성에 뿌리고 간 돈이 4만 원은 될 것으로 추정했다(⟨조선일보⟩, 1939. 3. 8. 외).

이외에도 전남 순천중학교는 100명 모집에 718명이 지원하여 순천에서는 1,500여 명의 큰 손님을 맞이했고(⟨동아일보⟩, 1935. 4. 20.), 여수공립수산학교(⟨부산일보⟩, 1932. 4. 19.)와 진해여고보 입학시험에도 지원자가 몰려들어 각 여관이 만원을 이루었다(⟨부산일보⟩, 1938. 3. 3.). 충북 청주상업학교는 50명 정원에 767명이 지원하는 등 입학 경쟁이 치열해지면서 지역의 여관들도 대만원을 이루며 혼잡하기가 이를 데 없었다(⟨동아일보⟩, 1935. 4. 28. 외). 그리고 전국 주요 도시의 여관에서 일본에 있는 각 학교의 입학생 모집을 안내하며 지원자 접수도 받았다(⟨동아일보⟩, 1933. 3. 12.).

▌광고시장이 형성되다

입학시험과 관련한 광고시장도 지속적으로 확장되었다. 교재와 수험서 광고시장이 대표적인 예였다. 특히 1920년대에 ⟨동아일보⟩에서 가장 많이 광고한 책이 교재와 수험서일 정도로 특별히 광고 수단이 발달하지 않았던 시기에 사회적 공신력과 대중의 선호도가 높았던 신문광고가 일찍부터 주목받았다.

신문광고의 시장규모 등 구체적인 내용은 파악하기 어렵지만, 소설과 비소설 등을 모두 합친 문예도서 광고가 173회인 것에 비해 교재와 수험서 광고는 무려 193회로, 전체 917종 도서 가운데 21.0퍼센트에 달했다. 또한 1920년에서 1927년 사이에 〈동아일보〉에 실린 15종류의 도서 광고 중 교재와 수험서가 가장 많이 등장했다. 특히 중등학교 입시용 수험서와 초·중등학교 참고서 광고가 가장 많았고, 1920년대 중반에는 『중학강의』, 『여학강의』, 『와세다 6대 강의』 등 통신강좌 교재의 광고도 늘어났다. 그리고 단행본으로는 『고등보통학교 시험준비서』가 총 27회로 가장 많이 광고했다.[20]

교재와 수험서 광고는 다양한 문구로 '합격을 보장한다'며 수험생들을 강하게 자극했다. 예를 들면 근화사에서 발행한 수험서 『조선관공사립고등보통학교 각종 실업학교 모범 입학시험 준비서』는 '입학시험에 합격하는 비결'이라며 "발행 1개월 만에 재판을 찍었다"고 강조하면서 '입학시험계 공전의 대복음'이라고 광고했다. 그리고 덕흥서림은 '입학시험 무사통과를 위한 합격의 등용문'이라고 광고했고(〈조선일보〉, 1923. 9. 25. 외),[21] "빛나는 신학년 입학과 진급의 선물로 꼭 삼성당의 백과사전을!"이라는 학습백과사전 광고도 보인다(〈조선일보〉, 1935. 4. 6.).

당시 수요가 상당히 많았던 통신강의록의 경우 "중학 정도의 학력이 없으면 한 인물로 세상에 서기 어렵습니다. 그런데 오늘날과 같은 불경기 시대에는 여러 가지의 사정으로부터 이 목적을 이루지 못하는 사람이 매우 많습니다"(〈동아일보〉, 1930. 3. 5.)라며 학력을 요구하는 당시 사회 분위기를 전하면서 중등학교 졸업 자격 정도는 필요하다며 "혼자서도 충분히 공부할 수 있다"고 수험생을 독려했다.

교재와 수험서는 이후 인문계와 실업학교, 전문학교 등을 구분하여 다양하게 광고했고, 보통학교 각 학년별 교재도 출간하여 광고하는 등 지속적으로 광고가 늘어나면서 광고 규모도 점차 커졌다. 특히 다른 광고에 비해 신문광고의 지면이 점차 넓어지는 등 교재와 수험서는 비교적 경제나 시류를 타지 않았다. 이에 대해 〈동아일보〉(1939. 8. 11.)는 "연구심 없어지고 실력을 양성 못 합니다"라며 참고서의 폐해를 다음과 같이 지적했다.

> ……연구하고 배우려고 하는 것보다 해설책을 펴놓고 그것을 선생으로 알고 배우는 폐단이 많다. 상인들이 학생들의 비위에 맞도록 만들어 파는 데다가 교과서 편집이 본의와는 전혀 다른 의미로 해석해놓은 것이 많은 것을 교실에서나 복습할 때 사용하게 된다는 것은 교육의 근본 문제로 볼 때도 유감천만의 일이다. 특히 설명서를 망신(妄信)하는 결과 같은 문구의 해석이면서 선생님의 이야기와 책의 해설이 다를 때 잘못된 해설책을 믿고 선생님 말씀을 믿지 않는 경우도 없지 않다.
>
> ……이 설명서를 사다놓고는 학교에 가서 선생님 설명도 잘 듣지 않고 옆에 앉은 아이나 꾹꾹 찌르며 작난이나 하다가 집에 가서는 설명서를 내놓고 선생님으로 삼으니까 모르는 것은 묻고 연구하려는 연구심이 없어지고 그 책만 의지하는 결과가 된다.

이처럼 참고서 시장이 확대되면서 날림으로 제작한 내용들도 적지 않았던 것으로 보인다.

이외에도 수험생과 학부형을 대상으로 영양제에서부터 피로 회복제나 소화제 등 다양한 증상을 치료하는 의약품 광고가 등장했고, 일반적인 광고 지면과는 비교할 수 없을 정도로 대부분의 의약품 광고는 지면이 넓었다. 특히 두통약 '하레야가'는 〈조선일보〉(1935. 2. 17.)와 〈동아일보〉(1935. 2. 19.)에 두 면에 걸쳐 전면광고를 실었고, 앞에서 살펴본 시계나 안경 등 수험생과 관련한 다양한 상품 광고들도 자주 등장했다.

입학시험과
사건·사고들

교실 안과 밖 풍경,
입학시험장을 가다

▌시험장 가는 길

입시철이 되면 평소에 볼 수 없었던 다양한 풍경들이 연출되었다. 신문에서는 매년 학교를 돌아다니며 이러한 풍경들을 보도하기 바빴고, 1939년 중등학교 입학 경쟁률이 7대 1에서 10대 1에 이를 정도로 치열하자 "실력보다 운수가 통할 것"(《조선일보》, 1939. 3. 13.)이라며 왜곡된 교육 현실을 꼬집는 등 심각한 입시지옥 현상을 비판했다.

경성의 경우 매년 입학시험이 다가오면 전국에서 수험생과 함께 가족과 친지 그리고 관계자들이 모여들었다. 때문에 경성은 어디든지 사람들로 붐볐고, 일요일인 시험 당일 아침에는 입학시험을 보는 학교마다 인파가 물 밀듯 몰려들었다.[01] 또한 시험은 하루에 끝나는 것이 아니라, 대체로 필기시험과 구두시험으로 나누어져 있고, 합격자 발표까지 기다리려면 최소 사흘에서 1주일 정도 걸렸다. 1936년 〈조선중앙일보〉(3. 30.)에 "대구의 각 공립학교에 시험 치러온 수험생들이 부모와 함께 와서 1주일에서 10일 정도 대구에 머문다"는 기사도 보인다.

이처럼 많은 시간과 비용을 들여야 했기 때문에 가족이 며칠씩 시간을 낼 수 없는 수험생들은 교사가 인솔해서 경성으로 올라왔고, 때로는 사람들로 북적이는 낯선 경성에서 수험생들을 잃어버리기도 했다. 경북 김천에서 교사가 수험생을 인솔하여 경성에 올라왔는데, 한 수험생이 남대문통에서 길을 잃고 헤매다가 경찰이 발견해서 일행을 찾아 주기도 했다(《동아일보》, 1938. 3. 23.). 경남 통영에서 교사가 인솔하여 경성에 올라온 16명의 초등학교 졸업반 학생들은 전차를 타고 시내로 들어와서 14명은 광화문 사거리에서 내렸으나 전차가 복잡하여 여학생 두 명을 잃어버렸다. 인솔 교사는 즉시 전차에 안내를 부탁했으나 찾지 못하고 결국 종로경찰서에 신고하여 학생들을 찾아 나선 일도 있었다(《동아일보》, 1940. 2. 26.).

경성의 선린상업학교에 입학시험을 보기 위해 경남 남해에서 상경한 유연수 군(16세)은 시내 구경을 나왔다가 전차를 타고 하숙집으로 돌아가던 중 열려 있는 문으로 뛰어내리다 전차에 치여 머리가 골절되는 중상을 입었다. 아마도 경성 지리에 익숙하지 않았던 유 군이 내려야 할 정거장을 지나치자 그와 같은 일이 발생한 것으로 보인다(《조선일보》, 1939. 3. 10. 외).[02] 어느 학부형은 택시를 타고 손녀와 함께 시험장으로 가다 경성 시내에서 전차와 정면충돌하여 전치 4주의 중상을 입는 등(《조선일보》, 1935. 3. 13.) 시험 당일 교통사고를 당하거나 그로 인해 교통이 차단되어 시험에 응시하지 못하는 일도 종종 발생했다. 대구에서도 대구농림학교에 입학시험을 보러 가던 중 철로 길목에서 기차와 자동차가 충돌하여 수험생과 일행이 생명이 위독할 정도로 중상을 입는 등 지방에서도 교통사고가 잇따랐다(《동아일보》, 1938. 3. 11.).

또한 입학시험 날 학교 앞 분위기를 취재하면서 "덕수소학교 정문 앞에는 장사꾼이 적은 편인데도 캐러멜 장사 등 다섯 사람이나 되고, 학부형들은 자녀가 배가 고플세라 이것저것 사 먹이는 것이 마치 경마 때 주인이 말에게 홍당무를 먹이는 듯싶다. 어린애들은 시험이 어떤 것인지 모르는 채 때때옷 입고 과자 먹는 것만이 기쁜 듯 뛰놀고 있다" "혜화소학교 교문 밖에서는 한몫 보려는 장사치들의 '빵이 열 개에 십 전이요' 하는 소리가 불어오는 봄바람에 학교 안으로 흘러간다"는 등 장사꾼들이 한몫 보기 위해 모여드는 풍경도 보도했다(《조선일보》, 1940. 3. 30.).

교문 앞에서는 아버지가 수험표를 가지고 오지 않은 아이의 머리를 쥐어박으면서 욕을 하고 호통치기도 했다. 아버지는 자동차를 타고 가서 수험표를 가지고 왔지만 이미 교문이 굳게 닫혀 있었다. 때문에 시험장에 들어갈 수 없었던 아들과 아버지는 교문을 붙잡고 통곡했다고 한다. 〈동아일보〉(1935. 3. 15.)는 이 일을 보도하면서 "입학 열쇠를 잊고 오면 입학이 된다고 해도 그만큼 허둥대는 사람이니, 학교에서 도외시할 것이다. 가지고 올 것을 못 가지고 허둥대거든 벌써 입학은 단념하셔야 한다"고 일침을 가하는 등 교문 앞의 다양한 풍경을 전했다.

1922년, 경성의 모든 공립보통학교가 3월 24일 오전 10시부터 일제히 입학시험을 치를 예정이었다. 그러나 23일부터 예상치 못한 큰 눈이 내려 통행이 불편하게 되자 결국 시험을 연기하여 26일 오전 9시 30분으로 변경했다(《동아일보》, 1922. 3. 24.). 때문에 수험생과 가족들은 며칠을 더 불안과 초조한 마음으로 보내야 했고, 26일에는 일찍부터 사람들이 학교로 몰려들었다. 150명 정원에 685명이 지원한 교동보통학교의 경우 "이미 아홉 시가 되기 전에 지원 아동과 함께 학부형들이 몰려들었고, 아홉 시 반에는 수천 명의 군중이 답지하여 큰 혼잡을 이루었다"고 한다(《동아일보》, 1922. 3. 26.).

1940년에는 경성의 7~8개교 여학교에서 같은 날 입학시험을 실시했는데, 총 1,000명 모집에 무려 4,000여 명이 지원하여 3,000여 명이 탈락하게 되어 있었다. 때문에 시험 당일 수험생과 가족들은 더욱 복잡한 심정으로 입학시험장으로 향했다. 〈조선일보〉(1940. 2. 28.)에는 "학교 운동장에 경성부-경기도-강원도-함경남북·만주 등 각 지방별로 목패(木牌)들이 세워져 있어 전국 각지는 물론 멀리 만주에서까지 수험생들이 지원했다"고 보도했다.

임시 천막까지 설치하다

시험장을 찾는 발길은 수험생 외에도 가족과 친지들이 함께 했다. 따라서 수험생 1명에 가족이나 친지가 1명만 동행한다고 해도 적게는 천여 명, 많게는 3천여 명 이상이 학교로 몰려들어 그야말로 인산인해(人山人海)라고 할 정도로 대혼잡을 이루었다. 때문에 지원하는 수험생이 많을수록 학교는 더욱 분주했다.

1920년 경성여고보는 교실이 부족할 정도로 지원자가 몰려서 인근의 정동 토지조사국 일부를 빌려 시험을 보았고(〈동아일보〉, 1920. 4. 2.), 1921년 보성고보는 200명 정원에 1,200명이 지원하여 "이른 아침부터 시험장으로 천여 명 이상의 수험생과 수천 명의 학부형들이 우르르 몰려들자 학교 운동장이 와글거리고 소란한 것이 마치 동원령을 받은 군인들이 영문(營門)에 모여 있는 분위기를 방불케 했다"고 한다. 이런 와중에도 1,000여 명이 탈락하게 되어 있었기 때문에 "수험표를 받는 응시생들의 얼굴은 모두 이상스러운 불안감이 감돌았다"고 한다. 학교 측에서는 교실이 모자라 인근의 중동학교까지 빌렸지만 수험생을 모두 수용할 수 없어 인근의 소학교까지 빌려서 입학시험을 치렀다((동아일보), 1921. 3. 27.).

100명 정원에 무려 1,406명이 지원한 어느 중등학교에서는 입학지원서를 접수할 때부터 사람들이 몰려들어 아수라장이 되기도 했다. 시험 당일에는 "수험생을 15~16개 반으로 나누어서 정열하고 고급 확성기를 동원하여 주의사항을 전달한 후 교실로 들여보냈다"며 학교 측은 지원자의 폭증으로 '고급 확성기를 동원했다'고 강조할 정도로 신경을 썼고, 임시로 천막까지 설치하여 교실을 증설했다. 하지만 "책상과 시험 감독관이 부족해 마분지로 만든 책상과 임시 감독관을 고용하는 등 개교 이래 이런 대소동은 처음이었다"고 한다.[03]

경성고보의 경우 100명 정원에 전국에서 1,200명이 지원하여 시험 당일에는 "어린 수험생들이 학교 정문에서 수험표를 제출하며 마치 세관(稅關)을 통과하듯이 구내로 들어갔다"고 한다. 그리고 운동장에는 교직원들과 사범과 학생들이 늘어서서 수험표의 번호를 조사한 후 17부대로 나누어 줄을 세웠는데, 신문에는 "금테 두른 선생들은 그렇지 아니하나 흰 테 두른 사범과 학생들은 바로 군대식으로 어린 수험생들을 다룬다. ……마치 정거장에서 짐짝 처리하는 모양이더라"며 지나치게 엄격했던 분위기를 전했다((매일신보), 1917. 3. 28.).

수험생과 함께 온 일행들도 각양각색이었다. 학부모 중에는 백발이 성성한 할아버지, 각모(角帽)를 눌러 쓴 대학생 형이나 여고보 제복을 입은 누나 또는 젖먹이를 업은 어머니도 있었고, 시골에서 부모 없이 손자를 기른 할아버지나 할머니가 함께 상경하기도 했다.

대부분의 학교에서는 기다리는 가족을 위해 운동장에 천막을 설치하거나 강당을 개방했다. 가족들은 수험생들이 시험장으로 들어가면 눈비

내리는 날씨에도 아랑곳하지 않고 대기 장소에서 수험생을 기다렸고, 날씨가 추울 때는 운동장 한쪽에서 모닥불을 피우기도 했다(《동아일보》, 1936. 3. 14.). 가족들은 시험을 치르는 수험생을 위해 할 수 있는 일이 아무것도 없었지만, 하나같이 연신 교실 쪽을 바라보며 초조한 마음으로 수험생을 응원했다.[04]

중등학교 시험장에는 초등학교 교사들도 나왔다. 경기중학교 운동장에 일찍부터 나와서 기다리던 교사가 "○○소학교 모여라" 하고 소리치자, 그 학교 출신 수험생들이 모여들었다. 교사는 어린 수험생들에게 "문제는 차근차근 세 번씩 읽어본 다음에 답을 쓰고, 쉬워 보이거든 또 한 번 읽어보아라. 반드시 쉬워 보이는 문제에는 함정이 있다……"는 등 주의사항을 단단히 일러주었고, 교사의 말이 끝나자 수험생들은 답안 작성 요령 등 의문점을 질문하고 교사가 답변하는 광경도 볼 수 있다(《조선일보》, 1939. 3. 13.).

입학시험 날은 학교가 있는 전국의 도시들이 대혼잡을 이루었다. 1935년 대구사범학교는 100명 정원에 전국에서 1,289명이 지원하여 시험 당일 교문 앞은 수험생과 가족들로 북새통을 이루었고, 이리농업학교는 100명 정원에 무려 1,500명이 넘는 지원자가 몰려 신문에는 "그야말로 입시지옥의 살풍경이 연출되었다"고 보도했다(《조선중앙일보》, 1936. 3. 9. 외).

▌ 불안의 공기에 포위되다

1920년 〈동아일보〉(4. 11.)에는 "초등학교 입학시험은 비단 경성만이 아니라 지방에서도 거의가 그러한 모양이다"라며 학부형의 손을 잡고 입학시험장을 향해 대규모의 인파가 몰려든 전국의 보통학교 입학시험장의 분위기를 전했다. 거창공립보통학교는 남자 75명, 여자 45명 모집에 343명이 지원하여 대혼잡을 이루었고(《동아일보》, 1922. 4. 13.), 아이들은 난생 처음 겪는 시험장 분위기가 낯설어 긴장하기도 했고, 두려움에 떨기도 했다.

일반적으로 보통학교에서는 강당과 같은 넓은 공간에 지원 아동을 모두 모아놓고 줄을 세워서 순서대로 시험을 보았다. 아이들 중에는 긴장한 나머지 번호와 성명을 잘못 쓰기도 했고, 또는 앉은 자리에서 오줌을 싸는 아이도 있었다.[05] 1922년 〈동아일보〉(3. 27.)에는 경성에서 일제히 치러진 보통학교 입학시험장을 취재하면서 「불안한 공기에 포위된 보통학교 선발시험」이라는 제목으로 다음과 같이 보도했다.

어린 자녀의 손을 이끌고 온 학부형들로 교문이 미어지게 혼잡을 이루었고…… 얼굴은 입학이 되지 않을까 염려하는 빛이 가득했다. ……학교에서는 아동들을 강당에 모아놓고 입학지원서를 동리별로 구별하여 3개 반으로 나누어 교사들이 4곳에 책상을 놓고 아이들을 줄을 세운 뒤 순서대로 조사를 했다. 큰 강당에는 아이들로 빽빽하게 찼고, 교사는 입학지원서를 표준으로 하여 아이들의 신장과 건강을 조사한 후 간단하게 가정에 대한 질문과 부모의 이름 등을 물어보아 아이의 지력 시험을 보았고, 이어서 아이의 능력과 판단력 등의 순서로 시험을 보았다. 시험은 구두로 보았고, 금년에는 가장 중요한 표준으로 만 6세부터 10세 미만의 아이들을 선발했다. 설혹 10세 이상의 아이들이 체력과 지력을 완전히 구비해도 선발하지 않았다. ……강당 밖 유리창에는 학부형들이 사방으로 몇 겹씩 에워싸고 아이들이 입학하지 못하게 될까 우려하는 얼굴로 들여다보고 있다……

이처럼 보통학교 시험장은 수험생과 학부형들의 탈락에 대한 두려움으로 가득했다. 그리고 먼저 시험을 치르고 아동이 나오면 기다리고 있던 다른 학부형들이 아동을 에워싸고 "무엇을 묻더냐?"라고 묻는 등 혹시나 도움이 될까 하는 마음에 이것저것 질문했다(《조선일보》, 1940. 3. 30.).

시험장을 엄하게 단속한 학교도 있었다. 경성남녀사범학교부속 소학교 입학시험에서는 시험장 철문을 굳게 잠그고 오후 5시에 시험이 끝날 때까지 출입을 일절 금했다. 때문에 "어린 수험생들은 미리 준비해간 도시락으로 점심을 먹었고, 가족들은 학교 밖에서 기다리는 어마어마한 시험장 풍경이 연출되었다"고 한다(《동아일보》, 1939. 2. 19.).

이렇게 입학시험 절차가 모두 마무리되면, 합격자는 바로 발표하지 않고 "같은 달 안에 집으로 통지할 예정이니 통지가 없으면 탈락한 것으로 알라"고 했다(《동아일보》, 1922. 4. 27.). 그러나 지원 아동의 폭증으로 입학시험을 차분하게 진행하지 못한 학교도 있었고, 어느 보통학교에서는 10세가 넘는 아동에게는 질문하지도 않고 탈락시켰고, 체격검사에서 감기에 걸린 학생에게 "감기에 걸린 사람이 무슨 공부를 하느냐며 낙제시켰다"(《동아일보》, 1922. 4. 13.)고 하는 등 시험이 끝나면 다양한 이야기들이 돌았다.

시험이 시작되면 문제가 공개되다

필기시험을 보았던 중등학교는 "시험문제에 대해서는 질문을 하지 못하며, 시험장 안에서는 아무 물품이든지 빌리거나 빌려주지 못한다"고 미리 공지가 되었다(《조선일보》, 1926. 1. 31.). 교실 안에는 시험이 시작되기 전부터 숨소리조차 들리지 않을 정도로 적막이 흘렀다. "시험지를 받은 수험생들이 격렬한 백병전을 하듯 답을 쓰는 연필 소리만 처참히 들릴 뿐이었다"(《동아일보》, 1921. 3. 27.)고 한다. 이런 분위기에서도 청진상업학교 입학시험에서 한 응시생(14세)이 연필 깎는 칼로 자신의 손을 그어 답안지에 "불합격시키면 자살하겠다"는 혈서(血書)를 써서 시험관에게 제출했다. 때문에 그 학생이 불합격하자 학교와 경찰은 혹시나 불미스러운 일이 생길까 걱정하며 전전긍긍한 일도 있었다(《동아일보》, 1937. 7. 5.).

교실 안의 수험생들은 같은 학교를 지원했다는 공통점 외에는 나이와 외모, 복장 등이 다양했다. 수험생 중에는 깔끔한 복장에 얼굴이 뽀얀 12~13세의 어린 도시 학생을 비롯해 23~24세의 나이에 이마에 망건 자국이 선명한 지방 출신 청년도 있었다. 〈동아일보〉(1922. 4. 13.)는 "지방에서 상투를 틀고 한문 공부를 하다 뒤늦게 머리를 자르고 상경하여 보통학교에 입학하는 학생들도 많은 듯하다"고 보도하면서 "지방에서 불같은 향학열로 머리를 자르고 상경한 듯한데, 시험문제를 해석하지 못해 괴롭게 고개를 갸웃거리기도 했다. 반면 12~13세의 어린 학생이 무난하게 문제를 풀어나가는 모습도 보인다. ……종이 울릴 때까지 문제를 풀지 못해 조바심만 태우다가 시험지를 그대로 빼앗기는 등, 이렇게 해서 처참한 전쟁이 끝나고 긴장이 풀어진 수험생들은 처음보다는 웃음기가 돌기도 하고, 시험문제를 말하거나 또는 초연하게 서 있는 사람도 있었다"고 시험장 분위기를 전했다(《동아일보》, 1921. 3. 27.).

시험이 시작되면 밖에서 기다리던 가족과 친지들에게 시험문제가 공개되었고, 매시간 시험문제가 공개될 때마다 한바탕 소동이 일어났다.

1935년 동덕여학교는 150명 정원에 1,034명이 응시했다. 시험 당일, 사람들이 운동장에 빼곡하게 모여 있었는데, "첫 교시 일본어 시험이 끝나고 운동장 게시판에 시험문제를 붙이자 학생을 인솔하고 온 교사와 수험생의 언니, 오빠 또는 아버지 등 수험생들의 응원부대들이 와! 하며 게시판을 둘러싸고 마치 자신들이 시험을 치르기라도 하듯 바쁘게 종이와 연필을 꺼내 정신없이 문제를 풀어 보면서 '우리 아이 실력이면 이 문제를 가지고 몇 점이나 맞을까?' 하고 상상하며 마음을 졸였다"고 한다(《동아일보》, 1935. 3. 15.).

1940년 경기여고보에서는 수험생이 둘째 시간의 작문 시험을 보기 위해 교실로 들어가자마자 학부형이 모인 강당에 시험문제를 붙였다. 시험문제는 "입학시험을 치르는 데 대해서 당신이 한 일과 생각한 일을 쓰시오"였다. 가족과 친지들은 시험문제를 보며 이런저런 생각을 하며 수험생들이 답안 작성을 잘했을 것으로 기원했고, 매시간 시험이 끝나고 수험생들이 밖으로 나오면 우르르 몰려가 아이들 찾기에 바빴다. 교실을 나오는 수험생들은 눈물을 짓거나 얼굴이 노래지기도 했고, 싱글싱글 웃는 등 천태만상이었다. 마침내 아이를 발견한 가족들은 일제히 달려가 따발총 사격이라도 하듯 시험에 대해서 질문을 쏟아냈고, 아이의 얼굴을 보고 대강 짐작한 가족들은 야단을 치거나 같이 기뻐하는 등 수험생과 학부형이 만나면 한바탕 소란이 일어나는 진풍경이 연출되었다(《조선일보》, 1940. 2. 28.).

신문에는 이러한 분위기를 전하면서 "수험생을 위로하고 용기를 주어야지, 억지로 청을 대고 힘에 부치는 학교에 넣어서 건강을 해치거나 자신의 힘자라는 대로 할 수 없는 학교는 처음부터 강제로 할 것이 아니다"

라며 실력을 감안해서 학교를 선택할 것을 충고했다.

▌경찰이 출동하기도…

입학시험 날 발생하는 혼잡으로 인해 학교에서는 뜻밖의 사건도 발생했다. 진주 일신여고보에 입학시험 날 진주경찰서 경찰들이 모두 변장을 한 뒤 자동차를 몰고 이 학교 숙직실을 급습한 일이 있었다. 당시 경찰은 숙직실을 포위하고 4~5명의 이 학교 이사들까지 일일이 수색했으나 물증을 찾지 못해 그냥 돌아갔다.

이날 학교에서는 보안 문제도 있고, 입학시험에 따른 복잡함을 피하려고 그해의 예산편성 등을 위한 재단 이사회를 숙직실에서 개최했다. 그런데 이를 본 누군가가 '사람들이 도박을 하려고 숙직실에 모였다'고 오해하여 경찰서에 신고했던 것이다(《동아일보》, 1929. 4. 5.). 때문에 학교 측은 "경찰이 밀고자의 말만 믿고 경솔하게 학교를 에워싸고 수색을 했다"고 분개하며 대책회의를 열고 경찰에 항의하기도 했다(《조선일보》, 1929. 4. 1.).

입학시험이 끝나면 수험생과 가족들에게 합격자 발표라는 최종 결과가 남는다. 대부분의 학교는 시험이 끝나고 며칠 후 게시판에 합격자 명단을 발표했고, 여기에 이름이 없으면 불합격한 것이었다. 중등학교 이상은 신문과 라디오에서도 합격자를 발표했지만, 합격자 명단을 직접 확인하기 위해 일찍부터 학교 운동장에서 기다리는 수험생과 학부형들도 많았다. 해주고보는 오후 3시에 합격자를 발표했지만, 오전 11시부터 1,000여 명이 운집할 정도였다(《동아일보》, 1922. 4. 27.).

합격자 명단을 발표한 운동장에는 희비가 엇갈렸다. 불합격한 수험생과 가족들은 운동장에서 대성통곡을 하기도 했고, 혹시나 하는 마음에 발표장을 떠나지 못하는 학부형들도 있었다. 실제로 창녕군에서는 보통학교 입학시험에 탈락한 아동의 학부형들이 눈물을 흘리며 학교 당국자에게 애원하기도 했다. 이에 학교 관계자 회의가 열렸고, 창녕군 내 각 교장회의에서 2부제 수업을 하기로 결정하여 임시방편으로 탈락 아동들을 구제한 일도 있었다(《동아일보》, 1922. 4. 30.).

목포상업학교에서는 합격자 명단에 자신의 이름이 없는 것을 확인한 어떤 학생이 졸도하고 말았는데, 그날부터 정신 이상까지 생겼다고 한다. 학교에서는 시험 성적은 좋으나 재산조사에서 떨어졌다는 그 학생의 소식을 듣고 직원회의를 열어 받아주기로 결의하기도 했다. 같은 해 이 학교 입학시험에서 떨어진 아들이 집에 돌아오자 안 죽을 정도로 두들겨 패고 5~6명의 집안 식구들이 함께 밤새도록 대성통곡을 했는데, 신문에는 "이 학생 역시 재산조사로 탈락한 것은 아닌지?"라며 안타까워했다(《조선일보》, 1929. 3. 24.). 그리고 광성고보에서는 합격자 발표를 하던 날 3학년 교실에서 갑자기 불이나 한바탕 소동이 벌어졌는데, 당시 평양경찰서에서는 "교단 밑에 빗자루를 놓고 불을 붙인 것으로 보아 입학시험에서 낙방한 학생의 소행으로 의심하고 조사 중이다"라고 발표했다(《동아일보》, 1930. 3. 11.).

불합격자들의 사연도 다양했다. 먼 지방에서 경성에 올라온 수험생 중에는 늦게 도착하여 시험장에 들어가지 못한 경우도 있었다. 그리고 시험에는 응시했지만 탈락하자 학교 관계자에게 "먼 데서 올라왔는데 낙방하고 고향에 돌아갈 면목이 없으니 제발 어떻게든지 공부하게 해달라"고 울면서 애걸하기도 했다(《동아일보》, 1921. 4. 2.). 어떤 수험생은 "경성여고보 입학시험에서 나보다 못한 사람은 붙었으나 나는 떨어졌으니 미안하오나 학교에 물어보아 달라"고 신문사에 투고하기도 했다. 이에 기자는 "시험에서 탈락한 학생들은 항상 그런 말들을 하니 학교 당국으로서는 심히 곤란하다. 학교는 언제든지 공평정대하다"는 교사의 말을 인용하여 답변했다(《동아일보》, 1924. 3. 27.).

문패를 훔치고, 밥을 뿌리다

합격을 확인한 수험생과 가족들은 마치 세상을 다 가진 듯 대단히 기뻐하며 흥분하기까지 했고, 집이나 고향으로 돌아오면 대단한 환대를 받았다. 1931년 대구사범학교에 합격했던 박순직은 "온 군내가 떠들썩했어. (합격자가) 한 군내에 한 사람 아니면 두 사람에 불과했거든……. 군청도 그렇고, 유명한 학교였던 대구사범학교에 입학했다는 것은 그만큼 군민들도 떠들썩하게 축하를 하고 과거에 합격한 사람 정도로 알아주었지"라고 회고했다.

이처럼 주변에서의 환대는 수험생들이 더욱 열심히 공부하는 자극이 되었고, 합격을 기원하는 가족들의 간절한 마음과 정성은 여러 가지 풍속도를 낳았다. 예를 들면 수험생을 둔 부모들은 점집을 찾아가 합격을 위한 특별한 방책을 묻는 등 점을 보기도 했고, 입학시험이 다가오면 부정 탄다는 이유로 집안에 외부인을 들여놓지 않는 집도 있었다.

평양에서는 문패 도둑이 성행했는데, '문패 100개를 모아 정성을 드리면 입학시험에 합격한다'는 미신이 돌았기 때문이다(《조선일보》, 1939. 3. 4.). 함흥 지역의 모 중등학교 교정에는 입학시험 날만 되면 아침마다 흰 밥알(백반)이 여기저기 널려 있어 이상하게 여긴 학교에서 조사해 보았더니, 자녀의 합격을 기원하며 부모나 또는 수험생을 시켜서 지어온 밥을 학교에 뿌렸다고 한다(《조선중앙일보》, 1936. 4. 4.). 귀한 음식을 제물로 바치며 신에게 일종의 축복을 기원했던 것이다.

또한 적게는 1~2원에서 많게는 2백여 원의 거금을 들여 굿을 하고 고사를 지내며 자녀의 합격을 비는 부모도 있었다. 이러한 행위에 대해 "입학하고 못 하는 데에 미신이 무슨 상관 있는지, 미신을 지키는 학부형들도 충분히 반성할 일이 아닌가?"라고 비판했지만, 합격에 대한 가족들의 간절한 마음은 끝이 없는 듯했다(《조선중앙일보》, 1936. 4. 4./ 〈동아일보〉, 1934. 12. 11.).
〈조선일보〉(1940. 3. 30.)에는 1940년 경성의 수송소학교 입학시험 날 "이래봬도 수험장인데 어느 틈에 냄새를 맡고 달려왔는지 정문 아래는 엿장수들의 가위 소리만 절걱절걱 요란하다"라는 기사가 보인다. 그러나 구체적인 이유는 알 수 없지만, 당시의 신문에는 현대사회에서 합격을 기원하며 수험생에게 주었던 찹쌀떡이나 엿 그리고 금기시했던 미역국과 관련한 내용은 찾아보기 힘들다.

한편, 입학시험 준비에 모든 학교와 수험생들이 전력을 다한 것은 아니다. 보통학교에는 실습이라는 과목이 있기는 했지만, 수업보다 많은 시간을 학생들을 농사에 동원하여 불만을 사기도 했다. 옹진공립보통학교에서는 20명이 상급학교에 지원했는데 남녀 각 1명씩만 합격하는 저조한 성적을 보이자, 〈동아일보〉(1936. 7. 7.)는 그 이유에 대해 "학생들이 오전 8시에 등교하여 잠시 수업을 한 뒤 발을 벗고 노동을 하니 공부에 등한시할 수밖에 없다"고 보도했다.

수험생의 경우 성적표를 위조해서 부모를 속이다 '상급학교에 진학할 실력이 안 된다'는 사실이 뒤늦게 밝혀지기도 했다. 그리고 신문과 잡지에는 "남녀 학생들이 학과 공부와 성적에 관심이 너무 적다" "한두 시간

결석을 대수롭지 않게 생각하고, 낙제나 면하면 그만이라는 불성실한 태도나[06] 심지어 아무런 꿈도 없는 무기력한 학생들까지 있다"며 고등유민을 양산하고 있다고 우려했고,[07] "고등보통학교만 마치고 만다면 그야말로 아무 데도 소용이 없다. 근래에 고등보통학교는 불량배와 부랑자 양성소라는 악평까지 듣게 되었으니, 고등보통학교만 마칠 사람은 처음부터 입학시키지 않는 것이 좋을 줄로 생각한다"[08]며 이유야 어떻든 상급학교 진학에 관심이 없다면 실업계 학교를 권했다.

이외에도 입시 준비보다 마르크스와 레닌의 영향을 받아 사회주의 사상에 관심을 기울이는 학생도 있었고, 상급 학년이 된 고보생들 중에는 입학시험 준비에는 관심이 없고, 교재를 잡히고 극장에 가거나 식당에서 커피를 즐기기도 했다. 심지어 술집에 드나들거나 연애에 빠지는 등 퇴폐적인 행태를 보이는 학생도 있었다. 때문에 기성세대로부터 '선택된 존재로서 자신의 행복만이 아니라 사회적 책임감을 지녀야 할 것을 요구받았고, 민족의 장래를 위해 사회의 지도층으로 성장해주기를 기대했던 학생들이 지나치게 소비 지향적이거나 서구 지향적 문화를 향유한다'는 우려의 목소리가 나오기도 했다.

집안의 갈등에서
사기 사건까지

▌합격하고도 불합격되다

합격자가 발표되고 나면 다양한 이야기들이 사람들의 입에 오르내렸다. 어려운 환경을 극복하고 합격한 이야기는 기본이었고, 최고령이나 최연소 등 연령과 관련한 이야기 등 다양한 사연들도 화제가 되었다.

〈동아일보〉(1935. 2. 26.)에는 경기도 안성군 화곡리에 사는 55세의 안기순 노인이 충북 음성군에 위치한 감곡보통학교를 찾아가 "나는 한문은 다소 배웠으나 신학문은 모르니 입학시켜 달라'고 누누이 간청하여 그 성의에 감동한 교장이 입학을 허락하여 노인은 백발의 머리를 자르고 8~9세의 손자뻘 되는 아이들과 함께 공부하게 되었다"는 기사도 보인다. 1937년에는 이화여고보 합격자 발표장에 하얀 상복을 입은 소녀가 나타났는데, "입학시험 하루 전날 아버지가 돌아가셔서 시험을 포기하려고 했으나 아버지의 유언에 따라 시험을 보아 무려 11대 1의 경쟁을 뚫고 합격했다"고 한다(〈조선일보〉, 1939. 3. 17.).

반면 합격을 하고도 불합격된 불행한 이야기들도 전한다. 강경의 양영학원 출신 조성현 군은 충남사범학교에 합격했지만, 불합격 처리되었는데, 그 이유는 같은 양영학원 출신 박 모 군이 재학생 시절 공주고보에 응시한 어느 수험생을 대신해서 입학시험을 치르다가 발각된 것과 연관이 있었다. 당시 공주고보 교장은 대리 시험을 치른 박 군을 엄벌에 처해달라는 공문을 양영학원에 보냈는데, 양영학원에서는 박 군에게 단단히 주의를 주고 다시는 대리 시험을 치르지 않도록 조치를 취하는 것으로 마무리했다. 그 후 양영학원 출신 조 군이 공주에 있는 충남사범학교에 응시하여 우등의 성적을 거두었지만, 이 학교 교장은 "너는 양영학원 학생이니 입학시킬 수 없다. 공주고보에서 강경의 양영학원은 불량한 학원이니 그 학원생은 일체의 입학을 불허하라는 공문이 왔기에 할 수 없다"며 탈락시켰던 것이다(〈조선일보〉, 1925. 4. 19.).

조삼제(17세) 군은 진주고보에 우수한 성적으로 합격하고도 집안의 재산이 700원이라는 이유로 입학을 거절당했다. 당시 재산이 최소한 4천~5천 원은 되어야 한다는 말이 돌았다. 그런데 조 군의 집안은 자산이 7천 원으로, 직원이 기록하는 과정에서 0을 한 개 빠뜨려서 700원이 되어 불합격되고 말았다(〈조선일보〉, 1926. 3. 17.). 그리고 "시험은 만점이나 입학을 거절, 진주고보 자산 부족하다는 이유로, 당자는 학교 문전에서 방성통곡"이라는 기사도 보인다(〈조선일보〉, 1929. 12. 19.).

세브란스의전에 지원한 한 청년은 게시판에 붙은 합격자 명단에 자신의 이름이 있는 것을 확인하고 너무나 기뻐서 곧장 집으로 달려가 이 사실을 부모님께 전했다. 이후 며칠 동안 신체검사 통지서가 오기만을 기다렸다. 그러나 통지서가 오지 않아 학교에 확인해보니 합격자 명단을 발표하면서 제일 아래에 '합격자는 다음날 신체검사를 받을 것'이라고 공지했는데, 청년은 너무 기쁜 나머지 미처 그 내용을 확인하지 못했던 것이다. 때문에 청년은 신체검사에 참석하지 못했고, 학교에서는 '성의 없는 학생'이라며 탈락시켰다(《동아일보》, 1931. 4. 1.). 황해도 출신 신 모 군(20세)은 지역에서 뛰어난 인재였지만, 민적(民籍)이 없는 사생아였다. 때문에 호적이 없어 상급학교에 진학할 수 없었는데, 다행히 이웃의 양해를 받아 그 집 장남의 호적등본을 빌려 평양사범학교에 합격하여 기숙사 생활을 하며 공부했다. 그런데 누군가가 이 사실을 학교에 투서하여 퇴학당하고 말았다(《동아일보》, 1932. 10. 18.).

영광공립보통학교는 입학이 결정된 160명에게 입학 결정 통지서를 발송하여 '4월 1일부터 등교하라'고 통보했다. 그런데 4명이 등교하지 않아 학교에서는 내규에 따라 이들의 입학을 취소했다. 뒤늦게 이 사실을 알게 된 학부형들은 학교로 달려가 교장을 붙들고 "입학통지서를 받고도 학교에 가지 않을 리가 있겠느냐? 입학통지서를 받지 못해 낙방할 걸로 알았다"고 호소했다. 사연을 알고 보니 우편소의 무성의로 통지서가 집으로 전달되지 않은 것으로 밝혀져 교장은 '경위를 조사하여 조치를 취하겠다'고 했다(《동아일보》, 1936. 4. 8.).

▎돈이면 안 되는 게 없다?

1922년 〈동아일보〉(4. 3.)에는 "신교육령 시행으로 시험이 어려워지면서 입학시험을 대리해 주는 것이 유행한다……. '대리 시험 전문으로 영업을 해도 큰 돈벌이가 될 듯하다'는 이야기가 학생들 사이에 돌아다닌다"고 보도할 정도로 대리 시험이 빈번했다. 아마도 당시 수험생을 확인하는 방법이 확실하지 않았던 것도 영향을 미친 듯하다. 평안북도 공립사범학교에서 대리 시험을 치르던 학생 한 명을 적발한 후 "이러한 부정

행위를 방지하기 위해 다음 해부터 사진을 첨부하겠다"고 발표한 것도 그 예였다(《동아일보》, 1925. 3. 10.).

경북 상주공립농잠학교에서는 50명 정원에 무려 340명이 지원해 치열한 입학시험을 끝내고 보결생 4명을 포함해 54명의 합격자 발표를 앞두고 있었다. 그런데 당시 시험을 보았던 한 수험생이 "산술 시험 시간에 시험 감독관과 함께 감시자로 들어온 이 학교 학생이 자신과 친분이 있던 수험생에게 문제를 설명해준다며 모조리 답까지 써주었고, 이 외에도 여러 가지로 학교 당국의 태만으로 공평하지 못한 점이 있다"고 문제를 제기했다. 이 사실이 알려지자 상주군 전체에서 "입학시험이 공정하게 이루어지지 않았다"며 무효를 주장하고 나섰다. 학교에서는 "대책을 강구 중이다"라며 문제를 인정했고, 결국 학생이었던 시험 감시자는 무기정학을 그리고 수험생은 시험 무효 처분을 받았다(《동아일보》, 1928. 3. 27.).

이처럼 입학시험장에서 부정행위가 발각되면 엄하게 처벌했다. 그리고 입학시험 안내문에도 "시험에 부정행위를 하는 사람은 즉시 퇴장을 명령하고 먼저 시험한 모든 것이 무효 처리된다"(《조선일보》, 1925. 4. 7. 외)는 경고문을 첨부했고, 시험장에서 부정행위가 적발될 경우 수험 번호를 기록해 두었다가 시험이 끝난 후 비공개로 처리하기도 했다. 때문인지 입학시험장에서의 부정행위에 관한 신문 기사는 찾아보기 힘들다. 오히려 입학시험과 관련한 부정행위는 교실 밖에서 그리고 어른들에 의해 계획적으로 벌어져 사회적으로 큰 논란을 일으켰다.

입학시험에 탈락한 학생의 집에서는 "그 이유가 청탁을 하지 않았기 때문은 아닌지?"라는 의문을 가질 정도로 시험이 끝나면 부정행위와 관련한 다양한 소문들이 돌았다(《동아일보》, 1928. 4. 1.). 물론 확인할 수 없는 소문들도 있었지만, 사실로 밝혀진 내용들도 적지 않았다. 때문에 학부형들의 불안은 더욱 커졌고, 때로는 돈과 권력을 동원하는 등 각종 부정이 벌어져 입시 경쟁을 더욱 혼탁하게 했다(《동아일보》, 1935. 1. 29. 외).

강릉공립보통학교에서는 만 9세 이상 아동에게는 입학 자격을 부여하지 않아 130여 명이 입학하지 못했다. 그러나 군수와 친분이 있는 집에서 12세 아들을 입학시키는 등 권력을 이용한 부정 입학 사례가 발생했다. 어느 공립보통학교에서는 지원자가 넘치자 사전에 입학 내정자를 결정해 두었다. 그리고 구두시험에서 입학이 내정된 집안의 아이에게는 "사발이 무엇이냐?"라고 물었고, 입학을 시키지 않으려는 가난한 집안의 아이에게는 "북풍(北風)이 불면 연기가 어디로 가느냐?"고 물었다. 그런데 "사발은 어리젓 담는 것"이라거나 "연기는 굴뚝에서 나는 것"이라는 등 아이들의 대답은 각양각색이었지만, 시험관은 사발에 대한 대답은 무조건 '좋다'며 합격시켰고, 굴뚝에 대한 대답은 '안 되겠다'며 불합격시켰다는 웃지 못할 일도 있었다(《동아일보》, 1928. 4. 7.).

안주공립농업학교는 1928년 갑종으로 승격된 후 첫 입학시험을 보았는데, 292명의 지원자 가운데 63명을 선발한 후 교장은 "이 학교는 정원이 50명으로, 학교 승격에 대한 기부 청탁자를 고려하여 13명을 추가하여 63명을 선발했고, 예년에 비해 입학시험을 무난하게 마쳤다"고 발표했다. 그러나 실제로 기부 청탁에 대한 대가로 선발한 입학생은 13명보다 훨씬 많았고, 입학시험으로 선발한 학생은 20명에 불과한 것으로 추정되어 실질적인 입학시험 경쟁률이 10대 1이 넘었다(《동아일보》, 1928. 5. 1. 외). 북청농업학교에서는 학생들이 동맹휴업을 하면서 제출한 요구사항에 "수험생의 자격은 돌보지 않고, 소개 또는 물질을 받는 입학을 허락하였다"(《조선일보》, 1929. 1. 15.)는 내용이 포함되어 있는 등 입학시험과 관련한 크고 작은 청탁이 끊이지 않았다.

▌운동비가 어두운 밤에 박쥐 날아다니듯…

입학을 위한 청탁을 '운동'이라고 했는데, 운동의 사연도 매우 다양했다. 그리고 교육 당국과 경찰에서는 "입학시험이 다가오면 들고 다니는 과자 상자가 늘어났고, 학교 측을 움직여 향응을 베풀거나 물품 증정을 하는 등 불미스러운 행동이 항간에 빈번하게 유행되므로 학교 관계자들의 행동을 감시하기로 했다"며 부정행위 단속에 나섰다. 특히 지역 내에 학교가 가장 많은 경기도는 '암행어사를 독려해서 감시하고, 불미스러운 행동이 발견되면 종래의 관대주의에서 단연 엄벌주의로 나갈 것'이라고 강력하게 경고했다(《동아일보》, 1940. 2. 10.). 그러나 매년 입학시험과 관련한 예상치 못한 사건이 꼬리를 물고 이어졌다. 〈별건곤〉(1931년 5월호)에 소개한 다음의 이야기가 그 예이다.

경성의 북촌에 사는 최 씨는 아들이 여덟 살이 되자 인근 보통학교에 입학시킬 준비를 했다. 집안이 여유가 있었고, 대인관계도 넓어 미리 이 학교에 직간접으로 운동을 해두었던 최 씨는 운동이 얼마나 힘이 있을지는 모르겠지만, 아들의 입학을 의심하지 않았다. 그런데 하루는 이 학교 교사라고 자신을 소개한 강 씨가 편지를 보내왔다. 편지에는 예상한 대로 "댁의 아들이 입학되었다"는 말과 함께 자신이 힘을 많이 썼다며, "앞으로 입학 수속을 준비해 두는 게 좋겠다"고 쓰여 있었다. 그런데 다음 내용에 "마침 옹색한 일이 있으니 돈 60원만 빌려주면 긴히 쓰고 돌려주겠다"며 강 씨의 도장이 뚜렷하게 찍혀 있는 차용증서가 들어 있었다.

최 씨는 편지를 읽고 나서 '혹시 아들을 입학시켜준 대가를 요구하는 것인가?'라는 생각도 해보았지만, 너무나 터무니없는 일이었다. 강 씨는 전혀 모르는 사람인데, 편지로 차용증까지 써 보내면서 돈을 빌려달라는 것을 쉽게 이해할 수 없었기 때문이다. 그러다가 '요즘 공립학교들이 모두 경제적 어려움을 겪고 있다'는 생각이 들자 '차마 학교 이름으로 말할 수 없어서 교사가 개인 명의로 학부형에게 돈을 빌리는 것인지도 모른다'며 강 씨에게 60원을 보냈다.

잡지는 여기서 "독자 여러분 가운데 최 씨와 같은 마음으로 해석하는 분도 있을 것이나, 찬찬히 생각해보면 과연 이런 일이 가능한 것인가? 세상에 어느 학교가 경비가 곤란해서 전혀 알지도 못하는 교사를 시켜서 입학도 하지 않은 학부형에게 차용증과 함께 돈을 빌려달라는 편지를 보내겠는가? 판단은 현명한 독자 여러분에게 맡긴다"라고 글로 마무리했다.

〈별건곤〉에는 경성의 모 중등학교에서 일어난 또 다른 사건도 소개했다.

모 중등학교 교사였던 김 선생이 한 학부모의 청을 받고 아들을 입학시켜주기로 약속하며 그 대가로 50원을 받았다. 당시는 불경기였기 때문에 돈이 귀해 50원은 대단히 흡족한 액수였다. 하지만 '어떻게 이 학생을 합격시키느냐?'가 문제였다. 다행히 그 학생이 시험을 잘 보면 땅 짚고 헤엄치기로 앉아서 공을 세우게 되지만, 만약 시험성적이 나쁘면 그야말로 낭패였다. 혹시 자신이 시험장에서 그 학생의 담임을 맡게 되면, 답안지를 수정해 만점도 줄 수 있겠지만, 그렇지도 않았다.

김 선생이 고민만 하는 동안 입학시험이 마무리되었고, 채점도 모두 끝나 갔다. 김 선생은 궁금하기도 했고, 만약 그 학생이 불합격되면 돈 50원에 대한 문제도 있기 때문에 조용한 틈을 타서 그 학생의 시험답안을 몰래 꺼내 보았다. 역시나 성적은 끝에서 둘째가라면 서러워할 정도로 대단히 불량했다. 김 선생은 책임감(?)을 느끼고 몰래 합격이 예상되는 점수 안으로 답안지를 수정해 놓았다. 그리고는 혼자 만족해서 빙그레 웃으며 교실을 빠져나왔다. 그런데 다음날 그 학생의 시험 담임을 맡았던 교사가 답안지 점수를 계산하다가 한 학생의 답안지에서 자신의 글씨가 아닌 다른 사람의 글씨로 0을 10으로, 2점을 9점 등으로 모두 수정해 놓은 것을 발견했고, 결국 사건이 학교에 알려지게 되었다.

잡지는 이렇게 두 사건을 소개하면서 "이러한 사건들의 예는 수없이 많을 것이다. 직접 돈을 주는 비신사적인 행위가 아니더라도 가령 선생님을 모시고 조용한 요릿집에 가서 대접한다든가, 또는 절간으로 기생과 함께 모시고 나간다든가……"라며 당시의 분위기를 정치에 빗대어 무슨 운동이라고 하면서 "공부 못한 자제를 학교에 입학시키는 데도 운동비가 어두운 밤에 박쥐가 날아다니듯이 훌훌 날아다닌다"라고 조롱했다.

▌문서를 위조해서라도…

입학시험과 관련해서 다양한 방식의 문서위조 사건도 발생했다. 평양의학강습소에 지원했다가 낙방한 김 모 군(23세)은 집으로 돌아갈 면목이 없자 그대로 평양에 머물렀다. 그러나 자신이 낙방한 사실을 알게 되면 집에서 돈을 보내주지 않을 것이라고 생각한 김 군은 도장포에 가서 조선총독의 도장을 새겼다. 그리고 합격 통지서를 위조하여 집으로 보내려다가 발각되어 체포되고 말았다(《동아일보》, 1928. 5. 19.).

경성의 모 사립고등보통학교 졸업을 앞둔 함북 북청군 출신 조 모 군(22세)은 평상시 성적이 좋지 못했고, 졸업시험에서도 107명 중 80등을 했다. 이 성적으로 자신이 희망하는 동경의 잠사(蠶絲)학교에 지원이 불가능했던 조 군은 학교장의 인장을 훔쳐서 성적증명서를 고치려다 발각되어 퇴학 처분을 받았고(《동아일보》, 1925. 3. 6.), 평양에서 보통학교를 졸업하고 상급학교 입학시험에 2년 연속 실패한 한 학생은 모교 교장의 인장을 위조하여 성적표를 우수한 성적으로 수정해서 순안의 의명학교에 입학원서를 제출했다가 발각되어 경찰의 조사를 받았다(《동아일보》, 1939. 4. 3.).

학교에서 서류를 위조한 사건도 발생했다. 함남 함주군 모 보통학교는 17명이 중등학교에 지원해서 13명이 합격하는 우수한 성적을 거두었다. 그러나 학교에서 학생들의 소견표를 70통이나 위조하여 각 중학교에 보낸 사실이 밝혀졌다. 당시 학무 당국은 극비리에 교장과 6학년 담임교사에 대한 진상조사를 벌여 즉시 파면시키고 간부급 대책 회의를 열었다.

그런데 이 사건은 수차례에 걸쳐 누군가의 투서에 의해 교육 당국에 알려지게 되었다. 때문에 이 학교가 오래전부터 학교 소유 재산을 둘러싸고 파벌이 나누어져 심한 갈등을 벌였고, 교육 당국에서 공립보통학교로 승격시키려고 했으나 면민(面民)들이 적극적으로 반대해서 사립보통학교로 그대로 유지된 것과 연관이 있을 것으로 추정했다. 하지만 이 사건이 단순히 학부형들의 뇌물을 받고 저지른 파렴치한 행동을 고발했거나 학교와 교직자에게 반감을 가진 사람들의 소행인지 아니면 학교의 명예를 높이려는 공명심이나 또는 중등학교에 입학하려는 학생들을 걱정하는 학교 측의 측은한 마음에서 벌어진 일인지 명확하지 않았다. 그리고 이 사건에 대한 신문사의 반응도 달랐다.

〈동아일보〉(1936. 3. 29./ 3. 31.)에서는 "교육계의 불상사로 엄격하게 규제할 필요가 있다. 이러한 불법적인 일로 선의의 피해를 보는 학생이 발생하지 않도록 해야 한다"며 학교 관계자를 원칙에 따라 엄하게 처벌하라고 주장했다. 반면 〈조선중앙일보〉(1936. 4. 4.)는 "교장과 담임교사가 얼마나 제자를 사랑하였는지를 알 수 있고, 소견표 성적을 좋게 적어주는 학교가 영영 없으리라고 어떻게 보증할 것인가? ……어떻게 해서라도 상급학교에 입학시킬 방도가 없을까 하고 초조해하는 선생이나 학부형들의 심로를 제거하는 일이 속히 이루어지기를 우리는 독촉하야 마지않는 바이다"라며 극심한 입학난을 사건의 근본 원인으로 지적하면서 교장과 담임교사의 선처를 호소했다. 그런데 당시 학생들의 성적은 굳이 위조하지 않아도 합격할 수 있는 수준이어서 합격생들의 처분은 해당 학교 교장에게 일임했다고 한다.

이외에도 안변군의 배화공립보통학교에서는 지원자가 몰리자 만 8세로 연령을 제한하여 입학시험을 치르고 80명을 선발했다. 그런데 일부학부형들이 배화면사무소에서 호적초본을 발부받으면서 자녀의 나이를 8세로 고쳐 입학한 사실이 탄로 나면서 "면사무소 직원이 지역의 유력자 집안 아이들 12명의 호적을 위조해주었다"고 의심받았다. 학교에서는 8세를 초과한 아동 6명의 입학을 취소하고 나이가 어린 아동은 입학을 묵인했다. 때문에 다음 해에 연령제한에 걸려 입학 지원을 할 수 없는 아동의 입학을 취소하고 다음 해에도 지원할 수 있는 8세 미만의 아동을 입학시킨 학교의 조치도 비난을 받았다(〈조선일보〉, 1936. 4. 18.).

최초로 시험문제가 유출되다

1927년 일본에서는 전국에서 일제히 시행되는 고등학교 입학시험 문제가 사전에 유출되는 사건이 발생했다(《조선일보》, 1927. 4. 11. 외).[01] 경찰에서는 워낙 민감한 사안이라 처음에는 비밀리에 사건을 조사했다. 그러나 조사 과정에서 백만장자와 대판(大阪) 지역 모 신문사 기자까지 가담했다는 사실이 밝혀지는 등 사건이 확대되면서 세상에 알려지게 된다.

이 사건은 인쇄국 직원이 누군가의 의뢰를 받고 시험문제를 복사하여 넘기면서 시작되었고, 시험지를 넘겨받은 사람은 다시 "도쿄의 영어·수학 숙장(塾長)에게 200원, 모 신문기자에게 500원에 팔았고, 그 외에도 300원에서 500원을 받고 팔아 약 5,000여 원을 벌어서 인쇄국 직원에게 2,500원을 주었다"고 한다. 그리고 시험지를 입수한 오사카 지역의 모 신문기자는 다른 지방까지 가서 시험지를 파는 등 여러 사람들이 판매하다가 꼬리가 잡혔다.

2년 후에는 일본 전문학교 입학 검정시험의 답안지가 문부성으로 가던 중 분실되는 사건도 발생했다. 당시 분실된 답안지는 두 달 동안이나 찾지 못해 결국 재시험이 결정되었다. 그런데 우연히 미쓰비시(三菱)회사 창고에서 답안지가 발견되어 즉시 문부성으로 보내졌으나 재시험 결정은 번복되지 않았고, 분실 원인은 운송 점원의 부주의로 밝혀졌다(《동아일보》, 1938. 4. 18./ 4. 19.).

조선의 경우 중등학교 입학시험은 각 학교별로 보았고, 대부분 보안 문제와 비용에 대한 부담으로 학교에서 등사기로 시험지를 인쇄했다. 그런데 질이 낮은 종이를 사용하거나 등사 과정에서 잉크가 잘 먹지 않아 알아보기 힘든 글자로 인해 수험생들의 부담이 컸다. 때문에 당국에서도

'비용이 문제라면 다른 곳에서 줄여서라도 인쇄가 잘되는 종이를 사용할 것'을 주문하기도 했다(《동아일보》, 1938. 3. 17.).

또한 진주고보에서 최초로 시험문제가 유출되는 사건이 발생했다(《동아일보》, 1938. 3. 19. 외).[02] 진주고보는 부산·동래·마산 등지의 80여 개 보통학교에서 수험생들이 지원하여 입학 경쟁을 벌이는 등 매년 입학 경쟁이 치열했기 때문에 이 사건은 더욱 주목받았다(《동아일보》, 1925. 8. 22.).

면협의원, 학교 평의회의원, 금융조합원 등을 지내는 지역 최고 유지였던 백영기 씨에게 진주고보에 다니는 아들과 보통학교 졸업반으로 진주고보에 지원한 아들이 있었다. 이때 진주고보에 다니는 아들의 담임이 입학시험 문제 출제와 인쇄 임무를 맡았고, 입학생을 최종 결정하는 위원회의 구성원이 되었다. 이 사실을 알게 된 백 씨는 평소 친분이 있던 아들의 담임을 만났고, 이후에도 입학시험과 관련해서 특별히 부탁할 목적으로 시내 요정에 초청하여 27원 정도의 비용을 유흥비로 대접하는 등 3회에 걸쳐 60여 원의 향응을 제공했다.

입학시험이 시작될 즈음에는 특별히 부탁하는 목적으로 200원을 주었고, 교사는 밤마다 자택에서 입학시험 문제를 받으러 온 백 씨의 아들에게 자신이 선정한 시험문제는 물론 나머지 문제도 다른 교사들이 인쇄하는 것을 보고 기억해서 해답까지 가르쳐주었다. 백 씨는 이에 대한 사례로 교사의 집을 방문해서 금강송실주 한 병을 전했다. 그런데 백 씨의 아들이 친구들과 이야기 하는 과정에서 시험문제가 유출된 사실이 알려지게 되었다.

결국 진주고보는 재시험을 보았고, 백 씨와 교사는 구속되어 재판을 받았다. 당시 검사는 "일부에서는 중등학교 입학시험 전후에 진주 시내에 황금이 살포된다는 풍설까지 있다"며 두 사람을 엄벌에 처할 것을 주장했다. 반면 변호사는 "교육기관의 부족으로 인한 입학난 때문에 사랑하는 자제를 입학시키지 못해 애태우는 부모의 심정과 사회제도와 환경도 많은 원인이 있으니 관대한 처분을 바란다"고 변론했다. 당시 재판부는 교사는 1년 6개월, 아버지는 1년의 징역형을 판결했다.

▌초대형 사건이 발생하다

평양제3중학교에서는 필기시험을 치르던 중 한 교사가 여러 명의 수험생에게 입학시험 문제를 미리 알려준 사실이 드러나 경찰서에서 내사를 벌였다. 그런데 조사 과정에서 전혀 뜻밖의 사실들이 밝혀지면서 초대형 사건으로 확대되기도 했다(《조선일보》, 1938.4.21. 외).[03] 평양제3중학교 입학시험지는 평양교도소에서 인쇄하여 시험장으로 가져왔는데, 이동 과정에서 형무소 소사가 시험지 한 장을 빼돌려 여러 명의 수험생에게 배부한 사실이 밝혀졌다.

경찰에서 소사를 체포하여 조사하는 과정에서 평양제2중학에서도 이미 수백 원씩 받고 수십 명에게 시험문제가 누설되었다는 사실이 밝혀졌다. 이어서 외부 관계자 4~5명을 취조하는 과정에서 형무소 소사만이 아니라 간수까지 연루되어 '2~3년 전부터 인쇄된 시험지를 300원에서 600원에 팔아 다수의 수험생에게 시험문제가 누설되었다'는 사실이 밝혀졌고, 추가로 '평양 지역의 광성중학과 숭인상업학교 그리고 평양의전에도 시험지 매매가 이루어졌다'는 사실이 드러나 사건은 더욱 확대된다.

경찰 발표에 따르면, "평양에서는 수년 동안 비밀 유지를 위해 평양형무소에서 각 학교의 입학시험 문제를 인쇄해 왔는데, 형무소에서 시험문제 인쇄를 모두 맡아서 한 것이 아니라 인쇄청부업자가 맡아서 했고, 형무소는 단지 노무만 제공했다"고 한다. 그런데 평양형무소 간수와 함께 동거하던 김영진이라는 자가 이 사실을 알고 시험문제를 빼내어 매매할 계획을 세웠다. 그는 형무소에 인쇄 관계로 자주 출입하는 인쇄소 고용인을 시켜 형무소에 복역하고 있는 죄수 2명에게 돈을 주기로 약속하고 평양 지역 5개 학교 시험문제를 빼냈다. 그리고 농기구상을 하는 김승덕의 알선으로 조동삼에게 수차례에 걸쳐 약 2천 원을 받고 시험지를 넘겼고, 조동삼은 다시 시험지를 등사하여 중등학교는 30~60원, 전문학교는 300~600원에 팔아 총 2,500원을 벌었는데, 그중 1,000원은 외상이었고 461원은 이미 써버렸다고 한다.

결국 사건을 계획한 김영진 등은 절도교사죄로 체포되었고, 간수는 사건을 알고도 묵인한 죄로 면직당하여 장물보관죄로 송치했다. 그러나 당시 거주지를 알 수 없었던 조동삼은 체포하지 못했다. 게다가 이미 수십 명이 2~3년 전에 입학하여 학교에 다니고 있었고, 졸업한 학생들도 있었다. 결국 이 사건으로 평양의전 7명, 평양제2중학 2명, 광성중학 1명, 숭인상업학교 2명 등 12명이 퇴학 처분을 받았고, 당시 학생들은 모두 상당한 가정의 자제로 밝혀져 더욱 세상의 공분을 샀다.

당시 교육 당국은 "평양제3중학은 시험을 치르기 전에 발각되어 아무 문제가 없고, 다른 학교의 경우 시험문제가 탄로 난 것과 작년과 재작년에 그런 일이 있었다고 믿고 싶지도 않고, 가정하고 대책을 말하고 싶지 않다"며 당황스러운 마음을 감추지 못했다. 그러나 학부모들은 "교사 6명이 감시를 했는데도 불상사가 일어났다. ……그곳에서 한 일이 무엇이냐?"고 따졌고, 결국 재시험이 결정되어 급하게 전 과목 시험문제를 다시 출제하여 인쇄에 들어갔다. 하지만 시간이 워낙 촉박하여 16일 시험은 15일 저녁에, 17일 시험은 16일 저녁에 시험지를 인쇄소에서 밤을 새워 인쇄해 학교에 보내졌다. 인쇄 직공은 인쇄물이 수험생들에게 배부되는 당일 오전 9시까지 인쇄소 안에 감금되다시피 했고, 교사들 역시 집으로 제한을 두는 등 진기한 일이 벌어졌다.

한편 신문은 이 사건을 보도하면서 "도덕적으로 용서할 수 없는 행위로 관계자에 대해 행정상의 처분은 할 수 있으나 법률상으로는 어느 법에 저촉되는지 적용이 쉽지 않다. ……현행법상 형법에 해당하는 죄명을 찾아보면 사기죄라고도 할 수 있으나 단지 시험문제를 매매한 것이 어떤 재물을 편취(騙取)한 것도 아니므로 사기죄도 구성되지 않으며, 문서위조도 아니고, 유가증권 위조는 더더군다나 아니며, 지위를 이용하여 부정을 저지른 독직(瀆職)도 아니었고, 절도 행위도 아니며 배임횡령이나 신서개피(信書開披, 이유 없이 남의 편지를 뜯어봄)도 아니므로 결국 현행범으로는 처벌할 법률이 없을 것이다. 그렇다고 민법상 계약위반으로 손해배상은 청구할 수 있을지 모르나 이것도 사실에 있어서는 당사자가 문제가 되므로 시험문제 매매사건은 조선에서 처음으로 사회적으로 미치는 영향과 도덕적 비행으로 자못 큰 사건이지만, 동시에 법률적으로 진기한 사건이었다"고 보도하여 사건 처리가 어떻게 될지 주목을 받았다.

▎시험장에서 쫓겨나기도…

사상 검열로 수험생이 시험장에서 쫓겨나거나 불합격 처리되기도 했고, 심지어 사망하는 사건도 발생했다. 이러한 사건은 대부분 관계기관에서 비밀로 처리하여 구체적인 사실을 확인하기 힘들었다.

1928년 조선군 사령관이 대구를 방문하여 어느 중등학교를 시찰할 때 함께 동행했던 이 지역 사령관이 물리화학 교실의 책상에서 불온한 정치적 문구를 새겨 놓은 것을 발견했다. 때문에 학교에서 한바탕 소동이 일어났고, 경찰이 동원되어 필적 조사를 한 결과 그해 졸업생 신 모 군에게 혐의가 있다고 보고했다. 그러나 평소 성적이 양호했고, 일본 모 전문학교에 입학할 계획이었던 신 군은 완강하게 혐의를 부인했다. 하지만 학교에서는 신 군의 학과 시험표를 취소했고, 결국 불합격 처리되었다(《동아일보》, 1928. 3. 9.). 황해도 해주제이보통학교 교장은 학부형의 사상이 불온하다는 이유로 중등학교 입학에 반드시 필요한 소견서를 써주지 않아 평의회까지 이 문제를 따진 일도 있었다(《조선일보》, 1930. 3. 14.).

학무 당국에서는 학생운동에 연루된 퇴학생의 흑표(黑表)를 작성해 각 학교에 통문(通文)하여 입학시험을 치르다가 흑표에 든 학생이 발견되면 응시 자격을 박탈하고 쫓아내거나 체포되기도 했다(《동아일보》, 1930. 3. 29.). 경북 상주군 출신 노 모 군(22세)의 경우 경성 모 전문학교 입학시험을 보기 위해 상경했다가 종로경찰서에 검거되어 상주경찰서로 호송되던 중 기차에서 할복자살을 기도했다. 당국에서 절대 비밀에 부쳐 자세한 내용은 알 수 없으나 상주경찰서의 수배를 받고 있었던 노 군의 죄명은 사상관계로 추정되었다(《동아일보》, 1932. 4. 12.). 여수에서는 김 모 군(16세)이 1년 전 여수수산학교에 재학할 때 동맹휴학에 참여했다가 퇴학당하고 다시 광주고보 입학시험에 응시하려고 했으나 부모가 반대하자 비관하여 쥐약을 먹고 자살한 사건도 발생했다(《동아일보》, 1931. 3. 6.).

조선총독부 학무국은 6.10만세운동에 관련된 학생은 경성제국대학 예과 입학을 불허하기로 결정하여(《시대일보》, 1926. 7. 3.) 1927년 경성제국대학 예과 입학시험에서 전년도에 있었던 6.10만세운동에 직접 연루된 학생은 물론 당시 검거된 학생이 많았던 학교 출신들도 입학을 불허하는 등 사상 검열이 한층 더 엄격하게 적용되었다. 때문에 광주고보는 1927년부터 1929년까지 경성제국대학에 7명의 합격자를 배출했지만, 광주학생운동 직후 불온 학교로 낙인이 찍혀 1930년부터 1933년까지 단 한 명의 합격자도 배출하지 못했다.[04] 또 6.10만세운동으로 검거된 학생이 많았던 경성의 각 사립중등학교 졸업생들도 피해를 보았다(《동아일보》, 1927. 4. 7.).

〈조선일보〉(1927. 3. 1.)는 "수험생의 신분을 경찰이 조사한다. ……소위 불온사상을 품은 학생에게는 절대로 입학을 시키지 않을 방침이다. …… 매년 학생을 모집할 때 조선인 지원자에 한하여 각 경찰서 고등계에 의뢰하여 그 사람의 가정상태나 사상 방면을 조사하여 조금이라도 불온한 점이 있으면 성적이 아무리 좋아도 입학시키지 않는다는 것은 일반이 다 아는 바이다"라며 각 학교 입학시험에서 학력보다 사상 검열이 입학을 좌우한다고 해서 '사상 입학고사'라고 비꼬았다(《동아일보》, 1927. 4. 17.).

그럼에도 일제는 사상 검열을 공식적으로 더욱 강화했다. 이에 1928년부터 경성법학전문학교, 경성의학전문학교, 경성고등공업학교는 "입학자의 선발에는 종래의 학업성적과 성행을 참작한다"는 문구를 추가했고, 경성법학전문학교와 경성고등상업학교는 1929년부터 수험생의 학업 성적증명서 외에 성행 조사서의 제출을 요구했다.[05] 같은 해 11월 조선총독부는 관립전문학교 교장회의를 개최하여 "지원자의 모교와 기타에 의뢰하여 사상적 경향 등을 엄밀히 조사하여 설혹 학력이 우수하다 할지라도 사상적 경향이 과격한 자는 절대로 취택하지 않는다"고 통보했다(《매일신보》, 1930. 11. 22.).

수험생의
일탈로 이어지다

▌여학생의 수험 생활은 더 힘들었다

　여학생의 수험 생활은 더 힘들었다. 여전히 남녀 차별에 대한 인식이
남아 있는 등 주변에서 여학생들을 보는 감시(?)의 눈들이 많았기 때문
이다. 신문에서는 "여학생들이 기차나 전차를 타고 먼 거리를 통학하면
도중에 여러 가지 유혹이 있어 나중에 타락할 수 있으니 각 가정에서는
상급학교 선택에 각별히 신경 써야 한다"(〈조선일보〉, 1932. 2. 17.)고 충고한 것
이 그 예였다. 〈동아일보〉(1925. 4. 24.)는 "함경북도 길주공립보통학교 입학
시험에서 지옥순(7세) 양이 아직 나이가 어리다는 이유로 입학을 거절당
하자 '유치원까지 졸업하였으니 선생님이 일러주시는 대로 잘 알아들을
터인데 나이 좀 어린 것이 무슨 관계냐?'며 제발 입학시켜 달라고 몇 번
이나 애걸했다. 그러나 끝내 뜻대로 되지 않자 수백 명의 학부형 앞에서
목을 놓고 대성통곡했다"고 보도하면서 "우리 조선의 여성이 이제는 근
대로부터 깨어나기 시작하는 것이 아닌가!"라고 평하여 여전히 남아 있
던 남녀 차별에 대한 인식을 확인할 수 있다.

　입학시험을 보기 위해 경성에 올라온 지방 출신 여학생들에게도 "경

성은 지방에서 동경하는 만큼 좋은 곳이 되지 못하니 이를 미리 알지 못하면 도회지에서 얼마 있지 않아 싫증이 나고 말 것이다. 싫증이 나면 실망하고 집으로 돌아가는 그날이다"라며 경성의 실상을 제대로 알아야 유혹에 빠지지 않는다며 조심할 것을 당부했다. 그리고 "자신이 졸업한 정도의 학교를 고려하지 않고, 상급학교 진학을 위해 경성이나 도회지에 왔다가 뜻하는 학교에는 입학하지도 못하고 준비를 하느니 보결시험을 보느니 하고 상당치 못한 강습소 같은 곳을 찾아다니는 것은 그 처녀에게 위험한 일이다"라며 자신의 여건을 고려하여 학교 선택에 신중할 것을 권했다(《동아일보》, 1928. 3. 18.).

또한 학교 배지나 교복이 마음에 든다는 이유로 학교를 선택해서는 안 되며, 입학시험에 합격하여 경성에서 생활하게 되는 여학생들에게는 "친척이 있으면 그곳에서 기숙하는 것도 좋고, 될 수만 있으면 학교에서 경영하는 기숙사에 들어가야 할 것이다. 이 하숙 저 하숙으로 짐짝을 들고 옮겨 다니는 것처럼 위험한 일은 없다. 그리고 돈이 있다고 물질이 유인하는 것만큼 낭비하기 쉽다. 금전을 낭비하는 것은 타락의 첫 길을 밟는 것이니 주의해야 할 것이다"라며 숙식부터 돈의 사용 등 다양한 조언을 했다(《동아일보》, 1928. 3. 18.).

그럼에도 여학생들이 경성을 비롯해 도회지 생활을 하는 동안 예상하지 못한 사건과 사고도 발생했다. 배재보통학교 6학년 졸업반이었던 한 모 양(18세)의 경우 학교를 마치고 하숙집에 돌아와 곧바로 양잿물을 마시고 자살을 시도한 사건도 한 예였다.

한 양은 세 살 때 아버지가 돌아가시고 홀어머니와 함께 중국 봉천에서 4년제 공립보통학교를 우수한 성적으로 졸업하고 경성에 올라와 5학년에 편입하여 공부를 했다. 그런데 6학년이 되어 박봉현이라는 교사가 그 학교에 새로 왔는데, 한 양은 웬일인지 그 교사의 눈에 들지 못해 힘들어했다고 한다. 그런 중에도 공부를 잘해서 30명 중 세 번째였는데, 졸업을 앞두고 경성여고보와 진명여고보에 지원했으나 탈락했다. 한 양은 실망하여 지내다 다시 배화여고보에 지원하려고 담임이었던 박 선생에게 학업증명서 발급을 요청했다.

그러나 박 선생은 아무 이유도 말하지 않고, 증명서를 줄 수 없다고 거절했고, 심지어 "너에게는 졸업증서도 주지 않겠다"고 했다. 때문에 평소에도 박 선생이 자신을 미워하여 두 차례의 입학시험에서 탈락했다고 비관하게 되었고, 끝내 감정을 이기지 못하고 자살을 시도했다. 다행히 한 양은 하숙집 사람들이 발견하여 양잿물을 토하게 하고 병원으로 옮겨 응급치료를 하여 생명을 구했다. 사건이 발생하자 박 교사도 사실을 인정했지만, "교원 생활 20년 만에 왜 그랬는지 잘 모르겠다고 말했다"고 한다(《동아일보》, 1927. 3. 12.).

▌돈이 밥 먹여주지, 글이 밥 먹여주나?

입학시험에 합격하고도 집안의 반대로 갈등이 발생하기도 했다. 가장 큰 이유는 경제적인 부담이었고, 다음으로 공부에 대한 부정적인 인식이 영향을 미쳤다.

안주 지역에서는 부모 몰래 중등학교 입학시험을 보아 합격한 아들(14세)이 학교에 다니기 위해 집을 나와 큰어머니 집에 머물렀다. 이 사실을 알게 된 아버지가 화가 나서 아들을 찾아오자 아들은 놀라 도망갔고, 아버지는 긴 담뱃대를 들고 쫓아가서 길에서 아들을 붙잡아 매를 때렸다.

집안에 재산도 좀 있었기 때문에 학교에 가서 공부를 하고 싶었던 아들은 아버지에게 "소미(小米) 서 말씩만 대주면 조밥을 먹으며 공부하겠다"고 울면서 애원했다. 하지만 아버지는 "돈이 밥 먹여주지 글이 밥을 먹여주느냐!"며 허락하지 않았다. 아들의 향학열을 듣고 학교까지 나서서 아버지를 설득했지만, 소용이 없었다고 한다(《동아일보》, 1922. 4. 22.).

영흥군 출신 유 모 군(23세)은 경성에서 중등학교를 우수한 성적으로 졸업하고 더 배우고 싶어 전문학교 입학시험을 보아 합격했다. 유 군은 기쁜 마음으로 시골집으로 내려와 부모님께 경제적 지원을 부탁했다. 그러나 집안이 가난해서 돈이 없었던 부모님은 돈을 구할 수 없었다. 이에 극도로 비관한 유 군은 양잿물을 마시고 자살을 기도했다. 다행히 가족들이 유 군을 발견하여 응급처치를 하고 8~9일 동안 정성을 다해 치료했으나 너무 많은 양잿물을 마셔 결국 사망하고 말았다(《조선일보》, 1934. 5. 6.).

원산에서 보통학교 졸업을 앞두고 있던 장 모 군(17세)은 항상 수석을 하여 장래가 촉망받는 학생이었다. 하지만 장 군은 어려서 어머니가 먼저 돌아가시고 집안 살림도 넉넉하지 못해 상급학교 진학이 힘들었다. 이를 안타깝게 여긴 친척의 도움으로 원산상업학교에 지원하게 된 장 군은 입학원서를 제출하기 위해 호적등본을 발급받았는데, 아버지가 절도 전과 2범이라는 사실을 알게 되었다. '전과자의 아들은 상급학교 입학이 어렵다'고 비관한 장 군은 자살을 시도했으나 다행히 아버지가 발견하여 병원으로 옮겨 생명을 구할 수 있었다(《동아일보》, 1934. 3. 10.).

7세 때 아버지가 돌아가시고 홀어머니와 함께 가난하게 성장한 한 소년은 공립보통학교를 최우등으로 졸업했다. 그러나 집안 형편상 상급학교 진학이 어려웠으나 사정을 알고 있던 지역의 한 유지가 학비 지원을 약속하여 마산상업학교에 지원할 수 있었다. 소년은 시험을 보기 위해 마산의 여관에 머물게 되었으나 돈이 부족해 밥을 사 먹지 못했다. 다행히 아는 사람의 집에서 밥을 먹을 수 있었는데, 시험 보는 날 아침에 그 집에서 돈 2원 70전이 들어 있는 주머니가 없어졌다. 소년을 의심한 집주인은 경찰에 고발하겠다고 위협하며 추궁했으나 소년은 자신이 한 짓이 아니라고 완강하게 말하고는 집을 나가 시험을 보기 위해 학교 운동장에서 기다리고 있었다. 그때 집주인이 자전거를 타고 학교를 향해 오는 것을 보고 놀란 소년은 집주인이 경찰에 신고하여 자신을 잡으려고 오는 것으로 알고 서둘러 시험장으로 들어갔다.

하지만 집주인은 자기 집 아이가 돈을 가져갔다는 사실을 소년에게 알리고 안심하라는 말을 전하려고 했는데 소년을 만나지 못했고, 놀란 소년은 시험장에 들어가서도 진정하지 못했다. 때문에 답안지도 제대로 쓰지 못한 채 떨리는 손을 어찌하지 못하고 있다가 시험 감독에 의해 교실에서 쫓겨나고 말았다. 결국 시험을 망치고 집으로 돌아온 소년은 넋 나간 사람처럼 정신을 차리지 못하고 밥까지 굶어 어머니의 애만 태웠다고 한다(《조선일보》, 1934. 4. 1.).

▍소식이 끊기기도…

어린 나이에 입학시험에서 탈락한 심적 고통을 극복하지 못하고 방에 틀어박혀 지내기도 했고, 때로는 나쁜 마음을 먹고 가출하기도 했다(《동아일보》, 1935. 3. 19./ 1936. 7. 22. 외). 때문에 가족들은 백방으로 찾아 나서며 더욱 애를 태웠다.

마포에 사는 박 모 군(15세)의 경우 모 고등보통학교 입학시험에 낙방하고 집을 나간 지 이틀이 되어도 돌아오지 않자 가족들은 자살했을지도 모른다며 경찰에 신고하여 박 군을 찾아 나섰고(《동아일보》, 1938. 4. 4.), 남 모 군(16세)은 지방에서 보통학교를 졸업하고 경성에 올라와 여관에서 하숙하며 모 고등보통학교 입학시험을 본 후 집을 나가 소식이 없자 하숙집 주인이 종로경찰서에 실종 신고를 했다. 하숙집 주인 말에 따르면 "남 군은 입학시험에 낙방하여 극도로 실망하다가 집을 나가 행방불명되었다"고 한다(《동아일보》, 1936. 3. 31.).

평남 평원군 출신 김 모 군(19세)은 경성의 모 중등학교 입학시험에서 낙방하자 비관하여 "한강에 빠져 죽는다"는 유서를 남기고 하숙집을 나간 후 소식이 없어 종로경찰서에 신고했고(《동아일보》, 1924. 4. 16.), 경성에 살던 신 모 군은 3년 전에 경성제일고보를 졸업하고 아버지의 주장으로 경성제국대학 예과에 응시했으나 번번이 실패하자 거의 병자처럼 방안에 틀어박혀 두문불출하다가 가출했다. 가족들은 신 군이 2주 동안 소식이 없자 경찰에 신고했는데, 바로 전날 "신 군과 비슷한 옷을 입은 청년을 한강에서 보았다"는 말을 듣고 더욱 애를 태웠다(《조선일보》, 1933. 8. 13.).

해주에서는 해주고보 입학시험에 낙방한 14~15세의 소년 네 명이 한꺼번에 무단가출을 하여 가족들이 백방으로 찾아 나섰다. 이들 중 세 명은 1년 전 보통학교를 졸업하고 해주고보에 지원했는데 낙방했고, 부모님이 경제 사정으로 허락하지 않았으나 모 강습소에서 1년간 입시를 준비했다. 그러나 다시 시험에서 떨어지자 가족들을 대할 면목이 없어 가출했던 것이다. 다행히 이들 중 한 명은 집으로 돌아왔으나 나머지 세 명은 소식을 알지 못했다(《동아일보》, 1935. 3. 19.).

여학생들도 불합격의 심적 부담을 이겨내지 못하고 나쁜 마음을 먹고 집을 나가기도 했다. 이화여고보에 지원했던 정 모 양(19세)은 입학시험에서 낙방하자 비관하여 밤에 한강에 투신하려고 갔다가 마침 지나가던 경찰이 발견하여 목숨을 건진 일도 있었다(《조선일보》, 1925. 4. 14.). 또 청주 출신 이 모 양(20세)은 경성에서 여고보를 졸업하고 여자전문학교 입학시험을 보았으나 탈락하자 절망하여 울며 지내다 5월에 돌연 자취를 감추었다. 이에 가족들이 모두 백방으로 찾아다녔으나 두 달이 지나도록 찾지 못하고 경찰에 신고했다(《동아일보》, 1936. 7. 22.).

전북 순창공립보통학교를 졸업한 김 모 군(13세)은 전주고보 입학시험에 실패하자 낙심하여 경성에서 다시 공부하기 위해 아버지 금고에서 현금 370원 60전을 꺼내 집을 나왔다. 그러나 경성에는 올라왔으나 마땅히 갈 곳이 없었던 김 군은 서울역 인근을 배회하다가 용산경찰서 부근에서 순찰 중이던 경찰이 수상하게 여겨 김 군을 붙잡았다. 김 군을 심문하여 사연을 알게 된 경찰은 김 군을 보호자에게 인도하여 집으로 돌아왔다(《조선일보》, 1934. 4. 11.). 춘천에 사는 성 모 군(15세)은 춘천고보와 중앙고보 입학시험에 연이어 낙방하고 집에 틀어박혀 있다가 '부모의 마음만 성가시게 한다'는 생각이 들어 아버지 돈 800원을 가지고 친구 박 모 군(16세)과 함께 집을 나갔다. 집에서는 이들이 경성으로 간 것으로 보고 수소문 끝에 관훈동 홍업여관에 묵고 있다는 사실을 알아내고 찾아갔다. 그러나 이미 며칠 전 다른 곳으로 옮겨 찾지 못했다(《동아일보》, 1936. 4. 21.).

이처럼 가출했다가 다행히 집으로 돌아오는 경우도 있었지만, 오래도록 소식이 없어 가족들이 애를 태우기도 했고, 때로는 일본이나 만주로 가서 소식이 끊기는 경우도 있었다.

█ 절도에 나서기도…

함북 청진에 살던 한 모 군(21세)은 아버지에게 상급학교 학비 지원을 부탁했으나 끝내 들어주지 않자 현금 500원을 훔쳐서 경성에 올라와 시험공부를 했다. 이 사실을 알게 된 아버지가 경성에 올라와 아들을 경찰에 신고했다(《동아일보》, 1935. 3. 21.). 또 아버지가 중등학교 입학시험에 낙방한 아들에게 평소 공부를 못한다고 꾸지람을 하자 참다못한 아들이 자기 집 저금통을 훔쳐서 가출한 일도 있었다. 아들은 기차를 타고 경성과 부산 등으로 돌아다니다 경성의 한 시계점에서 시계를 샀는데, 어린 소년이 12원 하는 시계값으로 100원짜리 지폐를 내자 수상하게 여긴 주인이 소년을 붙잡아 경찰서로 데리고 갔다. 소년을 조사한 경찰은 사연을 알게 되었고 부모에게 연락해 5일 만에 집으로 돌아갔다(《조선일보》, 1937. 7. 3.).

경성에서 용산중학교를 졸업하고 수원농업학교에 지원했으나 탈락한 이 모 군(21세)은 우울하게 지내다 할아버지 돈 3,500원을 몰래 훔쳐서 집을 나갔다. 뒤늦게 이 사실을 알게 된 가족들이 경찰서에 신고했지만 행방을 찾지 못했고, 이 군이 돈을 훔쳐서 가출한 구체적인 이유도 알 수 없었다(《동아일보》, 1936. 5. 2.).

중국 산해관(山海關)고등소학교를 졸업한 정복선(16세)은 경성에 올라와 누나 집에 체류하며 경성제일고보 입학시험을 보았다. 그러나 탈락하자 낙심한 정 군은 자포자기하며 지내다 기생 강옥화(18세)에게 빠져버렸고, 유흥비를 마련하기 위해 누나의 금비녀 2개와 보석 반지를 훔쳐 전당포에 101원에 잡히고 기생과 놀아나다 경찰에 붙잡혔다(《동아일보》, 1938. 4. 14.).

입학시험에 대한 불안감을 극복하지 못하고 남의 물건을 절도하는 사건도 종종 발생했다(《조선중앙일보》, 1934. 10. 24./ 1939. 6. 21. 외). 강원도 강릉 출신

김 모 군(19세)은 강릉공립보통학교를 졸업하고 상급학교 입학시험을 보기 위해 경성에 올라와 청진동 강호여관에 유숙했는데, 어느 날 전당포에 여자 시계를 잡히려다가 마침 순찰 중이던 경찰에 붙잡혔다. 김 군은 경찰서에서 금시계는 훔친 것이라고 자백했다(《동아일보》, 1936. 3. 24.).

경성의 한 서점에서 20세 청년이 기하 과목 등 10여 권의 참고서를 큰 보따리에 싸가지고 나가는 것을 점원이 발견하여 청년을 붙잡아 경찰서에 넘겼는데, 조사 결과 청년은 이전에도 헌책방 등 서점에서 100여 권의 참고서와 문학 서적을 훔친 것으로 밝혀졌다. 청년은 1년 전 경성에서 고등보통학교를 졸업하고 전문학교에 지원했으나 낙방하여 재수를 했는데, 입학시험을 앞두고 불안한 마음에 사로잡혀 자신도 모르게 이러한 일을 저질렀다고 했다(《동아일보》, 1939. 2. 17.).

대구 출신 이 모 군(20세)은 할아버지가 대구에서 굴지의 부호였고, 아버지는 만주영사관 촉탁(囑託)으로 근무했다. 그리고 숙부는 유명한 의사로 남부럽지 않은 집안 출신이었던 이 군은 자신도 의사가 되기 위해 경성에 올라와 경성의전에 지원했다. 그러나 매번 입학시험에서 탈락하자 점차 자신감을 잃어버린 이 군은 아버지 지갑에서 800원을 훔쳐 집을 나와 대구와 경성의 화류계를 전전했다. 그러다 돈이 떨어지자 경성 화신백화점에서 양복을 산다며 입어보는 척하다가 그대로 도망가는 것을 점원이 붙잡아 경찰서로 넘겼다(《동아일보》, 1936. 7. 7.).

창원에서 입학시험을 보기 위해 경성에 올라와 광성여관에 묵었던 백모 군(19세)은 활동사진에 빠져서 같은 여관에 묵고 있던 투숙객의 구두 한 켤레와 지갑에서 현금 5원 50전 훔치는 등 투숙객의 의류 20점을 비롯해 10여 차례에 걸쳐 현금 150원 50전을 훔쳐 모두 활동사진과 식당에서 일하는 여급에게 소비하다 경찰에 체포되기도 했다(《동아일보》, 1939. 3. 17.).

입학시험에 낙방하고 가짜 학생 행세를 하며 절도 행각을 벌이기도 했다. 임 모 군(21세)은 경북 칠곡에서 경성에 입학시험을 보러 왔다가 낙방하자 경성전기학교 교복을 입고 가짜 학생 행세를 하면서 경성 시내 학생들의 하숙집을 돌아다니며 친구로 가장하여 방에 들어가 30여 회에 걸쳐 500여 원을 절도하다가 결국 경찰에 체포되었다(《조선일보》, 1937. 5. 23.). 대구고보를 졸업하고 경성에서 법학전문학교 입학시험을 준비하던 배 모 군(20세)은 여학생을 사귀게 되었는데, 입학시험에 낙방하자 여자 친구 얼굴을 볼 면목이 없어 교복을 입고 가짜 학생 행세를 했다. 그러다 돈이 떨어지자 시내 백화점을 돌아다니며 전문적으로 10여 회에 걸쳐 절도를 하다가 결국 탄로가 나서 절도죄로 체포되고 말았다(《조선일보》, 1938. 9. 22.).

▍극단적인 선택까지 하다

시험이 실력의 증표가 되는 사회일수록 불합격자를 바라보는 세상의 시선은 차가웠고, 당사자에게 커다란 상처로 남았다. 때문에 더욱 자신감을 상실했고, 때로는 충격을 이겨내지 못하고 극단적인 선택을 하는 불상사도 벌어졌다. 전북 익산 출신 이 모 군(18세)은 경성에서 중등학교 입학시험에 낙방하고 다시 입시 준비를 해서 전주농업학교 입학시험을 보기 위해 집에서 10원을 가지고 출발하여 강경까지 왔는데, 합격에 자신이 없었던 이 군은 극도로 비관하여 돈 7원은 집으로 돌려보내고 전북 도계에서 철도에 뛰어들어 자살했다(《동아일보》, 1928. 3. 25.). 재령군에서 보통학교를 졸업하고 재수하여 재령 명신고등과에 지원한 김 모 군(17세)은 다시 낙방하자 비관하여 수백 척이나 되는 석벽(石壁)에서 투신자살을 시도해서 병원에 입원하기도 했다(《동아일보》, 1936. 4. 7.).

대전 출신의 한 청년(19세)은 평양의전 입학시험을 보기 위해 집을 나섰는데, 경성의 소화여관에 투숙하던 중 돌연 자살한다는 유서 한 장을 남기고 여관을 나간 후 소식이 없어 여관 주인이 경찰서에 신고하여 수배에 나섰다. 다음 날 오후 청년은 충남 대전에서 단도로 배를 찔러 자살한 시신으로 발견되었다. 다음 날 신문에는 "소년의 주머니에서 발견된 수험증과 유서 그리고 대구행 기차표가 있는 것으로 보아 평양의전 입학시험을 보았으나 합격에 자신이 없어 대구의전 입학시험을 보기 위해 기차를 타고 가다가 대구에 내린다는 것이 잘못해서 대전에 내리고 보니 날짜가 어그러져 시험에 응시하지 못하게 되자 비관한 나머지 극단적인 선택을 한 것으로 보인다"고 보도했다(《조선일보》, 1934. 3. 20./ 3. 21.).

경성에서는 학생으로 보이는 18세가량의 소년이 길에 쓰러져 있는 것을 지나가던 행인이 발견하여 곧바로 병원으로 옮겨 응급처치를 했으나 결국 사망하고 말았다. 소년의 신원과 구체적인 사망 이유는 알 수 없으나 소지품에서 독성이 매우 강한 살균 소독약 승홍수(昇汞水) 병과 소년의 복장과 지니고 있던 시험 참고서적으로 보아 전문학교 입학시험에 실패하고 낙심하여 극약을 마시고 자살한 것으로 추정했다(《동아일보》, 1930. 3. 30.).

강원도 춘천고보에 지원했던 류 모 군(21세)은 다량의 독약을 마시고 신음하는 것을 여관 주인이 발견하여 도립병원으로 옮겨 치료했으나 생명이 위독했다. 류 군은 멀리 평안도에서도 춘천고보에 지원했는데 전년도보다 지원자가 2배가 넘는 것을 알고 불안한 마음으로 시험을 보러 갔다. 하지만 연령 초과로 시험에 응시하지 못하게 되자 비관하여 여관으로 돌아와 음독자살을 시도한 것으로 추정했다(《동아일보》, 1928. 3. 17.).

경성에 사는 우 모 군(14세)은 집에서 다량의 양잿물을 마시고 신음하는 것을 가족들이 발견하고 즉시 병원으로 옮겨 응급치료를 받아 다행히 목숨을 건졌다. 우 군은 소학교를 우등으로 졸업하고 평소 입학을 간절히 원했던 선린상업학교에 지원했으나 입학시험에 낙방하여 극도로 비관했다. 그러나 추가 입학시험이 있다는 소식을 듣고 다시 도전했지만 낙방하자 '모교 교사와 동창들 그리고 부모님을 볼 낯이 없다'며 끝내 음독한 것으로 전한다(《동아일보》, 1939. 4. 3.).

경북 의성에서 공립보통학교를 졸업하고 경성에 올라와 중등학교에 지원했다가 낙방한 우 모 군(18세)은 1년 동안 경성에서 하숙을 하며 공부를 하여 다시 입학시험을 보았다. 그러나 다시 낙방하자 비관하여 자기 방에서 문을 걸어 잠그고 양잿물을 먹고 자살을 시도했다. 다행히 하숙집 주인이 신음하는 우 군을 발견하고 즉시 병원으로 옮겨 치료했지만 양잿물을 너무 많이 마셔 생명이 위독했다(《동아일보》, 1929. 4. 15.).

1925년 경성제일고보를 졸업하고 초등학교 교사로 근무하던 김 모 군(26세)은 경성제국대학 예과에 지원했으나 번번이 낙방하자 한강에 투신하여 사망했다. 〈중외일보〉(1928. 6. 28.)는 "경성제일고보라면 최고의 명문 학교로, 그 학생들은 수재로 불렸는데 최고의 대학에 연이은 실패는 수험생에게 용납될 수 없는 상실이었으리라"며 안타까움을 전했다.

이처럼 입학시험에서 탈락한 청소년들이 매년 극단적인 선택을 하자 〈동아일보〉(1939. 4. 3.)는 "허다한 비극을 남긴 채 입학 고사의 종막을 고하였으나 이에 따르는 비극적 여운은 종막을 할 줄 모르니 가탄(可嘆)"이라고 하는 등, 매년 수험생들의 자살 기사가 이어졌다. 이러한 사건들은 명문 학교 선호에 대한 부작용이기도 했다.

가족,
또 다른 수험생이었다

▌아버지, 자식을 위해서라면…

수험생을 둔 집안에서는 입학시험의 합격을 위해서 다른 모든 전통적 가치를 희생하리라 각오할 정도로 정신적·물질적 부담이 대단했다(《조선일보》, 1936. 6. 1.).

그러나 때로는 아버지가 수험생 자녀의 합격을 위해 적극적으로 나섰다가 지나친 행동으로 사회적 물의를 일으키기도 했다. 예를 들면 자녀의 합격을 청탁하기 위해 학교 관계자를 소개받으려고 백방으로 찾아다니기도 했고(《동아일보》, 1939. 3. 11.), 어떤 아버지는 "예전에 초시를 보고 진사를 선발하는 것도 돈이면 되었거늘 학교쯤이야 못할 것이 없다"며 시골에서 논을 팔아 현금 500원을 가지고 상경하여 학교장을 찾아갔으나 교장이 받지 않은 일도 있었다(《동아일보》, 1928. 4. 1.). 간혹 불합격한 자녀의 억울함을 호소하기 위해 학교에 찾아가 따지는 부모도 있었다.

특히 조선총독부 학무국은 입시지옥을 해소하기 위해 시험문제를 쉽게 내도록 하고 체력검사 점수를 강화했지만, 여전히 심각한 입시난을 해소할 수 없었다. 오히려 "보통학교에서 입학시험을 준비시키는 방법은 갈수록 교묘해졌고, 수험생들의 실력은 무럭무럭 향상되었다"고 할 정도로 수험생들의 성적이 좋아졌다. 100명을 모집한 중등학교 지원자 1,000~1,700명 가운데 출신학교 졸업 성적이 평균 90점 이상이 300명이나 되었고, 입학시험에서도 만점자가 500여 명이나 될 정도였다. 때문에 학교에서는 합격자 선발에 골치를 앓았고, 탈락한 학부형들의 문의가 이어지기도 했다(《조선일보》, 1937. 3. 22.). 다음의 사례가 그 예였다.

합격자 발표가 끝난 어느 날 경성의 모 여고보에 말쑥한 복장에 위엄을 갖춘 신사가 교장실에 찾아왔다. 그는 자신의 명함을 내놓으며 "내 딸아이를 내가 추천하는 것은 아니지만, 소학교 성적표가 모두 우등 수석이고, 입학시험에서도 전부 맞힌 것으로 확신하는데 어째서 떨어뜨렸느냐? 너무나 억울해서 찾아왔다"고 따졌다. 그러자 교장은 크게 웃으며 "입학시험에서 만점짜리가 24명이 넘는다. 당신이 당국자라면 좋은 선발방식을 알려달라. 학교에서는 만점짜리가 속출하여 신체검사로 결정했다"고 말하자 아버지는 얼굴을 붉히며 사과하고 돌아갔다고 한다(《동아일보》, 1939. 3. 25.).

또한 황해도 해주읍 출신 최 모 군(16세)은 경성에 올라와 양정고보에 응시했으나 낙방하자 비관하여 아버지에게 '집으로 돌아갈 수 없다'는 편지 한 장을 남기고 소식이 끊어졌다. 그러자 아버지는 경성으로 올라와 아들이 묵었던 여관 등을 돌아다니며 백방으로 아들을 찾아다니는 등(《조선일보》, 1936. 3. 26.) 입학시험에서 낙방하여 비관한 자녀가 집을 나가면, 아버지가 먼 길을 마다 않고 경성 등 이곳저곳을 다니며 자녀를 찾아다니기도 했다.

자녀가 입학시험에서 불합격하자 충격을 받고 자살을 시도한 아버지

도 있었다. 전라남도 광산군에서는 믿었던 아들이 광주고보 입학시험에
낙방하자 아버지 정 모 씨(48세)가 비관한 나머지 마을의 방죽에 몸을 던
져 자살했다(《동아일보》, 1936. 3. 23.). 당시 광주고보는 100명 정원에 542명이
지원했는데, 수백 석을 추수하는 부호였던 정 씨는 넉넉한 살림임에도
아들을 제대로 공부시키지 못한 책임감을 느끼고 비관한 것으로 전한다.
또 딸이 두 번이나 입학시험에서 낙방하자 오랫동안 노동으로 딸의 공부
를 뒷바라지해온 아버지가 "세상에서 바라던 소망이 완전히 끝난 것과
같으니 더 이상 사는 재미가 없어 죽음을 선택한다"며 자살한 안타까운
사건도 있었다(《동아일보》, 1936. 4. 7.). 이러한 사건들은 입학시험이 단순히 '개
인의 문제가 아니라 집안의 성공과도 직결되었다'는 당시의 사회 분위기
를 보여주는 예이기도 했다(《조선중앙일보》, 1936. 3. 24. 외).[01]

▌입학시험과 어머니 그리고 현모양처

집안에서 수험생 자녀를 돌보는 일은 대부분 어머니 몫이었다. 기본
적으로 어머니의 역할은 평상시 음식과 건강 챙기기 등 의식주를 돌보는
일이었고, 말과 행동 등 가정교육도 담당했다. 그리고 자녀가 보통학교
취학연령이 되면 구두시험에 대비한 교육도 어머니 몫이었다.

신문에도 기회 있을 때마다 "학령아동과 어머니의 할 일, 낙제한 아동
원망 말고 미리 준비에 노력하자" "보통학교 입학시험에서 구두시험을
준비하여 인물고사에 합격하는 비결은 어머니의 손에 있습니다. (아동들이)
문을 닫을 때나 선생님께 절을 하는 것 하나라도 보면 집안에서 어떻게
하는지를 알 수 있으니, 아무 데나 내놓아도 어머니 욕을 먹이지 않을 정
도로 가르쳐야 할 것입니다. 학교에서 대개는 가르치지만 집안에서 어머

니가 가르칠 것도 많습니다"라며 보통학교 입학 준비를 위해 평소 집에서 어머니의 교육이 중요하다고 강조했다.

뿐만 아니라「젊은 어머니 속본(續本)」이라는 제목으로 "어린 자녀의 지식은 자연스럽게 생활을 통해 자기도 모르게 저절로 배우게 하는 것이 제일 좋은 방법입니다"라며 취학아동의 산술과 발표력 지도 방법 등에 대해서도 상세하게 소개했다(《조선일보》, 1932. 1. 31. 외).[02]

중등학교 역시 입시 경쟁이 치열해지면서 집안에서 어머니의 역할이 더욱 강조되었고, 성공한 수험생 뒤에는 대부분 어머니가 있을 정도로 헌신적으로 자녀의 수험생활을 뒷바라지했다. 수험생 자녀를 뒷바라지하려면 어머니들은 근대식 사고와 생활방식을 갖춰야 했다. 예를 들면 일상생활에서 어머니가 기본적으로 갖춰야 할 조건으로 첫째 지식을 갖춰야 이해력이 생기므로 답답하지 않고, 둘째 위생 관념이 있어야 하며, 셋째 가사 처리를 과학적으로 처리하는 등 현대 생활방식을 알아서 할 줄 알고, 넷째 수입과 지출 등 계산능력을 지니고 있어 낭비와 소비적이지 않으며, 다섯째 종두 접종 시기를 알아야 건강한 가정을 꾸려 나갈 수 있고, 마지막으로 편지나 전보를 보고 사용할 줄 알아야 한다는 것 등이다. 1940년 이화여전과 숙명여전 입학시험에서 가사(家事)와 가정(家政) 전공 지원자가 더 많은 것에 대해 "전문 기능보다도 현모양처의 덕성을 요구하는 시대적 반영이다"라며 긍정적으로 평가한 것도 그 예였다(《동아일보》, 1940. 3. 22.).

또한 현모양처론은 천황에 절대적으로 충성하는 가정을 만들기 위한 일제의 통치 의도와도 연관이 있었다. 예를 들면 여자고등보통학교의 경우 여성 교육의 목적을 "여자에게 긴요한 고등보통교육을 실시하고 특

히 국민도덕의 함양과 부덕(婦德)의 양성에 뜻을 경주하여 현모양처로서
의 자질을 얻게 해서 충량 지순한 황국 여성을 양성하는 데 있다"[03]라며
현모양처 양성에 두었다. 이는 곧 교육을 통해 '일본식 근대적 현모양처
의식의 내면화'를 주입하는 황민화·우민화 교육의 하나였다. 물론 그 내
용이나 정도는 관공립학교가 사립학교보다 더 강했다.[04] "조선인 여자
교육은 일단 성공하면 경제적 융합보다도 더 힘 있는 사회의 뿌리와 꼭
지를 굳게 하는 시멘트가 된다. 따라서 어떻게 해서든지 부녀자를 감화
시키는 데서부터 들어가는 것이 지름길이다"[05]라는 일본인 관료의 말에
서 현모양처와 관련한 여성 교육의 의도를 분명하게 알 수 있다.

또한 조선인 여학생들에게 요구하는 현모양처는 일본인 여학생들에
게 요구하는 현모양처와 달랐다. 예를 들면 일본의 문화나 여학생에 비
교해서 조선의 문화나 여학생들이 뒤떨어져 있기 때문에 '일본의 문화를
배워서 일본 여학생과 같이 행동하는 것이 바람직하다'는 생각이 들도록
가사시간에 일본의 정월(正月) 요리를 가르치고, 이를 통해 일본 요리를
알리고 보급하는 등 철저하게 일본인이 되도록 요구했다. 여기에 곁들여
조선 요리를 가르치는 것은 일본이나 유럽과 비교해서 열등하다는 것을
강조하려는 의도가 담겨 있었다.

▎어머니, 부인 그리고 할머니

어머니는 집안에서 부인이면서 할머니이기도 했고, 아버지가 부재하
거나 사정이 있어 나서지 못할 경우 아버지 역할까지 대신했다. 1925년
어느 수험생의 수기에 따르면 "어머니는 대구고보에 입학시험을 보러
가는 열여섯 살 아들을 데리고 영덕에서 포항까지 걸어서 갔고, 포항에

서 다시 기차를 타고 대구의 입학시험장까지 가는 데 이틀이 걸렸다"고 회고했다.

어머니는 자녀의 입학시험과 관련해서 아버지를 대신해서 대외적인 일에도 나섰다. 예를 들면 경성의 어느 고등보통학교에서는 50세가량의 부인이 찾아와 "내 아들은 과부의 독자이니 내 신세를 불쌍히 생각해서라도 아버지 없는 자식을 제발 가르쳐 달라"고 교장에게 울며 애원하는 등 입학시험에 낙방한 자녀를 구제하는 방법을 찾아 나서기도 했다(《동아일보》, 1922. 5. 4.).

하지만 때로는 낭패를 보기도 했다. 경성에 사는 이봉주(45세)는 전부터 안면이 있던 한성원의 처 김 모 씨(52세)의 큰딸(14세)이 모 여자고보 입학시험에 낙방한 것을 알고 "운동을 하면 꼭 입학이 된다"고 속여서 50원을 사취하는 등, 의도적으로 접근한 사람들에게 사기를 당하는 사건도 종종 발생했다(《조선일보》, 1937. 3. 20.).

또 다른 예로는 경성에 거주하는 김 모 군(15세)의 어머니는 믿었던 아들이 모 중등학교 입학시험에 낙방하자 비관하여 아들에게 "모쪼록 공부 잘하라"는 말을 남기고 집을 나가 밤새 돌아오지 않자 가족들이 경찰에 신고하여 찾아 나서기도 했다(《동아일보》, 1936. 3. 17.).

당시에는 나이가 많은 학생들이 결혼한 경우도 있었는데, 가정을 꾸린 상태에서 입학시험을 준비하기가 쉬운 일은 아니었다. 때문에 부인들의 고생이 심했고, 때로는 불미스러운 일도 벌어졌다. 영흥군 진흥보통학교 졸업을 앞두고 상급학교 입학시험을 준비하던 진우상 씨의 부인 김순녀 씨(22세)가 양잿물을 마시고 자살했다. 진 씨는 '며칠 후 입학시험을 보러 간다'고 부인에게 말하며 두루마기 동정이 더러워졌으니 다른 것으로 달아 달라고 했다. 그때 세 살 먹은 어린 아들이 울며 보채자 진 씨는 부인에게 "어린아이가 우는데 왜 젖을 주지 않느냐?"며 야단을 쳤다. 이 말에 서운함이 뼈에 사무쳐서 부인이 자살을 기도한 것으로 추정했지만, 어쩌면 그동안 입학시험 준비로 마음고생이 컸던 부인이 비관하여 자살한 것인지도 모를 일이다(《조선일보》, 1926. 3. 7.).

경성의 모 중등학교를 졸업하고 상급학교 입학시험을 준비하던 장석환 씨(20세)는 부인에게 "공부를 하려면 우리 둘이 있어서는 잘되지 않으니 고향으로 돌아가서 얼마 동안 있어 달라"고 당부했다. 이에 부인 김명희 씨(21세)는 다른 여자가 생겨서 남편의 마음이 변한 것으로 오해하고 남편이 잠자는 사이 독약을 마시고 자살을 기도했다. 부인은 인근 병원으로 옮겨져 치료를 받았으나 워낙 많은 양을 마셔 생명이 위독했다(《동아일보》, 1938. 8. 10.).

또 2년 전 결혼하여 남편은 중등학교 3학년에 재학 중이고 혼자 시집살이를 하는 어느 부인은 시부모와 큰동서의 학대가 견딜 수 없이 심해서 "남편이 졸업을 하고 대학에 진학하면 분가할 예정이니 4년을 기다리라고 하는데, 자신은 참을 수 없다"며 '어떻게 하면 좋겠느냐?'고 신문에 상담 글을 올렸는데, "남편의 장래를 위하여 꾹 참고 4년을 더 기다리시오"라는 답변을 받았다(《동아일보》, 1927. 1. 27.).

〈조선일보〉(1934. 3. 3.)에는 '입학난, 취업난, 결혼난이 사회적 문제'라며 "중등학교 이상을 졸업한 여학생들은 가히 주부의 면허장을 얻는 것과 마찬가지인데 졸업 당년의 결혼은 극히 소수이고, 이후의 상황도 그 수가 적어서 심각한 문제"라고 우려한 기사도 보인다.

할머니가 입학시험을 치르는 손자, 손녀를 데리고 가는 등 부모 역할을 대신하는 경우도 적지 않았다. 경성의 어느 여학교에서는 입학시험을 치르기 전날 70세의 할머니가 교무실 문을 열고 들어와 "부모 없이 늙은 이 손으로 길러온 손녀딸이 시험을 보게 되었으니 꼭 좀 넣어 주시오. 설령 시험을 잘 못 보더라도 이 늙은이의 정성을 보아서라도 넣어 주시구려. 입학이 되면 수업료는 또박또박 제달에 맞춰서 내고 학교에서 하는 말이면 잘 들어 선생님 마음 안 상하게 하면 되지 않습니까?"라고 애원하기도 했다(《동아일보》, 1939. 3. 11.).

▍범죄의 표적이 되다

매년 입시철이 되면 서울역과 인근 지역은 지방에서 상경하는 수험생과 가족 그리고 관계자들로 북적거렸다. 〈동아일보〉(1922. 3. 27.)는 "남대문 정거장 앞에서 손님을 끄는 객주집 하인들은 이들의 주머니를 노려 지나칠 정도로 바가지를 씌웠다"는 기사와 함께 장사꾼들은 이 기회를 놓치지 않고 호객 행위를 한다며 "이 지역을 순찰하는 경찰들은 수상한 사람만 노려볼 것이 아니라 이따위 객주집 하인을 좀 더 단속함이 어떨지……"라고 꼬집었다.

경성 외에도 학교가 있는 전국의 도시에서 쉽게 돈을 벌려는 자들이 수험생과 가족들에게 의도적으로 접근하여 갖은 감언이설로 크고 작은 사기를 쳤다. 오죽했으면 〈동아일보〉(1923. 3. 7.)는 "불쌍한 학생들의 코 묻은 돈을 빼앗아가는 모 경찰서 형사라 사칭하는 자들이 기승을 부리는데, 진짜 형사들은 경찰서에서 낮잠이나 자지는 않는지……"라고 일침을 가했고, "입학시험철이 되면 서울이나 도회지에 올라온 학생들이 못된 유혹에 빠지지 않도록 조심해야 한다. 집을 나올 때부터 벌써 유혹의

호구(虎口)에 있다는 것을 깨닫지 않으면 안 된다"(《동아일보》, 1934. 3. 9.)며 수험생들에게 각별하게 조심할 것을 충고했다.

사기꾼들은 '형사로 사칭'하거나 '입학금이나 학비를 벌 수 있다'며 취업을 미끼로 접근했고, 이들의 꼬임에 넘어가는 사람들도 적지 않았다. 사기꾼들은 입학과 학비가 무엇보다 절실했던 수험생들의 심리를 교묘하게 이용했고, 당시 형사는 일반인들이 따지고 들거나 쉽게 거부할 수 있는 대상이 아니었기 때문이다.

심지어 경성고등예비학교에 다니던 강 모 군(17세)은 휘문고보에 입학시켜주겠다며 접근한 한 소년의 감언이설에 속아 가지고 있던 돈 300원을 갈취당하기도 했다. 신고를 받은 종로경찰서에서 탐문한 결과 이미 이러한 전력이 있던 장소남(19세, 가명)을 진범으로 단정하고 전국에 수배령을 내렸다(《조선일보》, 1938. 3. 22.). 구두 수선업을 하던 박인환(32세)은 조 모 군(17세)과 알게 된 것을 기회로 친한 중등학교 교사들이 많다고 접근하여 '희망하는 학교에 입학시켜주겠다'며 감언이설로 조 군을 꼬드겨 그가 가지고 있던 스케이트를 빌려서 전당포에 저당 잡히는 등 같은 수법으로 어린 학생들의 물건을 갈취하고 호주머니를 털었다.

또한 중등학교에 진학하기 위해 경성에 올라온 지방 출신 학생들이 학비를 마련하기 위해 직업을 구한다는 말을 듣고 최영환(43세)은 "조선총독부에 공설상회(公設商會)라는 기관이 있어 고학생들의 직업을 알선해주니 내가 주선해주겠다"고 접근하여 "공설상회에 들어가려면 회비로 1인당 1원씩 내야 한다"며 학생들에게 돈을 받아 횡령했다가 체포되기도 했다(《동아일보》, 1921. 4. 3.). 평양에서는 장재복(30세)이 형사부장을 사칭하여 보통학교 학생에게 접근해서 취직시켜준다며 이력서와 돈 30전을 사취했다가 붙잡혔고, 신의주에 거주하는 김병하 군(14세)은 경성제일고보 입학시험을 마치고 집으로 돌아오는 길에 평양 만수대에 들러 산책하던 중 형사로 사칭하며 접근한 자가 김 군의 신체를 수색하는 척하면서 시계와 내복을 빼앗아 도주했다가 평양에서 체포되기도 했다. 당시 범인은 몇달 전 평양형무소에서 출옥한 절도 전과자였다(《동아일보》, 1929.4.9.).

▍전문 입학 사기꾼이 등장하다

학교와 각별한 관계를 내세우며 수험생 가족들에게 접근하는 사기꾼들도 있었다. 경성에 거주하던 김철기(31세)는 병을 치료하기 위해 종로에 있는 병원에 갔다가 지인을 만나 이야기를 나누던 중 지인이 "친구 아들이 모 중등학교에 입학시험을 보았다가 낙방하여 부모가 대단히 비관하고 있어 안타깝다……. 무슨 방법이 없느냐?"라고 김철기에게 물었다. 이에 김철기는 "내가 전에 시내에서 서점을 경영해서 시내 각 중등학교 교장하고 친분이 있으니 보결로 운동해 주겠다"며 자신 있게 말했다. 이에 지인이 김철기에게 학부모를 소개해주었고, 김철기는 학부모에게 교재비 등으로 수차례에 걸쳐 150원을 갈취하여 유흥비로 써버리고는 학부모에게는 "손을 써놓았으니 기다리라"고 말했다. 이후 "입학이 결정되었으니 교복과 교과서 등을 준비하라"고 말해 학부모는 그대로 믿었다. 하지만 입학은 되지 않았고, 김철기는 이후에도 친구의 저금통장에서 100원을 사취하여 모두 유흥비로 써버리는 등 질이 상당히 나쁜 사기꾼이었다(《동아일보》, 1936. 5. 17./ 《조선일보》, 1936. 5. 18.).

시골에서 올라와 중등학교 입학시험을 치르고 있는 아들을 마음 졸이며 기다리고 있던 아버지를 발견한 한 청년이 접근해서 "내가 이 학교 교장과 교사들과 친한데 아들의 입학을 원한다면 200원을 들여 교섭해주겠다"고 거짓말을 하여 200원을 받아 도주했다. 아버지는 이 사실을 모르고 묵고 있던 여관에 돌아와 주인에게 학교에서 있었던 일을 말했다. 그러자 의심이 갔던 여관 주인은 학교에 문의하여 사기당한 것을 알고 종로경찰서에 신고했다(《동아일보》, 1938. 3. 23.).

전문적인 입학 사기꾼도 등장했다. 경성 필운동에 있는 '백광사'라는 잡지사 기자 백승효(23세)는 시골에서 상경한 학생 세 명이 시내 모 중등학교에 지원하려고 한다는 사실을 알고 배재고보에 입학시켜주겠다고 속여 입학금과 교과서 대금 등의 명목으로 47원을 착복하는 등 세 차례에 걸쳐 총 140여 원을 갈취했다가 종로경찰서에 체포되었다. 모 고보에서는 이 학교 김모 교사 등 학교 관계자들이 "요리와 물품을 대접받고 낙방한 학생 두 명과 입학시험에 응시하지도 않은 부잣집 자제 3~4명을 입학시켜주었다"는 말까지 돌았다(《동아일보》, 1928. 5. 4.).

또 금광업을 하면서 남부럽지 않게 살던 김우영(38세)과 이금득(33세) 부부는 아편 중독자가 된 후 어린 학생의 돈까지 편취한 죄로 체포되었다. 이금득은 한때 보통학교 교사였고, 체포되기 전까지 가정교사로 일한 인텔리였는데, 이들 부부는 아편에 빠져 지내다 어느 날 시내 남산 뒤에서 치과의학전문학교 입학시험을 준비하던 학생을 만나 감언이설로 꼬드겨 치과의학전문학교 교장에게 소개해주겠다며 상품권 50원짜리를 편취했다(《동아일보》, 1934. 4. 19.).

경성에 사는 이동근(30세)은 여관에서 모 고보에 입학시험을 보기 위해 경성에 올라온 황해도 평산군 출신 안 모 군(18세)을 만나자 "총독부 내무국에 취직시켜주겠다"며 교재비로 60원을 사취한 후 "여관에 묵으면 비용이 많이 드니 자기 집으로 옮기자"며 집으로 데리고 갔다. 이동근은 이곳에서도 "고양군 은평면 앞에 좋은 채석장이 있는데 이것을 손에 넣으면 큰 이익을 볼 수 있다"며 안 군으로 하여금 아버지를 상경하게 했다. 이후 아버지도 이동근에게 속아 채석장 허가 운동비 명목으로 1,200원이나 사기를 당했다. 이동근은 결국 체포되어 조사를 받았는데, 이 사실을 모르고 안 군과 아버지는 채석장 허가를 기다리며 이동근의 집에 머물렀다고 한다(《조선일보》, 1937. 9. 9.).

교사들도
수난이 이어지다

▌입시철이 되면 더욱 분주해지다

입시철이 되면 교사들은 시험문제 출제 등 입학시험 준비를 하고 시험이 끝나면 채점을 해야 했다. 그리고 새 학기를 준비하며 지방 출신 학생들에게 공부 잘하는 선배들이 묵는 하숙집을 추천하여 면학 분위기를 조성하는 등 학생들에게도 관심을 기울여야 했다(《조선일보》, 1935. 2. 27.).

또한 입시철은 방학 기간으로 교사들은 극장이나 찻집 등 유흥업소를 돌며 학생 지도를 하는 등 신경 쓸 일이 많았다. 경찰에서도 학생들의 탈선 예방에 나섰지만 너무 바쁘기도 했고, 경찰이 학생 지도에 직접 나서게 되면 '범죄 혐의 등이 더해져 학생 신분에 좋지 못한 결과를 초래할 수도 있다'는 이유로 학교에 지원을 요청했기 때문이다(《조선일보》, 1935. 1. 3.).

입시철이 다가오면 교사들은 주변의 청탁으로 심한 몸살을 앓았다. 어떤 교사는 "친분이나 여러 가지 관계 때문에 거절할 수 없는 사람이 말을 하면, 수첩에 이름을 적기는 하나 실상은 자격이 모자라 아이를 합격시킬 수 없다"고 자기변명처럼 말하는 등 주변 사람들의 청이 귀가 따가울 정도로 계속되었다(《동아일보》, 1922. 4. 16.). 때문에 교사수첩에는 보통

40~50명에서 100여 명의 이름이 적혀 있었고, 심한 경우 '특별히 좀 봐달라'는 청을 받은 수가 300명에서 많게는 500~600명이나 되는 교사도 있었다. 그러나 모집 정원은 100명에서 많아야 200명 이내였기 때문에 청을 모두 들어주어도 턱없이 모자랐다(《동아일보》, 1934. 3. 24.).

반면 입시철이 되면 호황(?)을 누리는 교사도 있었다. 이러한 분위기를 〈동아일보〉(1934. 3. 24.)에는 옛날의 과거 보던 때와 비교하여 "각 학교 교사들이 마치 세도대감과 같이 연일 문 앞에서 '이리 오너라' 하는 소리가 떠나지 않았다"고 비유했다. 그리고 처음부터 사기를 치려고 한 것이 아니었다고 해도 두세 사람의 손을 거쳐 입학 청탁을 하는 과정에서 부작용도 발생했다. 신문에 "겉으로 보기에는 아무 일이 없는 듯했지만, 각 학교마다 심상치 않은 장면이 사방에서 전개되고 있다"고 보도할 정도로 의도적으로 나쁜 마음을 먹고 교사들에게 접근하는 등 입시철을 이용해 한몫 챙기려고 분주하게 움직이는 사람들이 있었기 때문이다.

청을 대려는 사람들은 학교는 물론 집까지 에워싸고 있어서 교사들은 학교와 자기 집을 떳떳하게 드나들지 못했고, 마치 죄를 진 사람처럼 집에 있으면서도 손님이 오면 없다고 거절했다. 어떤 교사는 시험 기간에 학교에서 지내거나 몰래 여관으로 가기도 했고, 며칠 만에 집에 들어가면서도 집 근처를 살펴서 누가 있는 것 같으면 도망을 치듯 오던 길을 되돌아갔다. 〈동아일보〉(1935. 3. 15.)는 "이런 모습을 보고 혹시나 범죄를 저지른 교사라고 오해하지 말라"고 보도하기도 했다.

이것으로 끝이 아니었다. 합격자 발표가 끝나면 탈락자의 학부모들이 학교에 찾아와 교사를 붙들고 자식을 제발 입학시켜 달라고 연일 울며 애원하는가 하면, '보결이라도 입학시켜 달라'는 등 사방에서 청탁이 빗

발쳐 고통을 겪었다(《동아일보》, 1922. 5. 4.). 그리고 각종 의혹 등 소문에 시달리는 교사들도 있었다. 학부형들은 입학시험과 관련한 것이라면 사소한 것에도 민감했기 때문에 소문은 물불을 가리지 않았다. 어느 보통학교에서는 가난한 교사의 집에서 은 반상기와 은수저 10여 벌이 나왔다고 하며, "모 중등학교 교원들이 공모하여 부잣집 자제를 입학시키는 조건으로 1,000원의 거금을 받아 썼다"는 소문이 도는 등 금품수수나 요리를 향응으로 대접받았다는 소문이 보통학교부터 대학에 이르기까지 공공연하게 돌았다(《동아일보》, 1936. 2. 2.).

▌ 감시와 수난을 당하다

교육 당국과 경찰서에서는 입학시험 기간에 총동원령을 내려 이른바 입시 브로커들의 단속에 나서면서 떠도는 소문의 진상을 파악하기 위해 학부형과 학교 관계자들의 동정을 엄격하게 살폈다. 때로는 정당하게 입학했는지 확인하기 위해 수험생의 보통학교 성적표와 입학시험 답안지까지 확인했다(《동아일보》, 1936. 2. 2.).

경성의 유명 공립고보 교장을 비롯해 다수의 학교 관계자들이 입학시험과 연루되었다는 소문이 돌아 경찰에서 비밀리에 조사한 일도 있었다. 소문의 내용은 "입학시험에 실패한 아들을 보결로라도 입학시키려는 아버지가 백방으로 방법을 찾아 다니던 중 자신 있게 입학을 알선해 주겠다는 사람이 나타나 운동비로 500원을 준비하고, 요리점에서 여러 차례 대접했다"고 한다. 그 과정에서 교사와 교무주임 심지어 교장까지 금품이 전해져서 학생의 입학이 이루어지는 듯했으나 일부 교사의 반대로 실현되지 못했다"고 한다(《조선일보》, 1936. 6. 1.).

교사가 학부모에게 폭행당하거나 구속되는 수난도 겪었다. 전남 나주에서는 자신의 아들에게 입학시험 준비를 해주지 않는다는 이유로 불만을 품은 아버지가 동네 불량배 4~5명을 돈으로 매수하여 밤 10시에 교사를 음식점으로 불러냈다. 이들은 술과 안주를 시켜 먹고 술값 12원을 교사에게 내라고 요구했다. 교사가 이를 거부하자 술값을 내지 않는다는 트집을 잡아 방문을 걸어 잠그고 일행들과 함께 교사를 구타한 후 업어서 집으로 보낸 뒤 함께 간 불량배들을 시켜 교사의 집을 지키며 교사와 가족의 외출을 막았다. 교사는 3일 동안 집에 감금된 채 지내다 새벽을 틈타 겨우 뒷산으로 피신하여 나주 읍내 경찰에 신고했다. 결국 학부형과 불량배들이 체포되어 공갈·감금·상해·명예훼손죄로 엄중한 조사를 받았다(《동아일보》, 1938. 1. 19.).

모 고보 교사의 경우 처음에는 금품을 받고 온정에 이끌려 수험생을 가르치다가 시험문제를 알려준 사실이 밝혀져 결국 감옥생활을 하게 되었다(《조선일보》, 1938. 10. 7. 외).

입학시험에서 필기시험 문제가 쉬워지고 구두시험 비중이 높아지면서 교사들의 부담도 대단히 커졌다. 1938년 휘문고보에 1,611명이 지원했는데, 이들 가운데 보통학교 성적이 전체의 10퍼센트 이내에 드는 지원자가 500명이나 되었고, 필기시험에서 만점자가 100명이나 되었다. 때문에 구두시험, 가정 형편, 수험생의 성품과 인상, 체력검사로 등급을 매겼는데, 여기서도 모두 만점을 받은 수험생이 58명이나 되었다(《조선일보》, 1938. 3. 27.). 때문에 수험생들은 성적에 민감할 수밖에 없었다.

특히 합격에 큰 영향을 미치는 상황에서 구두시험은 기본적으로 시간 제약이 너무 심했고, 지원자가 몰릴수록 상황은 더욱 악화되었다. 지원자 1명당 구두시험이 5분만 걸려도 1,000명이 지원하면 5,000분, 즉 80시간 이상이 걸렸고, 10개 팀이 구두시험을 진행해도 쉬는 시간 없이 8시간 이상이 걸렸다. 하지만 시험관 구성에 한계가 있었고, 여기에 수험생의 성적표 등 서류를 검토할 시간과 수험생들이 들어오고 나가는 시간 등 기본적으로 필요한 시간을 감안하면 구두시험에 소요되는 시간이 더욱 늘어났으니 수험생 1명당 구두시험 시간이 더욱 줄어들 수밖에 없었다. 때문에 학교에 따라서는 단 1분 동안 구두시험을 보기도 했고, 심지어 '구두시험을 치르기 위해 들어오는 수험생의 태도만 보아도 성품과 어느 보통학교 출신인지 알 수 있다'는 말까지 나왔다.

반면 수험생을 가르치는 학교에서는 이러한 분위기를 감안해서 교사는 예상 문제를 뽑아 외우게 하여 수험생이 질문에 막힘없이 그리고 질문에 따라 간단명료하게 답할 수 있도록 철저하게 구두시험을 준비시켰다. 때문에 "수험생들은 정면으로 묻는 것은 모두 대답할 수 있으나 조금만 옆으로 찔러도 꼼짝 못 할 정도로 기계적 암송에만 익숙했다"(《동아일보》, 1939. 9. 23.)고 할 정도로 교사나 수험생 모두 기계적인 질문과 답변에 익숙해졌다.

▌시험이 끝나면 평가를 받다

경성의 청운소학교 출신 수험생이 배화여고보에 지원하여 구두시험에서 질문을 받고 이렇게 답변했다(《조선일보》, 1940. 4. 2.).

교사: 어째서 이 학교를 지망하였느냐?
학생: 충량한 황국신민이 되려고요.

선생: 너의 학교와 가까운 진명여고보가 좋을 텐데 어째서 하필 이 학교를 지망했느냐?

학생: 제 공부가 이 학교에 맞기 때문에 왔습니다.

이처럼 학교를 지원하게 된 동기는 시험관이 기본적으로 할 수 있는 질문이었고, 수험생 역시 이 질문에 간단명료하면서 모범적인 답변을 했다. 그런데 시험관이 얼굴을 붉히며 "이 학교에 들어오기 쉬운 줄 알고 지원했지? 너의 청운학교 선생은 그런 것을 가르치더냐?"며 화를 내면서 다른 것은 묻지도 않고 수험생에게 나가라며 퇴장시켰다고 한다.

수험생을 통해 이 사실을 알게 된 청운소학교는 "언어·상식·지조·성행을 묻는 엄숙한 구두시험 시간에 수험 아동으로 하여금 극도로 공포심을 일으키게 하고 더욱이 천진난만한 어린아이 앞에서 출신학교와 선생을 모욕하는 언사를 썼다는 것은 같은 교육자로서 묵과할 수 없는 일이다"라며 수차례 직원회의를 열고 논의한 결과 경성부와 경기도 학무국에 사건을 정식으로 보고하기로 결정했다.

이에 배화여고보 교장은 "본교를 택한 이유를 묻는 것은 구두시험 5가지 질문에 있어 묻기는 했으나 그런 일은 없었다고 해당 교사가 말하고 있다"고 해명했다. 더 이상 구체적인 자료가 없어 정확한 사실을 확인할 수는 없지만, 어쩌면 무시험 제도를 선택했던 배화여고보로서는 수험생의 기계적인 답변과 이를 가르친 담임교사의 암기식 교육에 대한 실망을 표현했는지도 모른다.

이처럼 입학시험은 수험생이 보는 것이지만, 결코 혼자만의 시험이 아니었다. 심지어 시험이 끝나고 수험생들의 합격자 발표에 따라 교사들 역시 평가를 받았다. 예를 들면 학부형들 사이에서는 초등학교 교사에 대해 말할 때 "그 선생님은 참 열심히 가르치셔서…… 그동안 학교에 몇 명이나 붙였다지……"(《조선일보》, 1939. 2. 3.)라는 평가가 꼬리표처럼 따라다녔다. 따라서 입학시험 절차가 모두 종료되었다고 해도 교사들은 쉽게 일상으로 돌아올 수 없었다. 특히 학생들에 대한 책임감이 강할수록 더욱 그랬다.

일본에서는 소학교 교사가 자신이 가르친 학생이 중등학교 입학시험에 낙방하자 부끄러워서 할복자살을 했다는 소식을 전하면서 "그의 책임감에 대해 탄복한다"(《동아일보》, 1922. 3. 30.)며 교사로서 학생에 대한 무한한 애정과 책임감에 경의를 표했다. 하지만 교사의 책임감을 상급학교 입학시험의 당락으로 판단하는 것은 결코 바람직한 것은 아니었다. 그럼에도 이러한 분위기는 일제강점기 보통학교에서도 발견된다.

일반적으로 보통학교에서는 1학년에서 4학년까지 매년 담임교사가 바뀌었다. 반면 사정이 허락하면 5~6학년은 담임이 같았다. 5학년이 되면 상급학교 입학시험 준비교육을 고려해야 했고, 6학년까지 시험 준비의 연속성과 책임감 면에서 유리하다고 판단했기 때문이다. 교사는 학생들의 시험 준비를 얼마나 효율적으로 하느냐에 따라 책임감과 능력을 인정받았고, 상급학교에 많이 입학시키는 교사에게는 상여금이 지급되기도 했다.[01] 반면 교사가 시험 준비에 소홀하다고 판단되면 학부형들이 학교에 항의했다. 강원도 이천공립보통학교에서는 "교사가 수업 시간이 지나도 출석하지 않으며, 수업 시간에도 잠자기 일쑤이고, 진도를 나가지 못해 입학시험 준비가 막막하고, 일본어 한마디를 변변하게 하지 못한다"(《동아일보》, 1930. 11. 2.)며 6학년 51명이 동맹휴학을 벌이기도 했다.

이미지가 변하다

중등학교 입학시험은 최고 학부에 진학하게 된다는 점에서 장래가 달려 있는 문제였다. 따라서 대단히 중요한 시험으로 교사들의 부담도 컸고, 입학시험 결과가 학교의 명예와도 관계가 있었기 때문에 학교 차원에서 지원하는 등 적극적인 관심을 기울였다.

보통학교는 중등학교와 분위기가 달랐다. 대표적인 예로 학교 차원에서 적극적인 지원에 한계가 있었고, 교사 개인 차원에서 입시 준비교육을 하는 경향이 있었다. 그리고 입학 성적이 좋으면 교사에게 명예가 되었으나 결과가 좋지 않은 교사에게는 불명예가 되었다. 때문에 교사들은 학교의 지시가 없어도 수업 시간 전에 학생들을 등교하게 해 새벽 공부를 시켰고, 수업 시간에는 교장이나 장학사의 눈을 피하기 위해 교과서는 진도표에 맞게 펴놓고 미리 준비한 프린트물로 수업했다. 그리고 때때로 모의고사를 보아 결과를 평가했다.

교실에서는 학생들이 지원한 상급학교별로 앉게 하여 그룹 지도를 했고, 수업이 끝난 후에도 입시 준비교육을 진행했다. 〈동아일보〉(1936. 4. 2.)에는 "강릉 주문진공립보통학교 졸업생과 학부형들이 교장과 6학년 담임을 초청하여 사은회를 성대하게 개최했는데, 6학년 담임은 자신의 돈으로 주문진 시내에 방을 얻어서 상급학교에 지망하는 6학년생들을 모아 학교 수업이 끝난 뒤 거의 1년 동안 밤 10시까지 매일 입학시험 준비를 시키는 등 여러 가지 교육을 하여 상급학교 지원자 20명 가운데 11명이 경성사범학교를 비롯하여 자기가 지원한 상급학교에 우수한 성적으로 합격했다"는 기사도 보인다.

〈조선일보〉(1939. 2. 3.)는 입학시험 준비교육을 시키는 교사의 노력을 극단적이라는 표현까지 쓰면서 "이보다 더 교묘한 방법도 없지 않으며, 날로 새로운 방법이 강구될 것이다……. 그리고 그 중심에 교사들이 있다"며 교사들이 열심히 하는 것은 좋으나 지나치다고 지적했다.

또한 교사들은 일상에서도 많은 제약을 받았다. 대표적인 예로 우리 사회에서 교사는 전통적으로 존경의 대상이었지만, 일제는 교사들을 식민 통치를 위한 이데올로기를 전파하는 도구로 삼았다. 따라서 일제강점기에는 교사의 이미지도 바뀌었다. 특히 보통학교 교사의 경우 군복을 입고 발에는 각반을, 허리에는 칼을 차고 수업을 하는 모습이 대표적인 이미지로 남은 것이 그 예였다. 더구나 어느 일본인 교장은 칼로 학생의 목을 벤 무용담이 전하는 등 칼은 단순한 시위용이 아니었다.

일제강점기를 대표했던 경성사범학교 출신이라고 특별히 여건이 좋은 것도 아니었다. 경성사범학교는 장래 초등학교 교장을 키우는 교육기관 역할도 담당하는 등 교원양성기관 중에서 서열이 가장 높았지만, 일본인 학생이 80퍼센트가 넘을 정도로 사실상 조선인 교육을 위한 일본인 교사를 양성하는 학교였다.[02] 따라서 조선인의 입학을 극소수로 제한했고,[03] 어렵게 입학한 조선인 학생들은 식민지 엘리트로서의 자의식을 끊임없이 내면화시킴으로써 체제에 순응하는 교사가 되어가는 과정을 밟았다.[04]

뿐만 아니라 조선총독부는 동화주의(同化主義) 교육을 효과적으로 추진하기 위해 각 학교에 일본인 교장을 채용하고 이른바 모범 교육을 실시한다는 명목으로 관공립보통학교에 반드시 일본인 교사를 파견했다. 여기에는 일본인 교원을 통해 자아의식이 아직 제대로 형성되지 않은 식민지 아동에게 일본을 스승의 나라라는 경외감을 심어주려는 의도가 담겨 있었고, 일본인 교사들은 식민지 교육을 실행하는 전위대 역할을 착실하게 수행했다(《대한매일신보》, 1910. 5. 12.).

┃ 일본인 교사를 우선 충원하다

일제는 '조선인 교원의 채용은 반일의식을 심어주는 등 민족교육의 씨앗이 될 수도 있다'는 이유로 기피했고, 채용했을 경우 항상 감시를 게을리하지 않았다. 하지만 전국의 모든 보통학교에 일본인 교사의 충원에 한계가 있었던 일제는 일본인 교사를 학교 행정의 요직에 앉혔고, 일본 각지에서 배출된 사범학교 졸업생의 적체 해소와 저급한 교원 문제를 해결하는 수단으로 보통학교를 활용했다.

중등학교의 경우 일본인 교원을 충원하기 위해 1920년 일본에서 중등교원 양성기관에 재학하는 학생들 가운데 위탁생을 선정하여 소정의 장학금을 지급하고 졸업 후 조선의 중등학교에서 일정 기간 근무하는 위탁생 제도를 도입하여 일제가 패망할 때까지 활용했다. 따라서 일본인 교사의 충원은 또 하나의 식민지 수탈 정책이었다.

공립초등학교는 일본인 교사가 전체 교사의 대략 3분의 1을 유지했다. 1923년 경남 울산공립보통학교에는 조선인 여교사는 한 명도 없고 일본인 여교사만 있어서 "1학년부터 학생들이 교사의 말을 알아듣지 못했고, 2학년이 되면 대략 교사의 동작을 보고 의도를 짐작했다"고 한다(《조선일보》, 1923. 4. 28.).

관공립중등학교 이상에서는 일본인 교사 비율이 더 높았다. 따라서 고등교육을 받을수록 일본인에게 배울 가능성이 높았기 때문에 일본의 문화와 지식 그리고 사고 등에 익숙해질 기회가 더 많을 수밖에 없었다.

반면 사립초등학교는 일본인 교사가 평균 5.5퍼센트에 불과했지만, 일제는 사립학교에도 일본인 교원 채용을 명령했다. 또 수신·일본어·지리·역사 과목은 조선인 교사의 수업을 금지했고, 조선 의복이나 조선 역사까지 일본인 교원이 담당하여 우리 민족의 정체성과 관련한 교육을 금지하는 등 배일사상과 독립정신의 배양을 약화시키고 친일의식을 심어주기 위해 노력했다.

또한 일본인 교사들은 학교에서 학생과 교사를 감시하는 등 교육 당국과 긴밀한 관계를 맺었다. 1907년 4월 이후 일본인 교사들은 학사 전반·지방 상황·인심 동향 등을 학무부에 정기적으로 보고했고, 1908년 9월 이후에는 격월로 정기 보고를 하는 대신 수시로 임시 보고를 했다. 보고 내용은 교과용 도서 단속 상황, 조선 황제의 지방 순시가 지방 교육에 미친 영향 등에 관한 것으로 일본인 교사들은 민족감정을 유발하기에 충분할 만큼 일본의 정보요원 노릇을 자행했다.[05]

이처럼 관공립중등학교는 상당수 일본인 교사가 식민지 교육을 주도했고, 사립학교는 일본인 교사가 감시자 역할을 했다. 따라서 조선인을 일본인으로 만들려는 동화주의 교육·민족 차별 교육·우민화 교육 등 일제가 강력하게 추진한 교육정책들은 조선인의 자발적인 참여보다는 강제와 억압 그리고 차별에 의해 추진되었고, 교육개혁 작업에 조선인 교사들의 참여는 기대하기 어려웠다.

학교에서 조선인 교사는 일본인 교사에 비해 승진과 봉급 등 여러 가지로 차별을 받았다. 어느 교사는 경성사범학교를 졸업하고 처음으로 학교에 부임했을 때, 일본인 교사와 임금 차를 이렇게 기억했다.

1종 훈도로 백마보통학교에 부임하게 되었는데, 월급 계산을 하는데 보니까, 내 밑에 검정시험을 쳐서 들어온 3종 여선생이 나보다 월급을 곱절이나 더 받더라고요. 당시 1종 훈도 월급으로 47원을 받았어요. 그런데 모리카와라는 일본 여선생은 3종 훈도인데도 80원 넘게 받는 걸 알고 깜짝 놀랐어요. 그래서 '왜 3종 훈도가 월급이 이렇게 많으냐?'고 물어보니까, 교장선생은 '일본 사람이니까 가봉이라는 게 있다'고 그래요. 그걸 그때 처음 알았죠.[06]

이처럼 일본인 교사의 봉급은 조선인 교사 봉급의 두 배였다. 조선에 와 있던 일본인 교사를 포함한 관리들에게는 '가봉(加俸)'이라고 해서 '정규 봉급 외에 특별히 별도로 더 주는 일종의 수당'이 있었다. 1940년 일본인 교사의 경우 본봉의 60퍼센트를 가봉해주었고, 연말에는 근무 성적에 따라 본봉의 10퍼센트에서 20퍼센트가 더 지급되었다.[07] 그리고 여비·외지 근무수당·사택비 등이 지원되어 조선의 교육비 부담을 더욱 높이는 요인이 되었다.

▌차별과 통제를 받다

조선총독부 교육 당국은 "교육기관의 확충은 필요하지만 재정이 허락하지 않는다. 재정이 허락하지 아니함은 조선인이 납세하는 금액이 적은 까닭이다"라며 학교 부족을 세금 납부의 부족으로 인한 재정난으로 호도했다. 이에 "조선인이 부담한 세금은 조선인을 위해 사용해야 할 재원임에도 조선인 교육이 곤란한 것을 그대로 버려두고 일본인의 교육을 위해 과중하게 쓴다면 어찌 부정이 아니며 기만이 아니랴!"며 일제의 차별적인 교육정책을 비판했고(《동아일보》, 1926. 8. 14.), 보통학교 운영비 절감으로 입학 아동의 증대 방안을 논하면서 "일본인 교사 1명에게 줄 임금이면 조선인 교사 2명을 고용할 수 있다"(《동아일보》, 1930. 12. 8.)며 일본인 교사를 줄이면 교사를 더 둘 수 있다고 따지기도 했다. 그러나 교육 당국은 "10년 안에 월급을 같게 하겠다"(《동아일보》, 1925. 2. 5.), "조선인 교사의 자질이 부족하여 일본인 교사의 채용이 필요하다"고 강조했다. 하지만 교육자로서의 자질과 책임감 등 일본인 교사의 수준이 높은 것은 결코 아니었다.

일본인 교장을 비롯해 교사들은 학생들을 상처가 나거나 기절할 정도로 구타하고 무시하는 언행을 일상사로 벌였고, 보통학교와 여학교도 예외가 아니었다. 그리고 수업에 성의가 없고 오히려 돈벌이에만 관심을 기울여서 참다못한 학부형들이 항의하는 일도 한두 번이 아니었다(《조선일보》, 1923. 6. 21. 외).[08] 1927년 함흥고보에서 동맹휴학을 벌이며 배포한 진정서에는 "교사 미야자키(宮岐)는 과수원을 본업으로 하고 교수에 성의가 없다. ……교사 오카모도(岡本)와 오가사와라(小笠原)는 가르치는 것보다 학생을 모욕하는 것을 향락으로 하고 있다"며 조속한 추방을 요구했다.[09] 또한 "일본인 교사들은 돈을 모으기 위해 조선에 왔으며, 신임교사에게 돈을 빌려주고 이자를 챙기는 등 본직 이외의 수입으로 돈을 저축한다"며 비교육적인 행태를 비판했고,[10] 전남 장성군 진남공립보통학교 학부형회는 일본인 교장의 비리를 참다못해 "교장이 나가기 전에는 아이들을 절대 등교시키지 않겠다"며 추방운동을 벌였다(《동아일보》, 1929. 9. 14.). 경성의 한 공립중학교에서는 3학년 학생이 일본인 교장을 구타한 사건이 발생하여 학생 3명이 구속되고, 60여 명이 퇴학당한 일도 있었다.

반면 조선인 교사는 학교에서 점차 힘을 잃어갔다. 일제는 교사들이 일본의 침략적 문화를 학생들에게 이식하되, 일본의 침략 자체에 대해서는 복종만 할 뿐 사고하지 않는 교사를 요구했기 때문이다. 이에 학교나 일본인 교사와의 갈등으로 학생들이 구속되거나 퇴학당해도 조선인 교사들은 억울한 학생들을 위해 한마디도 거들어주지 못했고, 간혹 수업 시간에 교사가 경찰에 연행되기도 했다.

특히 1930년대 후반에 들어서면서 조선인 교사들도 적극적 친일 또는 소극적 친일 행위를 해야 살아남을 수 있을 정도로 교육 당국은 교사들을 적극 통제했다. 이러한 교사들의 행적은 광복이 된 후 1945년 9월 15일 전체 중등교사 1,894명 가운데 450명이 휘문중학교 강당에 모인 '중등학교 교육자대회'에서 스스로 폭로되었다. 이 자리에서 교사들은 "우리 교육자는 과거에 조선인을 일본 정신으로 가르쳤다. 우리가 새 나라의 자녀를 가르칠 자격이 있는가? 스스로 비판하자. 우리 모두 사직을 하자. 신정부가 들어설 때까지 교단을 지키며 대죄하고 적어도 제일선에서 활약한 교장급은 모두 물러나라"고 결의했다.

이에 시내 중학교 교장 9명 외에 모두 학교를 떠났다. 물론 그렇게 해서 교육 현장에서 일제의 잔재가 모두 청산된 것은 아니었고, 특히 입학시험이 여전히 시행되면서 입시 준비교육으로 획일식 교육과 주입식 수업이 보편화되는 등 부조리한 관행들이 청산되기보다는 여전히 교육 현장에 일상적 관행으로 영향을 미쳤다. 이와 더불어 이른바 명문 학교와 학벌주의, 입시지옥과 입시 위주 교육 그리고 사교육 등 교육의 주요 문제들이 여전히 극복되지 못하고 핵심과제로 남게 된다.

우리의 교육 현실은 지금도 그 미로에서 벗어나지 못한 듯하다. 그 시작은 바로 근대 시기의 일제강점기였다는 점에서 충분히 되돌아볼 필요가 있다.

이제는 관심조차 두지 않는 듯하지만, '교육은 백년지대계(百年之大計)'라고 했다. 그러나 우리에게 100년 전은 바로 일제강점기였고, 특히 초등학교부터 입학시험이 본격적으로 실시되던 시기였다. 일제강점기의 입학시험은 교육의 본질을 왜곡하며 학교 안팎에서 많은 것을 바꾸어 놓았고, 많은 것을 잃어버리게 했다. 다음과 같은 지극히 평범한(?) 이야기가 낯설게 느껴지는 것이 그 예라 하겠다.

미국의 어느 학교에 인디언 아이들이 전학을 왔다. 하루는 선생님이 "자, 여러분 이제 시험을 볼 예정이니 준비하세요"라고 하자, 백인 아이들은 우리와 다르지 않게 필기도구를 꺼내고 책상 가운데에 책가방을 올려 옆 사람이 엿보지 못하게 하고 시험 볼 준비를 했다. 그런데 인디언 아이들은 마치 게임이라도 하려는 듯 책상을 돌려 둥그렇게 모여 앉았다. 당황한 교사는 "얘들아, 시험 칠 준비하라고 그랬잖니?"라고 하자, 인디언 아이들은 "선생님, 저희들은 예전부터 어려운 문제가 있을 때마다 서로서로 도와가며 해결해야 한다고 배웠어요."[01]

이 이야기가 던지는 메시지는 분명했지만, 우리의 학교에서는 상상할 수 없는 풍경이었다. 지금도 입학철만이 아니라 사시사철 현수막이 걸려 있는 학교들이 있다. 거기에는 '무엇을 가르쳤다기보다는 어느 학교에 입학시켰다'는 명단이 자랑스럽게 걸려 있다. 여전히 한국 교육의 다양한 문제점을 일으키는 가장 핵심적 문제는 입시 교육이라는 증거이다.

달리 말하면 우리 사회는 교육이 사람을 만들고 바꾸어 놓는 것이 아니라 시험이 사람을 바꾸어 놓고 있다. 심지어 '시험은 합격 이전과 이후의 삶의 모습을 360도로 바꿀 만큼 유용한 사회적 세탁 장치다'라고도 한다. 그리고 학교를 흔히 변화를 꾀하지 못하는 우리 시대의 거대한 공룡에 비유한다. 과연 해답은 없는 것일까?

그동안 수없이 많은 정책들이 시도되었고, 지금도 좀 더 나은 대안 마련을 위해 연구 중이다. 그런데 이제까지 살펴본 바에 따르면 대책을 마련하는 것보다 시급한 과제는 우리 교육에서 버려야 할 것들을 먼저 행해야 한다는 것이다. 즉 버리는 것이 우리 모두가 살길이라는 생각이 든다.

풍경 1 근대 교육과 식민지 학교가 만나다

독특한 근대식 학교가 등장하다

01 강명숙, 「다카하시 도오루(高橋亨)의 조선 교육제도 약사에 대한 일고찰: 일제강점기 조선 거주 일본인의 한국교육사 연구와 그 한계」, 『한국교육사학』, 2016. 재인용.

02 大野謙一, 『朝鮮敎育問題管見』, 국학자료원, 1936.

03 高橋濱吉, 『조선교육사고』, 제국지방행정학회조선본부, 1927.

04 조선총독부 학무국, 「寺內正毅 총독 훈시」, 『公立普通學校敎員講習會講演集』, 1913. 4. 30.

05 한우희, 「보통학교에 대한 저항과 교육열」, 『교육이론』, 1991. 재인용.

06 弊原坦, 『조선교육론』, 대맹관, 1917.

07 정준영, 「경성제국대학과 식민지 헤게모니」, 서울대학교 박사학위논문, 2009.

08 주요섭, 「조선여자교육사」, 〈신가정〉, 1934년 4월호.

09 부상백년사편찬위원회, 『부상백년사』, 1995.

10 대농육십년사편찬위원회, 『대농육십년사』, 1969.

11 서울대학교 생명과학대학 농학교육100년편찬위원회, 『농학교육 100년: 1906~2006』, 2006.

12 춘천농공고등학교총동창회, 『춘농공고백년사: 2010 개교 100주년 기념』, 2010.

13 인고백년사편찬위원회, 『인고백년사』, 1995.

14 인고구십년사편찬위원회, 『인고구십년사』, 1985.

15 대농육십년사편찬위원회, 『대농육십년사』, 1969.

16 이미륵 지음, 전혜린 옮김, 『압록강은 흐른다』, 사르비아총서, e-book, 범우사, 2006.

17 김구, 『백범일지』, 교문사, 1979.

18 김진섭, 『이야기 우리 문화』, 지성사, 2016.

19 松都忙人, 「개성 호스돈여고 교장에게」, 〈신여성〉, 1924년 11월호.

20 주요섭, 「조선여자교육사」, 〈신가정〉, 1934년 4월호.

21 홍경희, 「홍경희의 회상」, 『경북여고 개교60주년기념 동창회지』, 1986.

22 강동진, 『일제의 한국침략정책사: 1920년대를 중심으로』, 한길사, 1980.

공립보통학교를 거부하다

01 조선총독부 학무국, 『공립보통학교 교감강습회 강연회집』, 1911.

02 강만길, 『고쳐 쓴 한국 근대사』, 창작과비평사, 1995.

03 弊原坦, 『조선교육론』, 대맹관, 1917.

04 內閣法制局官報課, 〈舊韓國官報〉, 제4165호, 1908. 9. 1.

05 박영호, 『씨알: 다석 유영모의 생애와 사상』, 홍익재, 1985.

06 조선총독부 학무국, 『공립보통학교교장강습회 강연집』, 1912.

07 김경미, 「보통학교제도의 확립과 학교 훈육의 형성」, 『일제의 식민지배와 일상생활』, 혜안, 2004.

08 學部, 『第二回官公立普通學校校監會議要錄』(史料集成 63권), 1909.

09 學部, 『韓國教育ノ現狀』(史料集成 63권), 1910.

10 學部, 『韓國教育ノ現狀』(史料集成 62권), 1909.

11 정재철, 『일제의 대한국 식민지 교육정책사』, 일지사, 1985.

12 平壤民團役所, 『平壤發展史』, 1914.

13 木浦府廳, 『木浦府史』(風俗誌叢書 281~282), 1930.

14 조선총독부 학무국, 『公立普通學校教員講習會講演集』, 1911.

15 仁川府, 『仁川府史』(風俗誌叢書 39~41권), 1933.

16 朝鮮教育研究會, 「各道教育狀況」, 『朝鮮教育研究會雜誌』, 1917. 1.

17 大熊彌三郎, 『淸州沿革誌』(風俗誌叢書 49권), 1923.

18 조선총독부, 〈조선총독부 월보〉 1911. 12./ 조선총독부 학무국, 『신설공립보통학교 현황』, 1912. 9.

19 조선총독부 학무국, 『公立普通學校教員講習會講演集』, 1912.

20 조선총독부 학무국, 『公立普通學校教員講習會講演集』, 1917.

21 조선총독부, 『통계연보』, 1912, 1919.

22 김정해, 「1895~1910 사립학교의 설립과 운영」, 『역사교육논집』 11, 1987.

23 한우희, 「식민지 전기의 보통학교」, 『근대 한국초등교육연구』, 교육과학사, 1998.

24 大野謙一, 『朝鮮教育問題管見』, 국학자료원, 1936.

25 차석기, 「일제하 서당의 민족주의 교육」, 『고려대학교 사범대학 논문집』, 1974.

26 한국독립운동사 위원회(김형목), 『한국독립운동사(교육운동)』 35, 2009.

27 차석기, 위의 책.

서당이 변하다

01 조선총독부 학무국, 『公立普通學校教員講習會講演集』, 1911. 8.

02 學部, 『韓國教育ノ現狀』(史料集成 66권), 1913.

03 吉川富子, 「일제시대 보통학교체제의 형성」, 서울대학교 대학원 박사학위논문, 1996.

04 조선총독부, 〈조선총독부 관보〉, 1912-1928.

05 一渡部學, 『近世 朝鮮教育史 研究』, 雄中閣, 1969.

06 조선총독부, 〈조선총독부 관보〉, 1908. 7. 2.

07 學部, 『第二回官公立普通學校校監會議要錄』(史料集成 65권), 1909.

08 學部, 위의 책.

09 박철희, 「식민지기 한국 중등교육 연구」, 서울대학교 대학원 박사학위논문, 2002.

10 吉川富子, 「일제시대 보통학교체제의 형성」, 서울대학교 대학원 박사학위논문, 1996.

11 學部, 『第二回官公立普通學校校監會議要錄 附錄』(통감내훈 기타관계사항 제13), 1908.

12 學部, 『第二回官公立普通學校校監會議要錄』, 1909.

13 三輪規·松岡塚磨, 『富之群山』(風俗誌叢書 95권), 1907.

14 學部, 『第二回官公立普通學校校監會議要錄』(史料集成 65권), 1909.

15 學部, 『韓國教育ノ現狀』(史料集成 63권), 1910.

16 조선총독부 학무국, 『公立普通學校教員講習會講演集』, 1912. 5.

17 조선총독부 학무국,『朝鮮教育要覽』(史料集成 1권), 1915.

18 교하초등학교,『교하초등학교 90년사』, 1997.

19 한우희,「보통학교에 대한 저항과 교육열」,『교육이론』, 1991.

20 김주갑,『나의 외길 50년사』, 태화출판사, 1991.

21 박영호,『씨알: 다석 유영모의 생애와 사상』, 홍익재, 1985.

22 Kang, Hildi, Under the black umbrella: voices from colonial Korea, 1910-1945, Ithaca: Cornell University Press, 2001.

23 조선총독부(윤웅모),〈조선교육제도 개정 기념호〉, 1922년 3월호.

24 경기고등학교,〈경기(京畿)〉, 창간호, 1958.

25 경기고등학교,〈경기〉, 창간호, 1958./ 경기고등학교동창회,〈경기동창회보〉, 제76호, 1999.

26 이광호,『구한말 근대교육체제와 학력주의 연구』, 문음사, 1996.

27 조선총독부,〈조선총독부 관보〉, 1906. 9. 3.

28 이광호, 위의 책.

29 조선총독부〈조선총독부 관보〉, 1909. 7. 9.

30 이광호, 위의 책.

31 배재중고등학교,『배재사』, 1955.

32 조선총독부,『學事統計』, 1911.

33 조선총독부 학무국,『普通學校實業學校學事狀況報告要錄』(史料集成 66권), 1912. 1.

34 오성철,『식민지 초등교육의 형성』, 교육과학사, 2000.

35 고양초등학교,『고양초등학교 90년사』, 1999.

36 김경자·이경진,「일제강점기 초등교육의 공적 성격에 대한 비판적 고찰」,『교육과학연구』, 2004.

37 오성철, 앞의 책.

38 박찬승,『한국근대 정치사상 연구』, 역사비평사, 2006.

39 고양초등학교,『고양초등학교 90년사』, 1999.

40 김경자·이경진, 앞의 책.

지원자는 늘고, 정원은 부족하고…

01 조선총독부,『통계연보』, 1913.

02 〈동아일보〉, 1922. 3. 15., 3. 31. 외.

03 국사편찬위원회,『일제침략하 한국36년사』, 1979.

04 渡部学·阿部洋 編,「學事參考資料」,『日本植民地教育政策史料集成(朝鮮編)』, 60권, 1990.

05 박찬승,『한국 근현대 지역운동사 2(호남편)』, 역사문제연구소, 1993.

06 조선총독부,『통계연보』, 각 연도.

07 조선총독부,『통계연보』, 각 연도.

08 박철희,「식민지기 한국 중등교육 연구」, 서울대학교 대학원 박사학위논문, 2002.

09 한국교육개발원,『한국 근대 학교교육 100년사 – 일제강점기 학교교육』, 1994.

10 오성철,『식민지 초등교육의 형성』, 교육과학사, 2005.

11 조선총독부 학무국,『私立學校關係法規』, 1915.

12 高橋濱吉, 『조선교육사고』, 경성제국지방행정학회 조선본부, 1927.

13 오성철, 앞의 책.

14 김형윤, 『마산야화』, 도서출판 경남, 1996.

15 박경호 구술, 김일수 정리, 「경찰과 고아원 원장, 두 일로 90평생을 살아왔다-박경호의 일과 삶」, 『20세기 한국민중의 구술자서전 5: 고향이 어디신지요?』, 소화, 2005.

16 장신, 「식민지 근대의 학술과 교육」, 『일제의 식민지배와 일상생활』, 혜안, 2010.

17 조선총독부, 『통계연보』, 각 연도별 자료 참조.

18 조선총독부 학무국, 『朝鮮敎育法規』, 1929.

19 최기일, 『자존심을 지킨 한 조선인』, 생각의나무, 2002.

풍경 2 **입시지옥이 생겨나다**

실업학교가 주목받다

01 조선총독부, 〈조선총독부 조사월보〉, 1934. 7.

02 조선총독부 학무국, 『학사참고자료』, 1937. 11.

03 오성철, 『식민지 초등교육의 형성』, 교육과학사, 2000.

04 조선총독부, 〈조선총독부 조사월보〉, 1934. 7.

05 한국교육개발연구원, 『한국 근대학교교육 100년사 - 일제강점기 학교교육』, 1994.

06 이리농림60주년기념사업추진위원회, 『이리농림육십년사』, 1982.

07 조선총독부 학무국 학무과, 『학사참고자료』, 1938.

08 〈동아일보〉, 1931. 3. 10., 1932. 3. 20., 1933. 3. 12., 1934. 3. 6., 3. 9.

09 조선총독부, 〈조선총독부 관보〉, 1910. 12. 16.

10 조선총독부, 〈조선총독부 관보〉, 1907. 3. 8.

11 서울공업고등학교동창회, 『서울공고구십년사』, 1989.

12 조선총독부, 〈조선총독부 관보〉, 1907. 3. 8.

13 조선총독부, 〈조선총독부 관보〉, 1915. 2. 24., 3. 16.

14 서울대학교 생명과학대학의 농학교육 100년편찬위원회, 『농학교육 100년: 1906-2006』, 2006.

15 서울공업고등학교동창회, 『서울공고구십년사』, 1989.

16 대구농림자연과학고등학교총동창회, 『대구농림·자연과학고등학교 백년사』, 2010.
   인고백년사편찬위원회, 『인고백년사』, 1995.

17 김재우, 「조선총독부의 교육정책에 관한 분석적 연구」, 한양대학교 대학원 박사학위논문, 1987.

18 조선총독부, 『朝鮮に於ける失業調査』, 1932.

19 정연태, 『식민지 민족 차별의 일상사』, 푸른역사, 2021

20 조선총독부, 〈조선총독부 관보〉 5171호, 1944. 5. 4.

21 조선총독부 학무국, 『학사참고자료』, 1937.

22 조선총독부, 〈조선총독부 관보〉 호외, 1911. 10. 20.

중등학교, 입시지옥이 생겨나다

01 조선총독부, 『學事統計』(日本植民地朝鮮教育政策資料集成, 朝鮮編 52), 1911.

02 경성고등보통학교, 〈京城高等普通學校 學籍簿 1913年 卒業生〉, 1913.

03 조선총독부, 『통계연보』, 각 연도판.

04 박철희, 「식민지기 한국중등교육연구」, 서울대학교 대학원 박사학위논문, 2002. 재인용.

05 오성철, 『식민지 초등교육의 형성』, 교육과학사, 2000.

06 〈동아일보〉, 1935. 3. 19., 1936. 3. 16., 1938. 3. 13., 1939. 3. 12. 외.

07 조선총독부, 〈조선총독부 관보〉, 1919-1924. / 조선총독부 학무국, 『학사참고자료』, 1926-1935. /
    조선총독부 학무국, 『朝鮮ニ於ケル教育ノ概況』, 1936-1938.

08 朝鮮及滿洲社, 「朝鮮人教育と内地人教育」, 〈朝鮮及滿洲〉, 1913. 4.

09 정준영, 「경성제국대학과 식민지 헤게모니」, 서울대학교 대학원 박사학위논문, 2009.

10 오천석, 『한국신교육사 上』, 광명, 1975.

전문학교, 일본인과도 경쟁하다

01 안홍선, 「식민지시기 중등 실업교육의 성격 연구: 실업학교 학생 특성과 입학동기 분석을 중심으
    로」(대구상업학교 1942년 입학 윤정남 면담 기록), 『아시아교육연구』 16권 2호, 2015.

02 경성사범학교, 『경성사범학교총람』, 1929.

03 서재복, 「한국근대교원 연구의 동향과 과제」, 『교육사학연구』 제8집, 1998.

04 김종철 외, 『한국 고등교육의 역사적 변천에 관한 연구』, 한국대학교육협의회, 1989.

05 조선총독부, 〈조선총독부 관보〉, 1923. 7. 31. 외.

06 조선총독부, 〈조선총독부 관보〉, 1920. 7. 15. 외.

07 정재철, 「일제하의 고등교육」, 『한국교육문제연구』, 중앙대학교 한국교육문제연구소, 1989.

08 조선총독부, 『통계연보』, 1911-1939.

09 조선총독부 학무과, 『학사참고자료』, 1938. / 渡部学·阿部洋 編, 『日本植民地教育政策史料集成
    (朝鮮編)』(60권) 1990. / 경성제국대학, 『경성제국대학예과일람』, 1941.

10 국사편찬위원회, 『민족문화대백과사전』

11 〈동아일보〉, 1931. 3. 10., 3.12., 1932. 3. 4., 3. 18., 1934. 3. 6., 3. 9., 3. 11., 1935. 3. 8.

12 〈동아일보〉, 1938. 4. 10., 1939. 2. 16.

13 오천석, 「기미 이후 15년간 조선교육계의 변천」, 〈신동아〉, 1935. 4. 11.

14 광주제일고등학교동창회(김녹호), 『광주고보·서중·일고 60년사』, 1986.

15 정선이, 『경성제국대학 연구』, 문음사, 2002.

16 渡部学·阿部洋 編, 앞의 책. / 경성제국대학, 『경성제국대학예과일람』, 1941.

17 강창동, 『교육사회학의 이해』, 학지사, 2001.

18 渡部学·阿部洋 編, 앞의 책. / 경성제국대학, 『경성제국대학예과일람』, 1941.

19 조선총독부 학무과, 『학사참고자료』, 1938. / 渡部学·阿部洋 編, 위의 책. / 경성제국대학, 『경성제
    국대학예과일람』, 1941.

20 이충우, 『경성제국대학』, 다락원, 1980.

21 고양초등학교, 『고양초등학교 90년사』, 1999.

입학시험, 절대적인 선발방식이 되다

01 교동초등학교,『교동초등학교 100년사』, 1994.

02 초학 훈장,「초등학교에 입학할 자제 두신 이」,〈동광〉, 1931년 2월호.

03 고양초등학교,『고양초등학교 90년사』, 1999.

04 초학 훈장, 앞의 책.

05 〈동아일보〉, 1921. 2. 25., 2. 26., 3.2., 1922. 5. 4. 외.

06 이경숙,「일제시대 시험의 사회사」, 경북대학교 대학원 박사학위논문, 2007.

07 〈매일일보〉, 1927. 12. 22., 1928. 2. 1., 1939. 8. 29. 외.

08 조선교육연구회,『全鮮中等學校 入學試驗問題集, 大邱公立中學校 1942年度 施行 問題』, 1943.

09 한국정신치료학회 엮음,『정신과 의사로 살아온 한 여성의 길: 善齋 김동순 선생 회고록』, 학지사, 2017.

10 이경숙,「일제시대 시험의 사회사」, 경북대학교 대학원 박사학위논문, 2007.

11 이학열,『간추린 마산역사』, 도서출판 경남, 2003.

12 안태윤,「일제말 전시체제기 여성에 대한 복장통제: 몸뻬 강제와 여성성 유지의 전략」,『사회와 역사』74, 2007. / 김명숙,「일제강점기 학적부 양식의 변화로 본 식민지 교육의 실상: 동덕여고 학적부(1914-1945)를 중심으로」,『한국사상과 문화』87, 2017.

풍경 3. 시작부터 기울어진 운동장이었다

학교가 변하다

01 釜山府,「例規集」(學事關係),『植民地朝鮮敎育政策史料集成』8권, 1939. 4.

02 안홍선,「식민지시기 중등 실업교육의 성격 연구: 실업학교 학생 특성과 입학동기 분석을 중심으로」(대구농림학교 1941년 입학 박영식 면담 기록),『아시아교육연구』16권 2호, 2015.

03 이동원,「學窓話畵」,〈개벽〉, 1926.

04 조선총독부,〈조선총독부 관보〉, 1911~1925.

05 경복고등학교동창회,〈경복고등학교동창회보〉, 2001.

06 보성중·고등학교,〈보성〉, 1986.

07 유진오,『양호기』, 고려대학교출판부, 1977.

08 北岳山人,「총독부 조선인 고등관평」,〈삼천리〉, 1940년 3월호.

09 조선총독부,〈조선총독부 관보〉, 1923~1924, 1926.

10 김창제,「학교선택문제특집: 학교선택에 관하여 학부형에게 訴함」,〈동광〉18호, 1931.

11 김창제, 위의 책.

12 김수진,「1930년대 경성의 여학생과 '직업부인'을 통해 본 신여성의 가시성과 주변성」,『식민지의 일상, 지배와 균열』, 문화과학사, 2006.

13 오기영,「젊은이의 마음」,〈동광〉, 1931.

14 전북교육회,『국민학교경영요람』67, 1943.

15 유준기,「일제강점 36년이 한국인의 의식에 남긴 영향」,〈순국〉, 1999. 8.

수험생을 다양하게 검증하다

01 이미륵 지음, 전혜린 옮김, 『압록강은 흐른다』, 사르비아총서, e-book, 범우사, 2006.

02 이효석, 『낙엽을 태우면서』, 사르비아 총서 e-book, 범우사, 2001.

03 朝鮮教育公民會, 『全鮮中等學校入學試驗 口頭試問の受け方』, 1937.

04 이기훈, 「일제하 식민지 사범교육–대구사범학교를 중심으로」, 『역사문제연구』 9권, 역사문제연구소, 2002.

05 백순근, 『일제강점기의 교육평가』, 교육과학사, 2003.

06 경북중고등학교동창회 60년사편찬회, 『경북중고등학교 60년사』, 1976.

07 대구사범심상과동문회, 「왕학수(제4기 : 1932년 입학생), '입학의 관문'」, 〈대구사범심상과지〉, 1991.

08 안재구, 『할배, 왜놈소는 조선소랑 우는 것도 다른감』, 돌베개, e-book, 1997.

09 윤진호·변형윤, 『냉철한 머리, 뜨거운 가슴을 앓다: 학현 변형윤 교수 대화록』, 지식산업사, 2012.

10 朝鮮教育會, 『中等學校 改正入學試驗 手引』, 1940.

11 김수진, 『식민지의 일상, 지배와 균열』, 문화과학사, 2006.

식민지 정책을 고스란히 담다

01 경기도, 『경기도 교육과 종교』, 1934.

02 최대교, 〈경기동창회보〉, 제20호, 1990.

03 평양숭실학교, 「專檢規程=依ル無試驗檢定願=關スル書類」, 1927-1928.

04 계성90년사편찬위원회, 『계성90년사』, 계성중고등학교, 1997.

05 조선총독부 학무국, 『私立學校關係法規』, 京城 : 朝鮮總督府, 1915.

06 김정우, 「일제하 초등교육과 근대적 주체의 형성에 관한 연구: 1920~40년대 보통학교 교육을 중심으로」, 연세대학교 대학원 석사학위논문, 2000.

07 이미륵 지음, 전혜린 옮김, 『압록강은 흐른다』, 사르비아총서, e-book, 범우사, 2006.

08 안동혁, 『안동혁선생 팔순기념문집』, 1986.

09 조선교육연구회, 「大邱公立中學校 1942年度 施行 問題」, 『全鮮中等學校 入學試驗問題集』, 1943.

시작부터 기울어진 운동장이었다

01 이만규, 『조선교육사』 II, 거름, 1988.

02 조선총독부, 『통계연보』, 1921, 1931, 1941.

03 이만규, 앞의 책.

04 오성철, 「1930년대 한국초등교육연구」, 서울대학교 대학원 박사학위논문, 1996.

05 조선총독부 학무국, 『학사참고자료』, 1937.

06 김광규, 「1920년대 경성사범학교 졸업생의 교직생활」, 『한국교육사학』, 2018.

07 조선총독부 학무과, 『학사참고자료』, 1937.

08 조선총독부 학무과, 『학사참고자료』, 1938. 외.

09 경기고등학교동창회, 〈경기동창회보〉, 1991. 10. 10.

10 조선일보사, 『조선일보 각사설 5백선』, 1972.

11 조선총독부, 『통계연보』, 1932-1938.

12 광성100년사편찬위원회, 「한심석 회고담(1927년 입학)」, 『광성100년사』, 1995.

13 조선총독부, 〈조선총독부 관보〉, 1941.

경제력도 실력이다?

01 정덕기, 『한국사회경제사 연구』, 형설출판사, 1987.

02 農田生, 「평북영변군 농가경제상황 조사」, 『조선농민』, 1926.

03 김문식 외, 「일제하의 농업」, 『일제의 경제침탈사』, 민중서관, 1976.

04 조선총독부, 『통계연보』, 1932.

05 한국개발연구원, 『한국 근대학교교육 100년사: 일제강점기 학교교육』, 1994.

06 한우희, 「보통학교에 대한 저항과 교육열」, 『교육이론』, 1991.

07 조산강, 「금년 졸업한 아들과 아버지 대화」, 〈별건곤〉, 1933년 3월호.

08 선린팔십년사편찬회, 『선린팔십년사』, 1978.

09 이송은, 「수업료 저감 결의에 대한 비판」, 〈개벽〉, 1923년 3월호.

10 경성공업학교, 『경성공업학교일람』, 1934. 외.

11 원낙희, 『돈그라미』, 자비출판, 2013.

12 최기일, 『자존심을 지킨 한 조선인』, 생각의나무, 2002.

13 조선총독부, 〈조선총독부 관보〉, 1920. 8. 24.

14 〈동아일보〉, 1936. 4. 12., 4. 26. 외.

15 〈동아일보〉, 1930. 2. 12., 3. 5., 4. 7. 외.

16 〈동아일보〉, 1931. 3. 9., 3. 29., 1932. 4. 19.

풍경 4 입학시험이 만들어낸 풍경들

교육은 사라지고 입학실적만 남다

01 珠北山人, 「지적 교육과 수험적 교육뿐」, 〈신동아〉, 1936. 2.

02 원용석, 「회상」(17회, 1926년 졸업), 〈보성〉 50주년 기념호, 1956. 9.

03 學究生, 「決戰肉迫!! 단기 응급시험준비법」, 〈학생(學生)〉, 1930년 2월호.

04 양정고보 교무주임, 〈혜성(彗星)〉, 1932. 2.

05 광주제일고등학교동창회(김녹호), 『광주고보 · 서중 · 일고 60년사』, 1986.

06 해주공립고등보통학교, 『해주공립고등보통학교 학교경영병학교요람』, 1932./
    공주교육60년사편찬위원회, 『공주교육60년사』, 1982.

07 청주공립고등보통학교, 『各科教授ノ方針竝學習指導要綱』, 1937.

08 김자중, 「일제 식민지기 예비학교의 설립과 운영에 관한 시론: 고등교육기관 입학시험 준비교육을
    중심으로」, 『교육문제연구』, 2020.

09 박철희, 「식민지기 한국중등교육연구: 1920-30년대 고등보통학교를 중심으로」, 서울대학교 대학

원 박사학위논문, 2002.

10 경기고등학교동창회, 『경기90년사』, 1990.

11 권이혁, 「권이혁(37회, 1941년 졸업)의 회고담」, 〈경기동창회보〉, 1993. 4. 10. /
윤석우, 「윤석우(40회, 1944년 졸업)의 회고담」, 〈경기동창회보〉, 1992. 2. 10.

12 경기고등학교, 〈주간 경기〉, 1957. 2. 11.

13 광주제일고등학교동창회, 『광주고보·서중·일고 60년사』, 1986.

14 평양고등보통학교학우회, 〈대동강〉, 1936.

15 경기고등학교동창회, 『경기90년사』, 1990.

16 경복55년사편찬위원회, 「장만영(7회)의 회고담」, 『경복55년사』, 1976.

17 조선총독부, 〈조선총독부 관보〉, 1922. 2. 6.

18 〈조선중앙일보〉, 1934. 4. 19. /〈동아일보〉, 1934. 4. 19. / 조선총독부, 〈조선총독부 관보〉, 1934. 4. 20.

19 경기고등학교동창회, 『경기90년사』, 1990.

20 조선총독부 학무국, 『京城第二公立高等普通學校一覽』, 1935.

조기유학에서 각종 군사학교까지

01 필자 미상, 「현실에 빗쳐본 중등교육개량 방침문제」, 〈별건곤〉, 1930년 9월호.

02 박찬승, 『한국근대 정치사상연구』, 역사비평사, 2006.

03 조선총독부, 〈조선총독부 조사월보〉, 1934. 1.

04 〈동아일보〉, 1924. 6. 30., 1925. 3. 11.

05 〈동아일보〉, 1937. 12. 3., 1939. 8. 28.

06 친일반민족행위진상규명위원회, 『친일반민족행위진상규명 보고서 IV-17』, 2009.

07 국사편찬위원회, 『민족문화대백과사전』 / 이원규, 『마지막 무관생도들』, 푸른사상, 2017.

언론과 문학, 입학시험은 뜨거운 감자였다

01 최영수, 「학교는 눈물인가? 한숨일런가?」, 〈신동아〉, 1936년 6월호.

02 〈동아일보〉, 1921. 3. 27., 4. 10., 1926. 4. 21. 외.

03 〈동아일보〉, 1924. 3. 10., 1930. 2. 10. 외.

04 〈조선일보〉, 1928. 3. 6.~18., 1937. 1. 21.

05 채만식, 「회(懷)」, 『집』, 조선출판사, 1943. / 채만식, 『채만식 중·단편 대표소설 선집』, 다빈치, 2000.

06 곽의영, 『어둔 밤 촛불을 밝히며』, 성신여자대학 출판부, 1987. / 한국정신치료학회, 『정신과 의사로 살아온 여성의 길』, 학지사, 2020.

갈등에서 무시험 선택까지

01 이충우, 『경성제국대학』, 다락원, 1980.

02 정석환·배정혜, 「한국 입시교육의 사회사적 의미 고찰」, 『동아인문학』, 2017.

03 독립운동사편찬위원회, 『독립운동사 제9권:학생독립운동사』, 독립유공자사업기금운용위원회, 1977.

04 경기고등학교동창회, 「하○○(경성제일고보 31회, 1935년 졸업)의 구술」, 『경기90년사』, 1990.

05 김호일, 「韓國近代學生運動研究: 1920年代를 中心으로」, 단국대학교 대학원 박사학위논문, 1988.

06 〈동아일보〉, 1933. 2. 9. / 〈중외일보〉, 1933. 2. 9. 외.

07 맹원영, 〈배화〉, 1932. / 배화여자고등보통학교교우회, 『배화백년사』, 1998.

수험생, 소비자로 주목받다

01 이기훈, 「독서의 근대, 근대의 독서: 1920년대의 책읽기」, 『역사문제연구』, 역사비평사, 2001.

02 〈매일일보〉, 1936. 4. 25., 1939. 6. 4. / 〈동아일보〉, 1933. 10. 31. / 〈중외일보〉, 1930. 5. 27. 외.

03 〈조선일보〉, 1936. 4. 26., 1938. 4. 26. 외.

04 전북교육회, 『國民學校經營便覽』 67, 1943.

05 〈매일일보〉, 1936. 4. 25., 1936. 6. 4. / 〈중외일보〉, 1930. 5. 27. 외.

06 〈매일일보〉, 1923. 9. 3. / 〈동아일보〉, 1923. 8. 9.

07 김자중, 「일제 식민지기 예비학교의 설립과 운영에 관한 시론: 고등교육기관 입학시험 준비교육을 중심으로」, 『교육문제연구』, 2020.

08 전북교육회, 『國民學校經營便覽』 67, 1943.

09 〈중외일보〉, 1927. 5. 24. / 〈조선일보〉, 1927 .7. 16.

10 〈조선일보〉, 1924.7. 13., 1925. 7. 30.

11 조선총독부, 〈조선총독부 관보〉, 1925. 4. 20., 1928. 4. 28., 1932. 4. 14., 1936. 4. 13., 1937. 5. 8.

12 〈조선일보〉, 1924. 6. 29., 1932. 7. 12. / 〈동아일보〉, 1929. 2. 2. / 〈조선중앙일보〉, 1936. 7. 21.

13 〈조선일보〉, 1932. 7. 12., 1933. 2. 10.

14 〈조선일보〉, 1924. 7. 1., 1933. 7. 18. 외.

15 〈매일신보〉, 1921. 4. 19., 1922. 4. 29.

16 〈동아일보〉, 1920. 4. 13., 4. 23., 5. 12., 1932. 2. 15. 외.

17 최명환, 「학생의 면학시간」, 〈대학학회월보〉 제3호, 4월호, 1908.

18 〈조선일보〉, 1937. 3 .3., 7. 3., 7. 21., 9. 17. 외.

19 〈동아일보〉, 1939. 11. 7., 11. 19., 12. 10., 12. 19. 외.

20 이기훈, 앞의 책.

21 〈동아일보〉, 1922. 1. 27., 1926. 2. 7.

풍경 5 입학시험과 사건·사고들

교실 안과 밖 풍경, 입학시험장을 가다

01 주필, 「입학시험 광경」, 〈성서조선〉 87호, 성서조선사, 1936년 4월호.

02 〈동아일보〉, 1939. 3. 12., 3. 10.

03 주필, 앞의 책.

04 주필, 위의 책.

05 주필, 위의 책.

06 취두선, 「애착과 희망: 조선학생 기질문제」, 〈학생〉, 1929. 5.

07 박달성, 「어떤 학생의 고백: 십년전의 학생과 지금의 학생」, 〈학생〉, 1930. 1.

08 김도태, 「교원의 입장에서 학부모에게 대한 희망」, 〈학생〉, 1930. 3.

집안의 갈등에서 사기 사건까지

01 〈조선일보〉, 1927. 4. 26., 5. 4. 외.

02 〈동아일보〉, 1938. 4. 18., 4. 19., 9. 2. 외.

03 〈조선일보〉, 1938. 10. 7./〈동아일보〉, 1929. 10. 31. 외.

04 이충우, 『경성제국대학』, 다락원, 1980.

05 조선총독부, 〈조선총독부 관보〉, 1927. 12. 26.

가족, 또 다른 수험생이었다

01 〈동아일보〉, 1936. 3. 23., 1939. 4. 7.

02 〈조선일보〉, 1933. 10. 31./〈동아일보〉, 1931. 12. 24. 외.

03 국학자료원, 「고등여학교규정」, 『일제하법령집람』 제5권, 1999.

04 전언후, 「일제시기 여학생 의식 연구」, 『이화사학연구』 29, 2002.

05 이만규, 『조선교육사』 II, 거름, 1988.

교사들도 수난이 이어지다

01 한국교육개발원, 『한국 근대 학교교육 100년사: 일제강점기 학교교육』, 1994.

02 김광규, 「1920년대 경성사범학교 졸업생의 교직생활」, 『한국교육사학』, 2018.

03 조재호, 『남은 생애도 교육에』, 양현수상집 간행위원회, 1986.

04 안홍선, 「경성사범학교의 교원양성교육 연구」, 서울대학교대학원 석사학위논문, 2004.

05 이나바 쓰기오 지음, 홍준기 옮김, 『구한말 교육과 일본인』, 온누리, 2006.

06 문제안 외, 『8.15의 기억: 해방공간의 풍경, 40인의 역사체험』, 한길사, 2005.

07 조선공민교육회, 『最新 小學校教員試驗要諦 竝 問題集』, 1940.

08 〈조선일보〉, 1926. 5. 9./〈동아일보〉, 1922. 9. 19., 1926. 6. 21. 외.

09 조선총독부 경무국, 『朝鮮た於ける同盟休學の考察』, 1929.

10 신흥교육연구소, 『신흥교육』, 1930.

나가는 글

01 프란츠 파농 지음, 남경태 옮김, 『대지의 저주받은 사람들』, 그린비, 2004.